New Media
Marketing

新媒体营销

主编　李永发

副主编　王　丽　邹益民　金荣华

浙江大学出版社

·杭州·

前　言

党的二十大报告指出,"必须坚持科技是第一生产力、人才是第一资源、创新是第一动力,深入实施科教兴国战略、人才强国战略、创新驱动发展战略,开辟发展新领域新赛道,不断塑造发展新动能新优势","加快发展数字经济,促进数字经济和实体经济深度融合"。[①]

新媒体,比如微信、微博、抖音及其他平台,为现有消费者和潜在消费者提供了新的获取产品和服务信息的方式。如今,新媒体已成为人们生活中不可或缺的部分。基于新媒体平台,人们可以购买来自世界各地的产品,也可以与来自世界各地购买相似甚至相同产品或服务的消费者互动,彻底改变了传统的营销方式和商业模式。对于企业来说,基于新媒体平台可以与消费者互动,进而提高品牌知名度和品牌关系管理水平,最终对消费者行为产生影响。此外,新媒体正日益赋予顾客权力,消费者在新媒体平台的反馈能够帮助企业改善现有的产品或服务中出现的问题。而顾客作为链接企业内部网络和外部网络的重要桥梁,也可以促进企业营销信息的传播。总之,新媒体营销已逐渐成为决定企业知名度和企业绩效的关键影响因素,是许多企业发展的重要路径之一。对于营销者来说,能战略性地利用新媒体去获取竞争优势和提升绩效变得尤为关键。

因此,本书力求帮助学习者掌握新媒体营销的核心理论、新媒体营销模式和过程、不同的新媒体营销方式及新媒体营销的实操能力。每章结尾部分是拓展实训,能帮助学习者理解新媒体营销知识,可以进一步提升和巩固实践应用能力。

本书共有12章,全视角展示了当前实践中新媒体营销的主要理论、机制、模式、过程、类型、方法与效果评价。

第1章为"新媒体营销基础",主要阐述了新媒体营销的概念、新媒体营销的特点、新媒体与传统媒体营销的区别、新媒体营销产生的背景和作用。在新媒体营销时代,企业不仅要注重自身利益,更要注重用户利益。企业可以通过加强与用户沟通,发掘用户需求,为用户提供个性化、信息化和生活化的内容,来提高用户的体验感与参与感。

第2章为"新媒体营销用户洞察",主要总结了新媒体时代下,消费者从营销1.0时代到营销4.0时代的发展变化、用户媒介使用和需求满足的相关理论,以及新媒体对购买决策过程的影响。与传统营销相比,新媒体营销要求企业更加关注消费者的物质需求和心理需求,同时还需要了解用户的社交行为、搜索行为、购物行为和娱乐行为。及时关注用户消费模式的改变,有助于企业及时制定营销策略和把握营销发展的新趋势。此外,新媒体也为企业的产品营销、内容营销和品牌运营提供了新思路。

第3章为"新媒体营销模式",主要介绍了事件营销、口碑营销、病毒营销、情感营销、IP

---

① 习近平.高举中国特色社会主义伟大旗帜　为全面建设社会主义现代化国家而团结奋斗:在中国共产党第二十次全国代表大会上的报告[N].人民日报,2022-10-26(01).

营销、饥饿营销及其他营销方式。新媒体营销的各种常见模式,每种模式都有各自的优缺点及实施办法。企业在选择新媒体营销模式时要谨慎,不能照搬照抄,而要因地制宜地根据品牌、产品和受众等特征进行模式选择,进而树立起良好的品牌形象,提高品牌知名度。

第 4 章为"新媒体营销过程",主要分析了新媒体营销过程中的 5 个步骤,包括新媒体营销调研、新媒体营销市场细分与定位、新媒体营销策划、新媒体营销数据分析和新媒体营销策略优化。市场调研是进行策略优化的前提,可以帮助企业了解当前的市场竞争环境,并甄别目标受众群体。市场细分与定位可以根据不同类型需求的用户进行准确划分,进而帮助企业实现精准营销。而营销策划则是在市场定位和细分的基础上,合理规划企业自身的资源,有针对性地做出产品、品牌、促销等策划活动。营销数据分析和策略优化能够帮助企业根据营销大数据,分析出当前所面临的营销问题,进一步对营销策略进行优化,从而帮助企业提升绩效。

第 5 章为"微信平台营销"。企业利用微信平台,可以进行微信个人号营销和微信公众号营销。微信平台营销是当前比较成熟的营销方式,其中微信个人号营销是目前常用的手段,是利用个人影响力进行的营销活动。微信公众号营销范围更广,不局限于微信好友,可通过微信平台推广和吸粉。微信公众号还可以对用户进行精准分析,进而了解用户偏好,提高用户黏性,扩大企业品牌影响力。

第 6 章为"微博平台营销"。企业利用微博平台,通过发布用户感兴趣的话题或热点话题,可以引发用户关注,增加企业与用户之间的互动,进而帮助企业构建良好的粉丝基础,提升企业知名度。企业可以基于微博平台,推广优质内容,增加优质内容的曝光率,进而吸引更多潜在消费者。此外,用户不仅是信息的接收者,也可以是信息的传播者。利用用户的自发性传播,可以让企业的营销信息在短期内像"滚雪球"似的引起大量用户的关注。因此,微博平台也逐渐成为企业快速品牌价值传播和化解公关危机的重要工具。

第 7 章为"短视频平台营销"。短视频平台营销成为较为流行的营销方式,会更加注重视频内容的创意性和发布的即时性。具有创意性的内容可以迅速引起用户的关注,为企业实现病毒式传播提供了可能。短视频内容发布的即时性,要求企业及时关注用户需求变化,通过用户数据了解用户偏好,从而向用户进行个性化视频内容投放。本章从短视频营销认知、短视频制作与剪辑、短视频平台运营和短视频营销数据分析 4 个方面深入探索短视频平台营销方式,为读者提供内容创作和短视频营销的基本思路。

第 8 章为"直播平台营销"。直播平台营销是一种广受欢迎的营销方式,企业可以通过直播平台向用户进行产品营销和品牌宣传。与短视频平台营销相比,直播平台营销会更加注重企业与用户的双向沟通,会保持视频发布与创作同步。为了保障直播效果,企业往往需要提前进行脚本设计,或者通过发布短视频引流的方式,为直播营销活动进行提前预热。

第 9 章为"社群营销"。社群营销是以"社群"为中心,建立有共同兴趣的"活动圈"。企业营销人员建立社群后,针对特定用户的需求提供产品和服务,同时还需要调动社群成员的积极性,保持社群的活跃度。营销人员也需要去维系社群成员之间的关系,建立社群成员和企业品牌之间的情感联系。通过社群营销,可以帮助企业基于社群成员的口碑传播,增加社群成员对产品、服务甚至是品牌的满意度和忠诚度,从而正向促进企业的营销活动。

第 10 章为"新媒体营销数据分析"。主要论述了新媒体营销数据分析的步骤、方法和工具。新媒体营销数据分析是企业实施精准营销成果的前提,需要经历数据采集、数据清洗、数据加工和分析的过程。本章主要介绍了数据分析步骤、方法与工具,可以帮助学习者形成一个系统的研究框架,为数据分析奠定基础。

第 11 章为"新媒体营销数据可视化"。主要论述了新媒体营销数据可视化的概念、工具、方法和场景。新媒体营销数据可视化是指借助数据可视化工具,将收集到的营销数据通过图形、图表或动画的形式进行呈现,以达到快速、有效传递数据信息的目的。新媒体营销数据可视化通过多维度分析数据,便于输出更易理解的信息,有助于全面把握新媒体营销过程。

第 12 章为"新媒体营销效果评估及优化"。主要阐述了新媒体营销的效果评估、新媒体营销流量及转化指标、第三方互联网评价工具、新媒体营销优化的步骤和战略。新媒体营销效果评估是新媒体营销中较为重要的一个环节,指研究新媒体营销对企业绩效的影响。通过对企业的广告效果、促销效果和网络营销效果进行评估,可以帮助企业优化企业运营过程,规避运营风险,还可以为企业营销效果评价提供帮助。新媒体营销优化有助于企业降低运营成本和风险,进行精准化市场细分和定位,帮助企业及时优化营销策略。

新媒体营销是营销专业的核心教材,本书的特色和创新点主要体现在以下几个方面。

第一,结构完整,逻辑性强。本书由 12 章构成,每章内容环环相扣,层层递进,诠释了新媒体营销的基础理论、模式、过程、效果评估及优化等。每章都设置了重点、难点和学习思维导图,有助于读者全面把握每章的学习内容。

第二,理论与实践相结合,夯实基础。本书既注重理论研究,又注重读者的实践操作。每章以拓展实训结尾,为读者提供了思考空间和练习巩固的机会。拓展实训主题紧密结合了章节学习内容,有助于读者巩固和延伸所学知识。

第三,内容与时俱进,开拓创新。新媒体在当前企业界广受欢迎,新媒体营销的内容需要与时俱进,紧密结合行业发展进行阐述。本书内容的第 5 至 9 章紧密结合企业真实案例诠释新媒体营销理论,具有可信度和说服力,内容丰富,贴合实际生活,便于读者理解和掌握。

第四,教产融合,优势互补。李永发教授团队负责教材架构与理论知识编排部分,浙江师范大学电子商务研究与发展中心主任、浙江思睿智训科技有限公司创始人邹益民及其团队负责数据抓取和软件实验部分。撰写团队十余次深入讨论与沟通教材设计架构与细节,不断完善和打磨教材。李永发教授团队参与人员包括王丽副教授(具体负责第 5、7、8、9章)、冯雅颖副教授(具体负责第 1、2 章)、赵中昭老师(具体负责第 6 章)和张雪婷博士(具体负责第 12 章),其他章节及统稿由李永发、王丽、张雪婷负责。邹益民老师团队参与人员包括陈浙斌老师和李瑶锦老师。

本书由安徽财经大学李永发教授主编,负责全书的框架结构设计和统稿修订。本书在编撰过程中引用了大量的参考文献和著作,在此谨向所有参考文献作者表示诚挚的感谢!新媒体营销发展日新月异,本书难免存在不足之处,敬请广大读者批评指正。

编者

2025 年 2 月

目 录
CONTENTS

第 1 章　新媒体营销基础

▶ 学习目标

- 了解新媒体的概念与特点
- 理解新媒体技术带来的营销转变
- 把握新媒体营销产生的技术背景与社会背景
- 理解新媒体营销在产品研发、寻找目标客户及品牌形象塑造等方面的作用

▶ 学习重点、难点

学习重点
- 理解新媒体是一个相对的概念范畴，新媒体与新媒体营销的外延是持续变化的
- 把握新媒体营销的定义与特点
- 掌握新媒体营销带来的多种可能，把握利用新媒体展开的全方位消费者沟通

学习难点
- 理解新媒体技术在营销思维层面带来的改变
- 思辨地看待基于大数据技术的精准营销

▶ 思维导图

```
                                          ┌─ 什么是新媒体
                          ┌─ 新媒体营销概述 ┼─ 新媒体营销的界定
                          │               ├─ 新媒体营销的特点
                          │               └─ 新媒体营销与传统媒体营销的区别
                          │
新媒体营销基础 ────────────┼─ 新媒体营销产生背景 ┬─ 新媒体营销的技术背景
                          │                    └─ 新媒体营销的社会背景
                          │
                          │               ┌─ 研发符合需求的产品与服务
                          └─ 新媒体营销的作用 ┼─ 找寻更加精准的目标客户
                                          └─ 塑造更为完整的品牌形象
```

1.1　新媒体营销概述

1.1.1　什么是新媒体?

人类社会的发展始终与传播媒介的更迭保持同步。美索不达米亚平原中泥板上的楔形文字、古希腊和古罗马时期的羊皮纸均实现了信息的体外化传播,让历史变得有据可考。印刷术与造纸术的出现带来了知识的普及与权力的下放,人类社会开始迈入文明与民主的时代。19世纪崛起的报纸,20世纪出现的电影、广播与电视,不仅加快了传播速度,带来了逼真形象的画面,更极大地拉近了与世界的距离,使全球化社会初具雏形。

依据匡文波教授的观点,"新媒体"(new media)一词最早出现在1967年美国CBS电视台技术研究所所长彼得·卡尔·戈德马克撰写的商品开发计划中。而20世纪70年代法国学者弗兰西斯·巴尔和杰拉尔·埃梅里合著的《新媒体》,被认为是现代意义上首次使用的新媒体概念。那么,到底什么是新媒体呢?

美国《连线》(*Wired*)杂志指出,新媒体是"所有人对所有人的传播",这一界定强调了新媒体具有双向互动与多向共动的能力。相对于传统媒体点对面式的单向传播,新媒体技术带来的平权无疑更具进步性。

《圣何塞水星报》(*San Jose Mercury News*)的专栏作家丹·吉尔摩为"新媒体"的概念界定加入了"数字技术",指出"new media"应该是数字技术介入人类传播后产生的新概念。这一观点主要强调"新旧"之间的差异,即只要使用了数字技术的传播均可纳入新媒体范畴。清华大学熊澄宇教授持有类似观点,即"新媒体,或称为数字媒体、网络媒体,是建立在计算机信息处理技术和互联网基础之上,发挥传播功能的媒介总和,全方位、立体化地融合了大众传播、组织传播和人际传播,以有别于传统媒体的功能影响我们的社会生活"。与丹·吉尔摩不同,熊澄宇教授不仅强调了新媒体与数字技术天然的联系,更强调了新媒体的整合性。

中国传媒大学黄升民教授则认为,构成新媒体离不开三个基本要素,即需求无限、传输无限和生产无限。该界定一方面强调了只有网络和数字技术才能催生上述三方面的无限;另一方面也看到了新媒体对生产与利润链的全面改造,以及由此带来的商业竞争。

学者们从不同的学科角度与历史时代对"新媒体"做出了描述,但学界到目前为止并没有统一的界定。究其原因,一方面,"新"和"旧"本是相对概念。诚如《新媒体百科全书》的主编斯蒂夫·琼斯认为,新媒体是一个发展的概念,科学技术的发展不会终结、人类的需求不会终结,因此新媒体也不会停留在任何一个现存的平台。另一方面,理解新媒体比定义新媒体更重要。关注新的技术、新的时间节点,以及伴随着新媒体出现的崭新的可能性则显得更具价值。

为了方便理解,本书从以下几个方面来阐述新媒体。

(1)发生在新的历史节点。即发生在20世纪90年代以后,计算机技术与通信技术快速发展,个人电脑、手机与移动设备日益普及,以及网络带宽不断升级的宏大背景之下。

（2）使用了新的传播技术。即生产制作环节中的数字化、融合化乃至虚拟化更为普遍，扩散分发环节中互联网媒体、移动互联网媒体、数字电视、博客、微博微信、社会化媒体等多形态陆续出现。

（3）产生了新的社会可能。信息权利从生产者转向消费者，消费者之间开始自由连接，全社会信息传播格局呈现"去中心化—再中心化"现象。

1.1.2　新媒体营销的界定

随着新媒体技术与实践应用的不断发展，营销环境发生了明显的转变：首先，新媒体带来了更加丰富的产品信息，海外产品与本土品牌在各类新媒体购物平台上展开竞争；其次，原先处于信息劣势的消费者，现已凭借新媒体技术相互连接、组成消费群体。他们不仅能够获得更为丰富的产品知识与经验分享，还能够参与生产、协商价格并影响其他消费者的决策过程。越来越多的消费者开始在线上浏览、评价、选购产品，写下他们的产品使用心得及对产品的建议或不满，这些变化迫使企业必须重塑营销理念与销售流程。利用新媒体听取消费者意见、与消费者展开实时互动、在提供商品服务的基础上注重情感沟通、满足消费者对于娱乐休闲和社会交往的高层级需求，这都成为身处新媒体营销时代企业的题中应有之义。

鉴于新媒体本身处于动态发展中，因此我们认为，新媒体营销（new media marketing）是一切在营销流程中使用了新媒体技术的市场营销行为。这里的新媒体技术包括但不限于计算机网络、无线通信网、同步卫星等基础技术，借由网站、论坛、即时通信工具、社会化媒体、搜索引擎、博客、直播、维基协作等信息生产技术，以及个人电脑、平板、手机、数字电视机及可穿戴设备等信息接收技术。简单来说，新媒体营销是利用新媒体手段，围绕消费者展开的一切社会沟通与价值交换。

现代市场营销与新媒体技术的相互融合，催生了网站营销、搜索引擎营销、信息聚合（really simple syndication, RSS）营销、博客营销、社交网络服务（social network service, SNS）营销、微信营销、游戏化营销、大数据营销、内容营销和社群营销等多种类型。2010 年后，随着新媒体在全世界范围内快速扩张并实现全纵深双维度发展，新媒体营销逐渐成为企业开拓市场、研发产品、维系客户、塑造形象及增加利润的重要手段。越来越多的企业认识到，线下渠道建设、门店销售和推销展示等传统营销手段已经不能满足企业的需求，新媒体营销早已从"行之有效的补充"转向每个企业都必须面对的现实转型。一方面，新媒体技术具有信息传输速度快、交互性强和反馈及时等特点，有助于企业及时掌握目标用户的消费特征，并与各类利益相关人（stakeholders）做好沟通；另一方面，新媒体营销对于网络空间与技术的利用，可以帮助企业从线下走向线上、从真实走向虚拟、从单一的产品销售和增值服务提供走向更加丰富多元的社会沟通。

2020 年新冠疫情暴发后，国家把人民生命安全和身体健康放在首位，号召居家隔离、居家办公以有效阻断病毒传播链条。而阿里巴巴旗下的办公软件"钉钉"则"兼职"起了网课平台，向师生提供考勤、签到、收集作业和视频会议等功能。虽然短期内"钉钉"的校企用户有了大幅度的增长，但还沉浸在假期中的学生们因不想早起、不想打卡而给予"钉钉"差评。因此，各大应用平台上钉钉评分从 4.7 分一度掉到最低 1.3 分（通常最高 5 分，每位用户的最低评分都是 1 分，无 0 分选项），成为名副其实的"一星差评"。面对互联网用户的"点评"，"钉钉"快速做出反馈，制作了一则《钉钉本钉，在线求饶》的视频作品，并在青少年与白领用户聚集的哔哩哔哩弹幕网(B站)发布。视频上线两天后,播放量超 433 万次,弹幕超 5.3 万条。

在这一视频中,产品使用了流泪的燕子作为拟人化形象,通过使用电音、撒娇求饶、举白旗投降,甚至是大喊"爸爸"的手段与互联网用户展开沟通。通过使用青年用户喜欢的表达形式,打破大企业和普通人之间的信息不对称,塑造起亲切可爱、谙熟互联网世界话语规则的产品形象。

即使在非商业领域,新媒体营销也带来了更多的可能。作为传承社会文化的非营利性单位,博物馆在研究、收藏、保护、阐释和展示物质与非物质文化遗产方面作用非凡。博物馆一向以安静和传统为主,容易留给体验者"高高在上"的印象,需要消费者主动"走近"。鉴于此,如何才能让不可移动的博物馆"走近"文化产品的消费者?如何以更有趣、更互动的方式讲好历史文化?新媒体技术的使用帮助博物馆拉近了其与消费者的距离,并帮助其与消费者进行有效的沟通。

2018 年,国家博物馆携手南京博物院等六大博物馆共同打造了一支长达 1 分 42 秒的视频《第一届文物戏精大会》,将尘封千年的文物们集体"复活"。基于手机界面的简单互动,能够将尘封在历史之中的文物打造为"现代网红"。此外,敦煌博物馆以九色鹿为主线,上线了《你的灵魂占比请查收》测试游戏,用户可以得到"挑战者"、"艺术家"或"和平者"等 16 种性格海报,每一种性格都对应一款敦煌壁画中的纹饰图案。

1.1.3　新媒体营销的特点

新媒体营销是在互联网信息技术的推动下,顺应信息社会的宏观环境而产生的营销模式。新媒体营销不仅信息量大、营销成本更低,还能够实现多媒体传播,以丰富的内容实现与用户的及时互动,更可以利用"互联网＋"对传统领域进行改造与跨界,有效地提升了产品与企业的知名度与美誉度。因此,新媒体营销的特点主要集中在营销内容、沟通效能及营销成本 3 个方面。

1. 营销内容的丰富多元

市场营销依赖于有效的信息传递,而信息的载体形式与组合方式势必影响信息传播的说服效果。新媒体技术得益于互联网数字技术的发展与成熟,可以实现文字、图片、声音和视频等多种形式的自由组合,而营销信息也可以跨越 PC 端、移动电脑、智能终端及可穿戴设备等多元化、立体化渠道实现全覆盖。在这种背景下,企业与品牌在营销内容主题与展现形式方面则拥有了很多选择,也有助于与消费者展开长期的、高频度的深度沟通。

首先,在营销主题方面具有丰富性。传统媒体资源成本较高,企业想做出全方位且深度的沟通往往需要面对高额的媒介成本。然而,新媒体中资源类型广泛,成本相对较低,这就赋予了企业与品牌更多的沟通可能。

1975 年成立的 SK-Ⅱ是在东亚及东南亚市场广受欢迎的护肤品牌。2016 年 4 月,SK-Ⅱ在视频平台优酷上发布了一支探讨中国未婚女性应如何面对催婚压力的广告片《她最后去了相亲角》。品牌负责人认为,"相比以前一味卖产品的形式,做一些传递品牌价值观的广告更能让品牌跟目标受众建立深层的情感联系"。通过站在女性立场上思考"剩女"这一敏感议题,并在影片结尾邀请观看者转发视频并带上"＃changedestiny"的关键词,该广告片在两天内获得了超过 150 万次的播放量。

无独有偶,在针对女性消费者的快消品市场上,差异化的营销主题往往更能激发消费者的关注与参与热情。2004 年,日化品牌多芬对一定比例的女性进行了调研,发现很多女性因丰满的身材产生不自信和社交自卑等问题,于是展开了名为"真美行动"(Real Beauty Campaign)的整合营销策划活动,并建立了专门的网站聆听女性消费者的心声。数百万访问者登录网站,积极探讨女性与美丽之间的关系。

其次,在营销信息的展现形式方面具有多元性。传统的营销工具,无论是报纸、广播和电视,还是人员的展示和推销,这些都依赖于某一种传播符号,因此呈现效果受限。而新媒体技术则可以叠加使用图像、视频、声音和文字等多种形式展示内容。VR(virtual reality,虚拟现实)、AR(augmented reality,增强现实)、8K 高清等技术的使用,则进一步增强了内容的展现力。以微信平台为例,微信公众号平台支持文字、语音、图片和视频等多种形式的组合发布。此外,信息流广告则包含主视觉图、外层文案、表单填写、文字链接及点赞与评论等构成模块,可以最大限度地凸显营销信息。宝马在营销 M2 汽车时就用了朋友圈信息流广告。采用外层文案搭配 15 秒小视频,以"超模(吉吉·哈迪德)到底上了谁的车?"作为营销噱头,吸引点击(在微信朋友圈内发布 H5 互动小程序示例二维码)。用户在朋友圈内看到了留有悬念的广告,即可点击查看视频,并在后半段参与竞猜。而在内容最后则附上表单,邀约感兴趣的用户填写个人信息和申请试驾。经过微信朋友圈爆发式的互动传播后,宝马品牌的总曝光量达到 1.17 亿次,总社交互动次数超过 223 万次,微信号粉丝增长约 5 万人,参与竞猜人数达 87 万人,试驾注册申请数近万条,这些都有效地提升了品牌的认知度。

2. 双向全时的互动沟通

报纸、广播和电视等传统媒体在信息传播过程中存在两点弊端。一方面,传统媒体的传播遵循的是自说自话式的单向传递模式,难以与用户产生互动;另一方面,传统媒体从制作信息,到传播扩散再到形成反馈往往需要较长的周期。而新媒体技术不仅可以缩短信息流向消费者与其他利益相关人群体的时间,还能够做到双向互动及 24 小时的全时沟通。诚然,如马克思在《1857—1858 年经济学手稿》中写道"时间消灭空间",高速信息传递打破了地域带来的限制,塑造了全球统一市场。企业可以利用通信卫星和全球联网的网络传输数据,在互联网覆盖的任何地方,在任何时间都可以实现企业信息的全面覆盖。这种跨地区的同步传播更有助于企业整合市场、塑造国际品牌的形象。

由此可见,新媒体首先实现了品牌方与消费者之间的双向互动的沟通。传统的营销借助电视、报纸、杂志与广播等媒介只能单向性地向大众传播信息,消费者被假想成只能被动接收信息、对商家言听计从的个体。然而,在现实中,消费者是能动的、具有独立思考与判断能力的差异化个体。新媒体营销有助于帮助企业聆听消费者的声音,并与他们展开及时的沟通。例如国货品牌"蜂花"品牌开设官方微博后,始终将征集用户建议的信息模块在首页置顶。各类留言帮助品牌更好地收集来自消费者的声音,也有利于及时回应用户的建议和问题,并建立良好的用户关系。

其次,新媒体实现了品牌方与消费者之间的无时差沟通。随着新媒体的不断发展,人类信息传播从定时(报纸、电视都有自己的出版/播出节点)逐渐转向及时、实时与全时(即 24 小时沟通,不再受到时间限制)。以苹果公司为例,2020 年苹果秋季新品发布会在美国当地时间 9 月 15 日上午 10 点举行。为了兼顾全球市场,北京时间 2020 年 9 月 16 日凌晨 1 点发布会在爱奇艺、腾讯视频、微博、B 站等平台同步上线,同时,微博与 Twitter(推特)也同步上线"♯AppleEvent"话题。

当然,新媒体营销能效的提升并不仅依赖于其传播速度,更在于新媒体缩短了用户思考决策的时间。消费者在大众媒体上接触产品或品牌信息后往往会产生较长的滞后才能做出购买决策。在接触营销信息与做出购买决策的两个节点之间,消费者可能会产生遗忘,或者被其他品牌说服,进而不愿意购买。然而,新媒体营销则可以将信息推送与购买决策一体化。以直播带货为例,消费者进入直播间听取产品介绍后,手机窗口上会立即弹出购买链接与用作减价促销的红包,这些都能刺激消费者快速做出购买决策。

3. 相对较低的营销成本

广告大师约翰·沃纳梅克曾敏锐地指出,大部分广告主、企业或者品牌的营销人员会有一种感觉,即"我知道我的广告费有一半浪费了,但遗憾的是,不知道是哪一半被浪费了"。传统媒体高昂的购买费用及难以估算的营销效果,推动着不少企业转向新媒体,甚至是建立自有的新媒体传播矩阵。2022年,中央电视台2套财经类节目的《经济半小时》等品牌电视栏目的广告费用着实不菲。而在投放费用之外,影视广告的前期拍摄、后期制作等费用也不可小觑,如表1-1所示。

表 1-1 2022 年央视 CCTV-2 两档栏目的广告刊例价格

频道	节目名称	播出频次	播出时间	2022 年刊例价格/(元/天)			
				5 秒	10 秒	15 秒	20 秒
CCTV-2 财经栏目	《经济半小时》	周一至周五 3 次/天	首播:周一至周五 20:00—20:30 重播:周一至周五 10:30 周一至周五 23:30	128.00	190.00	238.00	—
	《正点财经》	周一至周日 5 次/天	09:00—10:00(周六、周日约 09:00) 10:00—10:30(周六、周日约 11:00) 11:00—11:30(周六、周日约 13:20) 14:00—15:00(周六、周日约 14:28) 15:00—15:30(周六、周日约 17:00)	93.00	139.00	175.00	—

数据来源:央视广告网站(https://www.cctvad.org)。

近年来,新媒体营销涉及平台流量的购买,但相对于传统媒体的营销投放费用而言,新媒体营销的整体成本还处于较低水平。以腾讯旗下广点通业务 2022 年初的刊例数据为例,CPM 模式(cost per mille,千次展现计费)即使在北上广深一线城市,计费甚至可以实现低至100 元起,三线及以下城市的千次曝光仅需 30 元起。

此外,互联网广告使得广告的展现、点击和转化等数据能在一定程度上可衡量,而且ROI(return on investment,投资回报率)转化更为直观可见。2018 年 3 月成立的瑞幸咖啡在前期斥巨资投入楼宇电梯广告的同时,并没有忘记将品牌曝光快速转化为产品的实际购买。瑞幸咖啡在朋友圈中进行信息流广告投放,用户通过填写手机号码等信息就能获取优惠券。消费者还能把广告内层页面通过微信发送给好友以获得更多的优惠。借助消费者的个人社交关系,瑞幸咖啡以较低的营销成本接触到了更为精准有效的消费人群。

除了充分利用品牌自建的官方微博、微信公众号和抖音等新媒体,消费者的参与也促成了新媒体营销以更低的成本实现。Web2.0 时代中新媒体技术实现了用户赋权,原先被动接受产品信息的消费者掌握了"麦克风",他们不仅能够主动发表自己的观点和意见,还能够影响其他消费者的信息获取与决策。正如未来学家阿尔文·托夫勒在《第三次浪潮》中提到的"产消者"(prosumer)所描述的,以数字技术为代表的新媒体,打破了传播者与接收者之间的边界。消费者真实的、个性化的产品使用体验,看起来更容易赢得其他消费者的信任。用户向社交网络中的朋友或一般社会公众展开沟通传播,将个性化的购买经历、使用心得、买后体验等编撰成有价值的信息内容,此类 UGC(user generated content,用户生成内容)不仅强化了消费者参与,更实现了产品信息的柔性传播,极大地提升了营销效果。

1.1.4　新媒体营销与传统媒体营销的区别

传统媒体是指报纸、杂志、广播和电视等一切在印刷时代和电子时代所诞生的媒介类型。借助传统媒体展开的营销,往往基于广告主和企业的立场去展开单向的信息推送。传统媒体的营销对象通常是接收信息的被动大众,营销信息也是围绕着产品而展开。

虽然伴随着营销理论的不断前行,消费者也被视为有差异的群体存在,但传统大众媒介本质上是一对多的信息推送,无法准确接触到消费者,更无法穷尽消费者的细分。随着新媒体技术的不断成熟,新媒体营销不仅要求企业尽快拥有"互联网思维",更是真正用消费者取代产品成为一切营销活动的中心。当然,新媒体营销也改变了信息占有与创造的权力格局,使得营销处于更加透明与多元的信息环境之中。关于传统媒体营销和新媒体营销的区别,具体如表 1-2 所示。

表 1-2　传统媒体营销与新媒体营销之间的差异

维度	传统媒体营销	新媒体营销
思维认知	工业化思维	互联网思维
中心导向	产品为导向	消费者为导向
消费者	被动接受信息的一般大众	具有差异化需求的能动个人
信息流动	单向	双向/多向
信息构成	单一符号手段	多样化的融合符号
营销环境	封闭垄断	开放透明

1. 互联网思维与工业化思维

新媒体营销与传统媒体营销最大的差异在于"营销哲学",即关于营销的思维方式的差异。传统媒体营销的工业化思维,侧重于产品的标准化、产业的规模化及全流程的线性,即生产、扩散、推广、消费等环节应保持先后承接的顺序。但在新媒体时代,消费者希望产品更具小众化、希望能参与产品的设计等,这都使得工业思维遭到前所未有的挑战。

赵大伟主编的《互联网思维独孤九剑》中指出了新媒体时代的思维变革,即身处新媒体时代的所有人都应该具有用户、简约、极致、迭代、流量、社会化、大数据、跨界和平台等 9 种思维方式,如图 1-1 所示。用户思维是互联网思维的核心,需要始终"以顾客为中心"去考虑问题,通过高附加值的信息提供,打造高质量且对用户有价值的内容来提升用户的参与和体验,进而构建用户社群,获得长尾效应。除此之外,新媒体带来的信息爆炸更需要简约和有价值的信息来赢得消费者的注意,通过减少消费者的认知成本,短时间内抢占用户心智。

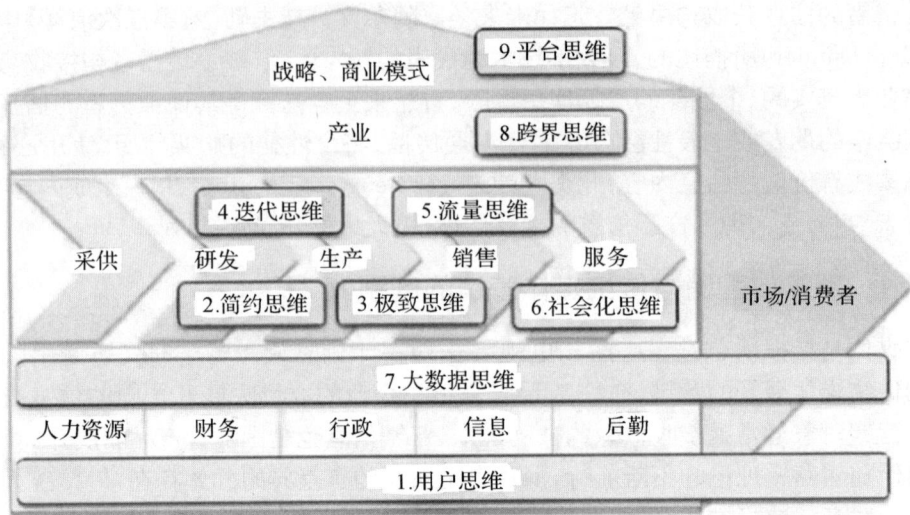

图 1-1　基于价值链模型的九大互联网思维

　　流量思维在新媒体营销中的重要性更为凸显。流量,原本指在单位时间里通过指定点的车辆或行人数量,后来用以描述在一定时间内网站的访问量。对于新媒体时代的品牌来说,流量意味着曝光量、关注度和点击量。实力雄厚的品牌,如淘宝、京东等可以自造节庆营销,在短期内通过减价促销的形式与消费者共同狂欢,并赢得流量;美妆国货品牌花西子等新晋品牌,初进入市场时知名度偏低,通过选择与网络直播浪潮中的头部主播合作,频繁在直播间曝光,最终赢得了较高的网络流量。当然,高流量并不能决定营销的成功,更无法决定品牌的长久之路是否顺畅。没有良好扎实的产品,一味借助社会热点去"蹭"流量、无底线夺眼球"刷"流量与"赚"流量,最终会导致品牌的衰落。

　　2. 以消费者为中心与以产品为中心

　　新媒体营销真正赋予了消费者核心地位,他们差异化和个性化的需求可以被挖掘、重视及满足。传统媒体时代信息的单向性,导致企业与消费者距离遥远,企业难以及时把握用户的需求和偏好。因此生产往往是盲目的,是针对假想中的市场与消费者进行的推广与销售。但在新媒体时代,互联网技术可以帮助企业准确、及时、可靠地把握顾客的需要,并以较低的成本、更为便捷的方式满足消费者需求,进而成为企业生产的核心导向。

　　　　　　　　2020 年热播电视剧《二十不惑》中出现了一款话梅味冰激凌,虽然只是一闪而过,但好奇的消费者们很快在各类社交媒体平台中询问是何品牌、该如何购买。品牌钟薛高很快意识到消费者的需求,并在官方微博上置顶了征求消费者意见的内容。当产品尚未曝光时,钟薛高在官方微博上推出竞猜互动,而产品的命名"梅(没)你不行"更迎合了年轻消费者对于谐音梗

📖"梅你不行"
征集页面与海报
的喜爱。

　　3. 开放互动与封闭垄断

　　传统媒体时代被称为"渠道为王"的时代,因为信息生产与分发的权力集中在传统媒体手中,只有少数人能够参与信息的生产制作。因此,信息筛选的权力及传播媒介被垄断在少数特权阶层的手中,传统媒体营销带来了企业品牌与消费者之间的信息不对等。

　　与传统媒体营销相比,新媒体技术带来了营销环境的透明化。技术实现了消费者赋权,

他们能够搜索、转载、检验产品信息,也能够主动地生产、制作、分发与扩散信息。他们会基于消费者的立场去生产出各类 UGC,智能化软件的普及也使得用户内容生产的难度降低。例如,美图秀秀等图片加工软件、各类 VLOG(videoblog,视频博客)视频制作软件,以及专业设备的平民化,都帮助了普通消费者生产大量的商品信息。而用户创造出的亲民、有趣和真实的内容,进一步提供了其他用户对待企业、品牌及营销的态度。

　　例如,1955 年 Nathan Swartz 收购了 Abington 制鞋公司,创立了休闲品牌 Timberland。这一产品通过独特的技术实现了鞋底和鞋帮的完全铸合,造就了真正意义上的防水鞋。虽然官方统一将名字译作"添柏岚",但在中国的社交媒体上网友更喜欢它的谐音"踢不烂"。消费者用"踢不烂"来形容鞋子坚固耐磨,也抒发渴望户外生活、追求自由感受的愿望。官方很快感知到来自消费者的诉求,随即发布了新的营销主题"真是踢不烂",鼓励人们坚持真我,勇敢地跨出去,去追寻心中的爱与自由。后期 Timberland 品牌围绕着"踢不烂"的概念多次展开营销,先使用"我走的时候叫 Timberland,回来时才叫踢不烂",强调鞋子对生活的陪伴与见证。2018 年,该品牌的宣传语变为"哪有穿不坏的鞋,只有踢不烂的你",实现了与消费者之间的共情。

　　当然,从某种程度上来说,透明开放的信息环境也带来了营销过程与效果的不可控。在新媒体平台上,用户既能够主动地接收和传播信息,也能够按照自己的意愿去解读、阐释及再传播品牌信息。因此,在"众声喧哗"的观点与言论市场中,丧失了信息垄断权的企业品牌想要保持良好的形象与口碑则需要面对更多的挑战。

　　著名家具品牌宜家曾拥有热销产品"马尔姆"系列抽屉柜,但依据英国《每日邮报》的报道,宜家的抽屉柜在售卖时并未提示可能出现侧翻,并导致至少有 9 名儿童因"马尔姆"抽屉柜而身亡。2016 年 6 月 30 日,宜家集团在北美地区召回包含"马尔姆"系列产品在内的 3560 万个抽屉柜,但召回范围并不包括中国。中国社交媒体上不断有消费者进行询问,宜家(中国)的回复竟然是"在中国销售的抽屉柜符合中国国家标准(GB/T 10357.4—2013)"[①]。不同市场区域中的差别对待很快引爆网络,中国消费者表示强烈不满并进行谴责。消费者们在微博上对宜家进行批评,并最终引起国家质量监督检验检疫总局的关注,后经过约谈,宜家决定在中国市场召回 1999—2016 年期间销售的"马尔姆"系列产品。由此可见,新媒体的使用也可能会给企业带来声誉损害和降低绩效等负面影响。

1.2　新媒体营销产生的背景

　　随着科技的不断创新发展,新媒体营销不仅具有传播速度快、用户使用便捷、信息投放精准等优势,还具备更为丰富的表现手法与差异化的营销场景。在分析新媒体的产生背景时,首先需要对新媒体技术的迭代发展与智能化趋势做出深入分析。

---

　　① 即《家具力学性能试验第 4 部分:柜类稳定性》,现已废止。

1.2.1 新媒体营销的技术背景

1. 从 1.0 到 4.0 的技术进步

依据新媒体的技术特征与发展阶段,本书将新媒体营销划分为 4 个阶段,如表 1-3 所示。

表 1-3 新媒体营销 1.0 到 4.0 时代的持续创新

发展阶段	技术基础	典型业态	新媒体营销的主要问题
新媒体营销 1.0 时代	Web1.0	新浪、搜狐等门户网站,谷歌、百度等搜索引擎	利用新媒体的网页、网站增加产品或品牌的曝光度,将信息推送给消费者
新媒体营销 2.0 时代	Web2.0	BBS①、即时通信工具、SNS 服务、博客、WIKI② 应用、电子商务平台	信息被动的接收者转变为主动的用户,社会化媒体激增,营销信息需要柔化,并借助社交网络与用户对话沟通
新媒体营销 3.0 时代	Web3.0	网络中出现更丰富的设备和互动方法,垂直类 APP 和低级的人工智能形态出现	建立消费者社区强化关系、营造品牌与营销的良性生态、视频直播的成熟与迭代、虚拟形象的建构与利用
新媒体营销 4.0 时代	智媒时代正在到来	不断丰富的大数据应用;更为高级的人工智能、虚拟现实技术、增强现实技术、实时 LBS③ 技术、物联网技术、NFT④ 技术、元宇宙技术	利用各类新技术,将传统营销、新媒体营销和智能技术整合起来,与消费者建立稳定而忠诚的关系,从而实现价值共创,与利益相关群体共建共赢生态

注:①BBS:bulletin board system,网络论坛。
②WIKI:一种基于多人协作的超文本系统。
③LBS:location based service,基于位置的服务。
④NFT:non-fungible token,非同质化代币。

1994 年 10 月 14 日,《热线》(*Hotwired*)杂志推出自己的网络版,这很快引起了 AT&T 等 14 个客户在其主页上发布广告。当然,20 世纪 90 年代后期由于互联网用户规模有限,因此展开互联网营销的尝鲜者并不多。如果说新媒体营销 1.0 时代只是简单地将传统媒体上的营销信息复制到新媒体端,那么初显力量的搜索引擎已经逐渐赋权消费者。

同时兼具"可读性"(readable)与"可写性"(writable)的 Web2.0 时代的兴起,新媒体营销已经能够实现企业与用户的双向互动。由于用户网络权利不断增加,明显呈现出草根性、去中心化及自组织的协同性。用户可以在各类新媒体上表达自己的观点,同时也能够参与产品的生产、流通与营销的各个环节。例如,小米利用"小米社区"孵化社群,聆听消费者意见;阿里、京东等电商平台陆续出现,可以帮助企业实现 O2O(online to offline,线上到线下)式的消费者互动;博客与播客平台使得企业也能建立起自己的主页或社交媒体账号,这些都成为新媒体营销的重要渠道。

如果说 Web2.0 是社会网(social web),那么从 2005 年开始的 Web3.0 则是语义网(semantic web),代表技术可能包含语义查询、人工智能、去中心化与区块链等。以抖音平台上的新媒体营销为例,有别于传统营销先做产品、后做营销的基本思路,抖音营销更关注"人、货、场"之间的关联,更侧重借主播的人际传播力量实现营销。而 B 站等内容平台的成熟更是将消费者继续细分,二次元小众文化逐步破圈。此外,数字人或虚拟偶像的出现,也为品牌与企业提供了与消费者更为多元的对话方式。

　　随着移动互联网、大数据、云计算和人工智能等技术的深度发展,新媒体营销 4.0 的智媒时代即将全面到来。智媒时代的主要特征可以被描述为:泛媒化、场景化、临场化及具身化。随着物联网、传感器等技术的兴起,除了内容与内容之间、人与物之间的连接,甚至延伸到了物与物之间的连接。泛媒化视野下,一切物体都可以成为媒介进行信息传输,也都可能成为营销信息扩散的渠道。传感器、LBS、移动终端和大数据为场景营销提供了可能性,营销活动裹挟着信息流、服务流和情感流融入场景之中,最大限度地产生说服效应。VR 和 AR 等技术打破虚拟与现实之间的边界,沉浸度高和临场感强的模拟体验帮助消费者更为逼真直观地接触商品。最后,人工智能技术推动着人机共生,人尝试提升机器的智能化程度,机器也会在更大程度上保存人的记忆、模拟人的学习能力并提升运算处理的效率。

　　2. 警惕"技术乌托邦"

　　当然,新媒体营销也需要警惕"技术乌托邦"。作为双刃剑的新媒体技术也可能损害消费者的利益,最终伤害到品牌与企业的长久发展。

　　首先,需要警惕社交媒体视域下的隐私问题。当今消费者已然将社会化媒体当作一种生活方式,Facebook(脸书)、Myspace(聚友网)、Instagram(照片墙,简称 Ins)、微信、抖音和小红书等,无不成为用户公布个人信息、表达自我身份和建构个人形象的重要手段。然而,在用户曝光与分享的过程中,相貌、地点、账户和运动轨迹等个人信息可能会被并不熟悉的用户获知,甚至被不良用心者利用而造成隐私风险。2021 年央视"3·15"晚会中一款依赖于人脸识别技术的客户管理软件被曝光。该软件通过人脸识别技术,可以快速得到用户的年龄、性别、脸部特征,甚至心情状态,并且在人脸信息上做标记并赋予编号。商家可以利用这些信息调整自己的店铺运营与客户沟通方式。然而,在拍摄、采集、处理人脸信息的全过程中,用户处于完全不知情的状态。这种所谓的"人脸互动营销解决方案",甚至还可以把同行、职业打假人、记者等特殊人士加入黑名单。在《中华人民共和国民法典》第一千零三十五条中明确规定,人脸信息属于生物识别信息,也属于个人敏感信息,处理个人信息应征得该自然人或者其监护人同意。人脸识别技术自成熟以来,日常生活中的应用场景及营销场景正变得越来越多,新媒体营销需要把握好营销与隐私之间的界限关系,防止侵犯用户的财产安全和隐私安全等问题的出现。

　　其次,警惕大数据杀熟现象。2020 年互联网上一篇文章《我被××会员割了韭菜》将国内知名的某外卖配送品牌送上了热搜。文章作者表示,同一家店铺、同一个配送地址,在同样的时间点单,会员账号的配送费是 6 元,而非会员账号仅为 2 元。其实,大数据杀熟在国内外屡见不鲜,旅游类平台的酒店、机票预订、外卖或打车类 APP 的实时服务,往往会给新用户显示低价,却给老用户甚至付费用户显示高价。对于不少平台来说,新用户增加数才是提升商业平台 KPI(key performance indicator,关键绩效指标)的核心,较低的价格能够成为吸引新用户或者非忠诚用户的重要手段。早在 2021 年 2 月《关于平台经济领域的反垄断指南》便将大数据杀熟问题从商业道德层面上升至法律层面,大数据驱动下"千人千面"的定价方式不仅涉嫌"价格歧视",更是滥用市场支配地位、限制市场竞争的表现。

　　最后,过度索权问题有待解决。大数据杀熟现象的背后实际勾连着新媒体营销中另一个技术隐患,即垂直类 APP 过度索取消费者的个人信息。长期以来,手机软件应用方面存在运营者强制要求用户进行个人信息授权、不授权即停止提供服务的现象,也存在访问用户通讯录、相机、图库,甚至是麦克风等超出服务功能的授权要求。移动互联网通过实时追踪个体的信息,覆盖了用户的健康、地理位置、行走路线、交通工具、消费、支付、新闻、兴趣爱好、聊天记录等方方面面,甚至连饮水、饮食、睡眠模式与时长、心情、血氧含量等更为私密的信息都被记录、评估及存储。

1.2.2 新媒体营销的社会背景

任何企业的营销活动都离不开社会环境与历史条件的影响和制约,尤其是存在于企业外部的不可控制的因素和力量,更值得企业适时调整营销方式。

1.数字原住民成为消费主力

教育游戏专家马克·普伦斯基于2001年首次提出"数字原住民"的概念,不同于20世纪80年代及之前出生的人"数字移民"(逐渐迁徙到互联网中)的身份,20世纪90年代后出生的新生代人群一出生就面临着新媒体技术与网络世界,是将生活融入数字信息世界的一代人。他们从小就在手机、平板电脑、个人电脑的陪伴下成长,因此更加独立自主、更喜欢挑战权威。由于他们大多出生于1995—2005年,因此也被称为"Z世代"人群。

随着"Z世代"人群成为消费主力军,营销环境也就发生了以下变化。

首先,传统的营销传播是以大众媒体为基础的,通过全天候、无间断且强有力的媒介传播,将产品信息传递给消费者。但"Z世代"人群不愿接受信息的灌输,正逐步从大众媒体上流失。"Z世代"人群会选择网站、微博、博客、论坛等形式获取产品与营销信息,按照差异化的需求与自我意愿参与讨论和互动;他们也可能与其他消费者交流产品使用心得,或者借助个体专业领域的知识发表意见,甚至还可以反驳、推翻,甚至颠覆营销人员的游说。

其次,传统营销更倾向于将产品包装为身份、地位或收入阶层的象征。但数字原住民们往往认为消费是寻获认同的表达,能够帮助他们维护社交关系。消费者通过购买不同的产品,去探索自己的需求,并打造专属人设。消费者这种看重自我的独立性和差异性的趋势,敦促新媒体营销做出更为细致深刻的消费者洞察。

最后,"Z世代"人群更看重"乐趣"。区别于前辈消费者的理性、价格敏感或对性价比的推崇,年轻的消费者们从最初级别的"温饱"过渡到精神层面的享受,更看重主观体验与心理层面的愉悦感。"悦己"已经成为重要的消费标签,从消费中收获快乐体验高于消费品本身的功能效用。

2.从大众市场迈向分众市场

第二次世界大战后,世界市场的平稳发展及社会化大生产日渐成熟,加速了产品的流水线化、标准化与规模化进程。由此导致大部分快消品在质量、功能、价格、包装等方面差异性缩小。但消费者却是气质、能力、性格与知识结构不尽相同的个体,因此,同质化的产品或服务难以满足消费者的需求。通过满足消费者的差异化、多层次和小众化的需求,或是根据消费者的持续细分的需求来改变自身定位,在市场竞争中会获得更多的市场份额。无论是哪一种情况,都显示出传统的大众市场正在解体,分众市场正在形成,也在不断成熟。

早期的分众市场是有限的,挖掘到一部分崭新的消费者需求可以开发利基市场,并撬动企业的整体发展。戴尔公司自创立之初就形成了独具特色的"定制+直销"模式,利用互联网平台直接与客户建立联系,从客户需求出发量身定制产品。通过不断积累与客户的直接接触经验,构建更紧密的客户关系。

　　戴尔时代还是"命题菜单＋自选菜单"模式,即建立在标准化零件基础上的自由装配。而建立在 NFT 技术上的数字藏品则使分众市场无限细分,甚至实现了完全的个人化。NFT 是基于区块链技术系统产生的,具有唯一性、不可分割和不可互换特性的加密数字产品。目前,利用在数字艺术品认证和交易中的 NFT,能够满足消费者对自己所购买产品是"独一无二"的追求;数字加密艺术(crypto art)确保了数字艺术品权属的真实性和唯一性。2021 年,成都金沙遗址博物馆推出数字藏品,其中上线的"浮面""白藏之衣""福泽满天"等高清图片以出土的金面具、太阳神鸟等文物为原型进行创作,购买者不仅可以收藏,还可以使用这些图片进行二次创作与再次售卖,如图 1-2 所示。数字藏品在支付宝平台上线后仅 50 秒就一抢而空,实现销售额 39.6 万元。

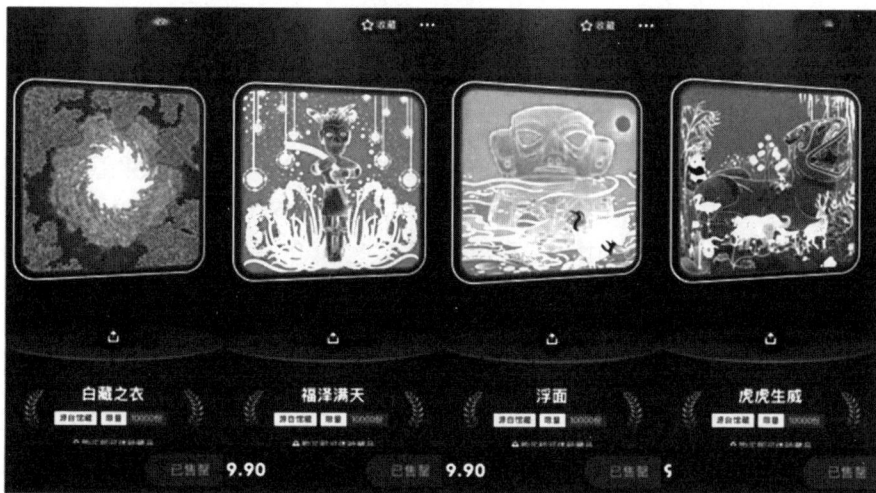

图 1-2　2021 年成都金沙遗址博物馆推出的数字藏品

1.3　新媒体营销的作用

　　企业采用新媒体营销能够解决哪些问题?在传统营销效果逐渐式微的背景下,企业利用新媒体营销已经不再仅仅是跟上时代的问题,而是成为关系到企业生死存亡的关键议题。借助新媒体营销,企业能够研发更符合消费者需求与期待的产品,能够更为精准地找到目标消费者并产生沟通,还可以跨屏幕打造更为完整生动的品牌形象。

1.3.1　研发符合需求的产品与服务

　　诚如上文所讨论的,当数字原住民成为消费者时,他们对于营销的需求也出现层级化的变迁。如图 1-3 所示,他们的需求从简单的物质满足到更高层级的精神满足,消费者需求在不断提升。

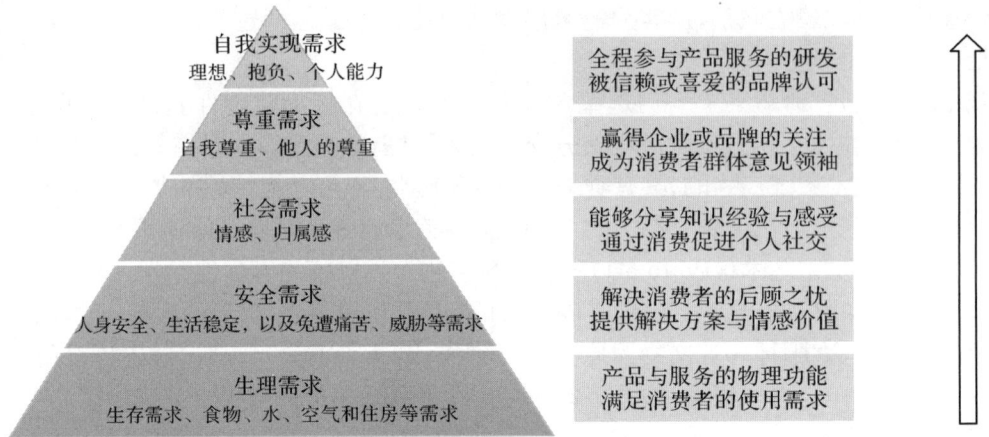

图1-3　新媒体营销可能实现的需求满足层级

在生产能力并不发达的传统时期,消费者购买产品的主要目的是解决自己的使用需求。伴随着消费者逐渐获得市场的主导地位,他们的情感与安全需求也被提上日程。除了满足消费者在物质方面的基本需求,企业和品牌还需要考虑到消费者的社交需求、情感满足及自我价值实现等问题。以海尔电器为例,2019年,海尔集团在中华人民共和国成立70周年这一重要节点,发布了"家的赞美诗"主题广告,旨在唤醒用户对于海尔品牌的情感共鸣,提升品牌好感度。海尔集团借着梳理中华人民共和国成立70年来中国普通家庭的变化,将其与海尔产品的更新换代相融合,将企业和家庭的故事融入时代变迁的大背景,实现了消费者的情感共鸣。

新媒体还能够提高消费者对产品的满意度,让他们感觉到产品更适合自身。感觉与认知的差异在于,感觉是主观的,与个体经验相挂钩。新媒体带来的参与感可能提升消费者的正面体验,无论是在贴吧、主页或者网站上的发言被回复,还是凭借着自身的知识、经验成为消费专家KOC(key opinion consumer,消费者专家),都能够极大地提升消费者的参与感与满意度。近年来,"参与营销"(engagement marketing)被营销行业多次提及。这种参与既可以是有形的参与,如参加线下的营销活动,也可能是无形的深度卷入,其本质都是为了加强和维护消费者与品牌之间的关系。因此,企业基于新媒体平台可以激发消费者的参与热情,使其全程参与产品的研发、定价、销售与流通环节,真正实现消费者与企业的价值共创。

1.3.2　找寻更加精准的目标客户

新媒体已经遍布于人们生活的方方面面,用户通过注册浏览等行动,其行为数据得以在软件保存。用户在互联网新媒体的使用过程中不断生成主动数据与被动数据,其中主动数据是指登录信息、发表的言论与照片、分享的日记,包括转发、评论、点赞、关注等;而被动信息是指被cookies记录下来的部分,例如登录的IP地址、在线时长、消费记录、注册信息等。这些信息汇聚起来成为对企业有价值的大数据,新媒体营销可以利用数据工具更加精准地捕捉到消费者,并理解消费者的社会地位、媒介习惯及购买方式。利用大数据,企业可以针对用户的年龄类型和收入类型,向用户群体投放潜在意向产品的个性化广告,也可以实现产品的私人定制及服务推送等,最终实现营销效果的最大化与差异化。

借助跨屏幕的数据搜集与大数据分析,今天的新媒体营销更加追求精准有效。精准营销(precision marketing)成为越来越多企业关注的主要议题,它依托现代信息技术手段建立个性化的顾客沟通服务体系,不仅增强了产品价值的适应性,也有助于实现"一对一"的沟通。企业通过利用可量化的市场定位技术来瞄准自己的消费者,借助先进的数据库技术、网络通信技术将营销信息推送到消费者面前,逐步摆脱繁杂的中间渠道环节及对传统营销模式和营销组织机构的依赖,不断满足客户个性需求,建立稳定的客户社群,从而满足企业长期稳定和高速发展的需求。

以 DSP(demand-side platform,需求方平台)广告投放为例,传统媒体营销利用广告将产品信息无差别地推送给所有消费者,但当下计算广告投放时则会明确营销目标和产品特性,描绘出目标用户的特性,再估算 ROI 值。在消费者定向投放策略中,企业可以将消费者的性别、年龄、地域、婚配、子女状态、行业、兴趣爱好、收入等信息纳入考虑范围。

1.3.3　塑造更为完整的品牌形象

随着网络环境的进步、智能便携终端的易得及大数据时代的到来,媒体平台呈现多元化的发展趋势,且媒体传播形式也迭代频繁。在此背景下,受众媒体行为呈现出碎片化乃至"粉末化"特征,用户越来越倾向于在多个屏幕、地点和时段完成品牌信息的接收。因此,新媒体营销更需要解决品牌形象整体性与跨屏传播的问题。以多屏为导向,而非侧重在任何一个单一屏幕,通过整合媒体资源,优化传播效果。

从单一屏幕向多元屏幕演进,企业利用新媒体展开营销时更需要明确传播内容和形式,充分、有效、准确地运用各个平台,分层次诠释和释放品牌主要的诉求方式与核心卖点。同时还需实现品牌和内容的联动传播,整合运用跨屏传播中的品牌互动性和内容延展性。

腾讯理财通发布的《"90 后"理财与消费报告》显示,"90 后"作为互联网背景下成长的新一代,自主独立意识和理财意识更强,越来越多的"90 后"开始谋求工资外的收入。而互联网平台成为超过 84.5% 的"90 后"理财的主选择渠道,比例远远高出银行等传统理财渠道。在此背景下,包括银行、保险、证券等在内的各类型金融机构纷纷在 C(consumer,客户)端营销上发力创新。除了选择品牌代言人来争夺市场外,更是通过微博、微信平台中的长图文、短图文、B 站平台的中长视频、抖音平台的短视频,乃至音频分享平台上的有声课程、直播等多媒介形式触达用户。作为金融行业不可或缺的支柱之一,中国银联近年来也积极利用新媒体打造形象,与消费者展开跨屏沟通。在 B 站中银联投放了多支视频广告,利用"诗歌POS 机"等形象塑造作品成功出圈;而在微博端,银联秉持"碎碎念"的传播特点,将与消费者的沟通做到常态化,经营发放优惠券、红包或成为专项活动的引流页面;抖音平台则主打"福利官 Ruarua"的熊猫形象,展开萌系沟通,并设计了口头禅"老规矩、先扫码"(企业在 B 站、微博及抖音平台的账号主页示例)。总之,不同平台的营销传播,有助于品牌与消费者的多方位沟通,塑造更为清晰的品牌形象。

妙可蓝多
妙趣酪园

✍ 拓展实训:分析妙可蓝多妙趣酪园的传播方式

[实训目的]

了解营销发展历程及新媒体技术发展对消费者的影响,熟悉消费者的4种主要媒介使用行为,洞察消费者决策过程及新媒体对消费者购买前、购买中、购买后行为的影响与作用。

▶▶ 思考与练习

1.简述新媒体营销的概念和特点。

2.新媒体营销与传统媒体营销的区别有哪些?

3.新媒体营销的作用体现在哪些方面?

📄 第1章小结

第 2 章　新媒体营销用户洞察

学习目标

- 从营销发展历史中感知消费者的变化
- 了解说服效果领域的"魔弹论""使用与满足"理论
- 理解购买者、消费者与生活者之间的差异
- 熟悉新媒体用户的 4 种主要的媒介使用行为
- 把握新媒体对消费者购买决策过程的影响

学习重点、难点

学习重点

- 能够依据营销 1.0 到营销 4.0 的发展变化,分析从消费者到用户的本质变化
- 能够理解"使用与满足"理论,分析新媒体时代消费者的多样化需求

学习难点

- 掌握消费者的 4 种新媒体使用行为
- 掌握新媒体对购买前、购买中及购买后各阶段的影响与作用

思维导图

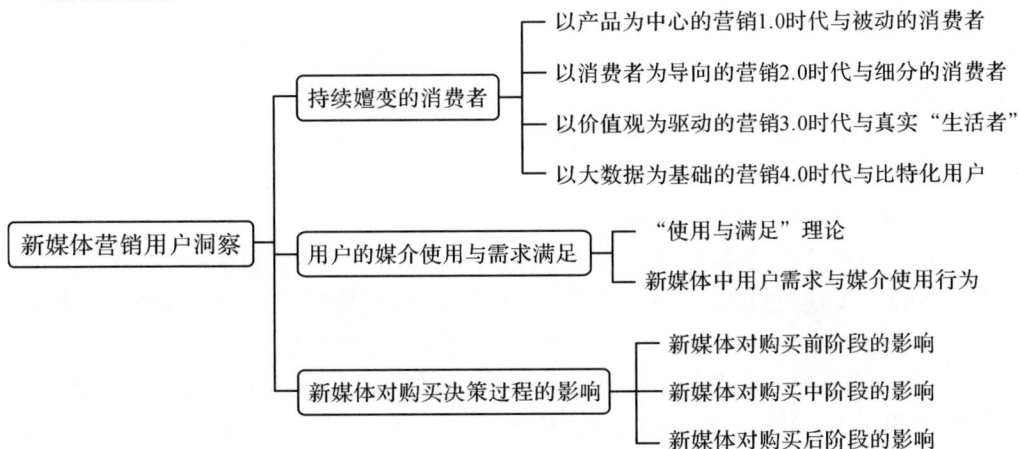

2.1　持续嬗变的消费者

无论哪一个时代,营销的核心都是找到消费者并满足他们的需求。因此,深刻地理解、说服与影响消费者,是现代营销不可回避的话题。技术发展与社会进步双重力量相互交织,推动着消费者的持续嬗变:一方面,他们发挥出了更强的主动性。从了解产品与品牌,到知晓、记忆品牌知识,再到与品牌互动交流,最后购买并积极反馈体验,消费者正以更为主动、积极的姿态参与营销活动。另一方面,媒体与生活的融合持续深化,消费者从"偶尔上线"转型为"时刻在线"。"数字移民"与"数字原住民"们不仅在赛博空间内消费,也在这里社交、工作、娱乐与生活。当然,伴随着消费者集体向新媒体迁移,大量用户数据也使得消费者清晰可见、有迹可循。面对不断变化的消费者,粗放的、脸谱化的传统营销将显得愈发低效,而一成不变的、"洗脑"式的营销内容也将被摒弃。

随着数字经济的蓬勃发展和创新应用,目前的营销实质上已经逐步跨越以产品为中心的营销 1.0 时代、以消费者为导向的营销 2.0 时代和以价值观为驱动的营销 3.0 时代,并朝着以大数据、社群、价值观营销为基础的营销 4.0 时代迈进,营销在消费者的持续嬗变与重构中被不断改写与创新。正如营销大师菲利普·科特勒(以下简称科特勒)所指出的"market changes faster than marketing"(市场变得比市场营销更快)。

2.1.1　以产品为中心的营销 1.0 时代与被动的消费者

亨利·福特曾言:"无论你需要什么颜色的汽车,福特只有黑色的。"在营销 1.0 时代,产品是企业生产经营活动的中枢,而营销是支持生产活动的七大功能之一,是为已经生产的产品去创造需求、找寻消费者、开拓市场。

在营销 1.0 时代,营销学大师美国密歇根大学教授杰罗姆·麦卡锡在 1960 年出版的《基础营销学》中提出的 4P 营销组合被奉为经典。产品(product)、价格(price)、渠道(place)、促销(promotion)4 个维度构建起市场营销的核心框架。其中产品是一切服务与价值的核心,包括有形产品、服务、人员、组织、观念或它们的组合;有竞争力的价格是吸引消费者的重要手段;渠道是将产品服务"推"到消费者身边的重要通道;最后,企业还需要展开各类促销活动,以打折、捆绑销售等活动促成消费增长。在这种营销哲学下,"营销近视症"(marketing myopia)现象时常发生,即只看到自己的产品质量好,却看不到消费者的差异化需求及社会的发展变化。

营销 1.0 时代的消费者具有哪些特点呢?

首先,他们是被动的。受 19 世纪中期流行的"条件反射学说"的影响,消费者的购买行为被视为"刺激—反应"过程。也就是说,如果没有外界的驱策力和诱因,消费者们就不会产生购买行为。这种"刺激—反应"模式在说服效果领域则体现为"魔弹论"。在 20 世纪 20 年代至 40 年代,大众媒介具有强大威力和直观效果,所有带着说服目的的营销信息,犹如子弹击中身体、药剂注入皮肤一样,可以促使消费者们直接快速购买。当时的消费者并不具备反抗的能力与意识,只能被动接受企业的游说。

其次,消费者是存在于想象中的。因为营销人员更专注自己的产品,消费者的真实需求并未赢得关注与重视。市场调查与消费者调查的缺位,往往导致产品与消费者之间的不匹配,而营销人员也只是通过各种各样的方法向假想中的消费者去推销产品。

最后,消费者被视为"千人一面"。在营销 1.0 时代,消费者的需求往往被营销人员视为一致。当营销信息通过传统的报纸、广播、电视等媒介到达消费者时,他们只能遵循着"接收信息—产生说服—转化购买"的路径。由于大部分的营销信息都是由专业化的传媒机构生成并向大众传播扩散的,因此企业与品牌也误将信息的"受众"当作产品服务的"消费者",因而难以真正满足消费者的需求。

因此,在营销 1.0 时代,利用媒介来最大限度地影响消费者成为必然趋势。香皂市场早期售卖的都是黝黑而粗糙的产品,而美国宝洁公司(P&G)却推出一款长方形并带有中缝线的白色香皂。在命名时,宝洁公司从圣诗中得到灵感:"来自象牙宫的,你所有衣物都沾满了沁人心脾的香气!"因此为产品取名"象牙"(Ivory Soap)。为了更好地刺激消费者购买,1882 年,宝洁公司第一次在一家周报上为象牙肥皂做广告(见图 2-1);20 世纪 30 年代,当收音机成为普通美国家庭起居室的必备配置时,宝洁公司又赞助了许多以家

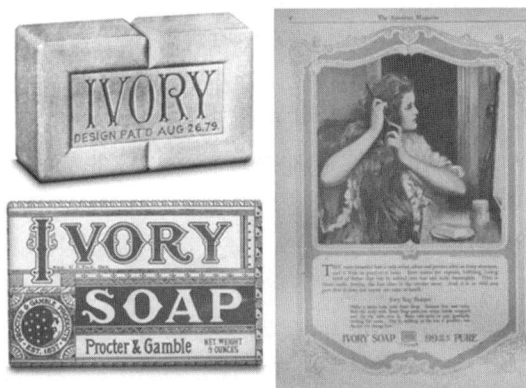

图 2-1　宝洁公司象牙肥皂的产品、包装与报纸广告

庭问题为题材的广播剧;20 世纪五六十年代,电视逐渐在美国普及,许多以普通家庭生活环境为背景的电视剧,吸引了大量的家庭主妇去观看。宝洁公司对这种媒介类型的赞助,不仅开创了肥皂剧(soap opera)这一媒介内容类型,更是凭借着象牙肥皂的成功,开启了整个日化用品王国的征程。

2.1.2　以消费者为导向的营销 2.0 时代与细分的消费者

随着市场竞争日趋激烈,产品供大于求,卖方市场逐渐过渡到买方市场,营销也逐步进入 2.0 时代。20 世纪 50 年代以后,市场营销观念(marketing concept)真正地确立起来。一方面,大量军工企业转向民用商品的生产,生产能力的提升,使得社会产品极大丰富。企业普遍开始重视产品的研发,旨在开发出符合消费者需求的产品。另一方面,后福特时代的到来,推动西方各国政府普遍推行高福利、高工资、高消费的政策。消费者们有了更多的可支配收入与闲暇时光,对生活质量有了新的追求。在此背景下,消费者成为市场营销的中心,企业与品牌开始意识到"顾客至上"。甚至有人称此为"消费者主权论",即决定企业生产何种产品的权力,既不是由生产者把握,也不是由政府机构决定,而是汇聚到了消费者的手中。

在营销 2.0 时代,4C 营销理论应运而生。美国营销专家罗伯特·弗雷德里克·劳特朋教授在 1990 年重新设定了市场营销组合的 4 个基本要素,即消费者(consumer)取代产品成为企业营销的中心,再匹配成本(cost)、便利(convenience)和沟通(communication)。4C 营销围绕着消费者的需求全面展开,企业营销的起点并不是产品的开发和设计,而是率先了解和发现目标顾客的需求。企业也不能盲目地将产品推向市场,而更应该聆听消费者的需求

反馈,并运用多样化的方法迎合变化的消费者。

在效果说服领域,20 世纪 40 年代后传媒学者伯纳德·贝雷尔森(以下简称贝雷尔森)和保罗·拉扎斯菲尔德(以下简称拉扎斯菲尔德)在《人民的选择》一书中否定了早期的魔弹论观点。他们认为社会信息的传播,本质上是传播者与信息接收者相互协商的结果,是双向互动的社会过程。这就意味着,大众传媒发布的产品服务信息,并不一定是按照想象中的方式被接受、理解与记忆。一味地抹杀消费者的平等参与地位,以及漠视他们挑选信息、主动思考与自主决策的事实并不会带来积极的营销效果。

营销 2.0 时代的消费者具有哪些特点呢?

首先,消费者开始被"看见"。企业开始看重消费者的客户价值,在所有产品服务研发前,首先需要了解和研究消费者。具体包括关注顾客的购买成本、选择消费者认为便利快捷的销售渠道,加强与消费者的双向沟通,实现情感连接并培养、巩固、强化顾客的忠诚度。

其次,消费者开始被"细分"。并不是所有的大众传媒受众,都有可能成为消费者。企业最为明智的选择是挑选有思想辨识能力与经济消费能力的个体,通过满足他们特定的需求来实现企业的长足发展。当然,也并不是所有的消费者都拥有一致的需求。对消费者差异化需求的洞察、挖掘与满足,往往可以撬动市场,带来企业的长足发展。创办于 1907 年的法国欧莱雅集团最早生产染发剂产品,后期不断围绕着女性爱美的天性需求开拓市场,逐步覆盖护肤品、彩妆、香氛等业务类型,拥有 500 多个子品牌(见图 2-2)。近年来,欧莱雅集团旗下品牌日益多元化,既有满足高端消费者的私人定制品牌赫莲娜,也拥有具有东方审美气质的羽西,更涵盖了专业美容市场的医学护肤(药妆)品牌。

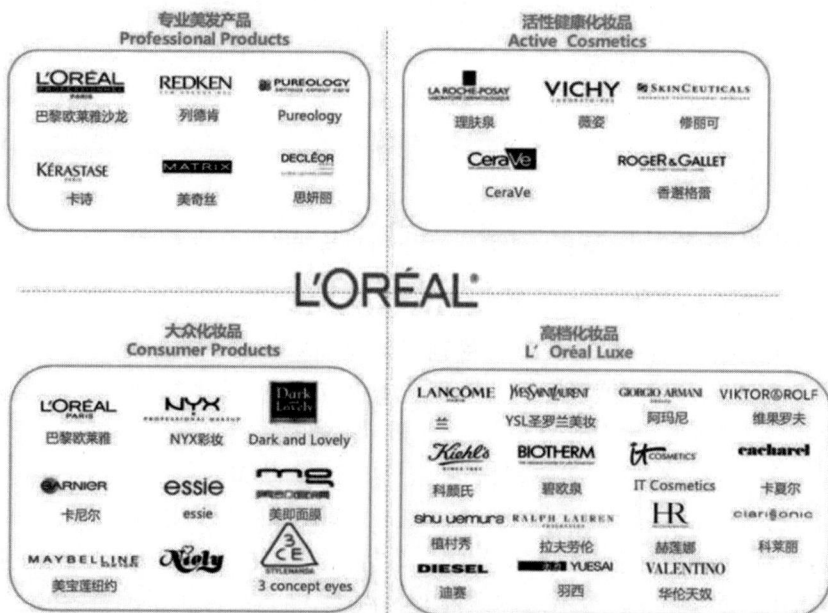

图 2-2　欧莱雅集团的产品分类
资料来源:本图引自中国传媒大学广告学院《媒介》杂志发布的《欧莱雅:国际美妆品牌的社会化、数字化布局》研究报告。

在我国也不乏因关注消费者细分而获得成功的企业案例。例如太太药业(现已更名为健康元药业集团股份有限公司)就关注到中国职业女性日益增多的现实,适时推出了主打美容养颜诉求的保健品"太太口服液",并将产品口号拟定为"做女人真好"。

再次,小众的、隐蔽的、非刚性需求也开始被关注与满足。2008 年,上海交通大学莘庄校区,一名叫做张旭豪的同学发现熬夜打游戏的同学们时常会在深夜感到饥饿,但苦于夜间很难订到餐食。于是他联合自己的同学康嘉、汪渊创办了一家名为"饿了么"的网上订餐平台,专门为消费者提供外卖的订购与配送服务。借助科技的力量,饿了么平台实现了 B(business,企业)端与 C 端的双重覆盖,并不断衍生出同城物流(众包)与新零售相关业务。对于小众需求的关注,不仅推动饿了么成为国内最大的餐饮 O2O 平台之一,也带动了全社会"懒人经济"的崛起。

当然,将消费者放置在营销的中心地位,其进步性不言而喻,但是否存在问题与隐患呢?例如,顾客的需求是否具有永恒的合理性?当消费者需求不理性时,盲目迎合消费者的企业如何承担起引领健康发展的社会职责?

2.1.3　以价值观为驱动的营销 3.0 时代与真实"生活者"

长期以来,学界与业界都使用"消费者"一词来描述自己的顾客。1965 年"顾客满意"概念进入营销学视野,区分出"购买行为"和"消费行为"两个差异化的概念范畴。而我国学者李飞则提出新的疑问:想象一位顾客进入零售场景中,店铺的销售人员或是直播间的客服会如何看待他(她)呢?很多时候,他(她)只是"随便逛逛""随便看看"。购买与消费只是这位生活者的一种社会行为,他(她)还需要消磨时间、满足精神需求,更要参加社交、寻求群体归属及实现自我价值。

实际上从 20 世纪 60 年代起,不断变化的外部环境开始敦促企业重新思考。一方面,人类生存的整体环境在恶化,能源短缺、动物灭绝、植被消失的问题不断激化;另一方面,世界经济发展滞胀、通货膨胀严重、失业人数不断增多,企业与消费者都开始思考整体与长远利益。当我们将消费者视为真实生活的人,秉持着"以人为本"的观念时,营销就进入了 3.0 时代。消费者依然是"上帝",但具有了更多的人性特征;消费者虽然在购买,但可能只是彰显自身价值的手段;消费者做出各种类型的消费决策,但可能只是为了表达自我观念、塑造社会关系、融入社交网络及更好地生活。

美国西北大学教授唐·舒尔茨(以下简称舒尔茨)提出的 4R 理论(即 relevance,关联;reaction,反应;relationship,关系;reward,报酬),体现出了"以人为本"的理念。在消费者价值与企业价值互动的时代中,营销需要将消费者真正当作"人"与"生活者",而不是"捕捉猎物"式地刺激他们购买。企业与顾客是相互依赖的命运共同体,建立、发展并维系与顾客之间的长期关系是企业经营的核心。企业应该用自己的使命、愿景与价值观念去赢得他们的信赖,并通过消费或其他社会活动一起致力于社会问题的解决。

那么,营销 3.0 时代的"生活者"具有哪些特点呢?

首先,"生活者"追求的并不是"购买"与"消费",而是美好的生活。他们对生活方式、生存状态、社会及自然环境都有着期待与追求,如全球生态恶化的议题正被广泛提及,越来越多的消费者意识到消费对环境造成了不良影响,并将环保因素纳入消费决策。因此,环境友好型产品更能满足消费者日益增长的绿色意识和环保需要。

企业该如何应对?"品牌绿色延伸"(brand green extension)与"绿色营销"(green marketing)提供了与营销 3.0 时代"生活者"沟通的新思路。通过向消费者传递节约资源、清洁生产、循环利用等企业环保理念,并主动向消费者展示企业所履行的环境义务与相关的改进资讯,进而实现与消费者价值观之间的互动、理解与认同。一直以来,饮料行业巨头可口可乐公司因产出过多的塑料垃圾而备受批评,甚至有不少环保机构批评可口可乐公司是全球第一大塑料污染者。为了减少批评的声音,重新赢得消费者的认同,可口可乐公司做出一系列可持续发展承诺:2022 年 8 月,含有绿色聚对苯二甲酸乙二醇酯(PET)的绿瓶雪碧将逐步退出全球,取而代之的是透明瓶身与印有"Sprite"绿色标签的包装瓶。去除绿色材质后,饮料瓶将能更好地被回收利用,也有助于推动塑料包装材料的循环使用。10 月,可口可乐公司推出减塑环保新包装,使用新型的纸板"Keel Clip"(一种用于多件装罐装饮料的可回收纸板包装)来替代塑料包装。这种以回收纸作为原材料的包装,不仅能保护易拉罐顶部免受污染,也满足了消费者对于环保回收的普遍期待(见图 2-3)。

图 2-3　雪碧的"去绿色包装"与可口可乐的"Keel Clip"纸板包装

其次,"生活者"们是有着独立思维意识、差异化情感需求及丰富社交关系的社会成员。他们会选择各类新媒体去表达自我,也会展开社会交往,凝结成团体,打造自己的社交圈层与网络,凭借消费的权利与企业展开抗衡。

企业该如何应对?舒尔茨指出,企业应该尽快从"推测性商业模式"转变为"高度回应需求的商业模式"。倾听意见、关注反馈、注重互动成为企业的基本技能。传统时期的控制、制订和实施计划则退居其次。2024 年 8 月,国产 3A 游戏《黑神话:悟空》凭借精良制作与深厚的文化底蕴引爆全球游戏市场,上线首日 Steam 同时在线人数突破 220 万人,预售销量超 120 万份,相关话题多次冲上热搜,成为现象级文化事件。瑞幸咖啡敏锐捕捉这一热点,在游戏上线前夕推出联名产品"黑神话腾云美式",同步推出 3D 限定海报光栅卡、联名杯套等周边,以"天命人"主题设计精准切入游戏玩家圈层。活动上线后引发抢购热潮,周边商品秒罄,部分门店因系统承压出现短暂卡顿。此次联名不仅验证了瑞幸对年轻消费群体的精准洞察,更凸显其"产品创新＋热点借势"的爆款制造逻辑,通过联名饮品与稀缺周边组合,成功将游戏 IP 流量转化为品牌热度与销售增量。

同时,消费者们凝聚在一起将爆发出强大的力量。2019 年 8 月,加拿大羽绒服制造商"加拿大鹅"(Canada Goose)下架了其官方网站对动物采购的道德声明,原因是羽绒服制造过程中使用的"鹅绒"与"狼毛"(制作毛领所用)的获取是建立在虐待动物的基础上的。随着消费者对皮草厌恶情绪的日益高涨,不少消费者聚集在社交网站上"加拿大鹅杀生"(Canada Goose Kills)等话题之下,而线下也有环保人士在加拿大鹅新店开业时进行抗议。迫于环保人士的抵制和股价下跌的压力,加拿大鹅品牌声明 2022 年后将停止购进动物皮毛,转向环保材质的服装生产。由此可见,消费者的意见与反馈已成为企业生产和决策的重要参照。

2.1.4　以大数据为基础的营销 4.0 时代与比特化用户

营销 1.0 到 3.0 的阶段,企业的营销活动都还在依赖大众传媒,并辅助使用一些新型的媒介类型。而目前的营销 4.0 时代,营销的媒介选择更加多元,内容也与场景更加贴合,营销内容真正地渗透到每一个个体。因此,企业与消费者之间的价值共创也具有更高的可能性与便捷性。20 世纪 90 年代起不断成熟的信息与网络技术,已开始在市场营销领域有所应用,随着移动互联网、物联网、大数据、区块链、人工智能、5G 的运用,不仅改造了商业世界的生存模式,也影响着消费者们的思维方式。正如美国学者尼古拉斯·尼葛洛庞帝在 1996 年出版的《数字化生存》一书中指出的,数字化、网络化与信息化将带来全新的数字化生存(being digital),致使计算不再只和计算机有关,而是关系到我们的生存。

新媒体营销的不断发展,正是对消费者作为"人"独特个体的真实还原。从最初"想象中的市场",到群体细分的市场,再到精准的、差异的和再聚合的个人,消费者变得更加清晰可见。而大数据技术、移动互联网和物联网的发展促使消费行为数据和习惯都被大数据系统记下,带来了比特化用户(bit-consumer)。今天,在各类媒体上浏览、购物、社交、学习、工作的人往往被称为用户。不同于传统媒介时期的"受众"(只能够被动接受媒介信息),用户具有更强的主动性与选择性,他们会依据自己的需求,在各类社会活动中利用媒体获取信息以改造自身知识结构并获得满足。在新媒体时代,每一位个体都是三重身份的集合体,分别承担着信息的生产者、传递者和接收者三重角色。搜索引擎的出现助推了"用户"的形成,互联网中最早的"冲浪行为"更接近于无目的的自由浏览,用于满足那些连主体自身都尚未感知到的信息需求;而由搜索引擎普及带来的检索行为则是有明确目标、能表达信息需求的主动获取行为。伴随着 Web2.0 时代的到来,互联网媒体开始变成上传与下载并行,可读与可写齐行,UGC 大量出现。每一位用户都可以生成、保存和传播自己的内容,还可以通过互联网平台进行展示,甚至提供给其他个体有偿使用。用户生成内容借助自己的社会关系网络扩散信息,带来了一大批社会化媒体应用的成熟。例如,国外的 My Space、Facebook、Ins,以及国内的微博、抖音等,均得益于用户参与内容生产。

营销 4.0 时代是建立在大数据飞速发展的基础之上的。所谓"大数据",是指高速(velocity)涌现的大量(volume)多样化(variety)数据。庞大、复杂的数据集突破了单一计算机的运算能力,而不断进步的云计算恰能展开洞察与开发。知名企业 Netflix(奈飞)和宝洁等公司利用大数据来预测客户需求。以前者为例,奈飞公司在拍摄电视剧《纸牌屋》时,就从 3000 万付费用户的数据中总结收视习惯,并根据对用户喜好的精准分析进行创作。即这部电视剧拍什么、谁来拍、谁来演、怎么播,都由数千万观众的客观喜好统计数据决定,成功实现了 C2B(customer to business,客户对企业),即由用户需求决定生产。宝洁公司也会依据焦点小组、社交媒体、试销市场和前期铺货的数据和分析结果来规划、生产和发布新产品。

那么,营销 4.0 时代的消费者具有哪些特点呢?

首先,消费者是"场景化"的。所谓场景,是指消费者所植根的生活片段。例如,咖啡可以出现在开启活力一天的早餐中,也可以出现在轻松惬意的下午茶或拼搏熬夜的晚间加班之中。对消费者的终极关怀,是看到人在具体场景下的不同需求。消费者有着日常生活、学习工作、放松休闲、社会交往等多种场景,每一种场景下个体都会拥有不同的身份、不同的需求。一个消费者,可能是互联网音乐平台上的蓝调爱好者,喜欢为自己喜欢的音乐版权付费;也可能是在购物网站上的"羊毛党"群体的一员,会上传自己制作的"产品开箱测评",也会跨平台分享自己的薅羊毛"攻略";还有可能在社会化媒体平台上为自己贴上"学生党""打工人""干饭人"等标签,方便找到志同道合的网友们。如果说原有的消费者调查仅仅是抽样调研,那么大数据时代的到来则超越了简单的人口统计学范畴,高准确性、时效性和场景化的数据会更加全面地呈现给消费者。

其次,消费者是"去中心化"的。因为数字化浪潮瓦解了原先集中在少数人手中的权力,使得赛博空间内不断地去中心化,信息透明化程度得以不断提升。昔日拥有读写能力的少数精英,已经被"傻瓜式"操作就能获得海量信息的普罗大众所取代。掌握了各种媒介技术的消费者,可以用极低的成本获取关于产品与品牌的一切信息。从产品成分、生产工艺,到使用方法、包装设计,甚至是企业与品牌相关人士的政治立场或个人行为,都有可能被消费者综合纳入决策过程。同时去中心化还带来了对权威的质疑与挑战,消费者不再喜欢被说教与灌输观点。无论多么强大的品牌都失去了营销的主导权,因为消费者需要的是能够平等对话、聆听意见的品牌与产品,是希望能够在购买的各个环节中获得一种"掌控感"。

再次,消费者是"产消一体"的。信息权力的下放催生出越来越多主动的消费者,他们以"产消者"的姿态更为积极地参与产品的研发、生产、流通的价值实现与增值环节。1980 年美国著名未来学家阿尔文·托夫勒首次提出"产消者"的概念,专门指代那些参与生产活动的消费者。也正因为消费者有意愿、有能力、有渠道参与营销的各个环节,"价值共创"成为可能。相对于传统的价值链理论所理解的"价值是由企业创造,并传递给大众消费者"的观点,营销 4.0 时代的消费者不仅在消费领域贡献出自己的知识技能,还可以积极地参与企业的研发与生产。

最后,消费者是基于社交关系而聚合的。众所周知,人类有天然的群居性,也有为迎合周边而做出从众行为。因此,在营销 4.0 时代,消费者可能会凭借新媒体技术"重返地球村",并在各种强弱关系的交织链接中和与自己有相同需求的人进行交流。一方面,消费者是个性十足的差异个体;另一方面,消费者又在社交媒体上聚合,形成客户社群与圈层。因此,相对比原先占据主导地位的企业与品牌而言,新媒体中的"F 因素"(f-factors),即朋友(friends)、粉丝(fans)及追随者(followers),会更有机会影响消费者的购买决策与买后体验。

2.2　用户的媒介使用与需求满足

2025 年 1 月 17 日中国互联网络信息中心(CNNIC)发布了第 55 次《中国互联网络发展状况统计报告》,报告对中国互联网用户做出了新的描述与梳理:截至 2024 年 12 月,我国网民规模达 11.08 亿人,较 2023 年 12 月增长 1608 万人,互联网普及率达 78.6%。新媒体用户在人口规模、使用时间、覆盖领域等方面都有增长,人们的出行、购物、社交、娱乐、就医、教育等生活各方面与媒介深度融合,使用网络媒体越发成为人们现代生活不可分割的一部分。互联网新媒体的发展及数字技术成熟不仅为人们的生活带来了极大的便利,也成为人们畅想和体验智能化生活的载体空间。当现代社会中的个体不再将媒介视为消费信息获得渠道,而是将其视为生活的组成部分时,我们更需要思考以下两个问题。

(1)用户为什么会使用新媒体?
(2)用户有哪些类型的需求?会产生何种媒介使用行为?
本节将会针对上述问题展开分析。

2.2.1　"使用与满足"理论

20 世纪 40 年代起,不少学者开始尝试从受众的角度来探讨媒介的告知与说服效果,逐渐摒弃最为传统的魔弹论。1944 年,哥伦比亚大学广播研究学者赫塔·赫佐格针对广播节目《专家知识竞赛》的爱好者进行访谈,发现听众收听媒介信息与获得满足的方式各不相同。有些仅仅为了弥补不足、增长知识,有些则是为了满足自己的竞争心理,形成较为强烈的"我比选手更强"的心理暗示,还有些是为了检测自己的知识能力,加深自我认知。1945 年,美国传播学者贝雷尔森针对报刊的读者也展开了类似研究,并归纳出"获取日常生活所需信息、获取休闲和娱乐、获取他人的尊重、获取社交话题和读报行为的习惯化"等几种报纸使用的理由。这种研究一直持续到 20 世纪六七十年代,比如在针对美国儿童的电视使用情况的研究发现,即便是儿童观看电视也可以分为幻想、消遣和指导行为等多种目的。

1974 年,美国社会学者伊莱休·卡茨(以下简称卡茨)教授在《个人对大众传播的使用》一文中提出了"使用与满足"(Use and Gratifications Approach)理论,指出接触媒介的受众是有着特定需求的"个体"。原先那种认为受众只是消极被动接受者的观念是错误的,社会公众的媒介接触活动是基于个人需求,并通过这种使用来满足自己的特定需求。卡茨将媒介接触行为概括为"社会因素＋心理因素—媒介期待—媒介接触—需求满足"的连锁过程(见图 2-4)。1977 年,日本学者竹内郁郎对卡茨教授的理论进一步丰富,指出个体的媒介接触行为的结果可能有需求得到满足与未得到满足两种;而无论哪一种体验都可能强化个体对媒介的印象,影响下一次的媒介接触与选择行为。

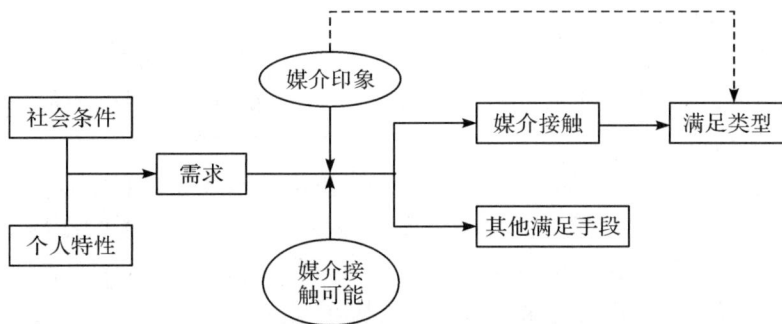

图 2-4　"使用与满足"模式的基本过程

这一理论产生的启发意义在于,企业利用新媒体展开营销应率先考虑用户的需求与行为。是什么驱动用户在新媒体的各种平台与应用中聚合?是为了商品的购买,还是自身的生存发展,又或是群体交往及自我实现?总之,用户的需求将决定企业利用新媒体传播什么内容,以及如何展开沟通。

2.2.2　新媒体中用户需求与媒介使用行为

对于需求的分析,最为著名的理论当属人本主义心理学亚伯拉罕·哈罗德·马斯洛(以下简称马斯洛)的需求层次理论(Need-Hierarchy Theory)。1943 年在《人类动机理论》论文中,马斯洛需求层次理论将人类需求像阶梯一样从低到高按层次分为 5 种,分别是:生理需求、安全需求、社交需求、尊重需求和自我实现需求。在 1970 年版本的《动机与人格》新书中,求知需求和审美需求被纳入体系。

耶鲁大学的克莱顿·奥尔德福发展了马斯洛的需求层次理论,提出了 ERG 理论。ERG 理论认为人有 3 种核心需要:生存需要(existence)、关系需要(relation)和成长需要(growth)。其中,生存需要指个体的生理需要和物质需要,与马斯洛需求层次理论中全部"生理需求"和部分"安全需求"相对应。关系需要指个体维持社会交往的需要,而成长需要指个体追求自我发展的内在欲望。这类需要可与马斯洛需求层次理论中部分"尊严需求"和全部"自我实现需求"相对应。

向内看,人类基本需求可以不断细分。例如饮水属于生存与生理需求,属于最低层级的基本需求。但对于水的洁净程度、水的矿物质含量、水的来源产地,个体可以有多元化的选择。向外看,人类基本需求的外延范畴基本保持不变。因此,个体在使用新媒体时就产生了四大类型的行为,即信息获取与交换、社会交往、娱乐休闲及经营消费,如表 2-1 所示。

表 2-1　使用新媒体的用户需求类型

人类基本需求	基于新媒体可以实现的需求	新媒体用户的使用行为
自我实现需求	获取知识、充分自我发展、开创经济行为	经营消费 娱乐休闲 社会交往 信息获取与交换
尊重需求	开拓人际关系、塑造个人形象、巩固社会地位	
社交需求	加入各类社群、巩固既有社会关系、满足情感	
安全需求	了解外部环境	
生理需求	获取关于生存的基本信息	

信息获取与交换既可以满足生存需求(如把握自然界的重大变化,调整自身加以应对),也可以交换自己所掌握的信息获得群体认可,以实现他人对自己的尊重(例如,在某些专业领域积累较多知识,给出专业性意见指导他人)。典型的新媒体使用行为包括:使用搜索引擎、查看网络新闻与资讯、接收在线教育、使用远程办公或协作等。

社会交往行为既可以体现在对归属的追求上,也可以出现在自我实现之中(例如,加入特定偶像的粉丝群体,通过在虚拟群组中劳动获得他人认同)。典型的新媒体使用行为包括:使用即时通信工具巩固现实社会中的社交关系,利用新媒体技术结成崭新的趣缘群体、在个人主页上的兴趣分享、日志记录及远程网络协作等。

娱乐休闲行为是新媒体使用中不可或缺的一类。所谓的休闲,是指在非劳动及非工作时间内以各种"玩"的方式求得身心的调节与放松,以期达到生命保健、体能恢复、身心愉悦的目的。休闲需要可以消除身体的疲劳,并实现精神上的慰藉。娱乐游戏则是人类的本能,是一种在模拟环境下应对挑战、学习技能的认知方式。观看网络直播、听音乐、网络游戏与竞技及休闲类的新媒体阅读行为,都是个体工作之余的可选项。

此外,经营消费行为主要指企业用户与个人用户也开始基于新媒体平台上的便捷服务、海量信息开创各种类型的经济行为。典型的新媒体使用行为包括互联网端的理财、个人投资或展开 C2C(customer to customer,客户对客户)销售等。

在下文中,我们将更为详细地探讨新媒体营销应该如何更好地利用用户的行为。

1. 信息获取与交换行为

20 世纪 60 年代初,"信息社会"(information society)概念首次出现,人类开始进入以信息为核心资源的崭新发展阶段。围绕着信息的开发、传递、加工与利用,社会出现新的分工。

但无论有无"信息社会"这一概念，人类对信息的基本需求却从未改变：一方面，个体需要持续获得各类知识与内容，进而达到开拓视野和实现自我提升的目的；另一方面，个体也需要交换信息和促成协作，以保障自己的社会群体生活的正常有序。

如今，现代社会中信息获取的渠道也日渐多样化。用户既可以在具体需求出现时求助于搜索引擎，也可以订阅稍显传统的聚合内容 RSS。以新浪新闻、网易新闻为代表的资讯门户网站仍占有一定比重，但今日头条等资讯 APP 凭借着大数据算法的精准推送吸引着更多的年轻一代。期待获得特定领域专业知识的用户聚合在垂直化的资讯渠道中。以 2003 年创立的"经管之家"（原人大经济论坛）为例，这是国内最大的经济、管理、金融、统计类的在线教育和咨询网站，注册人数超过 400 余万人。按照其公布数据，该网站每天有超过 15 万名的经济管理类专业人士访问，是专业知识生产与扩散的集中地。

而在新媒体时代，用户也需要基于平台去自由地交换信息、协同创造价值。团队成员之间可以利用新媒体交换数据、共享信息；在线教育突破了校园与教室的围墙，让知识在更为广泛的社会层面传播；以政务新媒体为代表的政府信息公开与互联网问政也日趋常见，政府与普通公民间的信息不对等也有所弥合；线上问诊与医疗也成为近年来的热门应用领域。

2. 休闲娱乐类行为

人类对于娱乐的需求自古就有，无论是模仿远古时期狩猎的摔跤，还是在数字游戏中的对抗与竞技，游戏、玩耍与休闲都是人类释放本能、获得短暂现实生活逃离、重整身心的必要手段。正如西格蒙德·弗洛伊德所认为的那样，游戏是被压抑的欲望的一种替代行为。越是理性文明的现代社会，个体所感受到压抑、管理与约束越发明显，对于娱乐休闲的需求则越发高涨。现代社会中，休闲娱乐行为越发成熟多元，这一方面源自泛娱乐产业的不断发展壮大，以及娱乐内容与形式不断创新；另一方面源自快节奏和高强度的现代生活的持续渗透，现代人需要短暂放弃"工具理性"的生存状态。

通过喜马拉雅等音频类平台，声音可以成为"背景音"伴随用户的工作与学习；通过社交媒体上的小游戏，用户可以打发碎片化的时间；通过在线视频的弹幕，用户得到了表达欲的满足；通过创造音乐平台的歌单，个体将独一无二的体验分享给他人，并感受到被理解、被尊重的愉悦；"魔兽世界""王者荣耀"等角色扮演类游戏为新用户提供了一种安全无风险的模拟体验，允许用户自由地选择与切换角色身份，也可以通过"组成战队"或"开黑作战"等活动巩固现实生活中的人际关系；通过观看直播，用户可能感受到陪伴与关注，甚至形成"家人"的情感体验。值得注意的是，短视频与直播的用户持续增长，头部平台抖音、快手、微视平台上聚合的短视频用户占全体网民 91.5%。

图 2-5　快手 V-STAR 计划中的狐璃璃

在 2021 元宇宙元年后，我国虚拟数字人行业发展迅速，不少虚拟人物 IP 进入了娱乐休闲领域，演变为虚拟主播（virtual anchor），如图 2-5 所示。这些由计算机三维技术生成的虚拟人不但能够进行语音交流，还可以进行动态表演。至此，泛娱乐产业版图再次拓展。

当然，"娱乐至死"需警惕。在智能终端普及与使用门槛持续降低的今天，娱乐内容的获取门槛更低，通勤时段、午休及晚饭后的碎片化使用现象明显，低龄人群正在成为娱乐用户的主要增量来源。通俗娱乐带给用户强烈的情感刺激,但也容易产生麻痹的副作用。在海量的娱乐内容"轰炸"面前,人们无法避免滑向更加轻松的领域。早在1948年,美国学者拉扎斯菲尔德和罗伯特·默顿就提出大众媒介的"社会麻醉"功能,即长期接触媒介中的娱乐内容后,个体丧失辨别能力与思考能力,审美情趣及文化素养的平庸化,甚至无法控制自我的时间与生活,最后处于虚幻的满足而丧失在真实社会中的行动能力。"电子奶瓶""电子榨菜"等使人长期沉溺并上瘾的娱乐休闲行为层出不穷。过度娱乐化不仅在个人层面有所体现,即使是严肃的政治、经济与文化领域都被娱乐的逻辑所统治。满足用户的娱乐需求,但不盲目迎合,同时拒绝娱乐至死,这值得我们慎重思考与保持警醒。

3. 社会交往类行为

1986年8月25日,时任高能物理所Aleph组组长的吴为民在北京使用一台IBM电脑给自己的同事杰克·斯坦伯格发送了中国历史上第一封国际电子邮件;1987年9月,维纳·措恩教授与王运丰教授携手向卡尔斯鲁厄大学发送了另一封邮件:"Across the Great Wall we can reach every corner in the world."(越过长城,走向世界。)由此带来了更为广泛的人类交往。Web2.0时代后,以交往为目的的媒介大规模地获得应用。从以内容聚合为主的BBS论坛,到以创作者为中心的博客(blog)与播客(podcast),然后过渡到QQ、MSN等即时通信工具,再到2010年后的微博、微信及2016年后的"直播的兴起",多元自由的社会交往成为用户最核心的需求。个体需要建立、发展、维系、开拓自己的社会关系网络,确保在社会关系中的存在与能量交换。

新媒体改造并重塑了用户的社会交往行为,主要体现在以下几个方面。

首先,新媒体平台可以帮助用户更好地理解自身和塑造形象。多元化的社交平台与应用带来全方位的互动反馈,它犹如"全身镜"一般帮助用户加深对自我的认知。用户可以通过图片、影像、声音或其他符号载体进行自我表达,还可以创造多重身份与形象,自由与他人展开交流。无论是21世纪初期QQ秀的服装、发型与道具,还是当下王者荣耀中的皮肤与微信朋友圈中的头像、表情包,都是个体在交往中的形象塑造手段。

其次,新媒体丰富了社会交往的手段。个体可以在新媒体平台上发布动态、设置状态,也可以对他人的内容进行点赞、评论、转发或打赏。任何两个个体既可以通过在线视频、实时语音或屏幕共享的方式紧密地连接,也可以通过文字或图片的形式展开"你一言、我一语"式的交流。在组群交流中,个人之间还可以"匿名发言"等多样化的交流方式,推进互联网用户控制社会关系的节奏与进度,进而获得更好的满足感。

2019年"夸夸群"一词入选"年度中国媒体十大新词语"。作为一种搭载在微博与微信平台上的多人群聊组群,"夸夸群"以温暖有趣的社交互动构成现实疏离社会的有效补偿。现实社会激烈竞争,且国人内敛克制的文化基因使得年轻用户倍感孤独,很难在真实世界与人坦露心迹、谈论情感。加入网友自发组成的"夸夸群",每个"求鼓励""求安慰"的人都能在短短几分钟内被刷屏的夸赞拥簇。通过与各类弱关系的交流,个体可以获得情感支撑与社交满足。

4. 消费经营类行为

早在20世纪中期,美国学者威尔伯·施拉姆就指出,大众传播具有政治功能、经济功能和一般社会功能。所谓的经济功能,主要表现在提供买卖机会的信息、活跃和管理商业世界,以及开创经济行为等。新媒体继承了传统大众传媒的经济功能,促成了用户的消费行为与经营行为。

　　消费行为,即网络用户在新媒体上完成的信息获取、决策付费及商品购买的全过程。消费行为具体包括消费者浏览电子商务平台上的海量的商品信息,翻阅其他消费者体验分享与评分等级,订阅折扣网站或特卖网站的特价推送,登录社会化媒体查看品牌与企业的动态,下单自己青睐的商品与服务。值得注意的是,新媒体促成了消费与社交的深度交织。越来越多的社会化商店,如快手、抖音与微博的小店及扎根微信朋友圈的微商小店等,都在不断模糊信息获取、社会交往、娱乐休闲与购买行为之间的界限。如图 2-6 所示,截至 2024 年 12 月,我国网络购物用户规模达 9.74 亿人,较 2023 年 12 月增长 5947 万人,占网民整体的 87.9%。

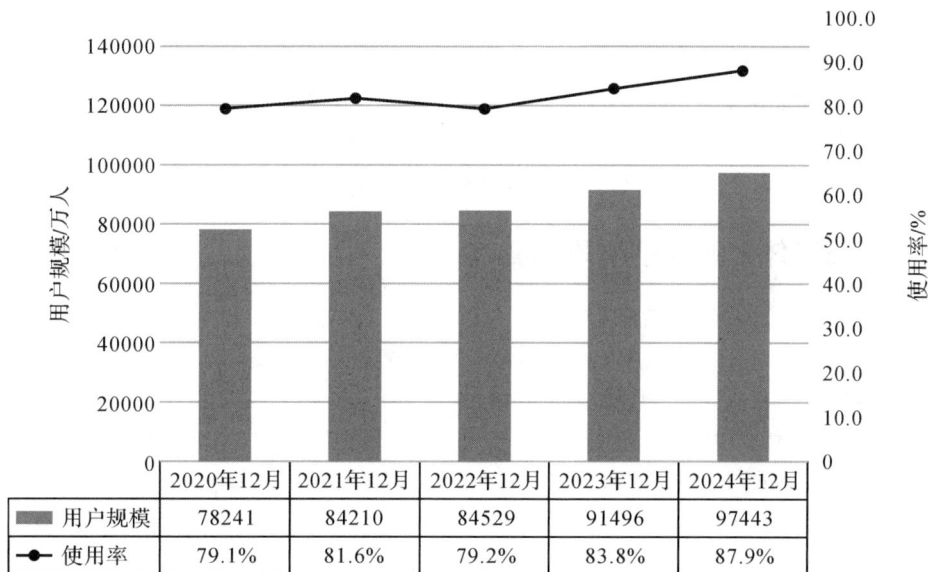

	2020年12月	2021年12月	2022年12月	2023年12月	2024年12月
用户规模	78241	84210	84529	91496	97443
使用率	79.1%	81.6%	79.2%	83.8%	87.9%

图 2-6　2020—2024 年网络购物用户规模及使用率

　　那么用户的经营行为是什么意思呢? 正如上文所述,互联网时代的用户是产消一体的社会存在。伴随着智能终端设备的普及、自媒体的蓬勃发展与直播的全民化,任何个体都可以借助新媒体主动卷入信息经济。个体可以在第三方电子商务平台上注册店铺,成为出售实体产品的"店家",也可以在微博、微信等社交媒体上出售个性化的服务。用户可以选择抖音、快手、B 站、西瓜视频、视频号、微博等平台生产视频内容,借助"听觉经济"的崛起在喜马拉雅、蜻蜓 FM 等平台上上传付费的音频内容。用户还可以成为"主播",通过售卖直播服务获得经济收益。正如《纽约时报》专栏作家麦瑞克·阿尔伯在撰写书籍《双重职业》时提出,当代青年是不再满足"专一职业"的"斜杠青年"(slash youth),他们倾向于拥有多重职业身份与多元生活。而在后工业时代,伴随着媒介技术的智能化、傻瓜式的发展,任何人都可以凭借简单的新媒体设备成为"斜杠一族"。

　　仅以微信公众号为例,个体可以得到来自平台的创作收益,也可以获得用户给予的"打赏"。如果创作者具有一定的专业知识或能够持续生产优质内容,那么还可以经营自己的"付费圈子"或"专栏"。在拥有一定数量的订阅用户后,个体还能够承接内容广告。

2.3　新媒体对购买决策过程的影响

如图 2-7 所示,营销管理专家科特勒把消费者的理性购买决策过程分为 5 个部分,即问题确认、信息搜寻、方案评价与选择、制定购买决策和购后行为。虽然并非所有的决策都是严格按照这 5 个步骤进行,但却准确地指出了购买行为是人们为了满足需要和欲望而寻找、选择、购买、使用、评价及处置产品和服务所表现出来的持续行为过程。新媒体时代,用户的买前需求、信息搜集、决策中的影响要素及购买后的体验反馈,都呈现出新的特点。

图 2-7　科特勒提出的理性购买决策流程

2.3.1　新媒体对购买前阶段的影响

1. 对消费者需求的持续细分

在问题确认这一环节,首先应看到新媒体对消费者需求的影响。行为是个体需求的外化。当个体感受到内心需求的不平衡状态后,加之外部恰当的诱因要素,就会导致指向性行为的发生。例如,个体如果有喝水的需求,当他们看到瓶装水的广告时,就会有购买的冲动。如果此时广告周边有超市或自助售货机,那么购买行为则可能出现。马斯洛需求层次理论常被用于描述消费者的需求,即社会中的个体一般来说具有生理、安全、社交、尊重与自我实现等 5 个层次的需求,且多数情况下个体会首先考虑较低层次的需求,然后逐步向高层挺进。而新媒体凭借着海量信息的承载能力,展开了对消费者需求的精细划分,为企业开拓出一个又一个的利基市场。

以生理需求中的饮水为例,目前瓶装水市场上有纯净水、蒸馏水、矿物质水,也有倡导更加自然的深层火山岩水或"竹根水"(竹子根部自然流淌的山泉水)。2016 年 5 月,今麦郎饮品股份有限公司从中国人饮用熟水的习惯出发推出了"凉白开"产品,开创了瓶装水市场的新物种。此外,个体的睡眠需求也被不断关注。面对巨大的社会压力,年轻消费者熬夜已然成为常态,除了外用的助眠工具枕头、眼罩、隔音耳塞等,市场还出现了大量的熬夜糖、褪黑素的外用产品,甚至在抖音等平台上还出现了"助眠直播"(使用雨声、风声、海浪声等白噪声安抚情绪、陪伴入眠)。通过对小众的、个性化需求的关注,企业可以撬动万亿级市场,成就火爆的"睡眠经济"。

2. 对消费者欲望引导与强化

除了激发更多层次与多元化的用户需求,互联网新媒体还使用跨平台的大数据向目标用户促销和种草,进而强化用户的购买欲望。其中,"种草"是指网络红人通过视频、直播等内容分享方式引导其他用户了解产品信息、刺激购买欲望并最终促成购买的信息传播过程。

借助网络红人或名人的知名度,品牌可以降低消费者的选择成本,提高消费者行动效率,被称为"贵族水果"的牛油果就是典型案例。牛油果作为墨西哥和中美洲国家的一种普通水果,因含有健康的不饱和脂肪酸而受到城市白领和时尚达人的喜爱。大量的健身博主与网红大 V 开始利用牛油果制作减肥奶昔或代餐,在 Ins、Facebook、YouTube 上展示牛油果的食用方法,在国内的小红书平台上也不乏牛油果的挑选方法、烹饪方式和营养价值分析相关的内容贴。

在技术力量的加持下,用户在多个平台上的使用数据被整合开发。根据消费者浏览、阅读或转发等行为大数据,企业可以将商品信息跨平台推送,在不同的消费场景再次推送到消费者的智能终端,实现"反复曝光"。例如,消费者在小红书平台上关注了一款沐浴露产品,并在淘宝中搜索了该产品。那么在未来的几天内,该消费者朋友圈的内容信息流中或微博的开机画面与置顶广告可能出现同类产品的推送。在这种全方位的包裹下,消费者的购买欲望被持续巩固。一旦平台出现促销、团购或限时特卖等价格诱因后,消费者的购买概率将极大提升。

3. 对信息搜集过程的改造

当购买欲望出现后,消费者下一步将搜集产品信息辅助决策。传统的信息搜集渠道包含个人渠道、商业渠道与新闻媒体等第三方渠道。其中,个人渠道又称"人际渠道",指那些建立在人际关系基础上的信息来源,如家庭成员、同学同事等。商业渠道主要指推送广告与营销信息的大众媒介。

新媒体改变了消费者的信息来源,大量的 KOL(key opinion leader,关键意见领袖)和 KOC(key opinion consumer,关键意见消费者)涌现出来。虽然并不是消费者的"强关系",但他们凭借自己的专业性与权威性,赢得了消费者的信赖与推崇。

KOL 往往具有更为专业的知识背景与更大规模的粉丝用户,尤其是在信息质量良莠不齐的社交媒体上,他们的意见具有稀缺性和专业性。以评测型的 KOL 为例,"老爸测评"账号的创始人"魏老爸"之前在浙江出入境检验检疫局中从事产品检测和认证工作。后期,账号内的测评内容被权威媒体大量转发,甚至参加了中央电视台的直播活动。借助中央电视台的权威背书,"老爸测评"创始人在普通消费者的心中树立起具有一定"权威性"且真实可靠的人物形象。

而 KOC 本身就是消费者中的一员,拥有真实的消费体验,会在个人的账号与主页上更加坦诚地表达自己的使用感受。相比于 KOL,KOC 的粉丝更少,但优势在于他们更垂直,平等社交的属性更强。他们在直播间内称呼消费者们为"友友们(叠字相加,比朋友们更显亲昵)"、"家人们"(常用来指代粉丝群、直播间内的所有用户),更具有亲切感。同时,KOC 商业合作的费用更加低廉。

4. 对购买决策评估的作用

当然,新媒体时代海量庞杂的信息还会影响消费者的比较评估过程。消费者不仅可以查阅其他消费者的买后评价,更能直观地观看他人的购买决策,甚至是购买意愿。

2021 年的"双十一"购物节淘宝网新增的"分享购物车"功能备受关注。用户可以选择自己购物车中想要分享的多件商品,勾选后一键分享。为了增强社交属性,淘宝还增加了"摇一摇"功能,方便线下面对面时与好友相互分享购物车。在微博平台上,国资委官微"国资小新"也分享了自己的购物车,其中包括中国"十三香"神舟十三号、享誉世界的白鹤滩工程,还有国产最大直径盾构机"运河号"及深水大气田开发利器"深海一号"。这一装满央企制造国货的购物车,引发了网友们的围观。而在小红书等生活方式社区中,不少 KOC 也在利用购物车分享,为合作品牌进行讲解与引流。"晒购物车"不仅方便分享用户的心头好物、围绕个人的购买方案重塑社交关系,其更为重要的意义在于方便好友之间"抄作业",即他人的购买方案将成为重要的借鉴。

除此之外,新媒体还利用各种文字、图像、声音、游戏与社交要素去强调"现在不买,将来后悔"之意。多样化的营销活动与信息刺激,以及随处可见的价格曝光、促销玩法及其他购买者的评价,都在随时随地影响消费者的购买决策。

2.3.2　新媒体对购买中阶段的影响

在购买这一核心环节上,新媒体首先缩短了客户的购买流程。过去,当消费者在电视媒体上看到某一产品的广告,那么该产品可能出现在下周的购物清单上。当然购买的延迟可能带来遗忘,或者被距离购买决策点更近的产品取代。而新媒体带来的跨平台关联,则极大缩短了这一过程。消费者可能在抖音上看到某一产品的介绍,那么点击直接进入抖音小店即可购买;或者在 Ins 或小红书上看到"种草"内容,转向淘宝、京东、亚马逊等购物平台上搜索主题标签即可完成下单。

其次,新媒体提供了更为丰富的购买渠道选择,将线上购买与线下购买无缝衔接。传统的线下渠道已经展开了与线上平台的合作。随着新型零售商业模式的不断流行,线上与线下融合样式不断更新。消费者可以线下浏览产品,再线上下单配送到家;也可以线上浏览产品,再线下自提取货。以阿里巴巴与大润发合作为例,在淘宝页面"淘鲜达"板块,用户可以浏览商品并下单,LBS 线下大润发门店会在约定的时间内配送到家。用户也可以选择在线下"大润发"超市边逛边买,结算时使用支付宝或面部识别均可。

除了传统的购买渠道逐渐"上网",还有新媒体时代的"土著"渠道持续涌现。社区便利服务在近年来成为互联网电商竞争的新赛道。以买菜为例,消费者可以直接选择"叮咚买菜"等新晋 APP 直接下单,也可以在美团买菜平台上以拼单、团购的方式获得更优惠的价格。同时,京东买菜、拼多多等电商平台也成为新选择。在 2020"私域流量"元年后,不少企业开始意识到依赖于第三方的购买平台无法更好地呈现产品与服务,私域可以强化用户和品牌之间长远而忠诚的关系,提供资讯发布、客户服务、交易促进及社群分享四大职能。例如,瑞幸、完美日记等线下零售企业都开始构建以门店为核心的私域流量。

最后,网络新媒体提供了多样化的支付方式。现金支付是交易中最简单的价款支付方式,网银支付是国内电子商务企业提供在线交易服务不可或缺的功能之一。支付宝、微信支付等第三方支付持续占领市场,普通市民可能只需要一部手机或智能穿戴设备就可以瞬间完成支付。目前市面上常见的支付宝支付、微信支付、百度钱包、京东钱包、翼支付等,都可以通过第四方的聚合支付方式予以整合,最大限度方便消费者与商家。从支付类型上看,基本所有的在线支付都会涉及网关支付(payment gateway),是由银行操作的将互联网上传输的数据转换为金融机构内部数据的一组服务器设备,或由指派的第三方处理商家支付信息和顾客的支付指令。而快捷支付本质是针对小额支付的需求场景的代扣服务,目前淘宝与京东平台上常出现的"小额免密"就是快捷支付的应用形式,"刷脸"与"短信验证码"也可以归于此类。

2.3.3　新媒体对购买后阶段的影响

消费者的购买过程并不随着购买行为的发生而结束。在使用产品和服务的过程中,消费者会将产品与服务的实际表现水平同预期水平进行比较,形成买后感觉。买后感觉会影响消费者的认知,进而影响下一次的购买决策。正如科特勒所认为的那样,顾客满意(customer satisfaction)"是指一个人通过对一个产品的可感知效果与他的期望值相比较后,所形成的愉悦或失望的感觉状态"。

在新媒体时代,用户的买后体验可以分为三种情况。

第一种,即实际情况与消费者的预期相匹配,消费者持中立态度。在这种情况下,消费者既不会产生抱怨,也没有超出预期的"惊喜"。平淡的买后体验值得品牌认真思考,是否需要通过改进产品、完善服务、提升体验等来加以优化。

第二种情况是实际用户的使用感受超出预先期待,带来消费者满意。满意可能带来消费者对于产品的认同,进而上升到对品牌的信任,强化下一次的购买意愿。

第三种情况则是实际情况低于预期,导致消费者不满意。如果消费者不满意,新媒体会持续放大消费者的不愉快,甚至可能带来企业难以招架的负面评价。

日本电通公司洞察到用户在购买后会"分享"行为,在"AIDA"模式(即 attention,注意;interest,兴趣;desire,欲望;action,行动)的基础上进行了改进,使用"S"[寻找(search)]替换"D"[欲望(desire)],并强调了用户们的买后分享"S"(share)。一方面,用户会主动利用搜索引擎,检索公司、获取产品信息;另一方面,用户会根据消费体验,对产品做出评价,通过分享个人的体验感受形成二次传播,进而影响其他用户的购买决策。这也成为 Web2.0 时代用户购买决策过程的典型写照。

以著名的"美联航弄坏吉他事件"为例。2008 年加拿大歌手达夫·卡罗尔的吉他被美联航的行李运输工摔坏,历经 9 个月索赔未果后,达夫·卡罗尔制作了一首名为《美联航摔坏吉他》的音乐视频并上传到 YouTube 上,10 天之内得到近 400 万次点击量。而后来自消费者的抱怨内容不断发酵并最终造成网络舆情,导致美联航股价暴跌 10%,蒸发 1.8 亿美元市值。压力之下,美联航只能被迫赔偿。因此,手握麦克风的消费者需要企业与品牌的快速响应,企业也更需要关注社交媒体上的抱怨行为,警惕可能带来的负面网络舆情。社交媒体的开放性、交互性和海量电子数据存储等特性,会使社交媒体上"吐槽"的抱怨内容与负面情绪传播得更为持久和广泛,也更易引起其他消费者的共鸣,并形成观点一致的群体式抱怨。一旦这种负面情绪不断发酵,便会在网络社群中出现明显的"群体极化"(group polarization)现象。群体极化会导致群体决策比个体决策更容易走极端,在新媒体平台上来自用户的广泛观点会强化成员的观点与态度。例如,如果个体用户对某品牌感到满意,并在满分 10 分的情况下给出 7 分的评价,那么,在与其他持赞赏观点的用户交流后,两个人最终可能给出 8 分或更高的评价;反之亦然,不满的情绪将会转变为社会化媒体的舆论压力。

当然,在本节的讨论中,我们都基于一个假设前提,即用户是理性的。但人作为感性与理性的集合体,也存在非理性的购买过程。北京大学刘德寰教授就曾在 2013 年提出 ISMAS 模型。相对于传统理论认为用户应该首先"注意"(attention)营销广告信息,而刘德寰教授认为消费者并不会因为广告的投放而直接产生兴趣,他们可能会在海量的新媒体信息中,仅关注那些自己感兴趣的内容。因此,产生兴趣(interest)、进行搜索(search)、形成口碑(mouth)、促成行动(action)和进行分享(share)5个阶段也可以用来描述用户的购买决策过程。从这里也可以看出,以媒介、平台为中心的时代正在远去,以人为中心、以用户为中心的时代正在展开。总之,企业需要整合兴趣、搜索、口碑、行动与分享形成全链路营销,才能激发出更多的价值。

📝 **拓展实训:阅读并分析埃森哲《未来生活趋势 2025》**

埃森哲发布
《未来生活趋势 2025》

[实训目的]

对比新媒体与传统媒体的区别,熟悉新媒体的概念与特点,理解新媒体技术带来的营销转变,学会利用新媒体进行营销活动策划及推广。

▶ **思考与练习**

1. 受到"新理性主义"的影响,消费者更加关注产品与品牌的成分、功效与使用场景。请你举出恰当的例子对这一观点进行佐证。

2. 消费者越来越看重自己的时间价值,追求效率与便捷,这对品牌与企业而言有什么样的启发?假如你是一家本地化的餐饮企业,你会如何改进自己的产品与服务以更好地迎合消费者需求?

📄 第 2 章小结

第 3 章　新媒体营销模式

▶▶ 学习目标

- 了解常见的新媒体营销模式
- 掌握不同新媒体营销模式的特点
- 树立新媒体营销意识

▶▶ 学习重点、难点

学习重点

- 掌握不同新媒体营销模式的内涵及特点
- 掌握各种营销模式的设计要点

学习难点

- 能够基于具体实例判断和分析不同的新媒体营销模式
- 掌握新媒体下各种营销模式的运作

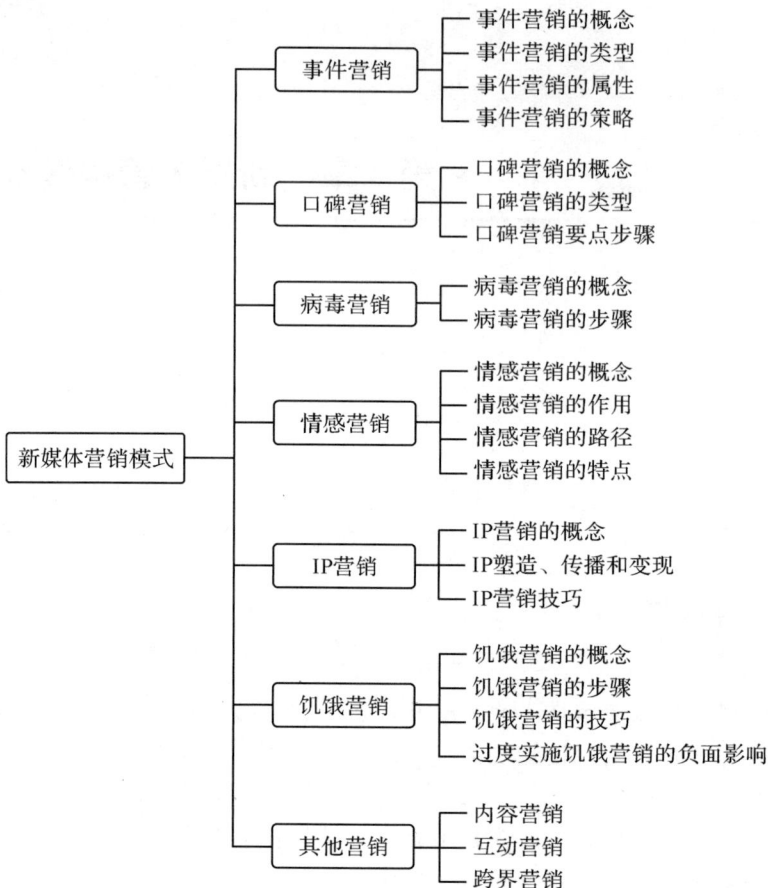

3.1　事件营销

3.1.1　事件营销的概念

20 世纪 80 年代,事件营销起源于美国,由媒介事件演变而来。它是企业通过组织策划或者借助舆论热点、名人效应,以及具有新闻价值、有影响力的人物或事件,引起社会大众的兴趣和关注,从而进一步提高企业或产品的知名度、美誉度,最终实现产品、服务销售的一种营销方式。

在通常情况下,企业利用外部事件进行事件营销,一方面可以提升产品的销量,另一方面可以树立品牌形象。事件营销的实质就是活动,不管是公司自己开展活动,还是利用已经存在的社会热点,都要把活动的重点聚焦在一个话题上,从而达到提升公司销售的目的。

3.1.2　事件营销的类型

1. 节庆活动

企业以节庆日为主题进行的事件营销活动是最普遍的营销模式之一。企业利用大众对假期节日和节日情怀的关注，借助节日元素营造节日气氛，以达到销售商品的目的。例如，在中秋节时商家对月饼、大闸蟹等礼品的宣传，提醒人们回家团圆买上礼品孝敬家里长辈，送亲朋好友；母亲节、父亲节时商家以"感恩"为话题开展活动，一方面提醒大众今日的特殊性，另一方面也提醒大众今天需要购买相关商品送给自己的母亲、父亲。因此，企业在开展节日为主题的营销活动时，需要与节日内容相结合，通过大众对节日的传统认知，策划相应的主题活动。例如，除夕夜看春节联欢晚会已成为一个传统的节日流程，抖音通过与央视合作，借助春晚推出在线看春晚抢红包活动。大众通过下载抖音 APP，可实现一边看春晚，一边互动抢红包。抖音也因此通过这个活动成功圈粉许多新用户，成为主流短视频 APP。

2. 焦点事件

焦点事件往往具有受众面广、突发性强、传播快等特点，企业合理借助焦点事件可以起到爆炸式营销的效果，同时也帮助企业节约高额的宣传成本。在如今这个广告横飞的时代，消费者在接收广告时容易审美疲劳，因此企业需要加大广告投放力度，并在广告策划方面不断创新，才能起到一定的宣传推广效果，这一现象迫使企业寻找大众关注度高的推广手段，焦点事件营销正好具备这样的效果。例如，2020 年 9 月，"秋天的第一杯奶茶"一词在网络流行。9 月 24 日上午，四川达州一女孩由于遇到挫折，得不到家人、朋友的关心，在楼顶天台准备轻生。当地民警通过"秋天的第一杯奶茶"打动女孩，并顺利救下，将"秋天的第一杯奶茶"赋予关怀的含义，并得到进一步推广。奈雪看准时机，借助"秋天的第一杯奶茶"这一焦点事件顺势推出"奈雪奶茶节"，促使其奶茶销售量大增。

3. 公益活动

公益活动是一种服务社会大众、注重社会效益、实现利益再分配的活动。企业从事公益活动有利于打造好口碑，树立良好的企业形象，吸引消费者的关注，博得消费者的好感，从而提升品牌美誉度和认可度，也提升了员工对企业的认可度。例如，2022 年 4 月，上海疫情严重，粮食短缺，全国各省捐款捐物。但由于运力不够，使得物资仍然无法到达群众手中，这时京东做出决定，派出 3000 多名快递员驰援上海，为上海民众派发物资，解决生活保障问题。通过此次活动，京东品牌形象再次深入人心，网友们也纷纷点赞，京东积攒了良好的口碑。

4. 危机公关

对于企业来说，危机公关一般包括两个方面：一是实质性危机，此类危机往往是内部危机。该危机往往由于经营管理不当或者同行竞争所致，应对这类危机应当稳定企业内部情绪，加强沟通，同时需要找到应对解决措施；二是舆论式危机，此类危机往往是由外部事件影响所带来的负面舆论，一般是将问题过于放大化，引起消费者不满。危机公关需要企业积极地、妥善地采取应对措施，并充分地考虑到消费者的情绪价值，不能站在消费者的对立面。危机公关是一把双刃剑，一方面，通过新闻媒体对事件的传播可以间接提升企业的知名度；另一方面，若企业无法妥善处理好该负面新闻，将导致企业声誉和利益受损。因此，好的公关手段可以帮助企业提高自身形象，改善消费者的刻板印象，增强消费者对于企业的信任程度；但如果企业处理不当，会导致企业深陷舆论旋涡，损害企业品牌形象，进而影响产品销量和股价。

以海天酱油事件为例。2022年9月30日，网络爆出海天酱油在国内产品含有添加剂，日本市场产品不含添加剂，广大网友质疑食品安全健康和"双标"问题。海天酱油迅速发表声明，表示自己国内产品完全符合法律标准，指责恶意诽谤，将对侵害名誉行为提起诉讼。广大网友针对海天酱油的声明，普遍认为国家标准是底线，但应该提供更好、更健康产品，而不是不同国家产品实施不同标准。四天后，海天酱油再次发声，指出食品添加剂的产品不代表比国外的差，并未正面回应"双标"问题。10月9日，海天酱油再次发声，正面回应"双标"问题，指出无论国内市场还是国际市场，都有含食品添加剂和不含食品添加剂的产品。此事过去近10天，舆论风波才慢慢散去，但海天酱油经历次危机事件市值蒸发了近400亿元。

3.1.3 事件营销的属性

事件营销的载体是事件，事件往往是由时间、地点、人物、起因、经过、结果构成，所以事件营销具备目的、目标主体、时空、事件内容等构成要素。参与者的参与感、情绪价值是事件营销的主要特点，新媒体工具的使用拉近了大众参与事件的距离，同时也使得网络成为大众表达观点的主要阵地，企业要想通过事件营销活动与消费者产生共鸣，需要将产品与新媒体活动相结合，从而实现共赢。因此，企业需要掌握事件营销的属性，进而推动事件营销获得成功。

1. 参与性

参与性是指消费者加入事件营销活动的概率程度。当代主流营销模式已经从"推式营销"转向"拉式营销"，无论是企业还是消费者都热衷于互动的营销活动。事件营销正好为企业和消费者的双向互动交流提供可能，消费者通过参与活动不仅可以提升情感体验，还可以获得有用信息。

2. 话题性

话题性指事件营销活动具有成为新闻焦点的性质，是大众消费者谈论的主题。事件的话题性越高，说明越具有宣传效果和口碑效果，越具有新闻价值。因此，具有话题性的营销活动更易成为媒体报道的重点，更能吸引大众消费的关注和谈论。企业通过事件的话题性策划营销活动，可以用较低的成本，来博得更高的宣传效果，提升企业品牌的知名度。

3. 趣味性

趣味性是指事件营销活动能够引起大众兴趣的程度。广大消费者往往存在猎奇心理，对新奇、反常及能体现人情味的东西感兴趣，所以事件越具有趣味性，往往越能够获得消费者的持续关注，让消费者全身心投入。具有趣味性的营销互动能够让消费者参与活动后的体验感更加深刻和真实，因此营销效果更好。

4. 接近性

接近性代表事件营销活动本身距离大众的远近程度。大众往往对周边的人和事十分关注，所以事件与大众的关联性越大，就越能引起大众消费者的关注，大众也就越想知道事情的真相原委。因此，当企业实施事件营销活动时，需要贴近大众生活。只有主题与大众的观点一致，才更容易被消费者接受，形成正面的评价。

5. 创意性

创意性是指事件营销策划具有创新性。在今天这个信息爆炸的时代，人们无时无刻不在关注广告，参与营销活动。如果企业的营销活动过于普通，没有创意，即使消费者参与进去,却早已洞穿活动的一切流程,从而使消费者丧失兴趣。因此,事件营销活动在策划时需要具有创新性,并将事件、活动与企业产品完美地融合在一起,才能提升消费者的体验感,进而提升企业产品的知名度、美誉度。

3.1.4 事件营销的策略

1. 借势策略

借势策略是指企业通过对事件内容进行策划,借助事件的热度,达到吸引用户对企业及产品的关注,进而提升企业产品销量和知名度的策略。借势模式具有成本低、操作便利等优势,是企业最常用的一种事件营销策略,主要可以分为3种类型:新闻借势、体育借势、明星借势。

(1)新闻借势。

新闻借势是企业借助新闻媒体的影响力和传播效果,不失时机地将新闻播报的大事件与企业产品相结合,以达到营销目的。例如,2024年9月,央视新闻连续报道华为Mate60系列搭载自主研发麒麟芯片的消息,称其"标志着中国在突破技术封锁方面取得绝对胜利"。华为借势这一科技里程碑事件,以"争气机"为核心传播概念,将产品定位与民族自豪感深度绑定。央视新闻、新华社等权威媒体的报道引发全民热议,♯华为Mate60芯片突破♯等话题登上微博热搜,阅读量超50亿次。华为同步推出"先锋计划",通过线上抢购与线下门店排队的场景化传播,强化产品"自主创新"标签。活动期间,Mate60系列销量突破1400万台,成功扭转高端市场格局,借势国家级科技新闻实现品牌价值跃升。

(2)体育借势。

体育借势是指企业通过对大型运动项目进行赞助和冠名等方式,将品牌与运动相关联,借助大型运动项目的影响力对品牌进行宣传,来赢得广大群众的信赖。体育活动具有传播范围广的特点,成为品牌推广的良好载体。例如,2022年北京冬奥会的开幕式被称为"大型羽绒服种草现场",此事件带动了国产羽绒服的销量。安踏作为冬奥会的官方合作伙伴,赞助了大量的专业运动服饰,使得大家在冬奥会中不仅能够看到选手的奋力拼搏的身影,也能够关注到这一品牌。在运动员的光环加持下,提升了安踏企业的品牌知名度,塑造了良好的国货品牌形象。

(3)明星借势。

所谓明星借势就是借助名人的声望来提高其品牌的影响力。从消费者心理的角度来看,当消费者不再把价格和质量作为购买的阻碍因素时,可以通过名人的名气来提高商品的附加值,从而使顾客对品牌产生好感,并获得青睐。比如华为品牌在代言人选择上,充分考虑了品牌定位与明星人气等方面的因素,其中Nova系列主打青春、时尚,选择的代言人是年轻艺人,他们年轻自信又富有活力的形象与Nova系列手机的设计风格相匹配。

2. 造势策略

造势策略是企业为达到提升企业品牌知名度、提升销量的目的,从企业特色出发,策划出满足自身发展需求的话题和事件,并通过传播成为公众所关注的焦点。造势既有助于提高品牌知名度,树立良好品牌形象,也可以在有负面舆论时扭转企业形象,消除用户对企业的不良印象。蜜雪冰城通过魔性主题曲与下沉市场渗透,实现品牌破圈。2021年,品牌推出改编自美国民谣的《你爱我,我爱你,蜜雪冰城甜蜜蜜》,以简单旋律、重复歌词和"雪王"IP舞蹈,在抖音、B站引发二次创作潮(如方言版、卡通版)。官方同步发起"到店唱主题曲免单"活动,推动线下流量反哺线上传播。例如,主题曲在抖音播放量超百亿次,带动蜜雪冰城门店数量突破 2 万家,覆盖三线及以下城市。此外,蜜雪冰城通过"低价策略＋加盟扩张"快速占领下沉市场,将"洗脑神曲"转化为品牌认知度。这种"低成本内容引爆,高密度渠道渗透"的策略,使蜜雪冰城成为茶饮赛道的"性价比之王"。

相比于传统营销模式,事件营销能够收获较好的效果。无论是借势还是造势,事件都必须与品牌、产品、目标消费者利益相关联,如果缺乏相关性,就难以让消费者对事件的关注热情转移到品牌,进而难以实现事件营销的成功。其次,无论是借势还是造势,营销活动需要具有创新性,通过新颖的事件去引起消费者的关注,并借助网络的传播提高企业的知名度和美誉度。但是借势和造势也有一定的区别,一般来说,造势的成本要高于借势,因此企业在选择事件营销策略时应结合自身定位,综合考虑企业的各方资源选择合适的营销模式,从而收获良好的营销效果。

3.2 口碑营销

3.2.1 口碑营销的概念

口碑是消费者群体间通过交流沟通的方式对某一品牌或企业的评价意见。互联网时代,口碑以网络为载体进行信息传播,并为其他消费者购买决策提供依据,从而促成购买行为。但由于网络的虚拟性和匿名制度,网络口碑的真实性和客观程度往往低于传统口碑,也加大了消费者甄别的难度。口碑营销是企业通过好的产品和服务,获得消费者间的口碑宣传和对产品及服务的认可,从而树立良好的品牌形象,实现增加销售量的目的。互联网形式下的口碑营销以网络平台为载体,消费者间通过发帖、转帖等形式对信息内容进行大幅度传播,使信息传播速度更快并且覆盖面更广。与传统的口碑营销相比,新媒体背景下的口碑营销渠道和形式更为丰富,多渠道使得口碑信息被广泛地传递给受众。

3.2.2 口碑营销的类型

随着互联网购物的普及,网络口碑已成为消费者网上购物的主要依据之一。企业营销中最常见的口碑形式有以下 3 种。

1. 经验性口碑

经验性口碑是最常见和最具影响力的一种方式,它来源于消费者对某种产品或服务的直接经验,在很大程度上是在经验偏离消费者的预期时所产生的。相应的经验性口碑分为正面和反面两种,当产品或服务高于消费者预期时会促使消费者主动传播,产生正面口碑,有利于产品及品牌的推广;反之则会对品牌感受产生不利影响,并最终影响品牌价值,从而降低受众对传统营销活动的接受程度,并有损出自其他来源的正面口碑的效果。例如,美团、饿了么等电商平台上买家消费商品后产生的评价就是一种口碑评价。

2.继发性口碑

市场推广同样可以引起口碑传播,其中最普遍的一种方式是继发性口碑,也就是顾客通过对广告中所传达的信息或所推销的产品进行感受时产生的口耳相传。营销人员在策划营销活动时,不仅要考虑活动的成本,还要综合考虑口碑的直接效果和传播效果。例如某些企业举办展览会,或公益捐款、产品发布会等形式的活动,这类活动的主要目的并不是销售,而是吸引受众对品牌的关注,获得大众的正面评价,塑造良好的企业形象。

3.有意识口碑

有意识口碑是指公司通过名人代言为自己的商品宣传和推广创造积极的氛围。企业所选代言人的形象也会对品牌产生影响,一旦出现负面信息,相应的品牌形象会遭受不良影响,这类口碑也会随之消逝。

3.2.3　口碑营销要点步骤

美国口碑营销协会的安迪·塞诺威兹认为,口碑营销必须实施有效的营销步骤才能成功,并提出 5T 法则,即谈论者(talkers)、话题(topics)、工具(tools)、参与(taking part)和跟踪(tracking)。

1.谈论者

谈论者是口碑营销的开端,也就是与他人谈论某一品牌的人。首先,公司要关注的是谁会讨论这个产品,是粉丝、用户、媒体、供应商还是经销商。口述市场通常由消费者扮演的角色开始,产品体验则是其中的一种典型方法。此外,企业内部的口碑同样不可忽视,良好的内部口碑是进行外部口碑营销的基础。

2.话题

所谓的话题,是指谈论产品、价格、代言人、活动等各种内容。而口碑的产生,往往源自有讨论价值的信息,比如产品的创新点、性价比或者是产品的缺陷。

3.工具

工具能够帮助信息更快地传播,就是市场主体运用各种媒介、平台和技术方法来促进口头宣传。没有合适的工具来传达这个消息,就会造成口碑营销过程的"催眠"。因此,如何利用好口碑营销推广工具对口碑营销也尤为关键。

4.参与

参与是指鼓励企业积极参与热点话题的讨论,与消费者进行深入的沟通交流。企业要积极地创造话题、策划活动等,进而增加与消费者互动的机会。或是参与各大社群媒体的相关话题,提高品牌及产品的曝光度。网络上一直不缺乏热点话题,重要的是营销者需要积极关注网络热点话题,这不仅能够使口碑话题的讨论继续下去,更能够拉近企业与消费者之间的距离。企业需要长期持续与受众互动,让受众明白品牌及产品特色,因为建立信任感是口碑营销的关键。

5.跟踪

跟踪是一个事后监测的环节,目标是弄清楚正在谈论与品牌相关信息的人的谈论内容。很多第三方公司或软件开始提供消费者反馈意见的数据收集和整理服务,根据分析出来的数据,营销者可以对公司的营销策略进行改善,从而不断提升消费者满意度。

口碑营销之所以能够成功并付诸实践主要是因为消费者具有需求,正是因为需求的存在,口碑营销才能够缩短消费者购买决策的时间,促进潜在消费者的购买。积极的口碑会帮助企业塑造良好品牌形象,而负面的口碑则会加速企业衰落,导致无人问津。

企业要想促使口碑营销成功,根据法则可以从 5 个步骤开展营销活动:①明确谈论者,为塑造口碑奠定营销基础;②聚焦消费者谈论点、收集素材、设计口碑内容、制造营销话题进行传播;③通过新媒体社交工具扩大口碑传播范围,提升口碑效果;④参与顾客互动,增强顾客黏性,提升品牌亲和力,提高顾客忠诚度和满意度;⑤跟踪口碑动态,进行数据和分析,通过多方渠道倾听顾客真实想法,及时处理问题维护口碑。

3.3 病毒营销

3.3.1 病毒营销的概念

病毒营销是指利用公众的热情与人际关系,让信息如病毒般扩散、蔓延,并通过极快的速度将营销信息传递给成千上万的受众。病毒营销的传播是利用口碑传播的原理方式,借助网络工具,实现营销信息在消费者间的高速传播和裂变。所以很多人提及病毒营销都认为是口碑营销,或者将两者合并在一起,实际上,病毒营销与口碑营销是不同的两种营销方式。

1. 相同点

病毒营销和口碑营销在运营方式和传播形式上大体相同,都是将消费者作为载体,通过为其提供优质的产品或服务,利用消费者的主观意向,对营销信息进行有效传播,使得企业品牌、产品深入人心,从而实现品牌树立和销量提升。

2. 不同点

(1)信息传播效果。

不同病毒营销侧重于提升品牌的知名度,利用各种营销手段实现品牌的高曝光率,让品牌在消费者中形成认知,实现脱颖而出的效果,并不需要消费者完全认可;而口碑营销侧重于品牌的美誉度,通过口碑传播,实现消费者对品牌的认可和信任。

(2)消费者的传播目的不同。

在病毒营销中,消费者不需要完全了解传播内容,对于消息内容感兴趣就可以分享给其他人,不需要对消息内容负责;但在口碑营销中,消费者在主动传播时往往会对传播内容进行背书,接收者出于信任往往会相信内容的真实性。

3.3.2 病毒营销的步骤

1. 制造病毒

互联网时代,企业实行病毒营销的标准要求有所提高,不但要让信息进行大范围传播,也需要在制造病毒时注意内容设置的创新性和趣味性,并且要实现精准定位。

(1)内容需要新奇有趣。

创意是病毒营销的关键所在,打破常规,以新颖的设计理念创造传播内容才是企业实行病毒营销的重点。只有设计出新颖有趣的内容,激发目标用户的参与热情才能够实现信息的大幅度传播。病毒营销以顾客为主导,让顾客自发性地将产品信息分享在自己的关系网中,从而实现病毒式的传播。

(2)定位需要精确瞄准。

企业在实行病毒营销时都希望自己制造的病毒传播范围广,但企业无法实现大面积撒网,其原因有二:一是成本过高,二是并不是每个人都会感兴趣。所以病毒营销必须明确目标用户是谁,不同的产品有着不同的目标受众,要基于产品属性明确产品的目标人群。产品的更新迭代速度加快,市场的细分也越来越细,因此需要对产品进行精确定位,明确目标人群。例如,蜜雪冰城新出的主题曲,获得众多网友喜爱并纷纷转发,甚至创造出了许多不同的方言版本。其成功的原因不仅在于歌曲朗朗上口,还在于主题曲的受众范围定位准确,茶饮行业的受众大部分是年轻人,而蜜雪冰城主题曲老少皆宜,从而获得了大量关注和知名度。

2. 传播病毒

好的病毒营销策略,可以使病毒营销效果胜过成百上千万元的广告投放,病毒营销的制作并不简单、随便,它是一种需要事先精心设计的营销活动,具有很强的目的性。只有制造出了有价值有创意的病毒,才能引发病毒传播。具体来说,传播病毒需要设计传播渠道、传播中增加参与互动这两大步骤。

(1)设计传播渠道。

病毒营销的信息主要依靠用户间的自行传播,因此企业需要精心设计信息源及传播渠道。为了让人们更愿意进行自发性的传播,还需要根据营销信息内容,针对性选择合适的渠道进行。

(2)传播中增加参与互动。

在移动互联网高速发展的时代,单方面信息的传输已经不能满足人们的需求,信息的传播更注重双方的互动。因此,企业需要和消费者建立伙伴关系,以达到消费者能够积极主动参与的目的,让消费者主动对企业产品进行宣传。此外,消费者还能以自己视角为企业建言献策,不仅是消费者忠诚度的体现,也有助于企业的长远发展。

病毒营销在品牌推广等领域已得到广泛的应用,它能够使受众不自觉地把产品信息通过社交媒体传递给其他人,并且将产品信息以较低的成本宣传出去,以实现让目标客户群体了解、接触产品,进而达到销售目的。但是病毒营销是一把双刃剑,通过病毒式传播的产品信息可能是假信息,因此企业应在遵守诚信法则的前提下,充分发挥病毒营销的优势,利用线上和线下的资源,积极与媒体进行合作,打造多元化立体的营销战场。

3.4　情感营销

3.4.1　情感营销的概念

在心理学中,"情感"是指受到外界刺激时而做出认可或抵触的心理反应,如喜欢、羡慕、恐惧、愤怒等。人作为情感动物,其行为都受到情感的影响。情感营销理论由美国巴里·费格提出,他认为营销的动力源泉在于情感,这是企业成功的关键。情感营销充分地考虑了消费者的情感需求和情感差异,通过情感的交流沟通,会使顾客产生依赖感和偏爱感,进而为企业带来竞争优势,并最终实现市场的扩展。情感营销开展的关键在于与消费者建立关系,并与消费者开展深入、全面的交流沟通。其营销目的主要是在企业品牌中加入情感元素,以此扩展企业品牌文化的核心理念。通过在营销过程中释放情感能量,让消费者出现情感波动,再加上产品原有的功能属性,会促进消费者产生消费行为。例如,在原神游戏中,许多玩家出于对人物角色的喜爱,会在此人物卡池开放期间进行充值以达到拥有此人物的目的。

3.4.2　情感营销的作用

企业要想使用情感营销手段,需要在知道情感营销作用的基础上,结合自己的营销目标和品牌优势,推动情感营销的成功。情感营销主要有以下 3 点作用。

1. 可以为企业营造良好的营销环境

营销环境是企业生存发展壮大的基石,良好的营销环境有助于企业健康稳定的发展。传统营销方式,企业只注重与顾客的商品交换关系,由于缺乏相应的沟通工具,企业与顾客之间缺乏情感交流。在新媒体时代,企业不仅要重视与顾客的利益关系,更要重视与顾客的情感交流,从而为顾客创造一个健康良好的营销环境。而新媒体工具可以帮助企业更好地与顾客交流沟通,有利于企业的长远发展。

2. 有利于提高顾客忠诚度

企业通过情感营销,有助于了解顾客需求。本着顾客至上的原则,为顾客排忧解难,从而有助于获得顾客对企业及品牌的认同感、归属感和依赖感,进而发展为企业、品牌的忠实用户。通过提高顾客忠诚度,企业可以拥有更多的忠实顾客,有利于企业品牌的推广和传播。

3. 可以帮助企业获得竞争优势

企业获得竞争优势归根结底是能在占领市场份额中取得优势,市场竞争的本质是处于同一市场的企业对客户数量的争夺。企业可以通过商品的质量、价格、包装及服务等方面对客户进行争夺,也可以通过情感营销打感情牌,让顾客对企业及品牌获得好感,赢得信任,从而拥有更多的忠实用户,以此来获得竞争优势,夺取更大的市场份额。

3.4.3　情感营销的路径

1. 开发情感产品

当今时代,顾客购物选择的标准已经从物质实用性转换到精神享受性。所以企业要注重情感产品的开发,必须要在产品或服务中强调情感需求。因此,企业在满足宣传产品质量、基本属性的前提下,通过注入情感服务,满足顾客的心理需求。消费者之所以更加喜欢情感产品,其根本原因在于企业充分考虑消费者的情感价值。从消费者视角出发,以消费者能否满意,能否喜欢为目标,在产品开发时,融入对消费者的热情和爱心,了解消费者的不同精神需要,以消费者的喜好和需要作为产品设计与发展的标准,从而实现产品的人性化服务,最终获得消费者的信任和忠诚度。

2. 使用情感商标

企业品牌在政府部门登记注册后,受到法律保护,称为"商标",所以商标对于企业来说至关重要。好的商标设计可以获得消费者的认同和喜爱,企业在设计商标时,需要简洁明了,用真诚的情感去吸引消费者、感动消费者,让消费者喜欢并接受企业品牌,从而建立顾客忠诚度。例如,小米花了 200 万元请国际设计大师原研哉先生为小米重新设计商标,由于前后变化不大,引起了网友及小米粉丝的热烈讨论,普遍认为小米被骗了,而小米商标已经传播深远,获得了大众的认同。

3. 制定情感价格

商品定价受到成本、供应商、目标客户群体等因素的影响,由于企业在制定价格时需要获得目标客户群体的认同、理解,一般会与目标客户群体进行交流沟通。考虑其心理价位的接受区间,所以企业需要制定情感价格,将价格注入情感。例如,小米手机曾多次以 1999 元作为自己旗舰手机的最低价格,这个价格也被客户认为是良心粉丝价,获得了小米粉丝的认可。此举动也在网络上进行了口碑传播,从而使更多的人知道小米手机。

4. 运用情感促销

情感促销要想取得好效果,主有以下几方面要点:第一,要使顾客满意;第二,不能以“推销”的形式与客户进行交流;第三,增强信心,努力说服大家。实际上很多品牌优势都来自企业的文化和精神的溢价,所以做好情感促销尤为重要。

3.4.4　情感营销的特点

1. 注重情感服务

与传统的单一市场相比,情感营销更侧重于情感的服务,并更多地追求服务的效果。在服务过程中会更加重视客户的人格、精神愉悦和审美追求,同时也重视服务的技术和时间的掌握,使服务过程中的情感服务贯穿整个过程。

2. 注重与顾客心理上的接近

情感营销不在乎公司的短期收益是增加还是减少,它更注重客户的权益。强调以个性化的服务来拉近顾客与消费者的时空和心灵的差距,并在顾客心中树立良好的企业形象。

3. 注重服务个性化和精确性

情绪营销是以“用户观点”为核心的,将客户的诉求与需求进行量化,并根据客户的特定喜好与性格特征,设计出符合客户要求且提高客户满意度的特定商品及服务。

如今,用户的消费行为渐渐从理性消费转变为感性消费,更注重情感上的体验。通过情感营销,企业可以聚拢和自身理念相同的用户,与之建立情感连接,通过满足用户在情感上的需求,从而使用户对企业品牌产生偏爱,提升其在竞争市场中的竞争力。

3.5　IP 营销

3.5.1　IP 营销的概念

IP 是 intellectual property 的英文缩写,其本意为知识产权,IP 主要包括两个方面的含义:一是工业产权,如商标、软著专利等;二是作品版权,如文学、音乐、电影等创意作品。随着新媒体的发展及互联网的传播,IP 的概念更加宽泛,旨在通过强调主题吸引目标客户群体的流量,从而进行商业开发的文化资产。IP 营销是将品牌与艺术文化资产相结合,基于内容和形式打造的营销方案,以达到引流的效果,并且能够衍生出一系列具有热度的品牌文化产品和服务,能够持续输出价值的营销方式。IP 营销的目的在于聚集用户,让"粉丝"对企业品牌价值观认同,以此信任品牌,获得长期客户流量。

3.5.2 IP 塑造、传播和变现

随着互联网的发展,为更好地促进品牌的发展,IP 营销成为当前环境下的一种新的营销方式。为做好 IP 营销,应注重从 IP 塑造、传播、变现这三方面出发。

1. IP 塑造

IP 塑造是 IP 营销成功的首要一步,是 IP 营销的基础。IP 的塑造要遵循四有原则,即有情、有趣、有用、有品。"有情"是指与用户有情感的互动连接,令人有情感上的共鸣;"有趣"是指可以与用户产生趣味的沟通交流,故事的内容要足够吸引人;"有用"是指可以与用户进行知识的分享沟通,能够给用户提供有价值的信息;"有品"是指能够传达一种价值观,体现出品牌理念。此外,IP 的打造还应该结合市场走势考虑,熟悉当前的潮流、热点,从而打造出吸引用户关注的 IP。

2. IP 传播

当塑造完成一个好的 IP 后,就需要对其进行传播,以达到提高用户接受度,实现 IP 变现的目的。IP 的传播可以利用新媒体工具完成。现如今,用户已经习惯使用微信、微博、抖音等多种新媒体工具来获取渠道信息,企业可以以此为契机,把握时机,充分使用新媒体工具来推动 IP 的传播。此外,IP 传播还可以通过线上、线下相结合的方式进行,比如迪士尼在线上通过电影的形式进行 IP 传播,在线下则以迪士尼乐园进行 IP 传播。总的来说,IP 传播的目的就是扩大 IP 的影响力,吸引更多用户,提升品牌知名度。

3. IP 变现

变现是所有营销模式的最终目标,IP 营销的变现可以通过衍生物,或与其他行业联合的方式来实现。但 IP 变现都必须有一定的流量基础,才能够收到良好的变现效果。例如,小说 IP 可以衍生出漫画、动漫、电影、电视剧、游戏等,此外也可以通过与其他企业 IP 合作,打造定制联名款。

3.5.3 IP 营销技巧

一般来讲,可以从选择人格载体、持续输出内容和多渠道引流这三方面来思考如何进行 IP 营销。

1. 选择人格载体

IP 人格的载体就是企业生产的产品或企业的品牌,选择 IP 人格的载体就是选择用于 IP 营销的产品或品牌。一个好的 IP 能吸引更多的用户关注企业,扩大企业的影响力,对推广新产品、开展营销活动等都具有正面作用。因此,在选择 IP 人格载体时,企业应对自身品牌及产品进行精准定位,包括品牌的目标、品牌当前的问题和现状等,然后再结合目标用户画像,选择一个合适的 IP 载体。例如,由于电视剧《三生三世十里桃花》的热播,国货美妆品牌一叶子紧跟热度,与其合作,将 IP 创意内容植入其商品中,提出量身定制的桃花亮采鲜颜礼盒,起到了很好的引流效果。

2. 持续输出内容

选择好 IP 人格的载体后,需要针对 IP 进行内容输出。在进行内容输出时,企业可以针对 IP 本身进行输出,如三只松鼠推出松鼠动漫、松鼠小镇等。还可以联合其他 IP 进行输出,如凯迪拉克与原神合作推出限量版原神联动车,一加手机也与原神合作,推出"砂糖"款手机、"胡桃"款手机。

企业在输出内容时,要充分注重内容的创新性。企业可以选择对产品进行创新或对用户体验进行创新,不能一成不变。因为如果没有内容创新,就会使用户产生厌倦感,会认为这个 IP 并没有趣味性,进而难以吸引用户的兴趣。这就会导致用户转而寻找其他合适的 IP,造成用户流失。

3. 多渠道引流

企业在进行 IP 营销时,可以通过不同的渠道进行联合营销。比如华为、苹果等 IP 品牌召开发布会,除了在微博发布内容外,还会在抖音、B 站等平台发布视频。不同的平台有不同的特点,以此来满足用户在不同平台的观看偏好。例如,在微博上,原创内容只需简单的标题和视频就可以;抖音对视频时长有要求,会对长视频会进行内容分割;在 B 站上,需要把短视频做成合集的形式。

但在进行多渠道发展时,企业应坚守原有的用户定位,避免出现信息偏差。企业需要在此基础上进行多渠道分发,且该定位必须要精准到用户的需求和喜好,从目标受众的语境和身份出发,考虑到他们的情感需求,并根据他们的偏好设计满足用户需求的产品。

3.6　饥饿营销

3.6.1　饥饿营销的概念

市场营销三维理论认为,人的消费行为主要是受到欲望刺激而产生的。随着经济的提升和社会的进步,消费者的需求层次不断提高,而人的欲望则是一个无底洞,无法被满足,这种情况满足了心理学中形成饥饿营销的条件。饥饿营销是企业出于打造品牌的目的,为产品增添附加属性,并通过调节供求关系,或延迟投放市场的期限,制造出产品供不应求的假象。饥饿营销会营造出顾客争相购买的营销场景,比如购物平台中的"限量销售""限时秒杀"等字样都是典型的饥饿营销策略。随着新媒体工具的快速应用,企业可以通过多种渠道高效率地实施饥饿营销,如在产品发布初期开始造势宣传,向市场传递供不应求的消息,通过宣传与销售的完美衔接,可以使饥饿营销达到最好效果。

3.6.2　饥饿营销的步骤

1. 强烈的宣传造势

饥饿营销实施的第一步是进行产品宣传。在产品发布前,企业通过多种渠道大规模宣传产品,进而引起消费者的关注,为产品的新上市奠定良好基础。例如,星巴克的猫爪杯卖得火热,其精心的设计吸引了广大女性,激发内心的少女情怀。在此产品上市之前,星巴克通过微博、抖音等网络社交媒体平台对猫爪杯进行预热,与猫爪杯有关视频在各大平台上大范围传播,激发了消费者的占有欲。

2.人为造成供不应求的现象

在产品推出市场后,商家人为造成的供不应求的现象能够激发消费者的攀比心理。通过造成购买者过多的现象,从而刺激购买欲望,促进消费者进行产品预订。星巴克的猫爪杯则是一个营造产品稀有度的典型案例,限定并不是限量那么简单,要爆火就必须将限定做到极致。星巴克对于猫爪杯的购买限定了三条规则:第一,提升产品的特殊性。星巴克将猫爪杯设置成仅在中国销售的特定版。第二,限制数量,增加消费者的购买成本。星巴克第一批的线下店销售库存量仅为几千个,每个门店只分到几个。第三,增加顾客的焦虑感。星巴克开启限量而不限定的销售策略,先到先得。依照这三个原则,星巴克成功激发出大众对于猫爪杯的购买热情,使得猫爪杯的关注度持续上升,同时由于热度消退前数量不多,也提高了稀有度。

3.6.3 饥饿营销的技巧

饥饿营销大多通过互联网在新媒体平台上进行传播,进行饥饿营销时结合以下技巧,可以提高营销的效果。

1.严控产品质量

当产品不能够满足消费者需求时,什么营销策略都是无济于事的。只有不断提高产品质量,让用户认可产品并期待产品的销售,才能扩大用户的需求,维持较高利润率。通常情况下,饥饿营销的产品都比较新颖,在市场中有很强的竞争力,被替代的可能性较小。只有激起消费者购买心理,并在控制产量的前提下,才能让消费者持续为产品买单。如果无法实现高品控,可能会动摇消费者购买的决心。因此,企业实行饥饿营销必须有好的产品质量。

2.增加营销形式

在进行饥饿营销时,营销人员可以联合文字、图片、视频、动画及漫画等内容的不同表达形式推广营销信息,扩大信息传播的范围,吸引更多用户的注意,增加产品的需求量。

3.扩大推广渠道

为了更好、更快地进行传播推广,营销人员可以扩大推广渠道,吸引更多平台和用户进行转载,提高营销信息的曝光率,吸引用户产生消费需求,扩大市场对产品的需求量。

4.优化文案内容

文案内容的编辑必须基于产品定位和目标受众的特点,挖掘产品卖点,利用修辞、制造悬念等方式提高营销信息的可读性、趣味性,突出产品的优势,让消费者眼前一亮、耳目一新,进而引起用户的阅读兴趣,增加产品的需求量。

5.维持高价原则

产品的定价对消费者的购买行为有重要作用,它既能影响消费者对商品质量的衡量,又能引发消费者不同的心理价值。"饥饿营销"会让价格在短时间内大幅上涨,并且尽可能地减少降价,保持较高的价格。这一策略不但使得商家可获得高额的利润,而且让顾客觉得它的质量和设计水平的确有过人之处,从而满足其"攀比"和"炫耀"的购物的实质。若降价,就会违背产品的"买涨不买跌"的传统,从而使商品在市场上的知名度大打折扣。

3.6.4　过度实施饥饿营销的负面影响

1. 造成用户流失

客户在消费过程中需要得到满足感,而实施饥饿营销是基于消费者购物心切、图新图快的心理,在短期内,由于消费者的信息不对称,企业可以制造供不应求的紧张局面,将消费者欲望放大,消费者为得到满足感,会加价购买。但过度使用,会导致消费期望值降低,让消费者感觉到商品难以企及,从而丧失购买此产品的动机,进而将目标转向价格相同的同质产品。过度消费也会让潜在消费者流失,潜在消费者本身处于观望态度,但过度的饥饿营销,让潜在消费者在等待时期越发理性,他们充分收集信息后,可能会出现排斥行为。

2. 可能出现事与愿违的结果

饥饿营销的实施并不适合所有商品,如果其产品为一般性产品,即品牌知名度低、价值低和可替代性较强的产品,这种产品即使定价较低、限量供应也无法引起消费者的兴趣,无法形成热销状态,发挥不了“饥饿效果”。例如,茅台、高档收藏品等产品,由于其具有质量高、价格贵、品牌知名度高等属性,产品在市场中认可度较高,这类产品实施饥饿营销,能够让消费者有种“买到就是赚到”的感觉。反观价值低、品牌知名度低的产品,这类产品无法获得市场的认可,或者无法让消费者感受到“奇货可居”,如果实施饥饿营销,则无法获得消费者的青睐,其销量、价格无法提升,反而事与愿违,无法实现自己的营销目标。

3. 损害品牌形象

企业实行饥饿营销是依靠消费者的信息不对称性,短期内给消费者造成“供不应求”的假象。一方面,企业如果过度实行饥饿营销,消费者会意识到这是企业为了抬高价格而采取的行为,会严重损害企业的诚信形象,同时也破坏了整个市场的诚信。另一方面,过度实行饥饿营销,可能会使得个别销售人员在销售产品的过程中抬高价格,发票却按照原价开,存在偷税漏税的现象,不仅会损害企业的品牌形象,也会造成国家利益的流失。

4. 导致消费者反感

企业过度使用饥饿营销,消费者的欲望无法转化为需求,会消磨消费者耐心,让消费者从冲动消费变为理性消费。当消费者回归理性后会分析其本质,在意识到这一切现象都是企业自己制造出来的,会让消费者反感,感觉自己被企业欺骗、愚弄,严重的会导致消费者对企业产生憎恨,从此不买企业的产品。

3.7　其他营销

3.7.1　内容营销

1. 内容营销的概念

内容营销是指企业通过利用多种媒体工具发布产品信息和品牌理念,吸引消费者观看、参与互动,从而激发消费者购买行为的营销方式。这种营销方式发布的内容需要符合大众消费者的观念,以价值性、趣味性获得消费者兴趣。内容营销是新媒体时代企业营销的最有效方式之一,比如一些微信公众号通过给用户提供有趣的干货,收获了大量粉丝。

2. 内容营销的特点

(1)多样性。

在内容营销中,要想占领市场并吸引顾客,就必须要有足够新颖的内容。企业为了能够引起消费者的关注,就要在信息本身和表现形式上呈现多样性。①在信息上,内容发布的形式尽量多元化,文字信息表达方式需要符合当下主流,让消费者轻松接受;②在表现形式上,企业要将这些信息以不同的方式传播到各个平台,不仅要在自己的网站发布,同时还要在微博、微信公众号、抖音等多平台发布。

(2)价值性。

企业进行内容营销发布的内容对消费者一定要有价值,比如帮助消费者了解产品的特征和品牌理念等信息,或者帮助消费者进行购买决策、增加消费者知识,再或者内容本身具有趣味性可以让消费者感到有趣。所以,内容需要具备价值性,才能让消费者产生进一步的搜索、传播。

(3)战略导向性。

内容营销从某种意义上来说,不能单单认为是一种传播策略,更多的是一种战略导向。内容营销实施成功的首要前提是通过内容建立企业与消费者之间的良性循环关系。企业通过了解消费者需求,提供有价值的内容,引起消费者兴趣,激发企业与消费者的有益互动。进而让消费者为企业建言献策,而企业可以通过消费者的反馈发现有针对性的意见,从而进一步改进产品。

3. 内容营销的维度

内容营销主要包括对话、讲故事和顾客互动这3个维度。

(1)对话。

对话对于内容营销十分重要,并且是持久性的。企业实行内容营销致力于成为消费者间的思想领导者,通过主动与消费者互动,发现产品在使用中的问题,并及时改进。最终,可以获得消费者支持。企业需要持续性与消费者对话,建立伙伴关系。因为企业掌握着大量有价值的信息,在交流过程中,消费者会逐渐成为企业的忠实粉丝,与此同时企业也会逐渐成为消费者间的思想领导者。

(2)讲故事。

讲故事是内容营销的核心环节之一。企业要想打造好的品牌就需要向消费者讲好品牌故事,即品牌的起源、发展及其他相关话题。企业通过各种不同媒体渠道向消费者传输内容、讲好故事去吸引消费者的注意,进而维护与消费者之间的关系。企业进行内容营销需要通过品牌故事作为桥梁来连接消费者,进而引导消费者进行消费。所以当企业实施内容营销时需要一个有价值、趣味性的故事,并且要很好地传递给消费者,才能起到明显效果。

(3)顾客互动。

顾客互动是企业内容营销成功的关键环节,也是区分传统营销的重要因素。在心理层面,企业与顾客互动能够让顾客在购买过程中感受认可、尊重、情感价值、自我价值实现等;在行为层面,企业与顾客互动有利于激发顾客关注企业、了解企业的行为,有利于内容营销的成功。

4.内容营销的案例——江小白的走心文案

江小白的内容营销可谓是一个十分经典的成功案例,江小白的目标客户群体是年轻人,能够被大多数年轻人所接受,依靠的是其独特的创意文案,而不是白酒的口感。它的核心传播内容不是长篇大论的故事,而是那些短小精悍的文案。

普遍来说,白酒市场的消费人群主要是中老年用户,年轻人群体占比较小。而江小白正是针对这一年轻市场打造的平价白酒。口感上,江小白并不出众,但是其依靠营销优势,打造出符合年轻人的产品。江小白通过抓住年轻人有理想、有情怀、希望与众不同的特点,在包装上设计好的文案和内容,来契合年轻群体的情感需求。例如,"活在别人的阳光下,不如活在自己的期待中"等文案,戳中了年轻人的心坎,在情感上引起了强烈的共鸣。此外,亲民的价格,也使大多数年轻人能够消费得起。

在营销上,江小白不单单只靠饱含情感的文案,还在 IP 创造和内容输出上也开创了特别的营销活动,比如会设置一些引发网友参与的话题。比如"我有一瓶酒有话对你说""100个约酒理由"等,这些话题的设计能够加强与网友的互动,进行情感交流,还可以增加网络用户对于江小白品牌的认同。网络热点话题、网友的原创内容也可以成为江小白的文案素材,从而加强了文案的原创性。在创意文案的基础,江小白也开始精心打造自己的 IP,将自己设计成头戴眼镜的书生青年形象,同时进军动画行业,制造出一系列二次元动画作品,从而让更多的青年人了解江小白的品牌形象。

🖼 江小白包装
文案和微博话题

在垂直市场,江小白的内容营销也占有一席之地,凸显了好创意文案的作用。其特点主要是:首先,江小白对自己的产品有清晰的定位,卖符合年轻人的平价产品,走情怀路线,与年轻消费者心理相契合;其次,江小白在内容输出方面保持多样性,通过各种渠道来打造 IP,扩大营销市场;最后,江小白始终保持与用户的互动,鼓励用户进行 UGC 输出。江小白找到了属于自己的消费群体,与消费者建立情感,增强消费体验。总之,江小白通过深入洞察年轻消费群体的生活方式,理解年轻人的情怀,打造品牌的核心理念、内容,从而引发年轻人产生共鸣,推动了内容营销的成功。

3.7.2 互动营销

1.互动营销的概念

互动营销源于互动导向理论,互动导向理论认为企业应该以顾客为核心,重视顾客创造,通过与消费者互动了解消费者实际需求和产品缺陷。互动营销通过建立长期的伙伴关系,吸纳优质客户,提升顾客满意度,培养忠实顾客,从而使企业获得长期利益。在开展互动营销时,用户和商家之间的交互必须把握好各自的优势,并通过恰当的方式和时间将彼此联系在一起。互动营销是企业出于满足消费者需求的目的,与消费者建立一种稳定的交互关系,并按照消费者的建议,改进产品或服务满足消费者的营销方式。

2.互动营销的特点

互动营销主要具有以下三大特点。

(1)互动性。

互动营销着重于消费者与商家的交互,交互是其发展的核心所在。因此,在广告宣传过程中,企业应该将更多的资讯整合到用户所关注的内容当中,以增强互动性。

（2）舆论性。

公众人物的角色在广告宣传中十分重要。例如,一些明星通过微博等社交平台进行广告宣传,推动了产品的销量,这就证明了名人效应对消费者的决定造成了影响。在日趋激烈的市场环境中,公众人物对公司品牌和口碑的影响是不容忽视的。

（3）关注性。

互动营销的目的就是引起网友们的关注,如果一个互动营销的活动不能引起足够的关注,那这个互动营销肯定会以失败告终。要达到良好的交互效应,既要注重受众的视觉效应,又要做到精准地进行目标群体的定位,确定目标群体的偏好和特征。

3. 互动营销的组成部分

（1）目标用户的精准定位。

通过利用客户的数据进行有效的分析,可以针对客户的需要和偏好,利用客户群体的特征,来确定客户的市场定位,从而为客户选择合适的商品。

（2）完备的用户信息数据。

以庞大的资料库为依托,企业可以将使用者所拥有的资讯与使用者的互动历程进行有效的综合,并根据使用者的反应与使用者的互动特性,来加强与改善使用者的联络记录,为新的产品研发及市场推广提供正确的资讯。

（3）促进用户重复购买。

通过研究消费者的消费习惯,并运用预测技术,发现可能的市场机遇,从而给顾客提供更多的推荐。

（4）有效的支撑关联销售。

从顾客的消费特点、消费趋势等方面进行研究,提出相关的营销策略并提高顾客的增值。

（5）建立长期的用户忠诚。

结合客户价值管理,整合客户赋能策略与计划,为建立长期的客户忠诚提供信息支持,同时能够有效地支撑客户维系营销活动的执行与管理,客户的忠诚是企业能够长期展开互动营销的必要条件。

（6）实现顾客利益的最大化。

客户利润的最大化需要稳定可靠、高性价比的商品,快捷的物流服务,长久稳定的服务品质和对客户的关心。在互动营销中,客户利益的最大化是其核心理念,欺骗、虚假等手段会导致市场的最终失败。

4. 互动营销的案例——大众汽车网上试驾

2022 年 5 月 4 日,大众汽车在其官方网页上发布了两款全新的甲壳虫车型——亮黄款和水蓝款。这是大众首次在其官网上进行商品促销。该站点使用 Flash 技术,在活动中加入了动作和声音,使用户感觉自己就是广告中的一员。

此次大众的互动营销,减少了市场费用,提高了用户的体验。随着人们网络购物的观念越来越成熟,网络购物的技术也越来越先进,对于大众这种有知名度的车型来说,这种网络营销可以节约很多成本,还可以降低许多损耗,同时能够实现推广自身网站的目的,为以后的电商销售做铺垫。

精准的互动营销能够建立企业与用户之间的一对一沟通渠道,通过双方的沟通能够促使用户了解并接受企业的价值观,提高用户对品牌的好感度和忠诚度。此外能够形成用户数据库,基于大数据工具和市场分析技巧,提高企业在行业中的竞争力。

3.7.3　跨界营销

1.跨界营销的概念

跨界营销起源于共生营销理论,共生营销理论认为营销主体可以源于同一个产业链,可以出自不同的产业链,既有合作关系又有竞争关系。跨界是指多个不同领域之间进行合作。跨界营销是指企业突破原有产业边界,与价值链外的企业进行平等合作,从而实现企业价值增值的营销方式。跨界营销不仅包括水平跨界营销,还包括垂直跨界营销,即与产业链上下游的异质企业合作。随着互联网用户数量及流量增长放缓,企业对于流量的焦虑也越发严重。为促进品牌的发展,越来越多的企业开始尝试跨界营销,将不相关联的产品或品牌进行联合,利用双方的资源优势扩大现有渠道的流量,增添消费场景,使品牌间相互渗透影响,从而达到 $1+1>2$ 的合作共赢效果。

2.跨界营销的类型

企业使用跨界营销模式时必须对自己的营销策略有清晰的认识,只有优势互补,两个品牌才能更好地实现跨界,强强联合。一般来说,常见的跨界营销类型如下。

(1)产品跨界。

产品跨界是指公司在新的市场开发中,引入与现有的产品不同或根本不相关的新的产品。它的基本玩法有两类:一类是某企业品牌可以通过 IP 或内容授权,推出另一品牌方的新品,比如"一鸭难求"的肯德基版可达鸭;另一类是产品联名款,两个品牌联名推出新产品。

(2)渠道跨界。

渠道跨界既是一个公司拓展销售、抢占市场的主要手段,也是扩展品牌理念、文化和精神的一种有效方式。其主要玩法是在 A 品牌产品销售过程中加入 B 产品的传播,例如原神与肯德基跨界联动活动,购买肯德基的原神套餐可以获得原神风之翼的兑换码;同时原神游戏签到三天,可以在游戏里获得肯德基联名食谱;原神和肯德基还推出联动大神卡。线上渠道与线下渠道的融会贯通,发挥各自功能,共同打造全新的渠道生态圈。

(3)文化和理念跨界。

文化是企业发展和品牌发展的关键,企业通过公司文化、产品文化、品牌文化等多种方式来丰富品牌的内涵和价值。企业间品牌合作的界限是有形的,但文化间融合是无形的。如肯德基进驻中国市场后,迅速本土化,改良产品使其更加符合中国人饮食习惯,像老北京鸡肉卷,早餐推出豆浆、油条等,而肯德基的宅急送也符合了现代人的快速生活方式。

(4)营销战术跨界。

面对日益广泛的消费群体,单靠一种营销手段很难赢得顾客的喜爱,所以要从多个角度出发,对市场进行有效的整合。营销战术跨界就是各公司合作开拓新的市场,增加市场份额,提高企业利润。

3.跨界营销的案例——拉面说与三九企业集团推出"感冒药方便面"

拉面说是日式拉面品牌,它在国内的名气并不大;999 感冒灵在市场上的口碑很好,但在品牌年轻化方面没有太大的市场竞争力。为了扩大拉面说的受众,为 999 感冒灵注入品牌活力,两个品牌进行了跨界营销,联合推出了

📖 拉面说及 999
感冒灵联名经典
拉面和海报文案

"暖心鸡汤"联名礼盒。

针对年轻的受众,拉面说和999感冒灵以一种新奇、有趣的方式跨界联名,突破原有圈层。将中药入味鸡汤,将感冒灵经典元素植入延展,充分结合产品,从设计到细节文案,抓住了年轻人的关注点,符合了年轻人的作息习惯。

品牌之间的跨界营销能够充分发挥各方优势,实现 $1+1>2$ 的协同效应。在跨界营销中,品牌间通过品牌策略可以实现与其他行业品牌理念及文化的嫁接,品牌之间通过相互渗透,进而实现品牌价值的飞跃。企业选择跨界营销方式,需要对市场用户需求及趋势进行预测,从而获得企业间的相互支持和协作。同时也能使单一化的营销变得更加丰富立体,扩大受众,提升品牌知名度,形成多方共赢的局面。

✎ 拓展实训:分析一个新媒体营销的成功案例

[实训目的]

巩固新媒体营销的各种模式,对新媒体下各种营销模式有全面的理解,了解每种模式的特点及在实际中的应用方法。

▶ 思考与练习

1.分析成功案例的营销模式,学习营销经验。

2.对各种营销模式的运作进行简单的营销设计。

📄 第3章小结

第 4 章　新媒体营销过程

▶ 学习目标

- 了解新媒体营销 5 个过程
- 了解新媒体营销市场调研的内容
- 了解新媒体营销市场细分行为的内容
- 掌握新媒体营销策划的内容
- 了解新媒体营销环节中数据分析的内容
- 了解新媒体营销环节中策略优化的内容

▶ 学习重点、难点

学习重点

- 市场细分的基本内容
- 营销策划的类型与要点

学习难点

- 数据分析
- 策略优化

▶ 思维导图

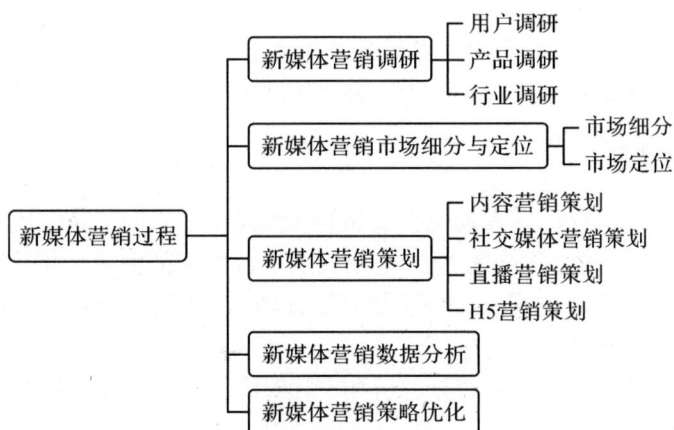

新媒体在当下一直呈现快速发展的趋势,新媒体营销自然而然成为各企业重点采取的一种营销方式。在新媒体营销中,首先需要明确整个新媒体营销流程,主要需要遵循以下 5 个步骤,分别是市场调研、市场细分与定位、营销策划、数据分析和策略优化。

4.1　新媒体营销调研

新媒体营销调研是指营销人员运用科学的方法,系统地搜集、记录、整理和分析市场信息资料,以了解市场现状和用户情况,从而预测未来市场发展趋势,最终辅助决策部门制定有效新媒体营销战略、策略的信息管理过程。与传统营销相比,新媒体营销因其媒介的特殊性,在调研过程中面对双向交互产生的海量线上数据信息,其信息整理分析步骤选用数据指标需根据营销平台进行选取,因此更依赖互联网平台、大数据及云计算技术支撑,进而获取多维度集合特征信息数据。通过前期的市场调研,营销人员不仅可以了解目标受众的基本情况,也可以了解该市场中目标用户和目标市场重合度高的竞争品牌的发展情况,进而明晰当前行业环境,从而有利于企业制定针对性的营销策略,达成目标营销效果。

4.1.1　用户调研

用户调研的目的是发现运营问题,定位消费者需求,修正后续市场细分和定位,为营销策划及创意活动设计奠定基础。

线下用户调研的方式以调查问卷和访谈为主,选择合适的主体才能获取重要信息。在移动互联网时代,KOL 作为有话语权和影响力的消费者代表及配合度较高的品牌合作方,参与访谈调研可帮助营销人员从媒介层面和消费者层面对营销策划提出适当意见,进而实现用户共创。

在线上用户调研中,因消费者对移动设备的高度依赖及新媒体平台的高频使用,企业可通过相关数据挖掘技术收集海量信息。以大数据技术为支撑的用户调研内容不再局限于年龄、性别、职业、生源地、学历等基础特征,其拓展内容包括购买数量、购买频次、购买类别、购买时段、购买平台、浏览次数、浏览时间等具体消费行为,可以依次形成精确度更高的消费者画像。

营销人员分析这些消费行为可以推测用户的生活方式,预测消费趋势的变化。根据分析得出用户的新需求,找到契合他们的新媒体营销方式。例如,在文化自信理念盛行的当下,年轻人对承载民族文化的国民品牌有天然的好感,"新国货"成为新媒体营销策划的热门主题。

4.1.2　产品调研

产品调研为企业新产品的开发及现有产品的升级提供了依据。新媒体的广泛使用促使信息同步的速度不断加快,同质化产品泛滥,企业线上平台的原创性活动极易被模仿。因此产品调研不仅需要反映企业产品的现状,更重要的是需提炼出契合消费者需求的产品核心信息,即产品的物理属性或精神属性。

产品调研的内容主要包括产品背景分析和产品对比分析。产品背景分析的对象包括产品的访问量、销售量、收藏量、退单量、日(月)活跃量等相关数据情况,以及以用户为中心的产品性能、外观设计、包装等具体使用情况。产品调研需分析产品的核心信息是否深植目标用户体验，以及成本投入和产品产出效果是否理想。

在产品对比分析之前，调研人员需要了解产品定位和目标用户，才能准确定位竞争对手。竞争对手包括与本企业对标用户、产品功能、运营策略等单个或多维度重合度较高的品牌或企业，以及行业内排名较高的和用户认可度较高的品牌或企业。例如，仲景香菇酱品牌，对标的竞争对手为以社群运营为优势的李子柒个人 IP、以细分外卖渠道为优势的虎邦辣酱和以国民品牌定位为优势的老干妈拌饭酱。

在调研新媒体平台定位竞争对手时，可以通过关键词搜索的方式，定位竞争品牌的门户网站，如微博、微信、百度等平台；也可以在出具行业数据报告的专业网站如虎啸、新榜等，通过行业排名进行定位。在定位竞争对手以后，可以进行差异点分析，分析对象包括产品内容规划、产品发布频率及时间、活动情况、互动情况、用户留存技巧、整体风格、技术原理等。通过对差异点的优缺点进行分析，得到产品对比分析内容，分析内容可为完善、改进现有产品和活动方案提供依据。

4.1.3　行业调研

行业调研可以帮助企业从宏观层面了解该行业是否值得进入，从中观层面观察市场竞争集中度，从微观层面洞察用户需求是否被满足。

随着互联网技术快速更迭，大量新产业借助新媒体平台陆续涌现，如已相对成熟的电子竞技产业和直播产业，还有逐渐为人所知的元宇宙产业。企业决定是否入局新的行业，或对现有行业发展趋势进行分析，首先需要关注的是政策。例如，新东方在"双减"政策的影响下，迅速缩减教培产业规模，转而进军政策支持下的直播助农领域，通过及时转换赛道为企业带来生机。

与传统营销相比，新媒体营销调研在分析行业发展现状和趋势时，不仅需要分析行业规模和发展增速，线上化率（线上业务规模/总业务规模）也是预测的关键指标。若线上化率上升，说明该行业在加速线上化，则新媒体营销的比重需相应增加。除了现有区域的行业数据的分析，行业调研还可以选择对标发达国家同行业的发展进程。

在分析行业竞争集中度时，主要分析 CR10（行业市场规模前十的企业在整个市场规模中的占比）数值，CR10 越大，则代表行业的竞争集中度越高。若企业所处行业供应链复杂，则企业上下端的合作者也应纳入行业分析主体。

当企业在了解了整个行业的环境背景、竞争格局、用户需求之后，就可以根据调研的结果，提前布局，抓住盈利机会，有针对性地去设计后续的营销推广计划。因此，前期的市场调研在整个新媒体营销的过程中起着基础性的作用，影响着后续一系列的过程。

4.2　新媒体营销市场细分与定位

4.2.1　市场细分

市场细分是指在前期市场调研的基础上，设定的细分依据，将目标市场划分成若干个具备不同需求特征的群体的过程。市场细分的目的是更细致地满足目标用户的需求，进而实现精准营销。与传统营销相比,新媒体营销市场细分需注重虚拟场景及媒介特性对用户产生的影响。新媒体营销市场细分依据如下。

1. 地域细分

不同地域的消费者在消费行为上会有一定的差异,这主要是由于每个地域的自然条件、经济水平、文化和生活方式,以及消费观念的不同。如我国东部和西部地区的经济水平差距会比较大;南北方的自然气候条件、生活方式也有着明显的不同;各地域消费者对产品的需求及对营销刺激的反应也存在着较大的差异。传统的地域细分一般是基于国家、地区、省市、乡村和不同的气候带等。在新媒体领域中,交易双方可以跨越时空界限进行沟通、交易,但是营销策略仍需要考虑在进行实体货物的交易时,空间距离带来的异地仓储费用和配送成本。

2. 人口细分

在一个市场中,由于受年龄、家庭规模、职业、性别、受教育程度、收入等因素的影响,不同消费者和家庭会有不同的需求,因而形成了一个个具有差异性的消费群体。不同消费群体必定有不同的消费需求和购买力,因此需要分析各个消费群体特征,分析其消费需求,针对不同的消费群体制订不同的营销计划。

3. 心理细分

心理细分要比人口细分更加深入,具体的细分标准包括社会阶层、个性特点、价值取向、消费观念,以及生活态度和生活方式等心理因素。这些皆与市场需求有着密切关系,随着经济的发展,消费水平的提升和心理因素对购买者行为的影响更加突出。例如,现在很火的直播,很多消费者在主播的心理刺激下,会产生冲动购买。尽管这类商品可能并不是必需品,但在一些外在因素的影响下,比如有比较大的折扣,就容易对心理产生影响。消费者会觉得这个折扣便宜不占会有点吃亏,进而产生消费行为。在网络市场中,企业必须根据客户不同的消费心理细分市场,并提供与之相应的个性化产品和服务。

4. 行为细分

行为细分是一种效率较高的细分方法,在新媒体营销中应用广泛,通过抓取用户线上数据,进而分析用户的消费行为,其中消费行为包括消费时段、消费金额、消费频率等。在消费时段上,新媒体行业比较看重发布时机,不同的目标用户有不同的浏览习惯,有着明显的时间区分;在消费金额上,总体消费特征一般符合二八法则,即20%的顾客贡献80%的销售量。因此,消费者之间的消费金额区别很大,精准定位到高消费人群有利于企业实现最大程度盈利。

对消费行为的细分结合消费心理分析,可定位用户的生活方式,有利于预测未来流行趋势。2020年,在对北京市30岁以上手机游戏、电子书等应用软件用户进行数据分析后,结果显示,后疫情时代下用户数量同比增速明显,由此可推测"宅"文化在30岁以上人群中有流行趋势。据此,东来顺火锅品牌定位"宅"人群社交需求,在微信平台发起"拼锅"活动,营销效果显著。

4.2.2　市场定位

在商业领域中,市场定位是指准确判断消费者需求,且在进行全面竞品分析的基础上,总结出基于目标消费者的产品或服务的独特优势,凝练为产品的核心信息并将它们精准传递出去的动态过程。在新媒体营销领域中,准确的定位可以使得营销更加精准高效。

在市场定位中至关重要的一个环节就是用户定位。也就是说,企业在制订营销计划之前,首先需要对目标用户有一定的认知,能够清楚地描述出用户的需求,并结合目标用户的特征构建用户画像,以便更好地进行营销方案策划,进而使营销效果达到最大化。在大数据时代,企业完全可以借助互联网大数据精准地进行目标用户的分析,借助标签化、信息化、可视化的属性,构建完整的目标用户画像。

用户画像(user portrait)最早由阿兰·库珀在 1997 年提出,其本质是运用海量用户信息来筛选用户特征需求的一种分析工具。换句话说,就是对用户行为数据进行挖掘,发现用户潜在的需求,从而有针对性地提供个性化产品与服务,以达到精准推送的目的。也有学者指出用户画像是给用户打标签的过程,从而让计算机能够有序地处理此类相关信息,最终达到通过算法模型"理解"用户行为与心理的结果。

例如,M 酒店为了构建用户画像,首先需要收集相关的客户信息;然后,M 酒店可通过现场访谈,发放问卷等方式收集一手数据并通过访问数据库等方式收集二手数据;接下来在数据挖掘阶段,M 酒店可借助数理统计、数据挖掘和机器学习等方法对所获得的原始数据进行聚类分析;最后,在用户画像的构建和呈现阶段,M 酒店可借助标签云、统计图等方式实现用户画像的可视化呈现,如图 4-1 所示。

图 4-1　用户画像形成过程

除了用户定位之外,还有一个就是对平台的定位,不同平台的调性不同,同样的内容在不同的平台上发布会有不一样的效果。因此,选择合适的新媒体平台也是成功营销的关键。新媒体平台分布广泛,目前主流平台包括微博、微信、知乎、小红书、今日头条、抖音、快手、B站等月活跃用户过亿人的平台,具体如表 4-1 所示。其中,以 B 站为例,平台注册用户超 4亿人,日均播放量达到 4.5 亿次。但用户主要为年轻人,较为适应的产品类别包括游戏软件、零食、电子产品、化妆品等,而婴幼儿及老年产品不适宜于该平台。

表 4-1　新媒体平台类型与特点

平台类型	平台名称	平台特点
社交平台	微信	提供即时通信服务,用户活跃度较高,适用于服务与粉丝沉淀
	微博	分享简短实时信息,平台开放性较高,粉丝互动率较高,适合品牌营销、内容营销
视频平台	抖音、快手、秒拍、B 站	用户规模庞大且保持持续增长,用户获取与留存能力可观,用户黏性高
直播平台	抖音、快手、淘宝直播、虎牙、斗鱼	用户可实时参与互动、传播范围广、精准营销

续表

平台类型	平台名称	平台特点
音频平台	喜马拉雅 FM、企鹅FM、荔枝 FM	涵盖领域广泛,用户付费意识强
知识问答平台	知乎、今日头条	优质的垂直知识问答社区,基于兴趣知识的社交平台,用户属性明显

4.3　新媒体营销策划

营销策划是依据市场调研信息,在明确市场定位的基础上,统筹和运用现有资源,结合创意设计和制定策划方案,并最终完成策划目标的过程。营销策划是市场营销学理论的延伸,不同的营销理论会引致差异化的营销思路。与传统营销相比,新媒体营销策划多采取品牌战略,通过运用以用户为中心的整合营销理念,对渠道及平台选择也更为多样。此外,新媒体营销策划所涉及的活动创意形式也不受固定空间的限制,且营销活动实施过程中可与用户实现实时沟通,即反馈方式和渠道更多。

营销策划可以帮助企业优化资源配置,树立良好形象,协调并落实经营目标。营销策划根据策划目的不同,可细分为新产品上市策划、终端促销策划、企业形象策划等类型。本书根据新媒体营销的策划方式及内容形式不同,将新媒体营销策划分为以下 4 个主要类型。

4.3.1　内容营销策划

内容营销是一种通过生产发布有价值的、与目标消费群体有关联的、持续性的内容来吸引目标消费群体,进而改变或强化目标消费群体的行为,以产生商业转化的营销方式。新媒体内容营销策划,就是借助互联网平台,通过科学的策划将企业相关的营销内容以文字、图片、短视频等形式传递给消费者,再通过合理的内容创建、发布及传播,向消费者传递有价值的信息,从而达到营销目的。根据内容的不同表现形式,新媒体内容营销可以分为软文营销、图片营销和短视频营销等。

1. 软文营销策划

软文营销策划是指营销策划人员通过撰写与企业文化、品牌内涵、产品机理和利益承诺等相关内容,并结合企业经营管理情况和目标,以及未来市场需求变化趋势的新闻稿件,以网络媒介为传播渠道,来实现营销目标的规划过程。新媒体平台独有的"流量池"为软文营销提供应用空间,且软文营销通常都会与事件营销密不可分。相关营销策划人员应从软文写作角度、软文内容主题、软文广告融入、软文版面效果和软文实施策略等方面进行合理规划,争取达到效益最大化。例如,瑞幸品牌在自嘲式网络用语"咕呱"(孤寡)的流行下,将市场定位到对新事物、热梗接受程度高的 Z 世代(通常是指 1995—2009 年出生的一代人)人群,与悲伤蛙联名,在七夕节日当天发布"七夕不咕呱,蛙瑞(very,"非常"的谐音)喜欢你"的页面海报,营销效果显著。

2. 图片营销策划

与文字相比,图片具有更强的视觉冲击力,可以在展示内容的同时给消费者一定的想象空间。图片营销是指将企业的产品、服务等信息制作成静态或动态的图片,通过多种新媒体平台将营销信息传递给消费者,使消费者对企业或品牌产生深刻印象,进而产生需求。图片营销策划与软文营销策划类似,只是软文营销策划采取的是软文形式,而图片营销策划采取的是图片形式。

在图片营销策划的过程中,图片的选择和设计是关键。媒体营销所用到的图片类型较多,如封面图、图标、信息长图、九宫图、GIF 动图等。无论是哪种形式的图片,在选择时都应当遵守一定的原则:①有关联,即图片与所营销的内容应当具有关联性;②有趣,即图片能够给消费者带来乐趣,提升消费者阅读兴趣、受消费者欢迎、能带动消费者自发传播;③有热度,即所选图片与热门事件、热门新闻等相关。例如,上述瑞幸品牌与悲伤蛙联名的营销策划活动中,"孤寡青蛙"的联名海报在用户朋友圈广为传播,大受欢迎。

图片营销的效果取决于图片的美观度、吸引力,因此对图片进行设计是图片营销策划的重要工作。宣传海报、封面图片、文章配图等更要做好图片设计。在进行图片设计时,营销策划人员应遵循整体排版有序、颜色使用恰当、尺寸设定正确、与营销主题相符等原则,然后结合各种工具软件(如 Photoshop、美图秀秀等)进行设计。图片中的文案也是图片营销策划的重要部分。不同主题的营销,图片搭配的文案也不同。一般主要有产品宣传图片文案、主题活动图片文案和品牌塑造图片文案等。

3. 短视频营销策划

短视频包括在各种新媒体平台上播放的、适合在碎片时间观看的、高频推送的视频内容,时长从几秒到几分钟不等。短视频营销是指企业或品牌利用短视频平台推广产品或品牌,树立品牌形象的一种营销方式。短视频营销策划就是对短视频营销的具体规划,主要包括短视频形式的选择、短视频内容的设计、短视频的制作和短视频的发布 4 个方面。

4.3.2　社交媒体营销策划

社交媒体是指互联网上基于消费者关系的内容生产与交换平台,是人们用来分享意见、见解、经验和观点的工具和平台。新媒体环境下较为常用的营销平台主要包括微博、微信、社群等,这些平台的信息量非常大,拥有非常强的互动性。因此,社交媒体营销的重点是打造引发与目标消费群体传播互动的内容。

社交媒体是目前的主流媒体,企业借助社交媒体进行营销,可以展现自身的产品特点、服务特色等,也可以推广产品或品牌。在社交媒体平台上,消费者的自主选择性强、企业与消费者的互动性强、传播触达率高,也可通过数据分析预测并评估营销效果。

4.3.3　直播营销策划

直播营销就是以直播平台为载体,通过现场实时展示的方式来传递企业品牌或产品信息。直播营销可以更直观、立体化地呈现营销信息,可以与消费者进行实时互动,能够及时获取消费者的反馈。直播营销策划主要考虑直播形式、直播平台的选择及直播内容的策划,另外还需要考虑主播的个人特质,以达到吸引目标消费群体关注的目的。

4.3.4 H5 营销策划

H5 营销策划是指利用 H5 技术在页面上融入文字、动画、音频、视频、图片、图表、互动等媒体表现元素,使页面效果更便于目标消费群体阅读、互动等,从而可以突出表现品牌核心观点,更好地进行信息的宣传推广。H5 营销较为简单,但效果却非常丰富多样,并且其精准地投放还能保证传播效果,也可以随时掌握流量数据情况。通常 H5 营销会与其他营销模式相结合,促进宣传推广效果。

4.4　新媒体营销数据分析

大数据时代,"数据"是最具有说服力的,数据分析是营销工作的重要依据。没有数据分析,就永远也不会知道营销的效果是好是坏。通过数据分析,可以快速获得营销效果信息,从中总结、发现不足,以便及时弥补。

数据分析可被区分为广义数据分析与狭义数据分析,而广义数据分析涵盖了狭义数据分析与数据挖掘的内容。狭义的数据分析是指采用合适的统计方法分析所获取到的数据,进而产生一定有用信息的活动与过程;数据挖掘是指采用统计分析、人工智能、机器学习等方法,从大量的数据中挖掘出未知的、有价值的信息和知识的活动与过程,从而帮助决策者制定出更好的决策方案。数据挖掘侧重解决分类、聚类、回归、预测和关联等问题,数据挖掘与狭义的数据分析目标都在于从数据中发现与决策相关的有用信息和知识,但两者明显的不同之处在于所处理数据的规模与类型,以及分析技术工具方面。

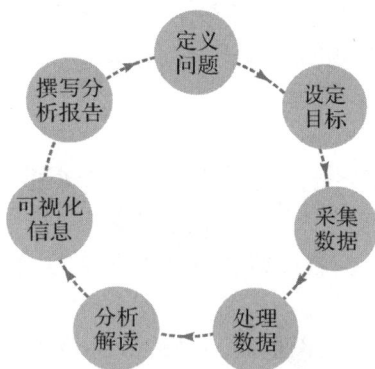

图 4-2　数据分析的一般流程

营销中的数据分析是指依据分析目标,基于营销知识、理论与经验,采用一定的分析工具,洞悉营销大数据背后的有用信息的活动与过程。营销数据分析旨在获得营销数据的潜在信息和内在规律,为精准营销提供依据,从而提升营销决策效率,实现营销目标。营销数据分析的主要流程包括定义问题、设定目标、采集数据、处理数据、分析解读、可视化信息及撰写分析报告,如图 4-2 所示。

4.4.1 定义问题

进行营销数据分析时,第一步需要进行问题定义。比较典型的场景就是需要对企业的数据进行分析,那么企业有很多数据,比如销售数据、客户数据、财务数据、生产数据等。因此首先需要知道要从这些数据里获取什么有价值的信息用来指导商业决策? 需要知道要解决的问题是什么? 想得到什么结论?

4.4.2 设定目标

进行营销数据分析时,第二步需要确定分析目标。伴随市场环境变化,营销活动中会出现各类问题,因此分析人员要确定被分析的具体问题是什么、判断哪些问题需实时分析处理、预估分析报告的可能结果及结果导向、确保分析报告与现下业务有逻辑关联,这些都有助于报告使用者进行经营决策。确定分析目标是分析人员正确进行数据分析的基础,既确保分析过程的有效性,也为后续步骤提供指导方向。

在营销活动中,数据分析目标主要包括以下 3 类:①现状分析。是对某一渠道的销售情况的分析,通常需运用每日、每周、每月的销售额数据来判断当下情况好坏。②原因分析。例如,渠道销售额普遍较低时,需要进行因果分析。这就需要企业采用更多关联数据,如客户信息数据、广告数据等,通过数据分析及时查找问题产生原因。③预测分析。例如,当企业改变渠道营销策略时,需要通过数据分析对未来发展趋势进行预测。

在明确问题与分析目标以后,首先需梳理分析思路,可以运用"4P"理论、SWOT 分析[①]等理论模型,明确分析对象;然后针对若干不同分析要点,预选适当的分析角度和分析指标,从而确定需要获取的数据类型和规模大小。

4.4.3 采集数据

采集数据是以营销数据分析目标为基础,从客观世界获取原始数据的过程。数据来源可分为企业内部和外部两大渠道,其中企业内部数据相关性更强,为主要数据来源。

采集数据根据是否借助第三方数据统计工具可分为直接获取和间接获取两种方式。直接获取是从企业内部网络中直接采集数据的过程。分析人员在此过程利用代码或者网页源码进行手动采集,并需要借助一些数据分析工具(如 Power BI、Excel 等),或者编程语言(如 Python 等),或利用 SQL[②] 脚本去读取数据库中的数据。利用这些工具进行手动数据采集时,通常要求分析人员有一定的数据分析或者编程基础,因为使用过程中通常涉及一些函数或者命令的调用。同时,分析人员还需了解企业常用内部数据库框架,如客户关系系统、财务信息系统、内部邮件系统等,从而保证收集数据的代表性;间接获取是从企业外部网络借助第三方的数据采集工具收集数据的过程。在此过程中,一般需要分析人员先进行一些基本字段或者规则设置,即可实现数据的采集,这一类工具通常对用户的数据分析或者编程等技术要求较低。但其局限性在于,能够获取到的数据有限,许多信息无法采集,并且有些工具需要付费才能使用。

4.4.4 处理数据

处理营销数据是指对收集到的数据进行梳理、加工的过程。首先,企业应明确数据测定尺度;接着,再对数据进行抽取、清洗、转化、提取;最后,将提取后的数据归入目标源数据库。在大数据时代,企业需处理的数据量级较大,不仅要处理结构化数据,还要处理各类型非结构化的行为数据,对于数据处理的要求也随之提高,该步骤一般在分析人员设定程序以后需由计算机辅助完成。数据处理步骤主要包括:①数据提取。数据提取是将收集到的所有原始数据从各个数据库系统、文件系统提取到数据交换中心,此时的数据内容大多杂乱无序。②数据清洗。数据清洗的筛选对象是原始数据中残缺、错误及重复数据,筛选后对这部分数

---

① SWOT 分析,指从优势(strength,S)、弱点(weakness,W)、机会(opportunities,O)、威胁(threats,T)4 个角度对企业的内部资源和外部环境进行分析的方法。

② SQL,即 structured query language,结构化查询语言。

据进行更正、补充和删除。③数据转换。数据转换是将清理后的数据,按照分析需要的形式进行转换调整。④数据提取。数据提取是通过设定针对性过滤条件,将分析所需必要信息数据从数据交换中心提取到目标源数据库。经过以上4个步骤,可以将来自不同数据源的无序数据,经过有效提取转换成系统化的数据存入目标源数据库,即可完成数据分析准备工作。

4.4.5　分析解读

分析解读营销数据是选用适当的营销数据指标、方法和模型工具,对目标源数据库中已处理过的数据进行分析,进而获取有效信息的过程。整个分析解读流程包括数据预处理、特征处理、算法的选择、模型预测等环节,企业需要通过从分析得出的数据结果中,判断提炼出营销洞察。

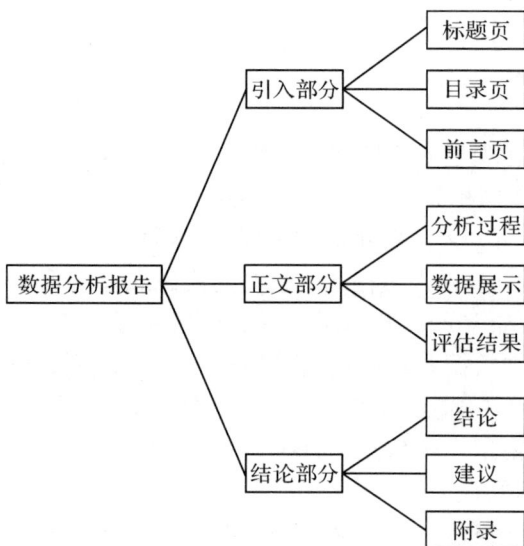

图 4-3　营销数据分析报告的框架

4.4.6　可视化信息

呈现营销数据是将已分析提取的有效信息,转化成报告使用者易理解的形式的过程,即数据可视化。呈现方式主要为图表,常见的图表类型包括条形图、饼图、折线图等,营销分析中常用的图表类型还包括漏斗型、金字塔型、矩阵型等。图表制作步骤如下:确定主题、选择类型、将数据转化成图表形式、美化图表、检查数据及观点完整性。

4.4.7　撰写分析报告

撰写分析报告是通过图文并茂的形式对数据分析的总结。分析报告一般包括引入、正文和结论三个章节,具体框架如图 4-3 所示。分析报告需清晰明了,否则研究报告的内容仅为冗长的文字和复杂的图表,难以让报告使用者找到重点内容。同时,报告内容需主次分明,论述需具备科学性和严谨性,帮助报告使用者进行有效决策。

4.5　新媒体营销策略优化

新媒体营销优化师对于数据分析得到的结论,需要提出针对性的营销策略优化建议,并且实施。在实施过程中,也需要时刻观察新策略产生的营销效果,并及时进行反馈。反馈回应是指将依据营销数据分析制定的营销策略实施结果反馈到业务部门、创意组和决策者。优化过程有助于延长产品及线上业务生命周期,保持企业竞争力。

在新媒体营销中,ECPM(effective cost per mille,每千次展示成本)是优化策略所需参考的重要指标。计算公式如下

$$ECPM＝出价×CTR×CVR×1000$$

其中,CTR(click-through rate)指点击率,CVR(conversion rate)指转化率。

　　ECPM 值越高,越容易获得平台优先推荐,获取更多客户流。若 ECPM 值较低,则企业需从出价、点击率、转化率 3 个指标进行全面分析,进而实施策略优化。

　　从出价层面的优化分析,ECPM 即为线上平台广告投放的竞价优化。竞投阶段,线上平台的引流程序基于智能算法;营销活动前期在没有产生实际点击率和转化率的基础上,线上平台根据账号历史数据进行预估设定。线上网站或平台账号的运营成绩对投放效果具备长期性影响,应选择历史记录较高的渠道投放。因此,在前期预热阶段和预算充足的情况下,选择头部 KOL 进行合作推广能保证基础点击率和转化率的数值较高。在点击率和转化率基础值正常的情况下,优化师需判断广告出价的合理性。若前期广告出价过高,会影响整个营销活动的成本,而价格过低,会影响 ECPM 的初始值,有可能导致过冷启动。

　　从点击率和转化率两个层面的优化分析,即围绕营销内容设计的创意优化。在活动中后期,在平台产生实际点击率和转化率数据后,竞价机制的影响将减弱直至忽略不计,而后需分析点击率和转化率大小。当点击率和转化率较低,则营销策略优化需及时修正消费者定位、场景设定、相关标签,替换预备创意内容,重新投放相应素材,以达到目标效果。

✎ 拓展实训:新媒体营销策划

[实训目的]

　　学生以营销策划团队为单位,选择一种营销方式,如软文、直播、短视频等,设计相应的营销方案。

▶ 思考与练习

　　1.你认为新媒体营销过程中,数据分析环节处于什么地位?
　　2.简述策略优化在新媒体营销过程中的重要性。

📖 第 4 章小结

第 5 章　微信平台营销

> 学习目标

● 了解微信个人号及公众号的营销价值
● 掌握微信个人号的引流技巧
● 掌握微信个人号及公众号的营销策略
● 掌握微信公众号的数据分析

> 学习重点、难点

学习重点

● 微信个人号和公众号的营销策略
● 微信公众号的数据分析

学习难点

● 运用微信营销的相关知识分析问题、解决问题
● 运用微信公众号的数据分析成功实现微信营销

> 思维导图

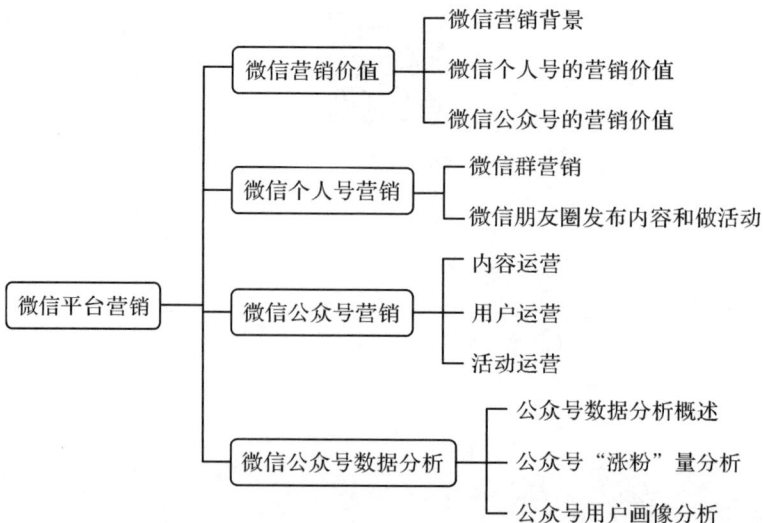

5.1　微信营销价值

5.1.1　微信营销背景

1. 微信个人号与微信公众号之间的区别

微信从 2011 年开始作为即时通信工具,在移动互联网时代成为国民应用。微信分为个人号和公众号,微信对个人号的定位是普通用户之间的交流和通信,微信并不鼓励和支持使用个人号进行营销推广;公众号则是为品牌推广、信息推送等服务而定制的。从运营角度来看,微信个人号与微信公众号之间的区别如下。

(1)面向群体不同。

微信个人号主要用于个人的人际交往,利用手机号、QQ 号等就可以添加好友,可以进行文字、语音和视频的交流。而微信公众号面向的群体是大众,它包括个人关系圈在内更大的社交圈。

(2)推广方式不同。

微信个人号的推广大部分是通过朋友间相互介绍,或者利用"摇一摇"和"查找附近的人"等功能来实现,也可以用来拓展一些附近的客户。微信公众号的推广,除了利用微信个人号推广之外,还可以做内容推广、活动推广、线下推广等。

(3)使用定位不同。

微信个人号目前主要用于对讲交流,比传统短信更方便,通过短语音即可交流。同时可以看到微信上朋友发的自己近况和娱乐信息。而微信公众平台则更加倾向于商业用途,在这个平台上主要用于个人品牌推广、企业品牌宣传,或者企业销售或者 CRM(customer relationship management,客户关系管理)服务。

(4)使用平台不同。

微信个人号主要在手机端使用,而微信公众号一般是在电脑端使用,因为电脑端操作更便捷。

(5)使用功能不同。

微信个人号的主要功能包括但不限于加好友、发消息、发布或查看朋友圈状态等,微信公众号的主要功能包括但不限于智能回复、图文回复、分组管理粉丝、提供第三方开发接口等。

2. 微信营销的特点

微信营销是一种基于微信的新的在线营销方式,利用个人号和公众号都可以开展营销。微信营销的特点如下。

(1)低廉的营销成本。

微信营销基于微信这一平台,微信的各项功能都可供用户免费使用,使用过程中仅产生少量的流量费。相较于传统营销方式,微信营销的成本极为低廉,几乎接近免费。

(2)大量的潜在客户。

愈发壮大的微信用户群体将成为微信营销的潜在客户,这吸引了越来越多的个人用户和企业加入微信营销的行列。

(3)便捷的信息交流。

微信的载体是智能手机和电脑,这意味着只要身边有智能手机或电脑,无论何时何地,个人用户和企业都可以与客户进行互动,进一步了解客户的需求进而满足客户的需求。微博营销虽然也可以与粉丝进行互动,但其及时性远远比不上微信营销。

5.1.2 微信个人号的营销价值

1.打造个人品牌

当我们提到可口可乐、宝洁、Dior(迪奥)这些品牌时,首先会联想到他们与其他产品和服务区别开的品牌标志。不仅企业需要建立品牌,事实上每个人在职场和生活中也需要创建自己的品牌。营销者在微信朋友圈里营造的美好形象,在一定程度上能为营销者带来持续的收益。例如,最早的聚美优品创始人陈欧将品牌人格化,通过"为自己代言"这一经典广告语,成功输出个人品牌文化。

2.刺激产品销售

微信作为相对封闭的社交软件,裂变传播效果较差。微信朋友圈中,仅有微信共同好友可以查看朋友圈点赞、评论内容等。通过微信好友的转发行为能有效地增加微信个人号的关注度。微信朋友圈拥有独特的社交功能,构成了高效、高质量的社交关系链。微信朋友圈推广成本低且效率高,用户体验良好。微信朋友既可存在于朋友间,也可存在于朋友引荐的新朋友中,相互之间存在高度信任感,基于信任产生的商业价值更准确、更高效。营销者可将商品信息发送到个人微信好友,消费者以聊天方式向好友咨询产品,通过微信付款功能进行支付,形成营销闭环。

3.维护客户关系

传统的营销模式与用户之间存在信息偏差,与用户的沟通效率低,难以建立深度联系。即使积累了一批忠实用户,却很难裂变新用户。微信恰好解决了这类问题,是目前最优的客户服务工具。微信个人号的客户维护效果远高于微信公众号,微信个人号有着点赞评论这样最直接的互动方式,营销者能够充分了解客户兴趣。通过微信群进行客户管理,是目前商家通用的私域运营策略之一。在竞争激烈的营销环境中,营销者必须改变只追求客户数量的传统营销方式,重视客户关系的维护,追求客户质量,尽可能地获取客户的信任。

5.1.3 微信公众号的营销价值

1.传播信息

微信公众号对个人用户而言是创建个人品牌、扩大个人影响力的有力工具。对于企业而言,微信公众号可以进行信息传播,提供与企业相关的查询功能,带用户进一步了解企业,能够对企业文化、产品信息、特色服务、联系方式等进行更为详细的介绍。例如"上海迪士尼度假区"微信公众号中包含对上海迪士尼度假区的简介、客服电话、迪士尼地图、游玩攻略、门票预订等信息,方便用户通过微信公众号了解迪士尼。

2.服务客户

无论是哪种营销方式,企业重点优化的目标一直都是客户服务。在服务质量能够直接影响企业口碑的情况下,微信公众号极大地方便了企业与用户的交流,能够吸引新用户、维护老用户,提高客户的忠诚度。营销者可以将微信公众号与原有的客户关系管理相结合,通过设置回复关键词,自动回复客户,节约客服成本。

3. 引导消费

目前电商平台大多致力于简化消费者的购物流程。微信公众号具有引导消费的功能,能够快速向消费者传递产品信息和服务信息,引导消费者进行购买,缩短产品的营销周期。例如,用户在微信公众号宣传中看到某件商品产生消费欲望时,可以直接通过微信下单,实现金额支付、物流查询、售后服务等。同时微信公众号为 O2O 立体营销模式的实现提供了便利的渠道。

5.2　微信个人号营销

5.2.1　微信群营销

微信个人号可以通过微信群发布营销内容。微信群营销主要包括添加他人群和自建群。

在一开始,可以通过添加其他人的群,从群头像和群内昵称入手,向群中的人发送好友请求,增加营销的对象。有了一定的受众群体之后,可以自行创建群,自建群最重要的作用就是圈出一群兴趣相投的人,然后经常通过各种小游戏、福利等让他们活跃互动,开展营销。当然,群名、群里的个人昵称、群公告都很重要。

通过微信群的互动和传播,将产品或服务推广给潜在客户,从而达到营销目的。随着微信的普及和社交媒体的兴起,微信群营销已成为许多企业和个人营销的重要手段之一。那么,怎样做好微信群营销呢? 以下是微信群营销的几种方法技巧。

1. 建群前的规划

在建群前,营销者首先需要思考的就是群的目的和定位,群的目的可以是推广品牌、团购促销、集赞送礼等。同时,建群时也可以给客户制定会员权益体系,如折扣优惠、VIP 权益等,提高客户留存率。

2. 定义群的规则

建立群后必须设置一些规则,例如发言规则、骂人禁言、发送广告必封、转发需授权等,这样可以避免群里出现垃圾信息和不良言行干扰正常的营销策略。同时,群内管理员的设置也很关键,保证群内发送的信息良好和质量有保证。

3. 策划好群的内容

微信群的内容是吸引用户加入和留在群里的关键,因此在群的初期阶段,尽量使用优质内容吸引用户,例如发布优惠活动、推送最新资讯、开展短视频互动等。同时,保持内容多样性和连续性,使客户在使用与交流的过程中不断地体验到新鲜感和惊喜。

4. 提高客户黏性和互动性

微信群需要保持活跃性,提高客户黏性和互动性,以此来促进用户购买,增加营销收益。可以通过实时客服、会员话题、抢红包赢优惠等互动活动来提高互动性和群内氛围,让客户在群内产生优越感和参与感。

5. 细致化的数据分析和统计

数据分析可以帮助营销者更好地了解客户的喜好和需求,以便制定营销策略。可以通过数据分析客户关注的商品及参与活动的情况,制定相应的营销方案。同时,数据统计还能为营销者评估自己的营销效果提供有力的数据和证据。

6. 衍生出更多的服务项目

在定位好产品和目标用户的情况下,可以通过一些增值服务项目对用户进行刺激,增加销量。例如,通过产品升级、增值业务、DIY 服务等方式,将用户转化为忠实的粉丝,实现高附加值的服务盈利。

7. 不断更新策略和内容

微信群营销的本质是不断地更新和更改策略与内容,给客户带来新鲜感和惊喜,使营销者始终保持在客户视野中,实现营销的功能。同时,也需要不断优化管理和运营,增强客户黏性,从而实现更高的流量转化和成本回报。

总之,微信群营销是一种有效的营销方式,可以帮助企业和个人快速扩大影响力和客户群体。但是,要做好微信群营销,需要在活动规划、内容策划、服务项目、数据分析等方面引入创新和策略,使微信群营销更加精准和有效。只有不断学习和实践,才能在微信群营销领域取得更好的成果。

5.2.2 微信朋友圈发布内容和做活动

1. 微信朋友圈发布内容

营销者在微信朋友圈发布营销内容时不能马虎,要用心斟酌,发布的频率不能过高,不然会引起微信好友的反感。营销者应尽量以提问的形式设计朋友圈内容,引导好友点赞、评论、私聊等。营销者可以在一周内发送 1～3 条设计巧妙的"软广告",通过产品故事、人物生活等内容对软广告进行包装。切忌频繁发布"软广告"或添加过多的产品信息在一条"软广告"中。营销者需要在朋友圈发布具有针对性的内容进行营销,向目标用户展示其营销内容。营销者在发布营销内容时可以设定相应的微信好友类型,可以将幽默诙谐的营销内容专门展示给年轻用户。对刚添加的微信好友,可以暂时不发布营销内容或发布一些价格较低的商品信息。在互联网经济时代,营销者可以利用热点新闻、流行段子为自己的产品打造热度。

2. 微信朋友圈营销活动

营销活动可以提升微信好友参与的积极性。在朋友圈中可以开展营销活动,如满赠促销活动、集赞有奖活动等。

满赠活动与集赞有奖活动示例

满赠促销活动是指购买一定数量或金额的商品后赠送礼品。通过满赠促销活动,用户产生"赚了"的感觉,促销活动要求消费达到一定金额能够刺激消费者进行消费,扩大产品的销量。

集赞有奖活动是指转发营销者朋友圈,并集齐指定数量的点赞次数,截图发给营销者即可获取免费商品。用户为得到免费商品,会积极转发朋友圈,号召其好友为自己点赞。在用户宣传过程中,若其好友对该免费获得的商品满意,可能进行二次消费,从而促进商品的销售。

3. 微信朋友圈营销案例

截至 2022 年,微信及 Wechat(微信国际版)月活用户已达 13.85 亿人,作为国民社交媒体,众多企业及用户都希望能够在微信的社交环境内争取到尽可能多的用户。其中洋河集团一马当先,首先搭上了"互联网＋"时代的顺风车,率先入驻微信,搭载着几亿的自然用户流量开创了中国酒业的第一个掌上购酒平台。

在"互联网＋"的催化下,洋河集团紧紧抓住微信背后的庞大粉丝群体,将粉丝经营也当成营销的重要课题之一来攻克。2013 年在完成 APP 客户端的上线后,立刻上线微信公众服务账号,结合各项营销活动逐步将"洋河 1 号"孕育为中国酒业粉丝规模最大的服务号,并通过其良好的服务行为巩固其粉丝群体。为了更好地服务粉丝,以江苏为中心逐渐扩展运营范围直至全国,争取 30 分钟内完成商品的配送。

而后的羊年春晚,洋河集团通过微信与收看春晚的上亿名消费者互动,为收看者发放了价值千万元的微信红包,成功树立了良好的品牌形象。又乘着这阵东风,于 2015 年 6 月 11日,发布了第一条朋友圈白酒广告,洋河微分子酒通过"微字体文案"瞬间将这款白酒推向了微信平台的广大受众当,一举奠定了其庞大的粉丝基础。通过在微信朋友圈展示了洋河的企业实力,宣传了企业形象及文化,又通过微信庞大用户群体之间的口口相传,极易引发第二次、第三次的多次传播,从而进一步提升品牌效益。

作为微信营销的经典案例,洋河集团常在各种场合中被提及,比如腾讯官方也曾在其公开课上对洋河的成功运营进行了详细的解释,并在公开课上引导观看者扫描酒瓶上的二维码,不仅能看到被扫描的酒所包含的详细信息,还能获得洋河集团发放的红包,在营销过后的线下环节中也能成功巩固其营销所带来的优良形象,进一步增大了洋河集团的粉丝黏性。

洋河集团成功地将其酒业文化通过微信逐渐推广开来,着实有些"瑶浆蜜勺,实羽觞些"的意蕴,但同时配合营销活动所做的各项服务活动同样不可小觑。在任何的营销活动中,都不能仅仅只喊出营销的口号,应当知行合一,形成营销因果的良性循环。

5.3　微信公众号营销

5.3.1　内容运营

大多数微信公众号通过内容定位受众,即通过策划微信公众号内容来满足目标用户的需求,进一步吸引用户。如何把握微信公众号的内容运营呢? 接下来就微信公众号优质内容的打造策略进行介绍。

1. 原创性

用户作为微信公众号文章的读者,之所以关注某个微信公众号,完全是因为这个公众号发布的文章会带给他们不一样的阅读体验。微信公众号文章有原创与转载两种方式,原创难度较大,用户忠诚度比较高。原创文章的选题方式非常多样,常用的选题方式有九宫格思考、话题借势、节日策划等。

(1)九宫格思考。

九宫格思考与思维导图相似,都是从一个话题开始联想,进行思维扩展,开发与话题有关的其他内容,然后将其解析并结合起来。例如,一个北京美食公众号有两个主要的关键词——"北京"和"美食",通过"北京"联想到四合院、老北京胡同、三里屯、故宫、文艺浪漫等词,通过"美食"联想到烤鸭、小吃、京菜馆等词,对这些词汇进行组合后,可以得到"四合院里的京菜馆""老北京胡同里的豆汁"等选题。为进一步提高文章的吸引力,可适当对标题进行润色,如"带你感受老北京四合院里的京菜馆""老北京胡同里那些让人停不住嘴的小吃",就能产生一个新的题目,对主题词的联想越丰富,则可供选择的题目越多。

(2)话题借势。

话题借势,就是借助最近热点事件来决定选题,热点事件话题度越大,营销效果就越好。话题借势是十分常见且使用频率很高的选题方式,例如之前爆火的"世界那么大,我想去看看"辞职信事件,引发各大品牌创作"世界那么大"广告文案,掀起一波借势营销热潮。在新媒体时代,凡是吸引大众眼球的热点事件,都有可能引起各大品牌借势营销。因此,营销者需要具备一定的新闻敏感度,积极关注各类新闻资讯网站和媒体平台等,能够及时地捕捉到热点话题,快速高效地进行话题营销。

(3)节日策划。

每个节日都是营销的契机,不论是法定节假日、民俗节假日,还是网络上盛行的各类纪念日等,均可作为营销选题。营销者应提前策划各个节日话题。例如,春节期间,可口可乐抓住年轻人对于传统春节年味及团聚的向往,借助中国春节中"阿福,阿娇"的传统意象,恢复了传统年味。可口可乐和微信表情进行合作,采用了新图像识别技术。消费者仅需通过"可口可乐+微信小程序,直接扫一扫产品包装中"阿福""阿娇"的图像或条形码,即可自由下载动态表情,在微信中分享给亲友,传递节日问候。

2. 满足用户需求

对微信公众号的内容进行规划和定位,需要以用户需求为出发点,在不同视角下选择最适合自己的主题,吸引用户阅读进而达到转化效果。比如时事热点、深度"干货"知识、实用生活技巧、人生感悟、商品福利活动等,用符合用户要求的内容吸引同质用户,让用户积极分享并发布微信公众号的内容,为微信公众号吸引更多相同属性的高质量用户。例如,微信公众号"好奇博士"的营销内容就是从用户的需求出发,带用户解锁生活中各种新奇事物,让用户每天花几分钟的时间长知识。

3. 丰富的情感

优秀的微信公众号文章往往能以情动人,通过富有感染力的内容表达情感,引起用户共鸣,唤起用户情感需求。提高用户对品牌的信任感、依赖感和归属感。营销者需要善于挖掘用户情感需求,以情感充实内容,唤起用户认可,启发用户思考。例如,微信公众号"能酸罐头"的一篇名为"长大以后,妈妈就成了我女儿"的文章就是从亲情的角度出发,讲述了父母或许爱人的能力不足,却尽力给了孩子最好的爱,引发用户对亲情的思考,对理解的爱的共鸣,获得了用户认可。

4. 具有吸引力的标题

微信公众号的标题一定程度上能直接影响文章的点击率。大多数用户都是先看标题,后看内容。如果标题无法引起用户查看的兴趣,即使内容非常优质,也不会被太多人阅读;

反之,即使内容质量一般,但是标题足够吸引人,文章的阅读量也不会太低。要想打造具备吸引力的标题,需要做到以下几点。

(1)在标题中凸显用户最关心的"痛点信息"。

(2)注重细节,文字简洁。

(3)设置悬念,带动用户思考。

(4)结合热点,利用时事激发用户兴趣。

营销者设计公众号文章题目时,可以通过创作一系列具有特色风格的稿件,展现公众号个性特色。通过特色稿件,让用户看到题目后,能够潜意识地辨别出稿件出自哪个微信公众号,它共享了哪些信息,从而进一步强化用户对于公众号的感知。如采用"荐号"|"具体内容"的形式对不同内容进行分类。此外,也可将品牌名称或者极具品牌辨识度的词语添加到题目当中,进一步强化品牌。

5.配图

在微信公众号文章里,文字和图片两者是相辅相成,不可或缺的。公众号文章配图有封面图、正文配图等,照片要求清晰大小合适,并且需要与推送内容相结合,不能打断文字内容的连贯性。配图在文章中发挥着不可替代的作用,主要包括以下三点。

(1)有图有真相。

微信公众号文章在引用特定的资料或者是对一些实际情况进行描写时,如果缺少照片作为证据,其内容的可信度在一定程度上会有所降低。如通过截取中央气象台的气温实况数据作为配图能提高文章内容的真实性,进一步引发用户对高温天气的关注。

(2)辅佐文字表达。

在微信公众号文章中配图,能让文章内容更加丰富立体,进一步增强内容的表达效果,更加直观地传达信息。

(3)提高阅读体验感。

只有文字的内容会显得字数过多,这就降低了读者的阅读兴趣并对读者造成强烈的压迫感,让用户丧失了持续阅读下去的耐性。图片能够突破视觉的单调性,恰当配图能够调整视线、减轻用户阅读压力、增强阅读体验感。

6.美观

微信公众号稿件需要塑造个人风格,并和其他公众号形成差异,增强辨识度。营销者可以通过合理的配色和排版来提升文章的美观性,增加用户对微信公众号的好感度。不同色彩组合对受众心理、阅读体验、信息传播等方面都会有影响,因此要根据实际情况选择合适的搭配方式。在微信公众号的文章配色中,推荐使用和品牌有关的色彩,或者用比较均匀的色调来做代表色。在一篇文章中,不要使用过多的颜色。如若文章中使用了图片,文字颜色应与图片颜色相匹配。文章排版需要遵循对齐、统一、对比等原则,以提高文章的整体美观性与易读性。总之,运营者需要根据文章内容,选择恰当的对齐方式;排版要有对比,凸显文章标题和重点内容;排版样式要统一。

5.3.2　用户运营

粉丝量和阅读量贯穿微信公众号运营的整个过程,接下来对微信公众号的用户运营进行介绍,帮助营销者更好地进行微信公众号营销。

1. 公众号涨粉的方法

(1)邀请老客户。

老客户在用户规模中占有一定比例,因此可以通过微信个人号私聊和发消息等方式邀请之前有过互动交易的老客户关注微信公众号。老客户对企业及品牌产品有一定的认知度和信赖度。老客户在微信公众平台上变成粉丝后,可开展"以老推新"活动,利用已变成粉丝的老用户,宣传微信公众号平台,形成辐射状链接形式,为新增用户打下基础。

(2)微信个人号引流。

大部分用户都是基于社交需求使用微信平台。随着互联网技术的不断发展,微信已经成为一种非常流行的应用工具。在这种环境下,营销者利用好微信平台为自己创造更多价值就显得尤为重要。营销者可充分利用微信社交属性为公众号增粉,通过扩大微信个人号用户,利用微信朋友圈、微信群,让微信个人号好友关注微信公众号。

(3)活动增粉。

通过设置一些线上、线下的活动可以吸引新用户参加并且提高老用户的活跃度。策划活动需要花费一定的成本,因此为了保证活动效益,应提前精准定位目标用户。简单来说,在设计活动前,需要分析微信公众号的用户属性,了解公众号中哪些用户乐于参与活动并愿意购买和分享产品。例如,某公众号的粉丝皆为备战四六级的大学生,该微信公众号想推广一套学习用品礼盒,于是设计了一场名为"四六级装备升级"的活动,这个活动将目标客户定位在大学生群体。因为大学生群体有一定的学习用品需求,对这场活动的传播能给产品带来更好的推广效果,更容易为微信公众号带来更多有消费需求的用户。

(4)微信公众号功能设置。

微信公众号功能的设置非常重要,它需要从用户的需求出发,通过特色的功能设置,为用户提供具体服务,满足用户需求,这样才能进一步吸引用户关注。如某知识学习的微信公众号在分享信息的同时,为用户提供备考素材、学习资料的下载服务,提高用户的学习效率,能够吸引需要此类服务的用户。

在设置微信公众号功能时,可站在用户角度,联想到用户使用微信公众号所处的特定场景。比如用户会在何种条件下使用这个微信公众号,并依据特定场景整理服务内容,并以此为基础进行功能设计。图5-1所示为餐饮微信公众号,用户在进行预约、订餐、用餐提醒等服务场景时需要使用该微信公众号,因此可以在微信公众号中设置订座排号、门店应用、在线客服等功能。

图5-1　餐饮微信公众号示例

2. 微信公众号阅读量提升策略

(1)选择合适的推送时间。

营销者需要选择合适的时间进行文章推送,更好地把握用户的碎片时间,提高文章的阅读量。在一般情况下,用户查看文章推送的时间段大多在上下班途中、午休时间、睡前休息时间。在这些时间段,用户会查看文章内容,文章的反馈容易达到高峰期。需要对不同类型的公众号文章设置不同的推送时间,将满足用户需求作为出发点,选择合适的时间推送文章才能达到最佳营销效果。比如励志类微信公众号的文章,建议 9 点之前推送,利用用户早出晚归的机会,调动他们对生活的积极性。趣味类微信公众号稿件建议 19 点以后推送,利用内容趣味性降低用户劳累,提高流量和转发量。消费类微信公众号的文章建议夜间推送,充足的夜间休息时间让用户能够安心选择商品。情感类微信号文章建议 21 点后推送,人的感情在夜晚更容易被触动,此时推送文章更容易获得用户认可,让用户产生共鸣。此外,在设置推送时间时,尽量保持定时推送,让用户养成准时查看推送内容的习惯。

(2)设置跳转链接。

在微信公众号中设置跳跃链接可以提升原有的文章的点击次数,从而为其他的内容带来更多的流量。常见的链接设置的方法有两种:第一种是在自动回复中设置链接。微信公众号若直接发布链接地址,会因为信息过长影响用户的阅读体验,设置文字链接进行页面跳转的方式在保证信息辨识度的同时提高其他页面的点击率和浏览量。第二种是将链接添加到正文中,可以将往期的优秀文章添加到正文中,通过读者点击来获得更多的阅读量,这类链接一般放在文前或文末。

(3)利用朋友圈提升阅读量。

将微信公众号文章分享到个人微信号朋友圈是提升阅读量最直接的方法。大多数用户都是通过朋友圈被动接受好友分享的内容。营销者在运营公众号时需要有意识地增加个人号好友,或结交其他公众号编辑、有知名度且微信好友较多的个人号,通过综合多人的影响力合作共赢,进而有效提升公众号文章的阅读量。

5.3.3　活动运营

营销者可以通过策划营销活动来进行微信公众号营销,从而达到微信公众号引流,增加用户数量,达到促销产品的目的。

1. 微信公众号活动类型

营销者在策划活动前,需要了解微信公众号的活动类型,根据营销效果需求选择合适的活动,微信公众号主要活动有投票活动、抽奖活动、转发有礼活动、有奖竞猜活动等。

(1)投票活动。

投票活动是微信公众号营销中普遍开展的活动。投票活动的形式比较简单,通过设立奖项,以比赛制的形式吸引用户报名参赛。通过微信公众号进行投票,并依据最终得票数或者参赛内容,确定获奖用户。

(2)抽奖活动。

抽奖活动包括微信大转盘抽奖活动、九宫格抽奖活动、砸金蛋抽奖活动等。抽奖活动的随机性较大,奖品的吸引力在一定程度上决定了用户参与度。营销者可以设置不同价值的奖品,以"大奖"吸引用户参与抽奖活动,以"小奖"安抚用户,提升用户的期待值。

(3)点赞留言、转发有礼活动。

留言点赞的活动通常是营销者以最近的热点或节日活动为基础,在活动过程中准备好主题供用户在留言区发表评论或在微信公众号的后台进行回应。微信公众号通过比拼点赞数的规则选取中奖用户,也可以直接让用户留言或者在后台回复规定内容然后随机抽取中奖用户进行奖励。转发有礼活动就是用户将指定的图片和文章分享到朋友圈之后截图发送给微信公众号的后台,营销者对后台接收到的图片进行真实性的判断,若转发情况真实则用户可以获得相应的礼品。

(4)有奖竞猜活动。

有奖竞猜活动一般是指根据品牌产品的需求设置竞猜题目,用户答对问题后,即可获得指定奖励。有奖竞赛会让消费者更感兴趣,因为竞赛内容、答案或者竞赛活动的名称等常常与促销商品紧密联系在一起。这类活动参赛者较多,一般都是通过大众传播媒介进行报名,比赛可以增加商品的人气,宣传商品的知识和优点,起到变相的广告效果,而且比广告更容易引起消费者的注意。

2.微信公众号活动策划流程

(1)明确活动目标。

一般来说,微信公众号活动的主要目标包括拉新、促活、促销产品和宣传品牌等。营销者只有明确活动目标,才能更高效地开展后续策划工作。

(2)明确活动对象。

活动对象即营销对象,分为初次关注微信号的新用户和购买过产品的老用户。明确活动对象后,营销者通过对用户偏好的深入了解,选择用户乐于参加的活动方式。针对活动对象习惯喜好,精心设计营销活动,并确定活动形式,最大限度地保障用户参与活动的热情,便于制订后续计划。

(3)设计活动玩法。

活动玩法要紧扣活动目标(如增加粉丝800人),营销者在设计活动玩法时要充分考虑活动对象、产品和品牌的特性,在设计过程中多进行几次内部测试,及时挖掘活动漏洞。

(4)制作物料并发布活动。

公众号的物料制作主要包括活动方案的策划、活动海报的设计、活动视频或活动口号的编辑制作等。营销者需要在预定时间内准时发布活动信息,以便用户了解活动的规则、玩法和注意事项等。

(5)活动跟踪。

活动跟踪包括对活动的过程、活动的结果、用户的评价反馈进行跟踪。营销者通过跟踪活动,可以进一步增强和用户之间的互动交流,为用户带来高品质的活动体验,利于塑造良好的口碑。如果在活动中发生偏差,营销者应及时纠正和控制负面反馈。

3.开展微信公众号的技巧

在微信公众号中开展营销活动,在拉新促活的基础上,还可以与粉丝形成良好互动,提高用户忠诚度。营销者想要做好公众号营销活动,需要掌握相应的技巧。

(1)注入情感。

在微信公众号活动中注入情感可以增加活动的温度,让营销活动充满活力和生命力。提起将情感注入微信营销活动,星巴克的音乐营销就是一个非常典型的例子。在微信平台上,星巴克音乐营销主要运用了"表情图片"这一方式进行传播。通过关注星巴克微信公众号,用户发出表情图片,表达自己此时真实的情绪,品牌微信公众号也会依据不同表情图片,在专辑里挑选有关音乐进行回应。

（2）利用节日。

节日是人们为了纪念某类民俗文化或某个重要事件而创造的重要日子。营销人员利用节假日进行营销推广,借助节假日的热度,增加自己的品牌知名度,利用假期的气氛,吸引大量的粉丝,既能为自己的品牌做广告,又能得到广大用户的好评。

（3）结合游戏。

游戏作为一种特定的互动形式,开展有趣的游戏活动可以吸引更多的用户参与微信公众号的营销活动,营销者在结合游戏开展公众号营销活动时,还需要配合一定的激励手段,如现金大奖、优惠券、礼品等其他福利。

5.4　微信公众号数据分析

5.4.1　公众号数据分析概述

1.做公众号数据分析的原因

（1）牢牢吸引粉丝。

微信公众号要发展建设,必须以微信粉丝为依托。微信公众号运营者要格外关注用户动态。营销者可以进入微信公众号平台,查看"用户增长"选项卡,通过用户增长了解粉丝认可度。

（2）更好地把握内容。

数据分析能够帮助运营者更好地把握平台内容。微信运营者进行平台运营前首先需要知道平台内容有很多表现形式,比如视频、图片和文字等。其次,需要学会撰写有吸引力的标题和打动人的正文内容。

（3）实现最终的商业变现。

微信运营以获取收益为终极目标,数据分析为商业变现提供了初始前提,以科学数据分析作为依据,能够更好地进行商业变现。

2.公众号数据分析的类型

（1）用户增长数据分析。

在昨日关键指标中可以查看新关注人数、取消关注人数、净增关注人数和累计关注人数。以"日""周""月"为时间单位轴,分析用户数量在不同时间点的变化情况。

①新关注人数:新关注的用户数(不包括当天重复关注用户)。

②取消关注人数:取消关注的用户数(不包括当天重复取消关注用户)。

③净增关注人数:新关注与取消关注的用户数之差。

④累计关注人数:当前关注的用户总数。

（2）图文数据分析。

单篇图文为一次推送图文数据分析;所有图文为公众号总体内容质量分析,指本公众号所发所有图文这段时间内阅读数据之和。

主要包括 4 个核心数据指标,分别是图文页阅读次数、原文阅读次数、分享转发次数、微信收藏人数。

①图文页阅读次数:所有图文在某个时间段里的阅读次数(去重且包括非粉丝)。

②原文页阅读次数:点击一篇文章左下角的阅读原文的次数。

③分享转发次数:文章被分享转发的次数。

④微信收藏人数:文章被用户收藏的人数。

(3)消息数据分析。

从"微信公众平台"—"统计"—"消息分析"中,可以看到粉丝对公众号上的信息的回复。根据"小时报/日报/周报/月报"查看对应时段的新闻发送量、数量及每人发送量。核心数据指标包括消息发送人数、消息发送次数和人均发送次数。

①消息发送人数:关注者主动发送消息的人数(不包括当天重复关注用户)。

②消息发送次数:关注者主动发消息的次数。

③人均发送次数:消息发送总次数/消息发送的用户数。

(4)其他数据分析。

其他数据分析包括阅读完成率、留言阅读比、点赞阅读比、用户互动数、行业数据。

①阅读完成率:当日曝光量/当日阅读量。

②留言阅读比:留言量/阅读人数(体现用户的质量、用户的活跃度、公众号长期以来对用户的影响力)。

③点赞阅读比:点赞数/阅读人数(判断用户对文章的喜欢程度、认可度,对其中的观点是否有共鸣等)。

④用户互动数:查看用户对于话题、活动、文章互动等关键词的回复。

⑤行业数据:行业的主流趋势、最新的业内政策、成功的变现模式、有效的资源渠道。

5.4.2 公众号"涨粉"量分析

1.图片亮丽

(1)打造优质主图。

特色鲜明、引人注意的主图,可以引起读者的阅读兴趣,给公众号文章增加点击。因此,要想吸引受众关注和阅读,在内容上就必须做好布局与设计。尺寸合适的主图加载起来比较方便,能够使读者得到较好的阅读体验,提高读者对公众号的关注度。当主图过大时,读者的加载时间较长。若阅读体验差,读者可能会选择不再看微信公众号的文章。

(2)选择合适的图片。

微信公众号运营者挑选照片时,要尽可能使单张照片容量大小保持在 1.5M~2M 之间。图片大小公众号可针对读者进行调整,从读者阅读体验出发,不让过大的图片耗费读者的流量和加载时间。

(3)图片数量要合适。

多张照片的文章排版可以让文章的内容更加生动,可以缓解读者视觉疲劳,但是照片加载的时间长。单张照片的排版可以让文章的整体更加整齐,减少照片的加载时间,但如果文章过长,读者容易失去阅读耐心。

(4)让图片更有特色。

运营者为公众号文章挑选配图时,可以通过一些方式让单一的图片变得鲜活起来,从而吸引到更多读者。需要掌握图片拍摄技巧,对拍摄场地和照片比例进行合理的布局规划。此外,还可以通过软件进行后期制作让图片更加美观,夺人眼球。

2.内容优质

内容是微信公众号所推送信息的一个很重要的组成部分,优秀的内容能够吸引读者,延长其阅读时间,获得更高的点赞率。运营者在编辑消息图文时,首先需要把握摘要的部分,摘要应尽量简洁明了,优质的文章摘要在很大程度上能激发读者的阅读兴趣。其次,可以将热点词汇嵌入标题中,利用热门头条提高用户的点击率。最后,运营者需要把握推送的时间,选择合适的发送时间进行文章的推广。

3.数据落实

微信公众号运营者需要将数据结果落实到营销技巧上,留住公众号粉丝。运营者可以通过设置文章链接来提高阅读量。例如,在回复中都加上一些文章的链接,来引导用户阅读。营销者可以在后台对用户进行分组来达到更精准的营销,比如设置有趣的小游戏来提高用户的活跃度。此外,营销者还可以制造有效互动,提供一定价值的消息留住粉丝。

5.4.3　公众号用户画像分析

1.构建用户画像

用户画像基于用户社会属性、行为习惯和其他信息,通过标签化方式建构抽象用户模型。用户画像也被称为用户角色,它是运营团队进行用户行为、动机、个人偏好等分析的工具。用户画像可以使团队更专注于用户群体,更准确地理解并分析目标用户群体。用户画像是通过用户性别、年龄、学历、地域、婚姻状况等方面对用户进行精准的分析,勾勒出生动而立体的用户群体。

除了利用用户画像数据做最简单的数据分类统计之外,还可以利用其进行关联数据计算和聚类数据分析等。例如,在浙江地区的男性用户占多少比例、在浙江地区的用户年龄分布情况等。用户画像利用大数据处理这一技术手段,为微信运营者提供更加便利、精准的数据,让微信运营者在投放广告、投放平台内容的过程中,能够准确把握用户的心理,将用户想要的信息发布出去,实现用户的需求。

2.微信后台用户画像数据分析

在微信后台的"用户分析"功能中,可以了解用户的增长数据和分布属性。下面以微信公众号"思睿智训"为例,主要从性别、语言、地域 3 个方面进行介绍。

(1)性别分布。

运营者在经营微信公众号的过程中,如果想要了解用户的性别属性,可以在微信公众号后台进入"用户分析"页面,单击"用户属性"按钮,如图 5-2 所示。

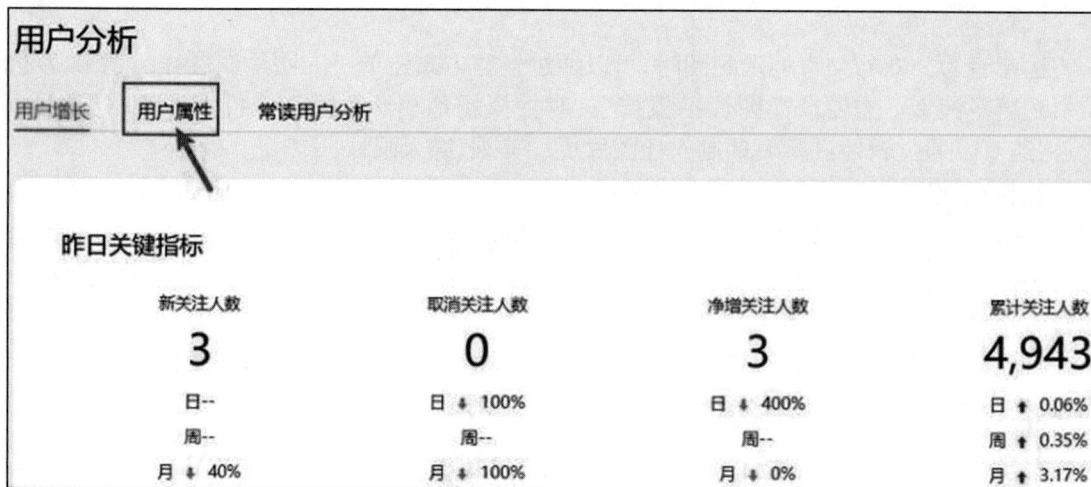

图 5-2 点击"用户属性"按钮

执行操作后,进入"用户属性"页面,在"人口特征"模块查看微信公众号平台的性别分布图,如图 5-3 所示。

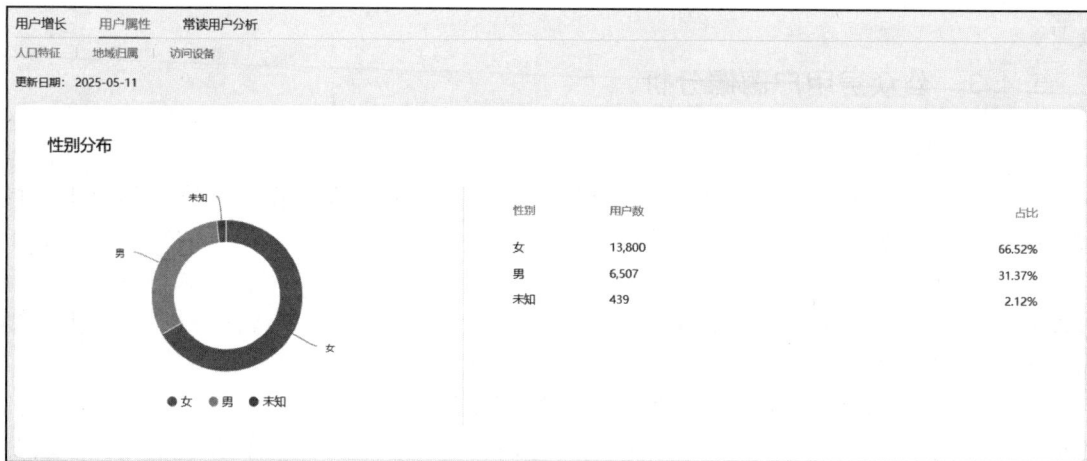

图 5-3 性别分布图

从图 5-3 中可以看出,"思睿智训"微信公众号的女性成员比例要大于男性成员比例,微信运营者需要根据微信公众号的定位来判断这样的性别比例是否和微信公众号的目标用户群体相匹配。因为女性用户的比例相对较大,所以微信运营者在发布图文信息时,需要进一步关注女性用户的喜好习惯与行为模式,发布有针对性的公众号内容。

(2)语言分布。

"语言分布图"在"性别分布图"的下面,图 5-4 所示为"思睿智训"公众号的语言分布图。

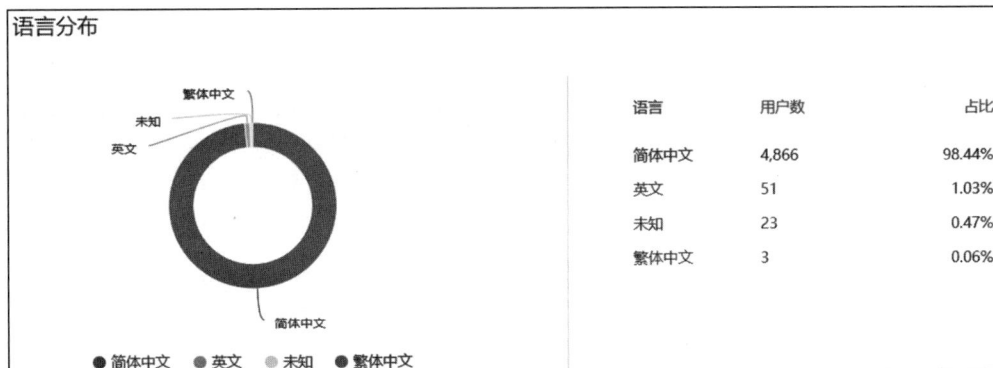

图 5-4　语言分布

从图 5-4 中可以看出,在"思睿智训"的粉丝群体中,使用简体中文的用户数量为 4866 人,使用英语的用户数量为 51 人,使用繁体中文的用户数量为 3 人,还有使用未知语言的用户数量为 23 人。

(3)地域分布。

在"用户属性"页面,点击"地域归属"模块查看微信公众号平台的省份分布图和城市分布图。

微信运营者可以通过"省份分布图"查看微信粉丝在各省份的分布情况,在"省份分布图"的左侧是一张省份地图,右侧是省份对应用户数的具体数据,系统将用户数据进行从高到低的排序,让微信运营者能够更方便地了解用户的分布情况。

"地级分布"的数据位于"省份分布"之后,微信运营者可以查看全国的城市用户分布情况,也可以查看某个省的城市用户分布情况,微信公众号运营者可以根据不同地区的消费水平来判断平台用户的购买力,根据不同地区的人文特色来判断用户的个性喜好,进行具有当地特色的信息推广。

(4)终端分布。

在"用户属性"页面,点击"访问设备"模块查看终端分布图。图 5-5 为"思睿智训"的终端分布图。

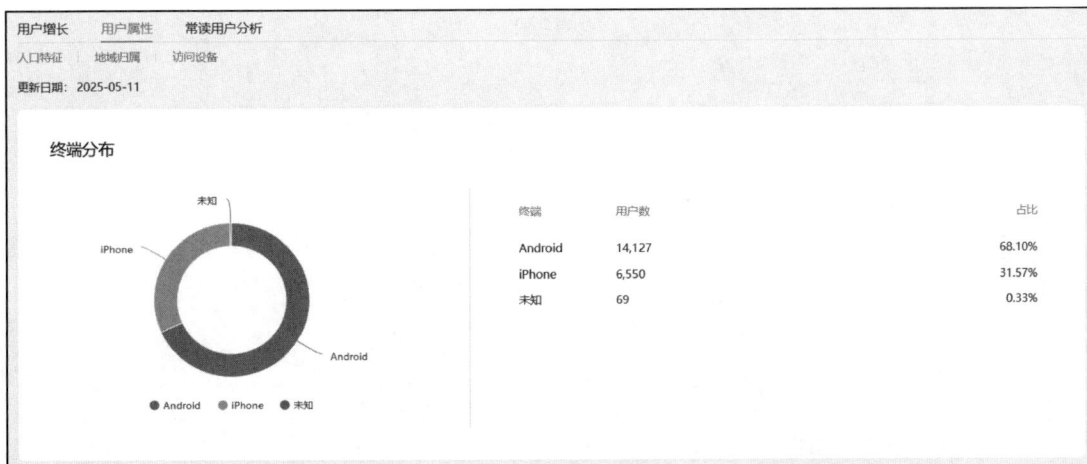

图 5-5　终端分布图

3.用户画像数据作用

以微信为载体进行用户画像,可以表示出产品主要受众及目标群体。用户画像有助于运营者了解每个粉丝,根据用户画像进行个性化营销,从而获得最大收益。由此,微信公众号运营者可通过用户画像中所给出的性别、年龄、位置、爱好等标签,将不同内容分别呈现在用户面前,从而实现精准营销。从用户画像出发,营销者可寻找核心用户,对其做典型场景分析,从中发现信息痛点。利用结论引导产品开发,给产品一个清晰定位,进而详细地规划流程。企业在以用户需求为主线的产品研发过程中,通过对所获得的海量数据,以及对目标用户的数据分析、处理、组合,初步勾勒出用户画像,利用用户偏好、功能需求统计等设计和生产出更能满足用户核心需求的新品,给用户带来更优质的使用体验与服务。

✎ 拓展实训:微信平台营销分析

[实训目的]

了解微信营销价值;能够了解微信群营销方法,掌握微信个人号朋友圈内容发布注意事项和做活动的技巧;能够利用内容运营、用户运营、活动运营的方式进行微信公众号营销;能够进行微信公众号数据分析。

▶ **思考与练习**

1.通过相关模块的学习,掌握微信平台营销。

2.列举一些微信活动在微信平台营销中的案例。

📄 第5章小结

第 6 章　微博平台营销

▶ 学习目标

● 了解并掌握微博营销的概念
● 了解并掌握微博的传播特征
● 了解并掌握微博的用户定位与内容策划
● 掌握微博运营推广的方式
● 了解微博营销数据分析的指标与方法

▶ 学习重点、难点

学习重点
● 微博营销的概念
● 微博的传播特征
● 微博的用户定位与内容策划
学习难点
● 微博营销数据分析的指标与方法

▶ 思维导图

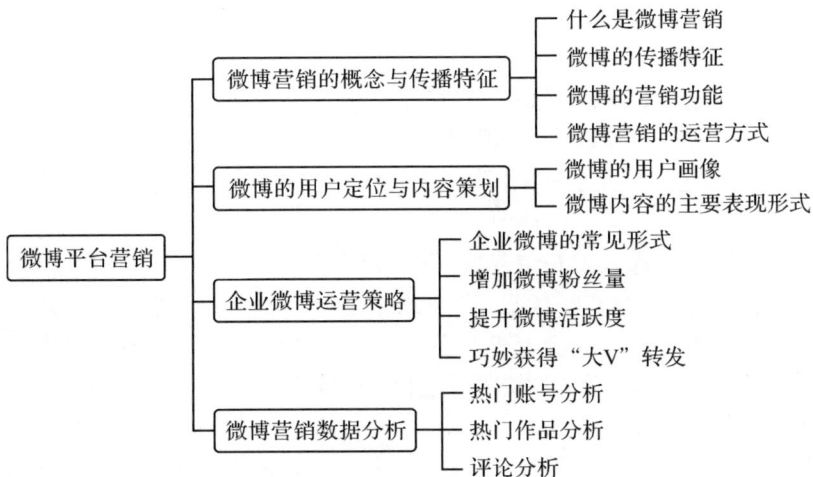

6.1 微博营销的概念与传播特征

6.1.1 什么是微博营销

微博是微博客(microblog)的简称,Twitter 是全球最早出现的微博客,诞生于 2006 年 3 月,此后各种类似的微博服务如雨后春笋般涌现,2007 年达到了 100 多家,但 Twitter 一直是其中的领导者,并成为微博客的代名词(2022 年 10 月伊隆·马斯克收购 Twitter 后,Twitter 发生了较大的变化,并改名为"X")。2009 年 8 月新浪推出新浪微博,成为门户网站中第一家提供微博服务的网站,微博也迅速成为继博客之后普及率最高的互联网应用之一。

微博是一款以用户为基础的信息共享、传播和获取的社交平台。在微博平台上,用户可以通过手机、电脑等多个客户端登录建立自己的个人社交账号,以文字、图片、视频等多种形式发布动态,也可与他人进行交互,包括聊天、关注、点赞对方动态等操作。

微博营销是基于微博平台的网络营销方式,指企业和商家在微博上依据某个热点事件或者某个热门话题发布动态,通过粉丝点赞、评论和转发,吸引更多网友关注,增加微博曝光量,最终实现产品销量提升、粉丝增长等营销目标的过程。

6.1.2 微博的传播特征

截至 2024 年,新浪微博仍是国内用户数量最多、影响力最大、最活跃的微博平台,其传播具有以下特点。

1. 信息发布便捷

首先,微博信息及时发布及时显示,不需要文章标题,不需要编辑格式,用户可以很便捷地完成一篇微博的写作,只需要输入文字、上传图片或视频,通过简单的审核之后,就能对自己的产品和服务进行宣传。这使得企业与商家如果有需要的话,可以在一天之内发布数十条微博,灵活多变、连续动态地宣传自己的产品。其次,微博的发布方式多,既可以通过手机客户端、PC 客户端,也可以通过微博网站用浏览器发布信息。同时,企业和商家可以使用手机微博 APP 编辑已发布的内容,随时随地更新信息。

2. 信息传播速度快

微博最显著的特征之一就是传播快,微博可以通过用户之间的互相传播(转发、@等)实现信息的快速传播,一条热门信息可以在极短的时间里传递给大量用户,拥有病毒式的传播速度。因此,很多品牌和商家钟爱于在微博平台投放广告,便是考虑到微博平台这一显著特性。

3. 用户交互性强

微博极大地降低了普通人发布信息的门槛,每个人都可以成为一个自媒体,可以在任何时间、任何地点去发布自己看到的信息、当下的生活、个人的感悟等,每个人都可以生产、传播、接受信息。同时,用户之间的交互性更强,每个用户都可以通过多种方式与其"粉丝"进行互动和再次传播,消除了传播者和接收者之间的界限。

4. 传播个性去中心化

微博提供了一个平等的交流平台,构建了一个机会更为均等、权力更为平衡的舆论平台,它可以让每个人去任何"大 V"那里评论、发表自己的观点和看法,如果得到了其他用户的支持,一样可以进行广泛的传播。这在客观上营造了打破权威、鼓励创新、张扬个性的氛围,彰显了去中心化的传播个性。

6.1.3　微博的营销功能

由于微博在信息传播上具有以上特征,因此微博一经推出就与营销天然相联系。虽然微博诞生之初是一种社交网络平台,但也和其他众多互联网应用,如 E-mail、博客、搜索引擎等一样,不可避免地会被应用于商业。微博上可以发布的内容十分丰富,有趣的视频、最新的新闻、专业人士的文章、企业的新品宣传等都可以通过微博发布,以吸引用户关注、互动,具有强大的营销功能。微博的营销功能主要包括以下 5 个方面的内容。

1. 品牌传播

在新媒体营销时代,打造自身品牌的流量与关注度是企业和商家需要关注的重点。作为国内最活跃的新媒体平台之一,微博平台专门开辟了"品牌馆",方便企业和商家进行品牌推广。据统计,1/3 左右的微博用户会主动搜索与关注自己感兴趣品牌的官方微博账号。在微博平台上,企业和商家可以发布最新动态、开展促销活动,进一步提升品牌曝光度,达到品牌推广的目的。

2. 市场调研

在传统营销模式中,企业一般会耗费大量的人力、财力与实践成本发起市场调研。但如果是在微博平台进行调研,企业可以直接在自己的微博账号上发布调查问卷,通过有奖调研的方式激励该企业微博的关注者参与相关问题的调研,并可以同时通过在平台上的推广,吸引更多用户参与进来。这种线上调研的方式覆盖面广、传播速度快、成本低、效率高。

3. 危机公关

当前网络时代,企业在遇到舆论危机时,往往会选择时效性强、传播快的新媒体平台发布公关信息,而非电视、报纸、杂志等传统媒体。在新媒体平台(特别是微博平台)中,不管企业是否参与其中,关于企业奇迹产品的话题都将层出不穷。为此,企业有必要将微博作为在线公关的网络平台。这是因为微博信息的裂变式传播为企业公关处理提供了更大的空间,吸引了更多的关注。例如,2017 年曝光的海底捞后厨事件虽然为海底捞带来了一定的负面影响,但海底捞在短短 4 个多小时后就力挽狂澜,不仅发布了道歉声明,还提供了具体的解决方案。这次成功的危机公关重新挽回了公众对于海底捞的信任,最大限度降低了后厨事件对海底捞的影响。

4. 客户关系管理

基于微博平台可以开展客户关系管理,借助传统的客户管理的 IDIC 模型[1],企业可以依托微博进行客户服务,充分利用微博的评论、转发、@等功能,深入扩展客户关系服务。微博本质上是一个社交软件,和其他的社交软件一样,微博平台也同样注重人与人之间的交流互动。企业可以利用微博的这一特性,拉近与客户之间的距离,掌握客户的需求变化。微博强

---

① IDIC 模型是由美国管理学者唐·佩珀斯和玛莎·罗杰斯提出的客户关系管理框架,包含识别(identify)、差异化(differentiate)、互动(interactive)、定制化(customize)4 个核心阶段。该模型旨在通过系统化方法提升企业与客户的关系质量和忠诚度。

大的评论、私信、群聊互动功能也为客户提供了实时反映问题的渠道,企业可以及时对客户的问题进行反馈,实现定制化服务。

5.产品宣传

企业和商家可以利用微博平台,发布文字、图片、视频等多种形式来宣传和推广自己的产品,也可以点击添加外部链接。前者可以帮助企业更加立体、全面地展示产品细节,后者可以附带官网首页或者店铺链接,用户点击可以直接跳转购买页面,提升产品转化率。尤其是在阿里巴巴与微博合作之后,微博也成了众多品牌的一个重要的引流渠道,直接或间接地增加了销售收入。

6.1.4 微博营销的运营方式

1.企业微博营销的运营方式

(1)热搜营销。

①利用微博热搜营销。

微博热搜是指微博热搜榜,热搜词的热度计算公式为

$$热度＝（搜索热度＋讨论热度＋传播热度）×互动率$$

其中,"搜索热度"指搜索量,包括手动输入搜索和点击跳转搜索,反映用户对热点的关注和探索的程度;"讨论热度"指讨论量,包括原创发博和转发讨论,反映用户热议和参与的热情;"传播热度"指阅读量,反映热点在微博体系内的传播情况;"互动率"指热搜结果页互动率,反映用户消费内容的意愿。微博热搜本身就具有非常高的阅读量与讨论量,还有许多用户时刻关注着某一个热搜的发展方向,因此,借助微博热搜营销实质上也是借势营销,图 6-1所示为微博热搜榜。

图 6-1 微博热搜榜

在借助微博热搜开展营销时,营销者可以在微博热搜榜中查看实时的热门事件或词语,单击某一个热搜可查看具体内容。企业和商家可以根据每日的热搜榜单,结合自己的产品和服务撰写微博内容,并注意发布时要带上相应的热搜话题,扩大营销信息的传播范围。例如,某日,"世界地球日"登上了微博热搜,某服饰品牌就借助该微博热搜与知名"大 V"合作,"大 V"撰写了一篇与"世界地球日"有关的创意软文,同时配上服饰图片,借以营销自己的产品,这种营销方式就是借助微博热搜开展营销。

利用微博热搜营销的关键是选择合适的热搜,一个充满"爆点"的热搜可以使产品或品牌的营销事半功倍。一般来说,正能量、积极、有趣的热搜比较适合作为营销的切入点。

②自行打造热搜营销。

如果没有比较合适的热搜,企业和商家可以先创建相应的微博话题,然后号召员工和粉丝评论、点赞和转发,先引起小范围传播,再通过微博一传十、十传百的特点,引起大范围的关注,最终自行打造成新的微博热搜。打造热搜可以从以下 5 个方面进行考虑。

一是热点。营销人员可以直接借助已有热点,迅速吸引用户的注意,增加流量,达到宣传产品或品牌的目的。

二是爆点。爆点指能够使营销信息快速在新媒体平台进行传播的内容,一般为主题词或广告语,要求简短、有辨识度且传播度高。例如,霸王洗发水在进行营销时,就以"防脱不易,还好有你"为广告词,引起了微博热议。

三是卖点。在进行微博营销时,必须以产品的核心卖点为主,如五芳斋以"老字号"为核心卖点,通过播音腔加网络化的文案,在微博上引起了众多年轻人的广泛讨论。

四是槽点。现代社会,随着经济的发展,人们的工作、生活压力越来越大,吐槽的欲望也随之增长,企业可借助用户对于吐槽的需求,将槽点隐藏在营销信息中,通过用户的吐槽保持营销信息的热度,提高产品或品牌的知名度。需要注意的是,槽点应简单有趣且具有争议性,才能保证用户的持续关注。

五是节点。节点包括关键人物节点和时间节点,关键人物节点能够影响企业对营销方向的控制,时间节点则能影响企业的营销效果。例如,晚上 8 点发布的微博内容,就比上午10 点发布的微博内容更容易在短时间内引起用户的广泛关注。

(2)打造微博矩阵营销。

微博矩阵是指在同一个企业或者品牌下,由若干个具有不同功能定位的微博账号构成的微博群体。通过微博矩阵,企业能够与不同层次的用户进行交流,在各个层次都营造良好的企业品牌形象。下面将分别对微博矩阵的模式及建立方法进行介绍。

①微博矩阵的模式。

微博矩阵的模式主要有蒲公英式、放射式、双子星模式 3 种。

一是蒲公英式。蒲公英式微博矩阵由一个核心微博账号统管旗下多个子品牌账号。这种模式比较适合拥有多个子品牌的集团,这些子品牌保持与主品牌相同的战略,但是拥有一定的自主性。例如阿里巴巴旗下拥有钉钉、淘宝、菜鸟、蚂蚁森林等不同子品牌的微博账号,各子品牌之间有单独的业务条线,如图 6-2 所示。

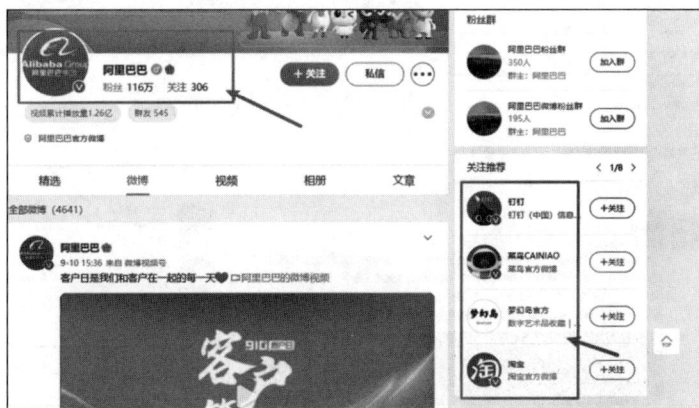

图 6-2 阿里巴巴微博矩阵

蒲公英式微博矩阵可以利用不同账号之间的转发,利用整体优势扩大营销信息的传播范围,持续影响用户,加强用户对产品或品牌的印象。需要注意的是,在该模式下,核心账号不能够过多干预旗下账号的运作,并且每个账号都必须拥有明确的定位,发布的内容也需要具有独特性;转发营销信息时,也需要考虑目标用户的需求,不能全账号一起转发,也不能频繁转发。

二是放射式。放射式微博矩阵是比较常见的一种模式,要求一个核心账号统领各分属账号,各分属账号之间相互平等,但是都从属于核心账号。例如,共青团中央与各地方共青团开通的分属账号,如图 6-3 所示。

图 6-3　共青团中央微博矩阵

放射式微博矩阵能够扩大营销信息的覆盖范围,缩短信息传播路径,提高传播速度。需要注意的是,企业要想建立放射式微博矩阵,就需要企业业务覆盖的城市数量足够多。

三是双子星模式。双子星模式微博矩阵存在两个或者多个核心账号。例如,京东官方账号与其创始人刘强东的账号的关注度都比较强,两者之间形成了良性的互动,如图 6-4所示。

图 6-4　京东微博矩阵

双子星模式微博矩阵要求各核心账号都拥有较强的影响力,并且不同账号之间转发内容时,需要选择符合定位的内容,并加入一定的观点和态度,以达到更好地传播营销信息的效果。

②微博矩阵的建立方法。

根据微博矩阵的不同模式,建立微博矩阵有以下几种建立方法。

第一,以品牌需求为依据,大多数企业都有很多子品牌,每个子品牌都可以创建单独的微博账号以建立微博矩阵,互相为对方引流。

第二,以地域为依据。如果企业覆盖范围较广,为了便于进行区域化管理,可以按地域创建不同地域的微博账号以建立微博矩阵。

第三,以功能定位为依据。企业可以创建具有不同功能定位的微博子账号以形成分工明确的微博矩阵。

第四,以业务需求为依据。如果企业旗下有很多业务线,可以直接根据业务需求建立微博矩阵。

(3)开展微博活动。

在微博营销中,开展微博活动是一种非常有效的宣传手段。在微博平台上,企业和商家可以通过组织微博活动来激发消费者的热情,拉近企业与消费者之间的关系,从而增加粉丝数量、提高粉丝的活跃度和转化率。微博活动有线上和线下两种形式。

①开展微博线上活动。

常见的微博线上活动包括转发抽奖活动、有奖征集活动、有奖调查活动、有奖竞猜活动等类型。

第一,转发抽奖活动。转发抽奖活动是指用户转发相关的微博即可参与微博抽奖的活动形式。这种活动形式可用于新品推广、线下活动宣传、营销信息传播等场景,以达到吸引用户注意、增加粉丝数和浏览量,或者扩大产品或品牌影响力的目的。

第二,有奖征集活动。有奖征集活动是指用户参与企业发布的标题、口号、文章征集比赛即可参与微博抽奖的活动形式。这种活动形式既宣传了品牌,又能激发广大用户的创造性,以较低的成本获得标题、口号、文章等优秀作品。

第三,有奖调查活动。有奖调查活动是指企业用奖品激励用户填写相应的问卷的活动形式。

第四,有奖竞猜活动。有奖竞猜活动是指企业设置相应问题并在回答正确的用户中进行抽奖,从而激励用户积极参与竞猜的活动形式。

②开展微博线下活动

常见的线下活动有粉丝见面会、线下比赛、线下培训、线下展览等形式。

而企业和商家可以利用微博平台为线下活动进行造势、推广,并将线下和线上渠道结合,让无法现场参与的用户也能通过微博参与活动,从而增强活动的趣味性和品牌的影响力。开展微博线下营销活动主要有两个方面的内容需要注意:线下活动造势和线下活动推广。

第一,线下活动造势。

线下活动造势就是在活动开始前,为提高活动知名度、增加活动参与人数而采取的相应措施。线下活动造势能够营造活动的氛围,设置悬念,激发用户的好奇心。营销人员在对活动进行造势时,应从以下 3 个方面入手。

一是选择活动发布主体。活动发布主体是指在微博上发布活动信息的微博账号。企业或品牌官方微博发布活动信息较为权威，更容易使用户信服；知名人物发布活动信息则更容易引起用户的广泛关注。因此，营销者在选择活动发布主体时，可结合官方微博及知名人物微博，以官方微博发布活动信息，以知名人物转载的形式为活动造势。如果企业或品牌的领导人物有一定的知名度，那么其发布的活动信息，既能够代表企业或品牌，也能够引起用户的注意。

二是确定造势主体。造势主体是指活动用于吸引用户的主要亮点，如活动形式、活动嘉宾、活动奖品等。

三是选择造势方式。造势方式包括借助热门话题、利用名人流量等。选择恰当的造势方式能够使线下活动在短时间内拥有较高的声势。

第二，线下活动推广。

活动推广就是将活动的相关信息传递给更多用户。线下活动在拥有一定的声势后，还需要采取一定的推广方法，将活动的相关信息传递给更多用户，吸引用户的关注。一般来说，利用微博进行线下活动推广，营销者需要考虑以下3个方面的内容。

一是活动推广文案。活动推广文案能够直接影响用户对活动的第一印象。营销人员在编辑活动推广文案时，可以从用户的需求出发，设置一些有趣的内容，吸引用户的注意力。

二是活动推广海报。活动推广海报可以将活动的主要信息，如活动形式、活动时间、活动地点、活动奖品及活动嘉宾等以图片的形式展示给用户，方便用户了解活动，其表现力也更强。

三是活动推广形式。在微博平台上推广线下活动时，可以与知名人物合作互推、建立微博群、发起微博投票及创建微博话题等形式。

2.个人微博营销的运营方式

(1)借助粉丝头条营销。

粉丝头条是依托于微博的海量用户，帮助企业和商家快速实现博文和账号推广的一个营销工具。使用粉丝头条，能够将相应微博博文和账号投放给更多潜在的用户，有效、精准地扩大传播范围。在粉丝头条中，博文头条和账号头条都是能够帮助营销者开展微博营销的利器。

①博文头条。

博文头条是微博官方推出的用于推广博文的营销产品。使用博文头条，营销者的博文会出现在目标用户(包括粉丝和非粉丝)微博界面的第一位，能够大幅提高博文的曝光量和阅读量。

②账号头条。

账号头条是微博官方推出的涨粉产品。营销者购买账号头条后，系统将根据营销者选择的社交关系、兴趣等多维度将营销者的微博账号推荐给可能会关注该微博账号的用户，增加营销者的微博粉丝数，并提高微博账号的影响力。使用账号头条后，系统会在不同推荐位置对营销者的微博账号进行推广。

具体的操作方式如下：进入手机微博，单击底部导航栏的"我"选项，在打开的界面中单击"粉丝头条"按钮，如图6-5所示。进入粉丝头条页面后，可以按照需求分别选择"推广博文"(博文头条)和"快速涨粉"(账号头条)功能，如图6-6所示。

图 6-5　粉丝头条入口

图 6-6　"推广博文"(博文头条)和"快速涨粉"(账号头条)入口

(2)合作互推。

在运营微博时,营销人员可联系在某一领域有影响力的微博博主,或通过第三方网站与这些微博博主建立合作关系,推广自己的微博账号,扩大曝光度,增加粉丝量,为后期的营销计划打下基础。如果无法联系到有影响力的微博博主,也可以通过与多个同类型或相关类型的博主合作,联合众多微博账号的影响力,推广营销内容,扩大宣传范围。需要注意的是,虽然合作互推能够为微博账号带来一定的浏览量,但如果微博账号本身没有能够吸引用户的微博内容,那么即使有足够多的浏览量,其转化率也会很低,无法起到提高微博影响力的作用。

6.2　微博的用户定位与内容策划

6.2.1　微博的用户画像

《2024 微博用户消费趋势报告》显示出微博用户具有以下特点。

1.性别分布

在微博平台用户中,"90 后""00 后"用户占比近八成。女性占比为 55%,男性占比为 45%,女性占比高男性 10 个百分点。

2.年龄分布

微博平台用户中,25～34 岁年龄段占比人数最多,高达 50%;紧随其后的是 15～24 岁、35～44 岁、45 岁及以上年龄段用户,占比分别为 30.2%、18.1%、3.2%。微博用户年龄较为年轻,主要以 20 岁左右人群为主。从年龄分布数据来看,大部分微博用户年龄集中在 25～34 岁之间,超过 45 岁使用微博的人数占比就非常低,这样也印证了微博是一个不断追求热点的新潮平台,用户群体偏年轻,进行微博营销时可以多结合时事热点,以迎合年轻人的口味。

3.地域分布

微博用户主要集中在二线城市,其余用户群体主要分布在四线及以下城市、三线城市,而一线城市、港澳台及海外城市用户数量占比较低。

6.2.2 微博内容的主要表现形式

微博内容的表现形式非常多元化,文字、图片、视频等都是微博内容的常用元素。微博内容的表现形式主要有微博短文、微博头条文章、微博视频 3 种,对其内容的策划也从这 3 个方面来进行。

1.微博短文

微博短文是指可以直接在微博首页文字输入框中发布的内容。微博短文字数在 140 字以下的内容能够全部显示,超过 140 字的部分会被折叠起来,点击"全文"能够显示全部内容。

(1)微博短文的定位选择。

一般情况下,微博的定位会影响其发布的微博内容。例如,如果微博账户的定位是实时新闻,那么发布博文时需要确保内容的正确性与时效性;如果微博账户的定位偏娱乐化,那么该微博可以发布搞笑段子、网络流行语、娱乐新闻等内容。在撰写微博短文之前,一定要先选择好微博短文的定位。

(2)微博短文的表现形式。

微博短文的表现形式分为纯文字、图文结合两种形式。

①纯文字的微博短文。

对于纯文字的微博短文来说,有价值、有趣的内容更受欢迎,从而能够获得更多的关注与互动。因为篇幅有限,纯文字的微博短文内容主要为发布感想、讲故事和分享日常生活等。

②图文结合的微博短文。

与纯文字的微博短文相比,图文结合的微博短文更加容易阅读和引起传播。配图可以是普通图片、长图、动图、拼图等多种形式。

2.微博头条文章

当需要表达的内容无法通过微博短文表达清楚时,可以发布微博头条文章。微博头条文章是微博的长文产品,包含封面图、标题、正文内容等部分。

(1)微博头条文章营销价值。

头条文章自带推广特权与信息流特权,还可获得更多的广场头条流和个人主页头条流的推荐位。除此之外,微博头条文章还可以通过打赏、付费阅读、广告分成等形式变现,运营人员能够非常直观地看到营销的效果和收益情况。

(2)微博头条文章内容撰写步骤。

①微博头条文章封面图。

进入微博网页版首页,单击微博输入框下方的"头条文章"超链接即可打开头条文章的编辑页面,如图 6-7 所示。微博头条文章封面图模块支持上传 20M 以内的 png、jpg、gif 等格式图片,如图 6-8 所示。

图 6-7　头条文章入口

图 6-8　微博头条文章封面图设置

②微博头条文章标题。

微博的标题应当简洁明了,能使人产生强烈的好奇心与阅读欲望。这样才能将文章的价值体现在标题上,让人更快地判断出自己对这篇文章是否感兴趣。头条文章的标题模块如图 6-9 所示。

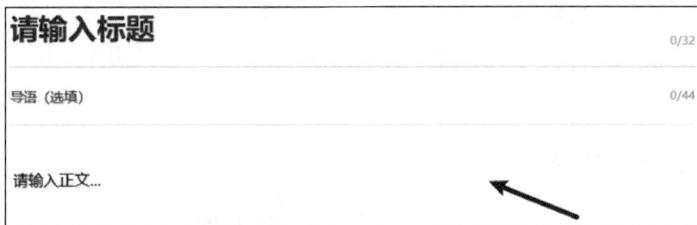

图 6-9　微博头条文章标题设置

③微博头条文章正文内容。

与微博短文不同,头条文章的篇幅较长,其内容必须有价值才能获得用户的认可,才能让用户主动传播。微博头条文章的正文模块如图 6-10 所示。

图 6-10　微博头条文章正文内容设置

3. 微博视频

与微博短文和头条文章相比,微博视频的内容更丰富,节奏也更加轻快。微博视频能够充分利用用户零散的时间,更深入、更多维度、更频繁地与用户进行交流。因此,在时间和空间上能够为品牌创造更高的营销价值。

内容是微博视频成功与否的关键,其内容的优劣将直接影响其传播效果。在微博上,内容新颖、创意十足的视频容易吸引到更多的粉丝观看。

6.3 企业微博运营策略

6.3.1 企业微博的常见形式

微博对账号名称没有严格的要求,无论使用企业名称、品牌、产品名称或是部门名称,都可以作为微博账号名称。常见的企业微博账号形式包括以下 5 种:企业官方微博、企业分支机构及职能部门微博、企业领导人微博、企业员工微博、公众资讯微博等。除了这 5 种常见的微博账号形式之外,还有其他大量以微博营销为主要目的的"非正式微博账号",例如包含与各种热门影视作品相关的账号、与各类热点产品相关的账号、与各种业务相关的账号等。这些账号并不一定是真正的公司,而是为了利用微博搜索等方式获得曝光的机会,作为微博推广的一种手段。

6.3.2 增加微博粉丝量

一个企业微博账号粉丝越多,其微博账号的影响力越强,营销效果就可能越好。所以企业和商家在经营微博账号时应当努力获取更多的粉丝,以增加账号的权重。具体做法如下。

1. 通过内容增粉

把自己的认知、见识简单清楚地分享,注重内容质量,内容为王。在新浪微博中发布用户喜欢的优质内容时,转播量才会增加,吸引来的粉丝也自然就多了。新浪微博的发布并不限制篇幅,比如也有头条文章的形式,用户可以积极主动发布优质文章来涨粉丝。

2. 通过话题增粉

微博话题的形式体现为"♯××♯",微博话题中的用户一般因共同的兴趣爱好而聚集。企业和商家可以直接通过搜索找到参与某个话题的所有用户,若该话题谈论的内容与企业产品有关,那么该话题中参与讨论的所有用户都是企业的潜在用户。

通过参与相关的话题讨论,企业可以更加了解客户的诉求,从而解决客户的痛点,因此通过这样的方式,企业可以更加精准地吸引目标用户关注。

3. 通过发起微博活动增粉

通过发起微博活动增粉也是一种常见的增粉方式。博主可以发布一些微博活动,如关注转发抽奖、转发@好友抽奖等,引导粉丝用户传播和非粉丝用户关注。

4.通过外部平台引流增粉

合理利用外部平台资源为微博账号引流是一种直接且快速地获取粉丝的有效方法。企业和商家可以通过在外部平台发布相关信息来为微博账号引流,包括微信、抖音、小红书、知乎、B站等平台。也可以在已出版的图书、报纸、杂志上标注微博账号信息,从而引导用户前往微博平台关注。

6.3.3　提升微博活跃度

1.积极与粉丝互动

为了提升微博的活跃度,博主应当积极与粉丝互动,增强粉丝黏性,才能最大程度提升微博账号的营销效果。总的来说,在微博上与粉丝互动的方式主要有点赞与评论、转发、私信和@提醒 4 种。

(1)点赞与评论。

粉丝可以点赞博主发布的微博内容,也可以在微博下方发表自己的评论。博主也可以对关注时间长、互动积极的粉丝发布的评论进行点赞、回复,从而拉近与粉丝的距离。

(2)转发。

博主可以鼓励粉丝转发自己的微博,也可以转发粉丝发布的有趣、高质量的微博,从而增加粉丝黏性。

(3)私信。

微博博主可以与关注时间长、互动积极的粉丝进行私信交流,让粉丝觉得博主亲切随和。

(4)@提醒。

微博博主可以在发布微博时通过"@微博昵称"的方式,提醒某位或某些粉丝关注该微博,让被@的粉丝感到被重视。

使用上述方式与粉丝进行互动,能够有效提升粉丝的黏性,让粉丝对博主好感增加、忠诚增加。

2.减少粉丝流失

在微博账号的日常经营中,粉丝不会一直增加,偶尔也会出现流失的情况。那么应该如何减少粉丝流失,保持账户粉丝基础稳定呢? 需要做到以下几个方面。

(1)忌微博"刷屏"。

微博"刷屏"是指短时间内不停发布无意义、重复率极高的微博,占据粉丝的微博关注页面。当粉丝看到该博主发布的"铺天盖地"的无意义内容时,往往会觉得厌烦,进而取消关注。

(2)忌微博内容无价值。

粉丝关注博主是为了汲取有价值的内容,所以博主发布的内容要给粉丝带来一定的价值,可以是时事新闻、科普知识,也可以是生活妙招、生活感悟,但是不能是毫无意义的灌水内容。如果博主的微博内容缺乏足够的价值,往往粉丝会觉得博主不值得关注,进而取消关注。

(3)忌频发广告。

博主发布的微博里如果充斥着很多广告,也会让粉丝感觉到不满,他们会觉得博主急功近利,只想着赚钱。一旦给粉丝留下这样的印象,便很难维持粉丝长期的忠诚。

6.3.4 巧妙获得"大V"转发

微博"大V"是指微博认证用户,分为橙色认证和蓝色认证用户,橙色的是个人认证用户,而蓝色为机构认证用户。

能够获得微博"大V"认证的账号一般粉丝能够达到一定规模,或者在某一领域具备一定影响力。因此,积极与这些"大V"进行互动,巧妙获得"大V"点赞和转发,是一种非常行之有效的营销方式。那么,应当如何巧妙获得"大V"点赞和转发呢? 具体做法有以下几种。

1. 持续互动

要想获得"大V"点赞和转发,首先要关注"大V"账号,其次要经常对其发布的微博点赞、转发和评论,积极参与"大V"发起的微话题与线下活动。只要在"大V"面前刷足存在感,就能够有机会与"大V"展开合作。

2. 提升账号价值

持续输出有价值的微博内容,提升账号关注度与粉丝数量,扩大自身账号的影响力,能够在很大程度提升与"大V"合作的可能性。

3. 主动申请合作

当自身账号的影响力达到一定规模时,可以主动申请与"大V"展开合作,达成合作互推、合作共赢的营销目的。

6.4 微博营销数据分析

6.4.1 热门账号分析

"热门账号分析"包括性别分析、流量分析、指数分析等内容。

点击"微博"下的"热门账号分析",这个界面可以查看4页关于热门账号的数据,如图6-11所示。

图 6-11 热门账号分析界面

每一页都可以查看关于热门账号的"昵称"、"性别"、"认证信息"、"注册时间"及"主页链接"，如图 6-12 所示。

图 6-12　热门账号分析界面

任意点击其中一个热门账号的"主页链接"，可以跳转至其主页详情，如图 6-13、图 6-14 所示。

图 6-13　点击"主页链接"

图 6-14　热门账号详情界面

1. 性别分析

往下拉,可以查看所有热门账号的"性别分析",并且可将分析结果进行图片导出或者数据导出。由图 6-15 中可以看出热门账号的男女比例为 1:1。

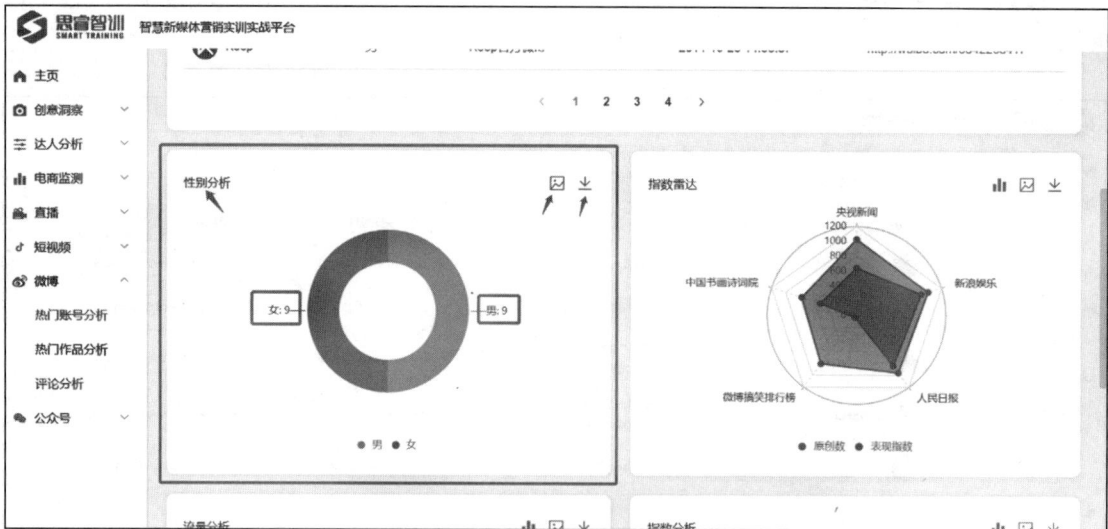

图 6-15　热门账号性别分析饼图

2. 流量分析

"流量分析"支持图片导出或数据导出,点击右上角第一个"表格"图例也可查看表格形式的数据。图中一共有评论数、发布数、转发数、粉丝数 4 个指标,如图 6-16 所示。

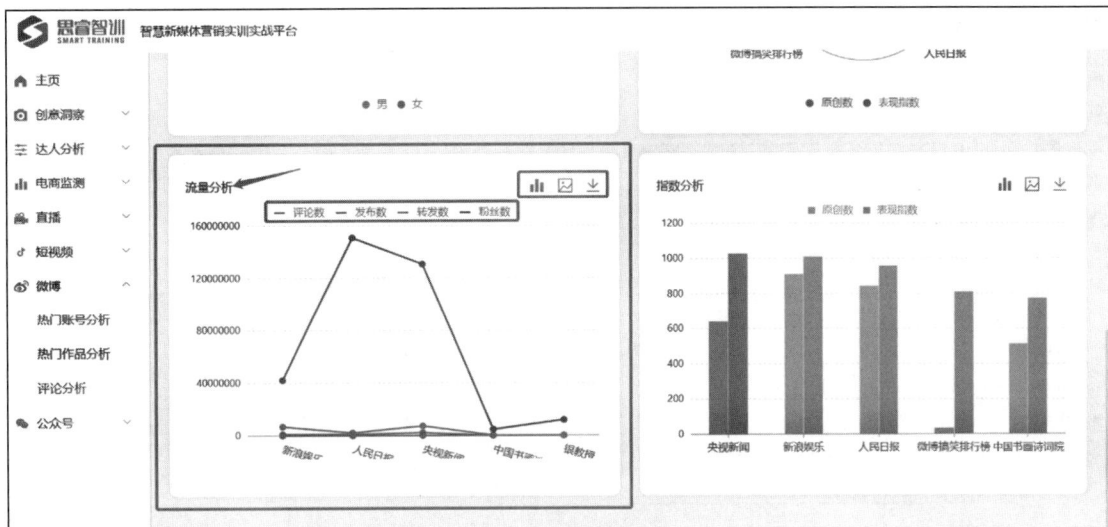

图 6-16   热门账号流量分析折线图

（1）评论数分析。

先对评论数进行查看，可分析出"央视新闻"的总评论数量最多，高达 213.6 万条，其次是"人民日报"和"新浪娱乐"，两者不分上下，而"中国书画诗词院"和"银教授"的总评论数相对少一些，大致在 5 万条左右，如图 6-17 所示。

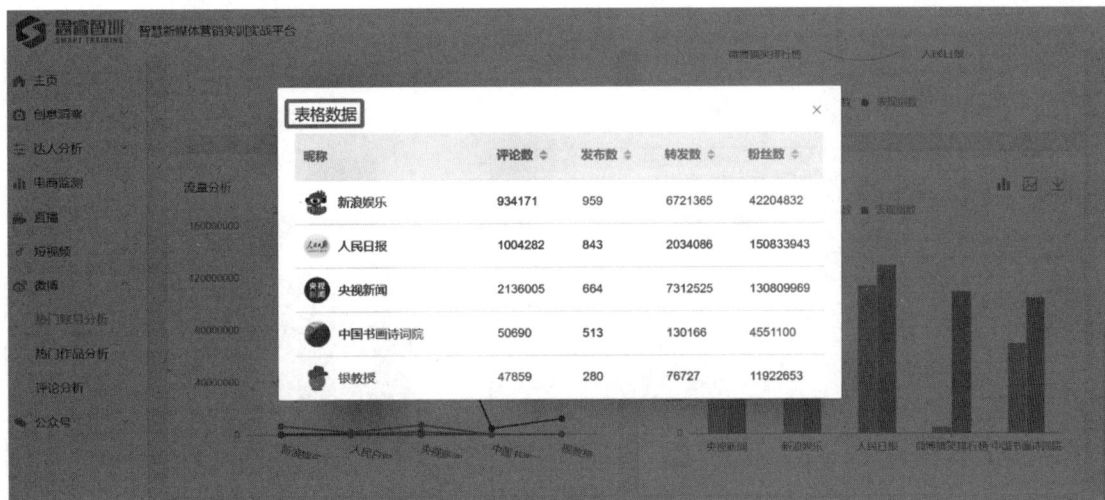

昵称	评论数	发布数	转发数	粉丝数
新浪娱乐	934171	959	6721365	42204832
人民日报	1004282	843	2034086	150833943
央视新闻	2136005	664	7312525	130809969
中国书画诗词院	50690	513	130166	4551100
银教授	47859	280	76727	11922653

图 6-17   热门账号流量分析表格数据

（2）发布数分析。

再对发布数进行分析，由图 6-18 可以看出，"新浪娱乐"的发布数最高，其次是"人民日报""央视新闻""中国书画诗词院""银教授"。

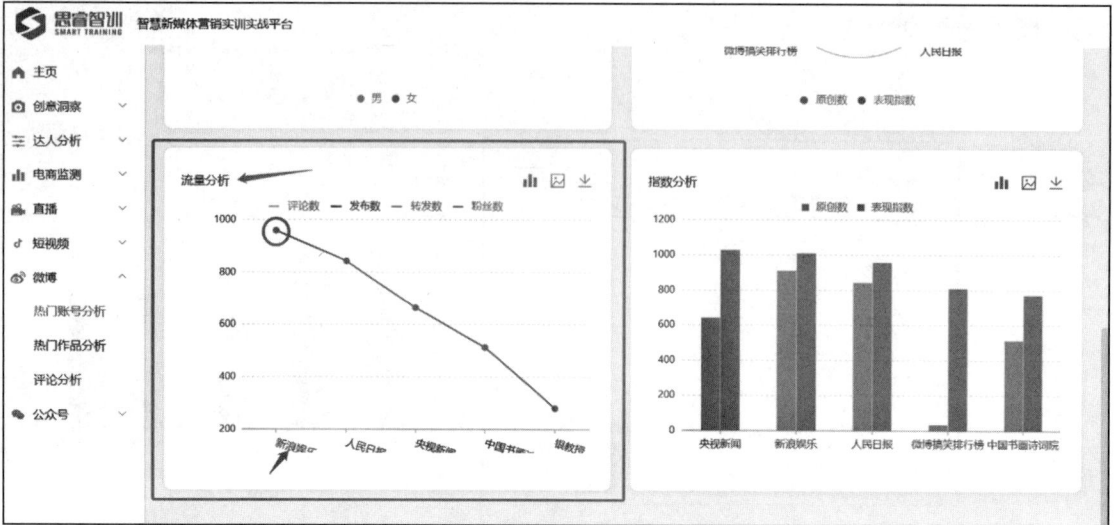

图 6-18 热门账号流量分析发布数折线图

（3）转发数分析。

对转发数进行分析，由图 6-19 可看出，"新浪娱乐"和"央视新闻"的转发数最高，两者都为 600 万～700 万次。"人民日报"的"转发数"在 200 万次左右，而"中国书画诗词院"和"银教授"则相对较少。

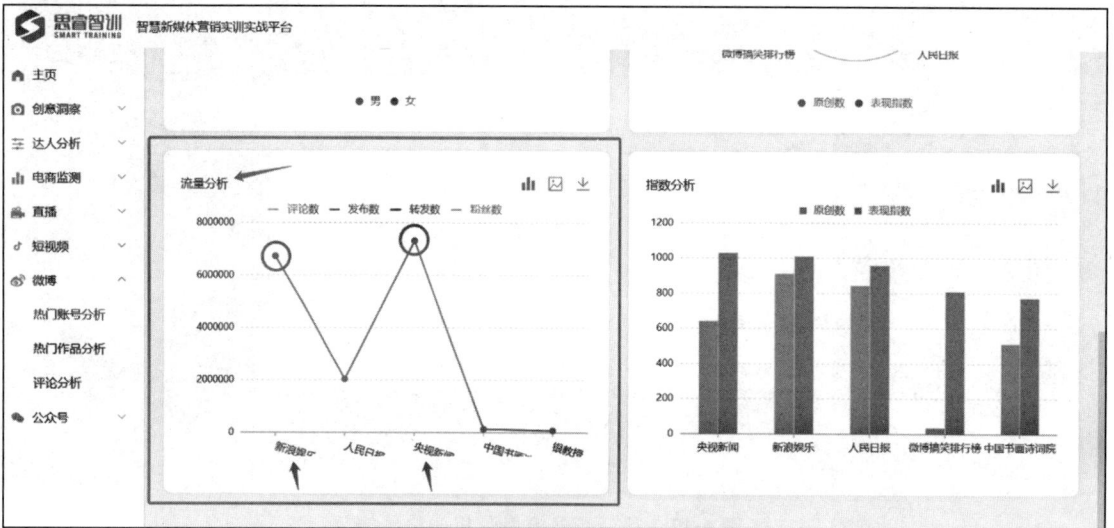

图 6-19 热门账号流量分析转发数折线图

（4）粉丝数分析。

最后对粉丝数进行分析比较，由图 6-20 可分析出"人民日报"和"央视新闻"的粉丝数最多，为 1.2 亿～1.6 亿人，其次是"新浪娱乐""银教授""中国书画诗词院"。

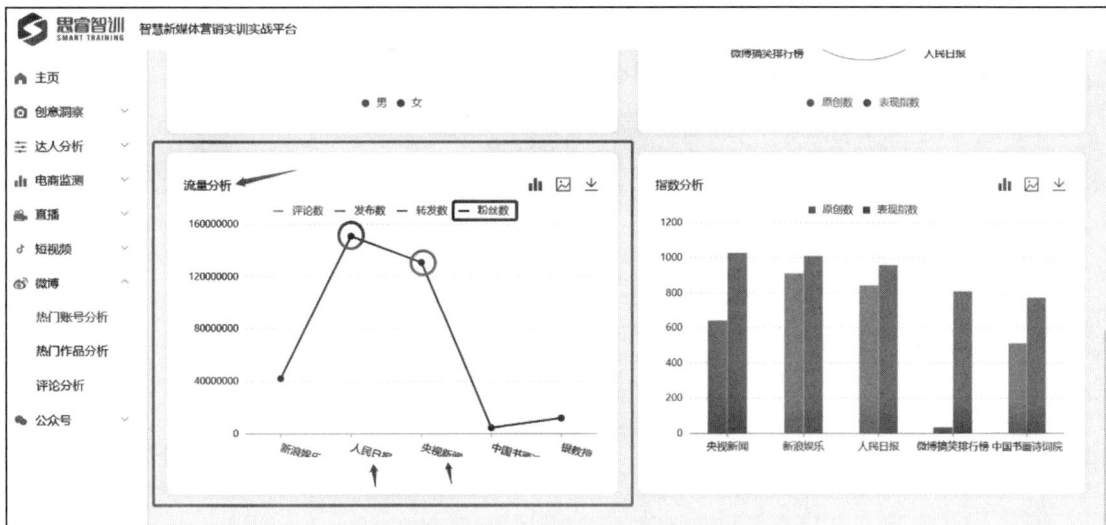

图 6-20　热门账号流量分析粉丝数折线图

(5)作品平均评论数分析。

作品平均评论数指的是热门账号发布的作品中所计算的单个作品平均被评论的数量，点击"流量分析"右上角的"数据下载"，将表格数据保存在本地 Excel 中，如图 6-21、图 6-22 所示。

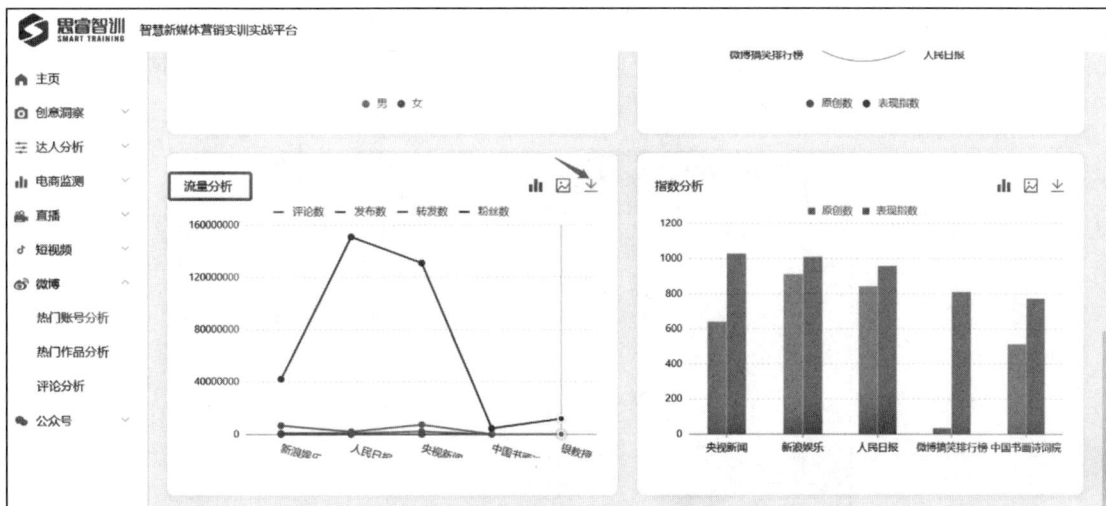

图 6-21　热门账号流量分析数据下载

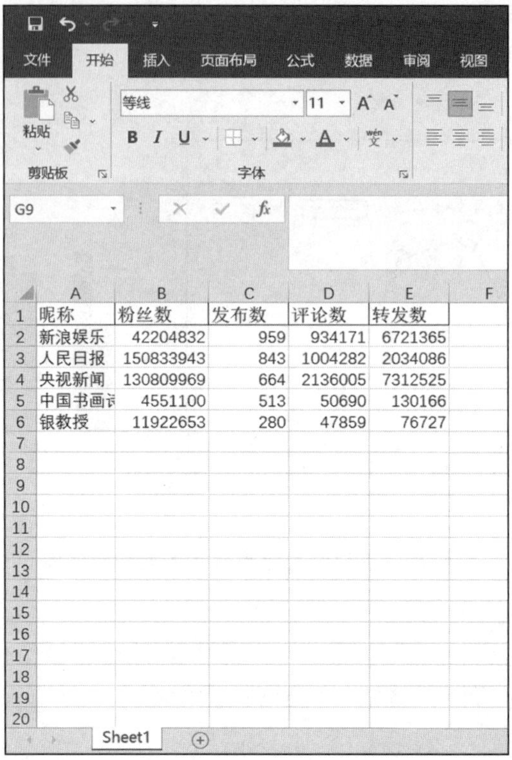

图 6-22　热门账号流量分析下载完成后的 Excel 数据

接着计算作品平均评论数如图 6-23 所示。"新浪娱乐"作品平均评论数计算方法为

作品平均评论数＝评论数/发布数

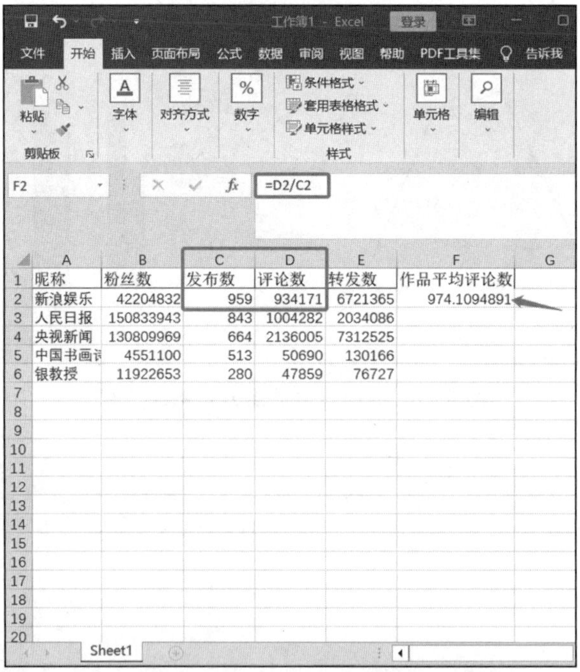

图 6-23　作品平均评论数计算方法

将所有账号的作品平均评论数计算完成之后,选中作品平均评论数下的所有数据,点击右键进行格式设置,使其保留 0 位小数,如图 6-24 所示。

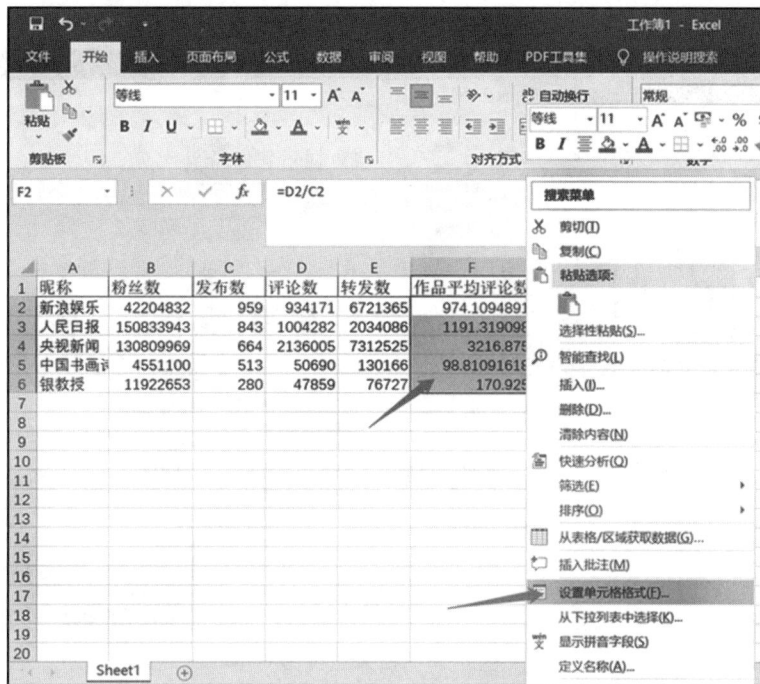

图 6-24　数据格式设置

选择"数值",小数位数改为"0",点击"确定",完成对数据格式的修改,如图 6-25 所示。

图 6-25　数值格式修改

同时选中昵称、评论数、作品平均评论数三列数据,点击"插入"工具栏下的"推荐图标",选择"所有图标"内的"组合图",设置作品平均评论数为"次坐标轴",点击"确定",如图 6-26 所示。

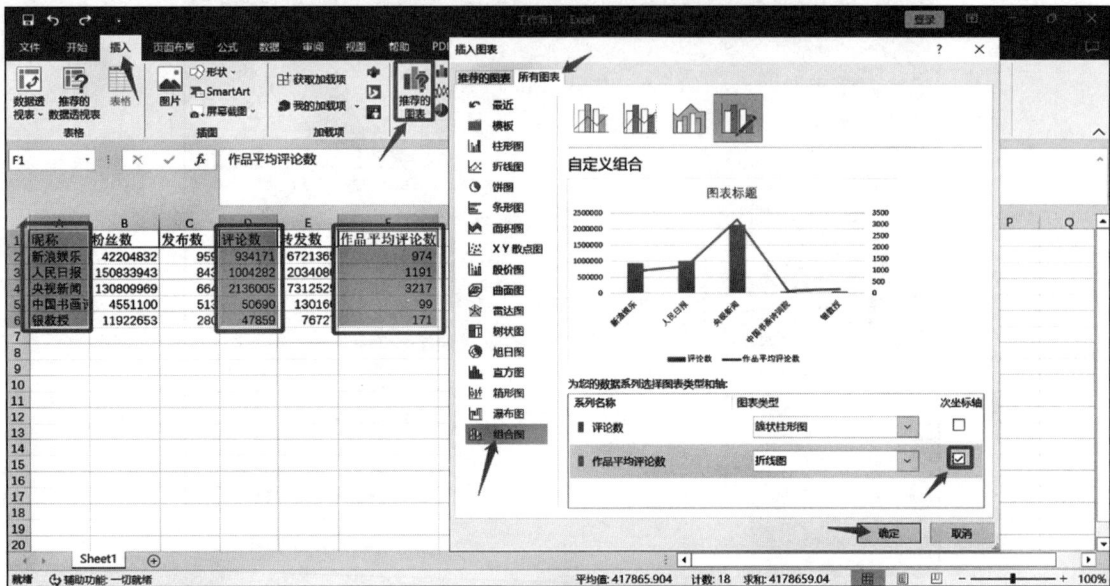

图 6-26　插入组合图

图表进行美化后,得到图 6-27 所示数据趋势。由此图可见,"央视新闻""人民日报""新浪娱乐"这 3 个账号的作品平均评论数的变化趋势与评论数一致,而"中国书画诗词院"的评论数虽然比"银教授"高,但其作品平均评论数却少于"银教授",说明"银教授"发布的内容相较于"中国书画诗词院"来说更容易引起微博用户的评价与争议。

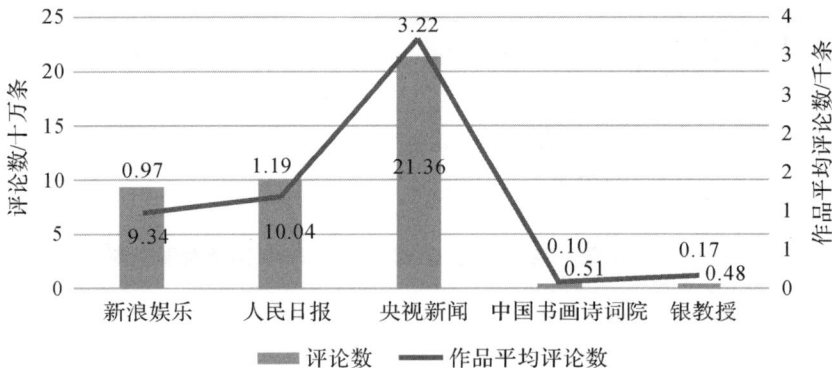

图 6-27　热门账号评论数与作品平均评论数趋势

(6)作品平均转发数分析。

作品平均转发数指的是热门账号所发布作品中所计算的单个作品平均被转发数量,计算公式为

$$作品平均转发数 = 转发数/发布数$$

"新浪娱乐"账号的作品平均转发数,如图 6-28 所示。

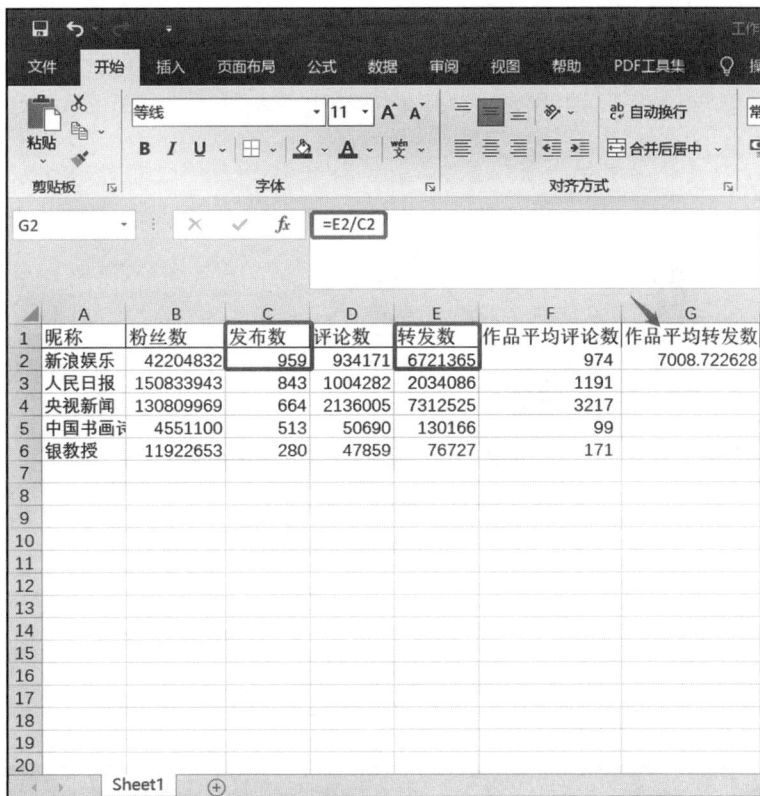

图 6-28　作品平均转发数计算方法

　　数据计算并设置格式后,同时选中"昵称""转发数""作品平均转发数"这三列数据,插入图表,如图 6-29 所示。

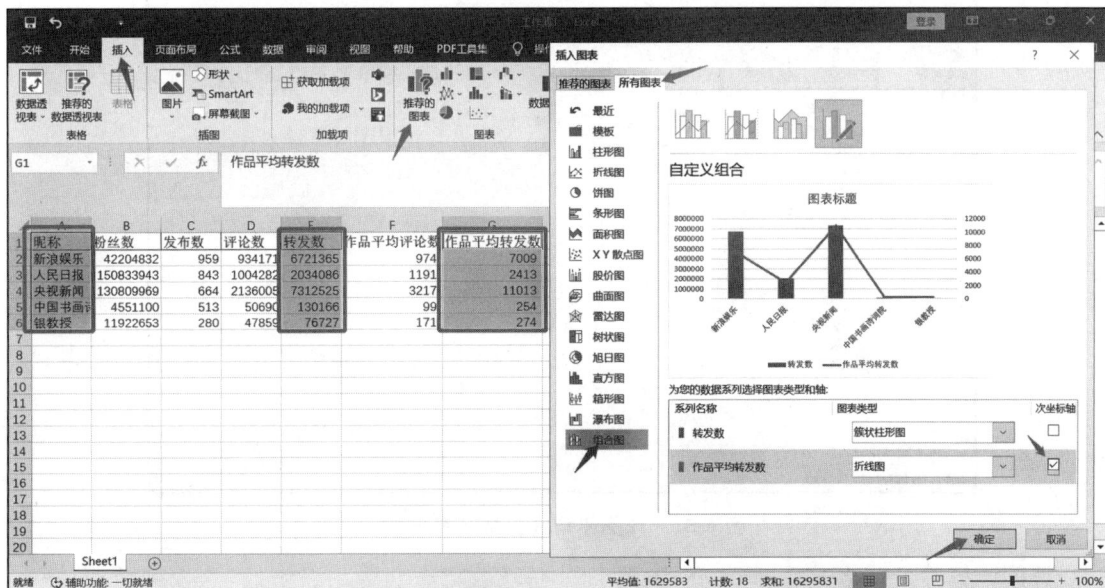

图 6-29　插入组合图

美化图表后,由图 6-30 可分析出"央视新闻""新浪娱乐""人民日报"这 3 个账号的作品平均转发数的变化趋势与转发数一致,而"中国书画诗词院"的转发数比"银教授"高,但其作品平均转发数少于"银教授",说明"银教授"发布的内容相较于"中国书画诗词院"来说更容易激发微博用户的分享欲。

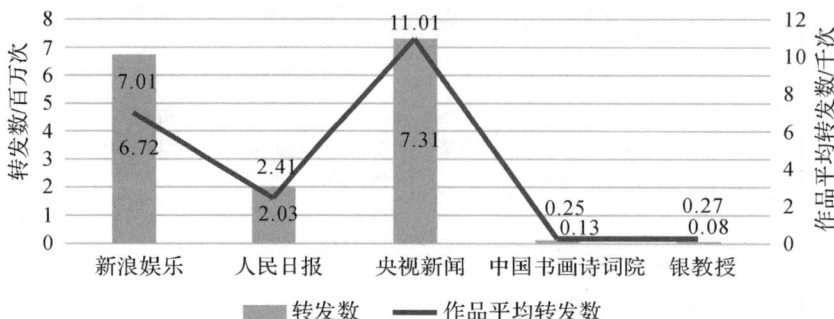

图 6-30　热门账号转发数与作品平均转发数趋势

(7)作品平均涨粉数分析。

作品平均涨粉数分析的是热门账号每发布一次作品所能增长的粉丝数量,计算公式为

$$作品平均涨粉数 = 粉丝数/发布数$$

"新浪娱乐"的作品平均涨粉数如图 6-31 所示。

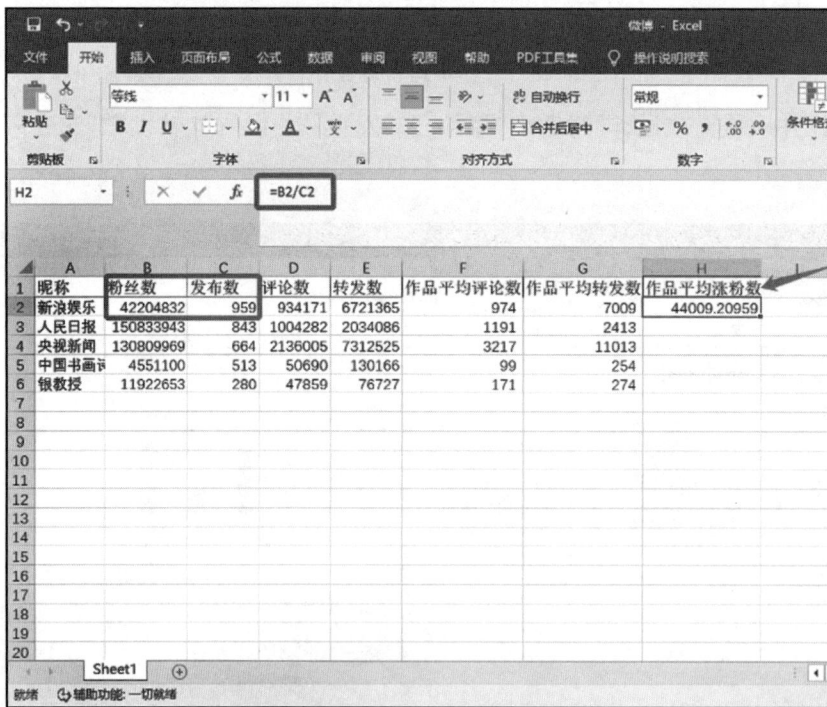

图 6-31　作品平均涨粉数计算方法

数据计算并设置格式后,同时选中"昵称""粉丝数""作品平均涨粉数"这 3 列数据,插入图表,如图 6-32 所示。

图 6-32　插入组合图

美化图表后,由图 6-33 可分析出"央视新闻"的作品平均涨粉数最多,说明微博用户对于"央视新闻"这种政治实业类账号有非常高的关注度,"新浪娱乐"与"银教授"的作品平均涨粉数则比较接近。

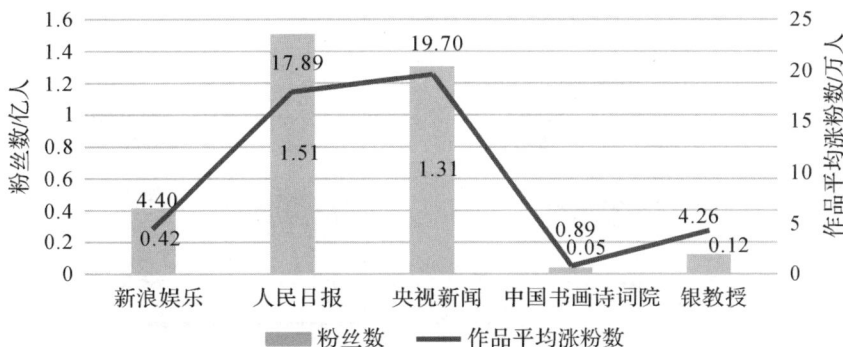

图 6-33　热门账号粉丝数与作品平均涨粉数趋势

3. 指数分析

指数分析支持图片导出或数据导出,点击右上角第一个"表格"图例也可查看表格形式的数据,上方还有热门账号的指数雷达图。由图 6-34、图 6-35 可以看出,"微博搞笑排行榜"这一热门账户的原创数较少,但是其表现指数可观,"央视新闻""新浪娱乐""人民日报"表现指数相较于其他热门账户都较高。

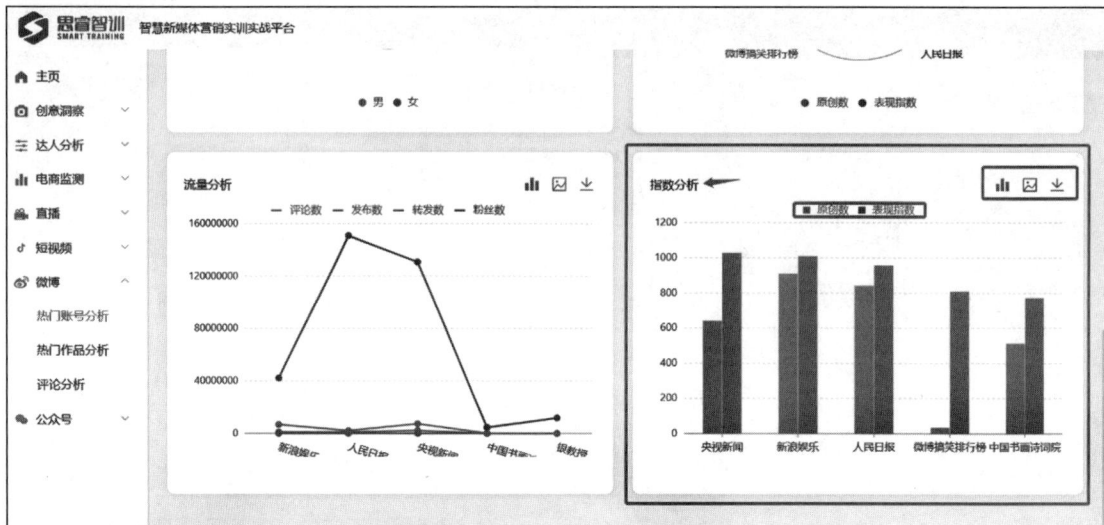

图 6-34　热门账号指数分析柱状图

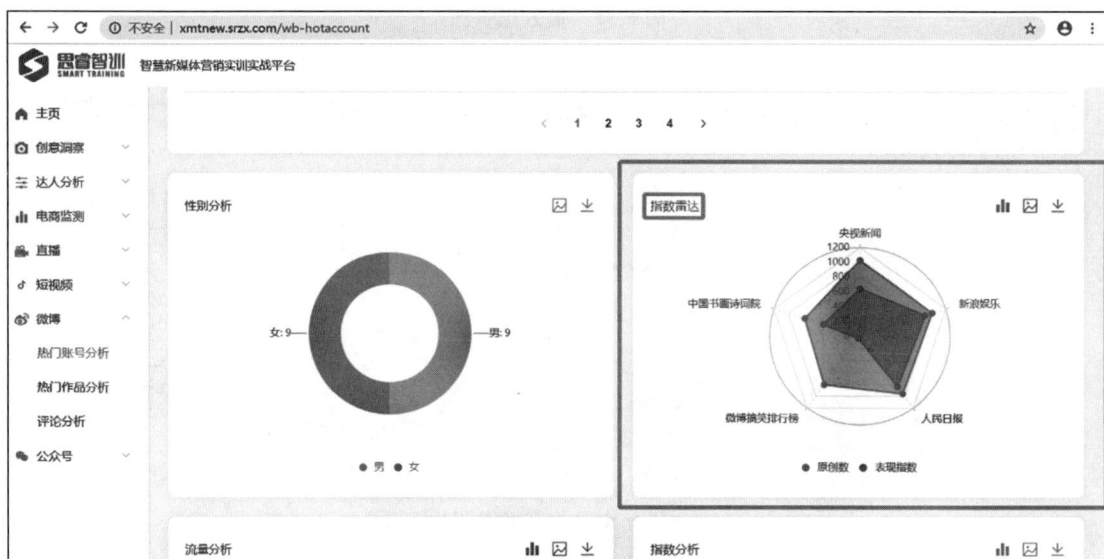

图 6-35　热门账号指数雷达图

6.4.2　热门作品分析

热门作品分析模块支持筛选不同类别的账号,包括知识学习类、时尚运动类、政治实业类、娱乐搞笑类等类型,如图 6-36 所示。

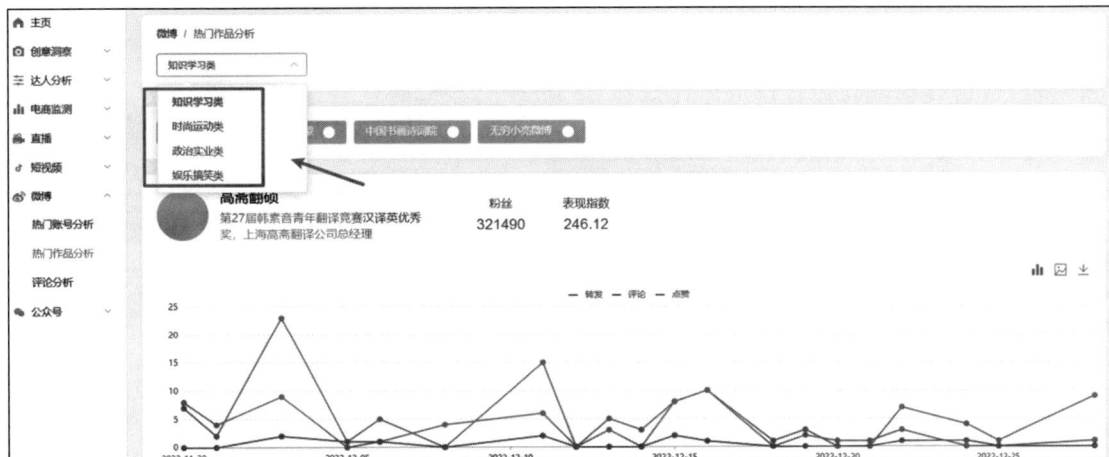

图 6-36 热门作品详情分类

下方展示对应账号的昵称、简介、粉丝数、表现指数等信息,同时以折线图展示该账号的转发、评论和点赞量,如图 6-37 所示。

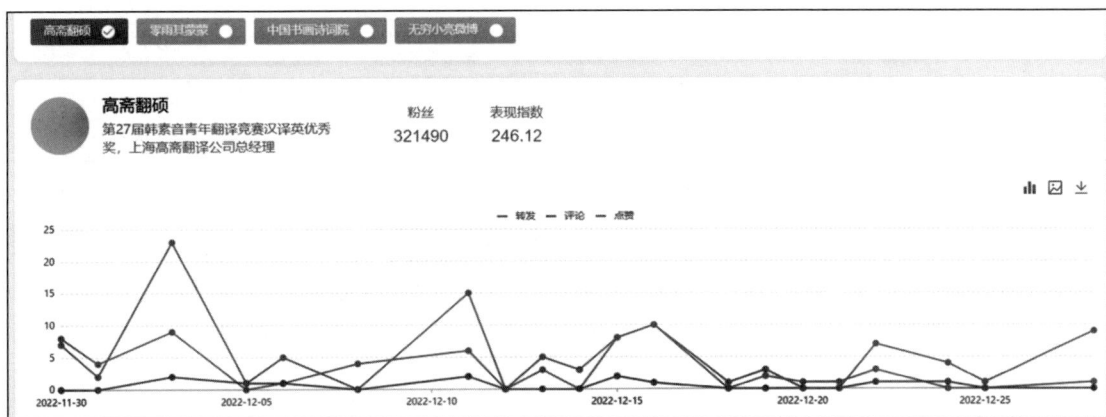

图 6-37 热门作品转发、评论、点赞趋势折线图

热门作品分析的词云图部分以不同颜色和大小的关键词云,展现热门作品中关键词出现的频率,如图 6-38 所示。

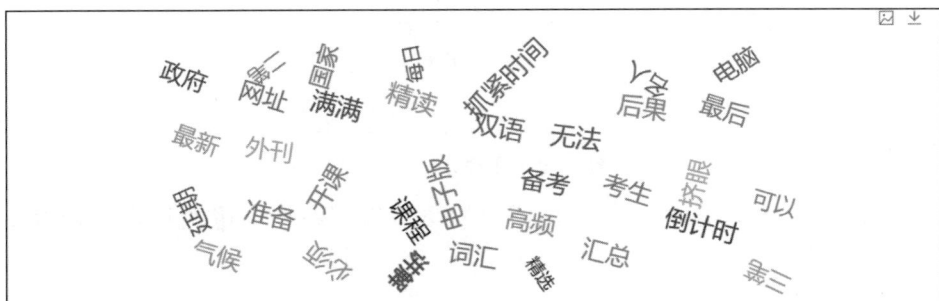

图 6-38 热门作品词云图

6.4.3 评论分析

评论分析模块同样支持筛选不同类别的账号,包括知识学习类、时尚运动类、政治实业类、娱乐搞笑类等类型,如图6-39所示。

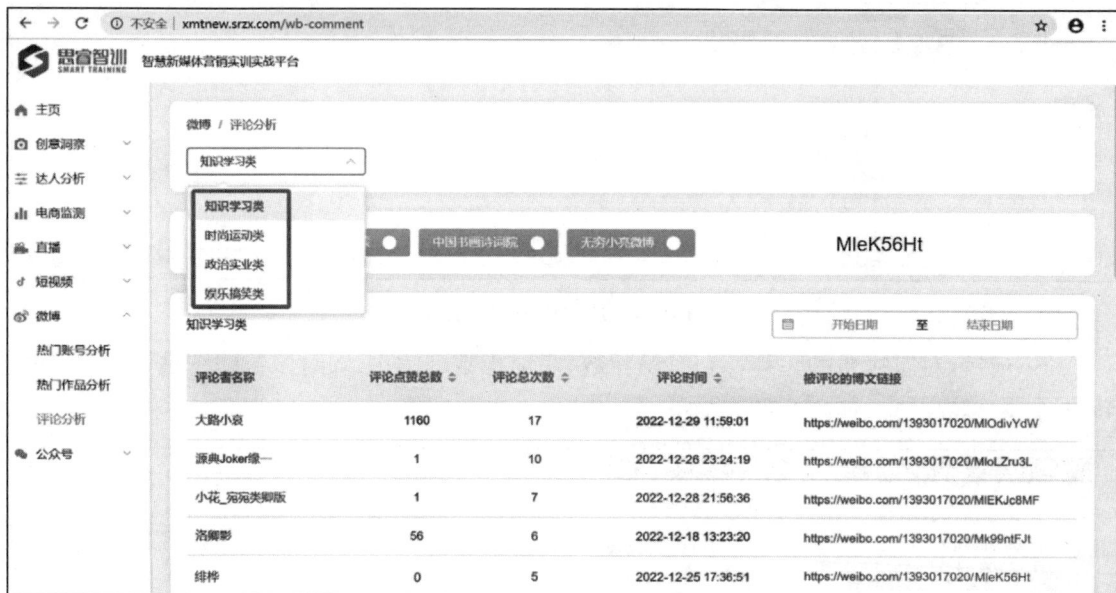

图 6-39 评论分析详情分类

评论分析的词云图部分以不同颜色和大小的关键词云,展现评论中关键词出现的频率,如图6-40所示。

图 6-40 评论分析词云图

评论次数部分以柱状图的形式展现评论的发布者昵称与评论次数等信息,如图6-41所示。

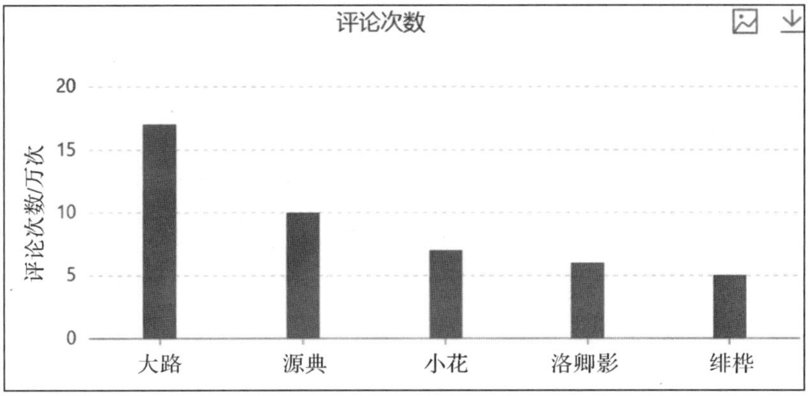

评论次数

图 6-41　评论次数分析柱状图

评论点赞数部分以折线图的形式展现评论的发布者昵称与评论点赞数等信息，如图 6-42 所示。

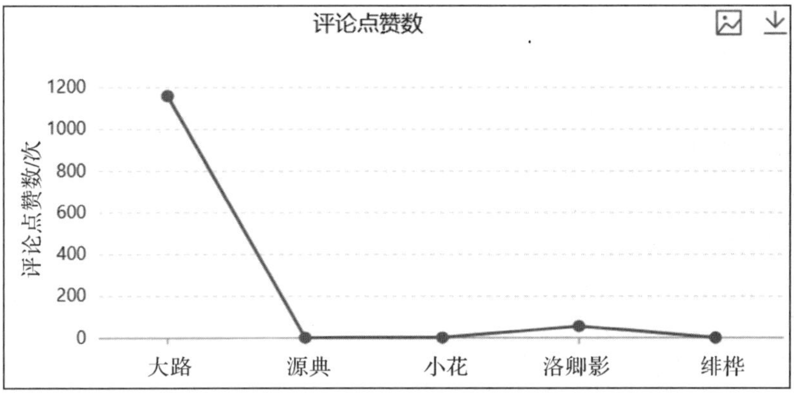

评论点赞数

图 6-42　评论点赞数分析折线图

✑ 拓展实训：微博数据分析实操（根据 6.4 相关内容）

[实训目的]

了解微博数据分析的作用，了解微博数据分析指标与方法，能够按照教材内容进行数据分析实操练习。

▶ **思考与练习**

1. 简述如何根据微博用户定位进行内容策划。
2. 简述微博营销数据分析的指标与方法。

📄 第 6 章小结

第7章　短视频平台营销

> 学习目标

- 了解什么是短视频营销
- 了解短视频的制作与编辑
- 掌握短视频营销内容创作及营销数据分析

> 学习重点、难点

学习重点

- 对短视频的营销认知
- 了解短视频营销内容创作方法

学习难点

- 理解短视频推荐算法
- 对短视频营销数据进行分析

> 思维导图

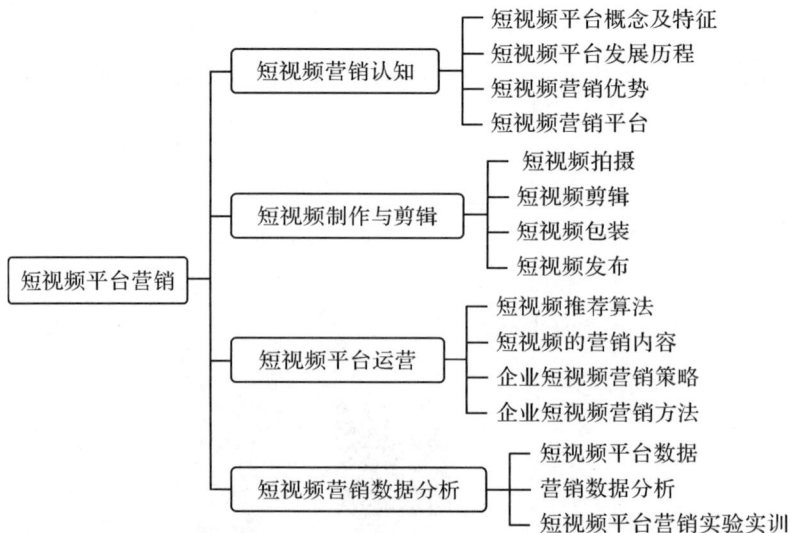

7.1　短视频营销认知

7.1.1　短视频平台概念及特征

短视频是指在不同新媒体平台上播放的、适合任意状态下观看的、高频推送的视频内容,时长有长有短。内容融合了技能分享、幽默搞怪、时尚潮流、社会热点、街头采访、公益教育、广告创意、商业定制等主题。短视频播放时间较短,既可以单独成片,也可以成为系列栏目。

1.短视频的特征

短视频具有短、低、快、强等个性化的特点。正是这些特点让短视频更容易获得用户的青睐。

(1)短是指短视频的时长短,这意味着用户利用碎片化时间接收信息的速度快。简短精练且相对完整的视频内容更容易带动视频创作者与用户之间的互动,同样这种形式也适用于新闻报道,能够在短时间内将信息内容广泛散播出去,有利于社会整体传播效率的提升。

(2)低是指短视频的制作成本和门槛低。短视频的拍摄、剪辑和发布可以由一个人使用一台手机完成,并通过剪辑软件,制作出特效丰富、逻辑清晰的短视频,使得视频制作和发布都相对容易。

(3)快是指短视频的内容节奏快和传播速度快。由于短视频的时长短,内容节奏比影视剧的节奏快,使得短视频能够在极短的时间内向用户完整地展示内容创作者的意图。另外,短视频通过网络进行传播具有社交属性,能通过用户之间的社交网络将视频内容迅速传播出去。

(4)强是指用户在短视频中的参与感很强。短视频的创作者和观看用户之间没有明确的分界线,内容创作者可以是其他短视频的观看者,而观看者也可以创作自己的短视频。

2.短视频内容的分类

按照短视频内容生产方式的不同,短视频可以分为用户生产内容、专业用户生产内容和专业机构生产内容 3 种类型。

(1)用户生产内容。用户生产内容即 UGC,此类型的短视频的拍摄和制作通常比较简单,制作的专业性和成本较低,内容表达涉及日常生活等很多方面的内容且碎片化程度较高。这种短视频一般不以营利为目的,商业价值较低,但具有很强的社交属性。

(2)专业用户生产内容。专业用户生产内容(professional user generated content,PUGC)类型的短视频通常是由在某一领域具有专业知识技能的用户或者具有一定粉丝基础的网络"达人"或团队创作的,内容丰富且具有条理性。这种类型的短视频有较高的商业价值,兼具社交属性和媒体属性。

(3)专业机构生产内容。专业机构生产内容(partner generated content,PGC)类型的短视频通常由专业机构或企业创作,对短视频制作的专业性和技术性要求比较高,制作成本也较高。这种短视频主要依靠优质内容来吸引用户,具有较高的商业价值和较强的商业属性。

3.优质短视频的要素

一条优质的短视频通常应该包括价值趣味、清晰画质、优质标题、音乐节奏、多维胜出5个要素。

(1)价值趣味是短视频的基础,是指短视频给用户提供某种价值和趣味。有些短视频可能让用户看完后觉得很无聊,且不知所云;也可能让用户深受启发,得到价值和趣味上的共鸣。例如,在我国首个新媒体短视频奖项"金秒奖"中提名入围的作品《一个人、一辆车、一身行囊一起过年》《"简单"的科普工作,还有价值吗?》《妹子把拖拉机来回开了三遍,帮大爷家秋收,结果村里人都在看她!》《126年历史!鲁迅笔下的咸亨酒店,孔乙己同款茴香豆!》等。能够清晰反映出受欢迎的短视频具备一个共同特征——真实(真实的人物、真实的故事、真实的情感),可以为用户提供某种价值趣味。

(2)清晰画质决定了一条短视频带给用户的体验。很多短视频在网络上传播不开,和短视频本身的画质不佳也有很大的关系。短视频拍摄的画质不清晰,即使内容很好,也不会吸引太多用户观看。现在很多短视频的画质都在不断优化升级,画面清晰度也逐渐符合"消费升级"的要求。另外,播放介质不同,对短视频画质和短视频尺寸的要求也不同。

(3)优质标题决定了短视频的打开率。想要增加短视频的观看率,短视频的标题是决定性因素。短视频平台是通过大数据算法对短视频内容进行推荐分发的,大数据会从标题中提取分类关键词进行推荐,随后短视频的播放量、评论数、用户停留时间将决定这条短视频是否能够继续得到推荐。例如,某一条短视频账号发布的内容是关于做美食的,其中的一条短视频标题是"龙啸九天",这个短视频的标题看上去平平无奇。其他美食博主一般都会直接用菜名来做标题,简单明了,但是浏览量很低。用与食材相关的文字做标题加上引人注目的美食图片,能激发用户的好奇心,视频的浏览和曝光量反而很高。喜欢做美食和看美食视频的用户看到"龙啸九天"这个标题,就会带着猎奇心理点击进去观看,有了这样的标题,短视频的打开率就会提升。

(4)音乐节奏决定了短视频的基调。短视频本身就是一种视听结合的表现方式,配乐作为声音元素的重要组成部分,能够更好地传达短视频中的内容。第一,尽量把短视频中人物的动作放在音乐节奏的重音上,使音乐和画面看起来很协调,也很有重点。第二,挑选和短视频内容相符的音乐类型,如搞笑风、民族风、日韩风等。第三,学会模仿优秀作品。能被评为优秀作品的短视频音乐节奏一般都把握得很好,值得短视频创作者分析和模仿,以积累更多经验。对于短视频创作者来说,音乐能够升华短视频的主题,帮助用户快速进入情境,所以一定要好好利用音乐节奏。

(5)多维胜出决定了短视频的综合价值。如今,优秀的短视频会在编剧、表演、拍摄、剪辑和后期加工等多方面精细打磨,这种能多维度胜出的短视频最终会成为优质的短视频。例如,短视频平台"二更"通过讲述73岁的杨长生大爷收养200多匹狼的故事,获得了"金秒奖"的"最佳人物记录短视频",让用户看到了一位老人为了保护受伤的狼,建立野生动物保护站,最后落脚在"时间最大的善意,是倾尽所能"。该视频在各个方面都很突出和优秀。

一条短视频若是具备价值趣味、清晰画质、优质标题、音乐节奏、多维胜出这5个元素,必将成为非常优质的短视频。

7.1.2 短视频平台发展历程

短视频平台的发展历程主要包括萌芽期、蓄势期、转型爆发期和稳定突破期 4 个时期。

1. 萌芽期（2004—2011 年）

短视频的源头有两个，一是视频网站，二是短的影视节目，如短片、微电影，后者出现的时间比前者更早。2004 年，我国首家专业的视频网站——乐视网成立，拉开了我国视频网站的序幕。2005 年，美国的视频分享网站 YouTube 等备受用户欢迎，其发展经验和成功模式也引起了我国互联网企业的效仿，土豆网、PPTV、激动网等相继上线，成为我国视频网站群体发展初期的主要成员。

视频网站在国内刚兴起的时候，就以用户上传分享的短视频见长，但在 PC 互联网时代，视频网站内容仍以传统电视传媒的内容上线为主，而短视频还只是补充。

2. 蓄势期（2012—2014 年）

随着智能手机、3G 网络、Wi-Fi 的逐渐普及，秒拍、美拍等视频平台开始出现，蓄势期以低质量内容为主，行业发展速度较慢。从 PC 端视频网站到移动端短视频，在社会事件的驱动下，网红效应引发内容上游快速扩容。蓄势期逐渐形成系统的内容生态，商业价值逐渐清晰。

3. 转型爆发期（2015—2017 年）

网络基础设施不断完善，4G 网络开始普及。转型爆发期短视频分发渠道逐渐多元化。多方资本的涌入，各类短视频平台发展迅猛。短视频内容开始标准化生产，商业模式初步探索。短视频和直播作为一种更直观、互动性更强、维度更丰富的媒介形式，获得了长足发展。短视频内容生产方式逐渐演化出 UGC、PGC 和 PUGC 3 种模式，并出现了专业的 MCN（multi-channel network，多频道网络）机构寻找并培养优质内容生产者，为其提供商业化服务。在商业模式上，这个阶段的短视频内容起展示和引流作用，逐渐挑起广告营销的大梁。早期短视频平台纷纷开始探索商业变现模式。字节跳动推出抖音、西瓜视频等。并依靠智能算法迅速抢占风口，爆发期各大互联网巨头相继布局，短视频应用爆发式增长，用户模式快速增长。平台混战、独立短视频 APP、在咨询社交平台嵌入短视频功能等各种现象纷纷出现。

4. 稳定突破期（2018 年至今）

市场格局逐渐稳定，抖音、快手头部优势扩大，头条视频、土豆视频转型升级，稳定突破期短视频平台探索更多元化和更深层次的商业变现模式。短视频平台逐渐形成以直播、广告为主的商业变现模式，并开始探索海外布局。视频内容趋向于优质原创视频，这样更能获得用户的青睐。内容题材和直播人群多元化、垂直化，专业的 MCN 机构暴增。用户互动积极性提升，VLOG 短视频延长形式逐渐繁荣。稳定期广告主投放意向增长、用户付费意愿增强，短视频电商平台融合加强。

7.1.3 短视频营销优势

短视频相比简单的图片或文字，这种视频结合的方式更加直观且更有冲击力，能展现出更加生动和丰富的内容；与长视频相比，短视频内容节奏快，满足了用户碎片化时间获取信息的需求，而且短视频具备较强的互动性和社交性。正是因为短视频具有这些特点，才使得短视频营销具有以下优势。

1.符合人们的行为习惯

智能手机的全面普及和5G时代的到来,改变了人们在网络上浏览信息的习惯。短视频以简短的视频直观地呈现营销信息,缩短了用户获取信息的时间,使用户可以随时随地获取想要的信息。

2.带动用户的情感

短视频能在较短的时间内表达信息,其主题更明确,方便用户快速获取信息;并且短视频往往拥有符合情境的配乐、文字等,能够带动用户的情感,使其与产品或品牌建立情感链接。

3.目标精准

只有对短视频内容感兴趣的用户,才会对短视频账号产生兴趣,并持续关注,甚至进一步变成短视频内容的传播分享者,将短视频分享给与自己有相同兴趣的用户。一般来说,经典、有趣、轻松欢快的短视频更容易让用户主动传播,短视频获得用户的主动传播后,短视频传达出的信息就会在互联网中迅速扩散。

4.成本低

与传统的影视广告相比,短视频的营销成本要低得多。企业如果通过电视广告进行宣传,往往需要花费几十万元到几百万元的成本,然而通过互联网进行短视频营销,一般只需要花费几万元或更低的成本,就可以获得相当可观的曝光量和传播量。

5.传播速度更快、传播范围更广

互联网的发展使得短视频在发布的第一时间就被用户看到,且在短时间内得到大量传播。其次,企业不仅可以根据需要在指定时间段将短视频推送给用户,用户还可以主动去搜索寻找感兴趣的短视频。最后,观看短视频的用户越多,短视频的热度就会越大,就会被更多用户关注并可能会主动传播到其他社交平台,从而迅速扩大短视频的传播范围。

6.可预测效果

短视频的营销效果可以根据一些数据进行分析和预测,如播放量、点赞量、收藏量、用户停留时长、转发量和评论量等。这些数据不仅可以用来预测短视频的营销效果,还可以为下一次的短视频营销提供决策依据。

7.1.4 短视频营销平台

短视频的蓬勃发展带动了一大批出色的短视频平台的发展和壮大,不同的短视频平台有着不同的特点。

1.短视频平台的分类

根据短视频内容承载平台的性质不同,目前短视频平台可分为独立类与综合类短视频平台两种类型。

(1)独立类短视频平台大多在移动互联网时代才出现,并且多以APP的形式出现。短视频为独立短视频平台的核心业务,其功能主要是围绕短视频展开的,典型代表如抖音、快手、微视等短视频APP。独立短视频平台往往会通过寻找一些有发展潜力的UGC或者PGC视频创作者,对其进行扶持和引导,帮助其打造成热门短视频账号,这些账号将成为平台吸引用户的宣传要点。

(2)综合类短视频平台是指非短视频定位的平台,但在平台内部嵌入了短视频内容、功能和服务的平台。借助短视频的特性,该类平台能够更好地实现自身的核心功能诉求。例如,新闻资讯软件、社交软件及传统视频软件等平台通过嵌入短视频功能,为目标用户提供更优质的使用体验,并增强用户黏性。

2. 主流的短视频平台

视频平台的数量众多,其中部分主流的平台占据了相对较大的市场份额,很多个人或企业都会选择在这些热门的短视频平台中开展营销。

(1)抖音。

目前短视频领域的"超级平台",也是短视频创作和营销的首选短视频平台之一。抖音在用户数量、相关平台服务,以及官方补贴等方面都有一定的优势。据统计,抖音在 2024 年全球最具价值媒体品牌榜单中位列第二,抖音及其海外 TikTok 在 2024 年 11 月的全球热门移动应用下载量排名中位列第二。其用户主要是年轻、时尚的女性和一、二线城市的职场人士。抖音短视频平台依托智能推荐算法,平衡了流量、内容、用户、产品之间的关系,增强了其商业变现能力和内容生产能力。

(2)快手。

快手是较早搭建的短视频平台,其对短视频内容创作者的支持力度也相对较大。据统计,快手在 2024 年移动 APP 排行榜中名列前十,在短视频平台中名列第二,其用户多生活于三、四线城市,热衷于分享生活。快手平台中的内容较为多元化,依托算法打通了平台内推荐和用户关注的协同关系,内容更新的速度非常快,是分享好物、生活、趣事的短视频平台。

(3)西瓜视频。

西瓜视频是今日头条旗下的个性化推荐短视频平台,其通过人工智能算法为每个用户推荐符合其喜好的短视频,并帮助短视频内容创作者轻松发布自己创作的短视频。互联网数据统计显示,西瓜视频的女性用户数量略多于男性用户数量。西瓜视频的特色是在短视频中可以插入与内容相关的商品卡片,用户观看短视频时单击商品卡片即可进入购买页面,在用户购买的过程中,短视频内容创作者也会获得佣金分成。

(4)抖音火山版。

抖音火山版是火山小视频的升级版平台,该平台主要通过短视频帮助用户迅速获取内容和粉丝,并发现具有相同爱好的用户。抖音火山版平台的特色是特效丰富,且有很多定制礼物。

(5)微视。

微视是腾讯旗下的短视频创作与分享平台,其支持将拍摄的短视频同步分享到微信群、朋友圈和 QQ 空间,且用户主要是女性。

7.2　短视频制作与剪辑

7.2.1　短视频拍摄

在进行短视频的拍摄前,营销人员需要先确定拍摄的思路,选择拍摄的工具,再结合一定的拍摄技巧,完成短视频的拍摄。

1. 确定拍摄思路

确定拍摄思路是指在拍摄短视频前,对短视频拍摄的内容、人物出场顺序、地点和方式等进行确认。通常在准备进行拍摄短视频时,营销人员为了能更深层次地诠释内容,将拍摄的短视频作品主题表达清楚,一般通过提前策划和撰写脚本来确认好拍摄的思路,提高拍摄的效率。想要撰写出高质量的短视频脚本,可以参考以下步骤。

第一步,搭建框架。为短视频脚本搭建框架的目的是提前设计好短视频中的人物和环境之间的联系。也就是说,在确定短视频选题后,就要搭建短视频的内容框架,即确定制作短视频所需要的角色、场景、时间及道具等内容,明确这些内容的作用、使用途径和使用场合等。

第二步,确定主线。无论哪种类型的短视频,都应该具备故事主线,东拼西凑制作的短视频经不起推敲,用户也会很快丧失对短视频的兴趣。只有有价值的短视频才能被更多用户接受。创作者要想一条短视频有价值,就需要设定清晰的故事主线,这样才能支撑其想要传达的信息。

第三步,设计场景。根据短视频内容确定需要的场景,以及每个场景中的道具、人物等。

第四步,把控时间。把控时间时需要注意两个方面:一方面是短视频的时长控制及每个场景的时长控制;另一方面则是重要画面的时间安排,例如,将一个精彩的镜头放在短视频开始的20%处,以吸引用户继续观看。

2. 选择拍摄工具

拍摄短视频首先我们需要选择拍摄的设备。大多数短视频平台对视频质量的要求并不高,因此营销人员可根据短视频的性质和内容,选择专业的拍摄工具或直接使用手机等移动设备进行拍摄。常见的拍摄装备主要是智能手机、微单相机和单反相机。

(1)智能手机。

智能手机是最常用的拍摄装备,相比专业相机,智能手机更加轻便,便于携带;操作简单,上手容易;而且功能多样,上传分享都很方便;最重要的是成本低。如今,随着科技水平的不断提高,智能手机拍摄功能也不断完善,已经可以满足基本的短视频拍摄需求,对画面效果没有太高要求且预算有限的短视频创作者,可以选择智能手机进行拍摄。

(2)微单相机。

微单相机是微型小巧、具有单反功能的相机。与智能手机相比,微单相机的画质更清晰、功能更齐全。对于预算有限且对短视频画质有较高要求的短视频创作者来说,微单相机是不错的选择。

(3)单反相机。

单反相机功能强大,可以随意换用与其配套的各种镜头,能够满足专业的拍摄需求。对于具备拍摄技巧、对画质要求很高且预算充足的短视频创作者而言,可以选择一款合适的单反相机作为摄像设备。

3. 结合拍摄技巧

除了确定拍摄思路和了解拍摄设备外,想要做好短视频拍摄还需要掌握一些拍摄的方法和技巧。根据拍摄工具、短视频性质和内容,选择不同的拍摄技巧,可以使短视频看起来更有技术含量,更像"大片"。常用的短视频拍摄技巧包括镜头语言的运用、定场镜头的使用、空镜头的使用、分镜头的使用、移动镜头的使用等。

7.2.2 短视频剪辑

在完成短视频的拍摄后,并不是马上将其上传到平台,而是需要经过一定的剪辑处理;将短视频进行优化,提高短视频的吸引力,再选择合适的平台,选择人流量较大的时间段,进行发布。

剪辑是指将拍摄的短视频,剪去多余部分,并对声音、字幕、特效等进行处理,制作成一个完整的故事视频。在剪辑前,营销人员应该先了解剪辑的常用工具和技巧,为提高短视频质量做好准备。

1. 剪辑的常用工具

短视频营销中常用的剪辑工具包括剪映、爱剪辑、会声会影和 Premiere。

(1)剪映。

剪映是由抖音官方推出的一款手机视频编辑工具。可用于手机短视频的剪辑制作和发布。带有全面的剪辑功能,有多样滤镜和美颜的效果,有丰富的曲库资源,支持在手机端和电脑端使用,对计算机的性能要求较低。

(2)爱剪辑。

爱剪辑是一款免费的剪辑软件,其功能较为全面,包含特效、字幕、素材和转场动画,且操作简单,适合新手使用。此外,爱剪辑软件对计算机硬件要求也比较低,即使是低配置的计算机,使用爱剪辑时,也很少出现卡顿现象。

(3)会声会影。

会声会影是一款功能强大的视频编辑软件,不仅能够满足家庭或个人的影片剪辑需求,还能满足专业级的影片剪辑需求,适合大部分用户使用。其大部分模块功能都自带片头、字幕、过渡效果等,但相较于爱剪辑,会声会影对计算机的性能要求较高。

(4)Premiere。

Premiere 是一款专业的视频编辑软件,其编辑画面质量较高,兼容性较好,是视频编辑爱好者和专业人士必不可少的视频编辑工具。Premiere 提供了采集、剪辑、调色、美化音频、字幕添加、输出、DVD 刻录等功能,能够满足用户创建高质量视频的要求,对计算机配置要求较高。

2. 剪辑的技巧

在剪辑视频时,需要掌握以下剪辑技巧。

(1)确定剪切点。

剪切点是指两个不同镜头之间的转换点,准确地掌握剪切点可以保证短视频的流畅性,提高用户的观感体验。在选择剪切点时,可选择动作处于即将要做出的时刻,或动作已完成1/4 的时刻;为保证短视频更加流畅,可保留 1 帧或 2 帧画面用于过渡。需要注意的是,剪切点前的内容不能够影响用户对短视频整体的理解,否则剪辑完成的短视频就是不完整的。

(2)镜头连接。

镜头连接需要遵循"动接动,静接静"的原则,即运动镜头连接运动镜头,固定镜头连接固定镜头。连接镜头时,可通过无技巧转场或技巧转场两大类进行。

①无技巧转场。

无技巧转场是指利用短视频中存在的事物、拍摄的方式、剧情的走向等进行自然的连接。

②技巧转场。

技巧转场包括叠化、定格及淡出淡入等不同的转场技巧,叠化是指两个相互连接的镜头交叠,前一个镜头逐渐消失,后一个镜头逐渐出现;定格是指将前一个镜头固定在画面中,紧接着出现下一个镜头;淡出淡入是指前一个画面清晰度、饱和度等逐渐降低,成为纯白或纯黑画面,再逐渐增强下一个画面的清晰度、饱和度等。

(3)台词连接。

台词连接需要保证台词内容能够流畅地呈现在画面上。在剪辑时,可使用平行剪辑和交错剪辑两种方法。

①平行剪辑。

平行剪辑是指上一个镜头的台词和画面同时同位切出,或下一个镜头台词和画面同时同位切入,是较为常见的台词剪辑方法。一般用于人物空间距离较大、对话语气较为平稳、情绪节奏较为缓慢的台词剪辑中。

②交错剪辑。

交错剪辑是指上一个镜头的台词和画面不同时同位切出,或下一个镜头的台词和画面不同时同位切入。一般被应用于人物空间距离较小、人物对话情绪交流紧密、语言节奏较快的对话剪辑中。

7.2.3 短视频包装

短视频包装简单地说指的是对短视频内容的美化。可以理解为是对视频做一些修饰,比如片头片尾、3D特效等。现下短视频的崛起,任何企业、任何工作室或者个人都需要剪辑大量的视频来包装自己的品牌,发抖音、发朋友圈、发淘宝等自媒体渠道做展示。我们可以从短视频的Logo、短视频的片头、短视频的内容及短视频的片尾等方面进行包装。

1. 短视频 Logo

短视频 Logo 一般是由名称和主体图形构成,短视频的名称一定要与视频的输出内容紧密结合;其次是短视频图形符号的设计,通常的做法是在Logo中加入超级符号,比如橘子娱乐的Logo是一个戴着墨镜的橘子的形象,给人以明亮、积极的感觉,这样每当人们看到橘子时就会想到橘子娱乐。

2. 片头

片头是短视频内容的开端,好片头要与内容包装的风格相协调,与内容的分类和定位的风格相呼应。由于短视频时间和内容的限制,并且短视频是为了给用户带来更多有趣的内容,所以,片头可以选择用快节奏的画面进行切换,而且有些用户群体对快节奏的内容更加喜爱。

3. 内容

对内容进行包装的目的是让整个短视频更加美观和具有吸引力,要想在内容包装上形成自己独特的风格,就是要注重色彩的搭配。比如某清新手作短片《造物集》就使用了明亮、日式小清新风格,画面色调和画面中展示的内容都给人一种素雅、安静的感觉。而且《造物集》的每一期节目中都沿用了这种风格,还给用户形成了一种深刻的印象。

4. 片尾

片尾最基本的要求是短,不抢内容的风头,片尾可以直接加 Flash 动画与片头形成呼应。需要注意的是,要让人感到舒适,不要放太多的信息,可以采用强调色系来快速抓住观众的眼球并加深其印象。如果想要提升节目的完播率,还可以在观众可接受的程度内加一些互动或是导流点。

7.2.4　短视频发布

一条能够得到广泛传播的短视频,除了展现的内容要优质和恰当的宣传外,还需要选择合适的发布平台和投放时间。传统视频的媒体投放一般会选择在电视台或影视视频播放软件上进行发布,而短视频的发布则通常选择流量更高的短视频平台,如抖音、快手和西瓜视频等。想要将短视频精准投放到目标人群更集中的平台,可以根据短视频内容的特点来选择特定的网络平台;如果想扩大短视频的宣传范围和影响范围,也可多平台投放短视频,同时灵活使用社交媒体进一步进行推广和宣传。所以在发布短视频前营销人员需要对选择的发布渠道、渠道短视频数据监控和渠道发布优化做好调研准备工作,具体如图 7-1 所示。

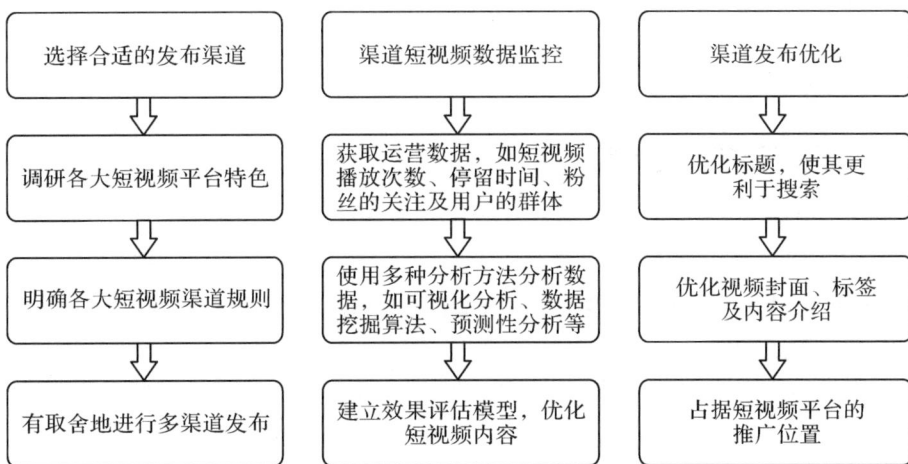

图 7-1　短视频的发布工作

另外,在发布短视频时,还需要注意发布的时间,选择人流量比较大的时间段进行发布,如上班前后及休息放假时间等。用户的职业不同,工作性质不同,每个细分行业人群的时间也有着不同的属性,因此,还应当结合目标客户群体的时间去发布短视频。

7.3　短视频平台运营

7.3.1　短视频推荐算法

营销人员在利用短视频平台进行营销时,需要掌握短视频推荐算法机制,获得更高的曝光率,结合不同的营销方法,提高短视频的营销效率。下面从抖音推荐算法进行介绍。

抖音推荐算法是指抖音对平台上发布的视频,进行自动分配精准流量的手段。这种算法能够让每一个产出优质视频的抖音账号拥有与平台知名抖音账号公平竞争的机会,能够遏制各类垃圾、低俗视频的发展,淘汰内容不过关的视频等。抖音推荐算法可分为流量池、叠加推荐和热度加权。

1. 流量池

流量池就是不同视频作品拥有的不同曝光率。不同流量的展示位置,抖音系统会根据视频内容质量,给视频分配基础的曝光率。当视频点赞率、评论率和转发率达到一定程度后,系统会自动提高视频的曝光率。营销人员可通过完善抖音账号的基础数据,如绑定手机号、绑定 QQ 号、绑定微博等,提高获得抖音官方推送的概率。

2. 叠加推荐

叠加推荐是指当视频达到一定数值基础后,抖音系统会自动判定视频受人欢迎,而自动对视频进行加权,提高视频的播放量。叠加推荐的重要权衡因素包括点赞量、评论量、转发量、完播量等。

3. 热度加权

热度加权各项数据的相对重要程度由高到低依次为转发量、评论量、点赞量,一般来说,一条热门视频的热度往往只能够持续一周,周期较短,因此,为了不断获得热度加权,营销人员必须以较稳定的速度,不断产出优质内容。

7.3.2　短视频的营销内容

短视频具有直观、软性植入、互动性强与多元化的特点。其用于营销时成本低且效率高,是个人用户及企业用户都可以选择的营销方式。营销人员在进行营销前需要先了解短视频内容的表现形式、定位原则和要求,并选择适合的营销内容进行短视频营销。

1. 内容的表现形式

内容的表现形式主要有街头采访、搞笑吐槽、生活记录、影视解说和才能展示五大类型。

(1)街头采访就是通过提出用户较为关注的问题,采访街边路人的看法,以街边路人的反应和回答,吸引用户观看的短视频类型。这类视频往往集合了多个路人的采访片段,而不同的用户对采访的态度、反应、回答等都不尽相同;在真实情境下更容易发生有趣的事情,在经过剪辑、配上字幕后,能够达到更好的视频效果,因此受到许多用户的喜爱。

(2)搞笑吐槽类短视频一般针对日常生活中一些具有争议性的话题及社会现象进行吐槽。这类短视频需要营销人员有较强的语言组织能力,能够用幽默的语言及表达形式,对某些社会现象进行吐槽,从而吸引用户的注意,积累"粉丝",打造个人品牌。

(3)生活记录类短视频可以将生活中的琐碎事件,用手机、相机等记录下来,再经过剪辑、配乐、添加字幕后发布,通过生活中的小事吸引用户;也可以分享一些小技巧,用于解决生活中可能遇到的问题情况等,以实用的角度吸引用户。

(4)影视解说类短视频一般是对电影、电视剧、动漫,甚至是游戏截取等内容进行解说,要求先找好需要解说的短视频素材,厘清解说思路,剪辑短视频,再配上字幕和解说。这类短视频可以以幽默风趣的风格,为用户呈现不同视角的影视作品;也可以以优雅缓慢的语调,将电影故事缓缓展现给用户;还可以结合不同风格,对不同类型的影视剧进行解说,形成自己的风格。

(5)才能展示类短视频需要营销人员自身具有一定的才艺,如舞蹈、乐器等,只有才能足够出色,才能在众多短视频账号中脱颖而出。

2.内容的定位原则

内容作为短视频平台最核心的输出部分,内容定位准确与否,对于短视频平台能否良性发展至关重要。短视频内容定位应遵循定位准确、定位有特色和定位长远的原则。

内容定位要精准,平台面向怎样的用户群体、为用户提供什么样的服务、主要推出哪些内容,在平台开设之初就要有清晰的规划。如果在平台开设之初没有精准的内容定位,吸引而来的也不会是平台的目标用户,不仅会对内容生产方向产生影响,还会影响到后期整个平台的运营和发展,阻碍平台变现的脚步。

内容定位要有特色,网络信息庞杂,只有做有自己特色的内容,才能在众多内容中脱颖而出,获取用户的注意力。例如,同样是美妆产品推荐,李佳琦依靠自己对口红专业的研究,成功"出圈",吸引了用户的关注。所以,要做有特色的内容,而不是"你有我有大家有"的雷同内容。

内容定位要长远,内容定位一旦确定,就不能再随意更改,否则整个平台都要推倒重新构建。例如,某平台起初的内容定位为母婴知识介绍,则其用户以宝爸宝妈为主,平台要以用户为出发点,在内容上可以做适当延伸,如宝妈日常穿搭、帮助宝妈成长的内容均可推出。所以,在内容定位之初,就要有长远的规划。

总而言之,做好短视频内容定位,需要考虑内外因素:内因包括运营者自己擅长的领域、已有的资源优势等,外因包括当下的流行趋势、用户特点等。两者结合做出适合短视频平台长远发展的内容定位。

3.内容的定位要求

内容定位要求垂直定位,其实就是确定自己要做哪一个方面的内容,不要贪多,一定要找准自己的方向,而且最好定位好自己的内容创作方式。做更垂直和差异的内容,避免同质化内容,这样才能获得越来越多用户的关注。短视频内容定位注重人设定位,也就是运营者通过视频打造的人物形象和个性特征。人设定位的关键就是为视频中的人物贴上标签,成功的人设能让用户印象深刻并快速地关注该账号。此外,需要注重受众群体的定位。如果能明确用户群体,做好用户定位,并针对主要的用户群体需求进行营销。那么生产的内容更具针对性,更符合受众群体的喜好。在进行受众群体定位时,短视频运营者可以从性别、年龄、星座、地域等方面分析目标群体,了解用户画像和人气特征,并更好地制定有针对性的运营策略,进行精准营销。

7.3.3　企业短视频营销策略

企业短视频运营助力开拓品牌营销新阵地。相比传统的图文形式,短视频包含人物、画面、场景和情节等维度,每一个维度都比单一的图文更有冲击力,更容易占据用户的心。短视频营销的优点在于通过短视频可以生动灵活地传达品牌形象,正因如此,很多企业争相开始采用短视频来开展营销推广活动,讲好自身的品牌故事,并扩大自己的品牌影响力。各企业的品牌营销争先恐后地涉足"企业号"领域,通过短视频平台提供的内容分发和商业营销服务,促进品牌和用户之间的联结。

1.企业号的目标与策划

企业号的运营在注重获取粉丝关注度和流量的同时,更注重为品牌造势,增强品牌的曝光度和扩大品牌的影响力。让更多的用户了解品牌,提高用户对品牌的认知度。此外,企业号运营的目标是获取精准粉丝并促进销售。电商企业通过短视频推广的方式获取品牌的忠实客户,并激发用户的购物兴趣来购买自己的产品。企业号短视频的内容策划应侧重围绕企业品牌宣传,如实现品牌和产品的软植入,述说创意故事展示产品特色等。在内容策划的基础上确定短视频内容,并挑选合适的渠道进行内容宣传。

2. 企业号运营规划

运营人员在运营企业号短视频前要做好整体运营规划,主要包括三方面,一是明确企业号要解决的问题和需要达到的营销目标。二是打造企业号的内容生态,评估内容形式来实现营销目标。三是在确定营销目标和内容生态的前提下确定营销规划,使得内容在平台上广泛传播开来。

打造人格化形象是企业号运营的关键。助力企业实现营销目标,运营人员可以采用数据分析方式来精准地打造企业人格化形象。首先分析品牌的目标人群,深度分析目标人群的年龄、地域、星座等信息。其次分析目标人群关注的账号特征,明确目标人群的喜好。再次参照最契合自身品牌风格的账号,基于共同的特征来打造品牌形象。最后坚持输出优质化内容,丰富品牌人格化形象,培养用户的黏性和忠诚度。

阶段化运营过程分为 3 个阶段:第一阶段是打造爆款,强势增粉。运营初期完善完播率、点赞量、评论量和转发量 4 项数据,持续发布爆款视频,迅速地积累粉丝。第二阶段是挖掘忠实客户,即互动度高、长期关注内容、符合企业目标客户的用户。把握优质用户,强化输出内容。第三阶段是打造账号矩阵,促进流量转化。多平台多账号宣传品牌价值,优化视频内容,沉淀高质量客户,对优质客户进行精细化运营,建立粉丝社群,增加用户的参与度。

3. 企业号营销内容形式

企业号的短视频内容不仅要从客户需求出发构思新颖有趣的短视频,同时要展示商品和品牌,让客户加深品牌印象并激发消费的欲望。企业营销的内容形式多种多样,其中有效的方式大致如下。

(1)展示产品 TVC(television commercial)。TVC 是指以电视摄像机为拍摄工具的电视广告影片,属于品牌商业广告。电视广告面向大众,覆盖面广,电视广告是感性型媒体,它的综合表现能力最强,具有冲击力和感染力,电视广告能够塑造品牌形象,快速推广产品,迅速提升知名度。在短视频时代,各大品牌在关键营销节点投放 TVC,以传播品牌形象,提升品牌营销力。

(2)直接展示商品功能或者借助周边产品从侧面来展示商品。直接展示商品功能让客户充分了解商品的性能和用途。倘若企业产品创意不足,与同类产品相比没有特色,可以通过展示周边产品来进行侧面展示。颇具特色的周边产品可以从侧面突出主打产品的价值,如化妆品套盒除了化妆品外还有精美的化妆盒、精致的化妆包等周边产品。

(3)展示员工工作日常或企业文化。用户购买产品时,除了看重产品本身的质量和企业的服务水平以外,也关注企业文化。例如,淘宝就曾在抖音平台企业号上发布阿里巴巴神秘员工的短视频合集,向用户展示阿里巴巴员工的风采。阿里巴巴“最会吃”的员工,其工作就是吃。其实该员工是新零售服务体验师,在吃的过程中发现产品的不足,并提出修改意见。

(4)挑战赛是指企业依托抖音挑战赛的形式,在短视频平台发起一项挑战活动,吸引用户参与,从而实现品牌推广和商品展示的目的。企业发起挑战赛的关键是创意,每一个挑战赛都应该围绕企业商品和品牌特点,以及用户的操作习惯来制定,具体遵循原则一是操作简单,主题设计适合年轻人口味;二是在挑战赛中软性植入商业化信息;三是结合热点,有效刺激用户参与挑战赛。

7.3.4　企业短视频营销方法

1. 植入

植入是随着影视剧的发展而兴起的一种广告形式,后来被普遍运用在游戏、直播、综艺节目和短视频中。植入是在内容中插入商家的商品或服务信息,在潜移默化中达到营销的目的,所以对内容、商品或品牌信息的契合度有很高的要求。

植入广告主要有台词植入、剧情植入、场景植入、道具植入、奖品植入、音效植入和种草植入 7 个类型。

(1)台词植入是短视频中的人物通过念台词的方式直接传递品牌或商品的信息与特征,让广告成为短视频内容的组成部分。这种植入方式不仅直观地展示了相关商品的优点和性能,还能增强用户对品牌的认同感和好感度。

(2)剧情植入是指广告悄无声息地与剧情结合起来,故事的逻辑线条和情节发展使品牌信息非常自然地呈现在用户眼前。

(3)场景植入是指在短视频画面中使用一些广告牌、剪贴画、标志性的物体来布置场景,从而吸引用户的注意。短视频广告植入在短视频平台将产品潜移默化地介绍给用户。企业还可以借助特定的场景将产品植入其中,加深用户对品牌的印象。如餐桌边摆放着带有自身 Logo 的产品,人物服装上显眼地展示品牌 Logo,或者背景中出现品牌的特色标志等,这些软植入往往会起到良好的宣传效果。短视频植入广告还有精准营销和传播互动性强的优势。

(4)道具植入是指将商品作为短视频中的道具,直接、自然地展示在用户前面。需要注意的是,道具植入要遵循适度原则,如果过于频繁或者过于生硬,就会显得很刻意,让用户觉得目的性太强,从而引起用户的反感甚至厌恶。

(5)奖品植入,为了吸引用户的关注,扩大短视频的传播范围,创作者可以采取抽奖的方式,并在短视频的结尾植入奖品的品牌信息来增强用户的活跃度,激励他们点赞、评论和转发。

(6)音效植入是指用声音、音效等听觉方面的元素对用户起到暗示作用,传递品牌信息和理念,以达到广告植入的目的。

(7)种草植入方式常见于美妆博主的短视频或测评类短视频中。当用户通过短视频学习美妆知识,或者了解被测评商品的性能或特征时,就会不自觉地加深对这些商品信息的记忆。如果 KOL 再对商品的使用方法进行讲解,就可以达到事半功倍的效果,会极大地刺激用户的购买欲望。

2. 信息流

信息流是以互联网为媒介,将信息传递给用户的过程和渠道。可简单理解为,信息一条条排列在手机页面上,新信息不断地代替旧信息,形成了错综复杂的形态。这种流动存在于人与人之间、人与机构之间,主要体现在沟通连接、引导调控、辅助决策以使经济增值等方面。它能够记录用户使用的行为,从而去判定用户的兴趣焦点,再根据这个兴趣焦点,人工智能方便在后台内容源头库里选择用户需要或者感兴趣的内容。信息流广告是众多广告中的其中一种广告形式,依据社交群体属性,根据用户喜好进行精准推荐,其中以文字图片加链接为主。比如微信朋友圈广告是以类似朋友的原创内容形式进行展现,在基于微信用户画像进行定向展示的同时,能够依托微信好友关系链互动传播信息流原生广告。

3. KOL

KOL 通常是某行业或领域内的权威人士,他们有比较高的粉丝量级,更具人格魅力,观念开放,接受新事物快,善于结交朋友;对某类产品有长期的使用体验和了解,或者在某一领域深耕了很多年、对社交内容制作、社交平台玩法,引导粉丝购买有一定的知识和经验。KOL 的商业属性是在某个领域里面有相当的影响力,能够影响比较大的一群人的消费习惯,甚至能引领一定的潮流,对品牌爆款的打造有很大的帮助。

在做短视频宣传的时候,可以寻找那些在社交媒体覆盖面和影响力方面的独特优势、具有较强的用户黏性和号召力的 KOL 账号。KOL 自带"光环效应",用户通常认为他们的推荐更权威、更专业,因此就更愿意将其发表的内容进行点赞和转发。

借助 KOL 宣传的方法如下:一是根据短视频的主题和内容找到目标的用户群体。也就是说短视频创作者要先弄明白自己的短视频侧重于哪个领域,最容易吸引哪些用户观看。若是在美妆垂直领域,那么目标群体以年轻女性为主。二是根据目标用户群体的特点和喜好寻找契合的 KOL,才能有效地借助其"光环效应"达到最好的宣传效果。三是在撰写文案时避免老生常谈,以免让用户产生审美疲劳。创作者要撰写出有创意的文案,让用户眼前一亮。

KOL 带来的效果分为头部 KOL 和中腰部 KOL。头部 KOL 引流价值大,传播快、带货强,但成本高,排期紧张,比较适合在品牌推广引爆期进行投放。借势头部 KOL 引起话题,结合品牌目标客群和头部 KOL 的用户画像分析,借势头部影响力,植入产品,突出卖点,将头部 KOL 粉丝转化为品牌粉丝。头部 KOL 对品牌在曝光、引流、带货及新产品赋能上效果较好,能够帮助品牌打造爆款。

中腰部 KOL 执行率高,数据相对真实,配合度高,但内容创意和销售转化能力稍弱,当头部 KOL 引起品牌话题了以后,用户对品牌的产品已经产生了初步认知。这时候,可以进行中腰部 KOL 进行跟风传播话题,突破圈层,通过不同的玩法对品牌进行种草,帮助品牌深度挖掘用户需求。中腰部 KOL 主要是通过向用户种草为品牌建立口碑,缩短消费者从看见到了解的过程,从而影响用户消费决策。

7.4 短视频营销数据分析

7.4.1 短视频平台数据

现下虽然短视频平台的种类繁多,但在短视频营销和运营中平台数据大多具有共性。以抖音为例,抖音作为当下拥有亿级流量的 APP 产品,拥有海量的用户数据和平台数据。根据统计,截至 2024 年 12 月,抖音与抖音极速版去重活跃用户规模已突破 9.78 亿人。

　　针对如此庞大的数据量,在分析之前,我们首先需要简单了解一下短视频平台的关键数据包含哪些。基础的关键数据包括播放量、评论量、点赞量、转发量和收藏量。

　　播放量是评判一个视频好坏的重要标准之一。比如用数据分析一个视频的标题应该多长。在手机端和网页端能够完全显示的标题字数为 26 个字。"一色神技能"历史累计播放量前 5 名的视频中有 4 个标题的字数在 20 个左右,另外一个是 30 个字。将播放量前 50 与 100 名的视频标题字数求平均值,分别都是 20。前 50 名中标题字数超过 25 个字的有 13 个,第 51~100 名中标题字数超过 25 个字的有 6 个。证明标题超过 26 个字的不一定播放量就很低,只是应该尽量将视频标题缩减到 26 个字以内。以上就是最简单的通过分析一些已有的数据,帮助运营人做出决策的一个过程。这里只是通过播放量做数据分析,而且只用了这一个数据就可以得出一些有规律的结论。

　　另外 4 种根据渠道的不同,我们应该分析的关键数据也不同。比如优酷、爱奇艺最关键的就是播放量。但是在美拍、秒拍上,除了播放量还要看点赞量,微博上要看转发量和评论量。总之,就是要了解渠道的特点,找到关键数据做分析,不然得出的结论就是无用的。

　　1. 基础指标

　　基础指标有平均播放量、平均点赞量、平均评论量、平均转发量。

　　基础指标是需要优化的直接指标。均值是当前时段内容质量的平均水平。假设在 7 日内,总点赞量为 10000 次、视频产出量为 5 个,那么每个视频平均点赞量为 2000 次。我们可以根据均值数据的曲线波动,有效判断出各维度的内容及运营策略是否需要调整。通过对内容质量相关维度的深度挖掘,我们能找到规律,并将优质内容特征层层拆分、放大,针对劣质内容共性找到最佳解决方案。

　　2. 互动指标

　　互动指标是在基础指标的基础上进行处理的,用以表示内容质量的相对指标,如点赞率、评论率和转发率等。互动指标是以播放量为关联基数的相对指标,互动指标的比值越高,说明相关指标质量越好。各互动指标的具体计算方式如下

$$点赞率 = 点赞量 / 播放量$$
$$评论率 = 评论量 / 播放量$$
$$转发率 = 转发量 / 播放量$$
$$互动量 = 点赞量 + 评论量 + 转发量$$
$$互动率 = 互动量 / 播放量$$

　　3. 价值指标

　　价值指标本义是指以货币作为价值尺度来度量社会财富或劳动成果多少的一种总量指标,如商品销售额、工业总产值、利润额、负债额等。抖音中的价值指标是指反映抖音用户所能带来的流量及其收益的指标,常用的价值指标有带货力和赞粉比。

　　带货力:通过转发率(收藏率)及评论、舆情监控来进行带货能力的评定。

　　赞粉比的计算公式为

$$赞粉比 = 获赞总数 / 粉丝总数$$

　　赞粉比数值越大,在一定程度上代表内容的拉新能力和粉丝的认可程度越高。

7.4.2 营销数据分析

1. 用户画像分析

用户画像也叫用户信息标签、用户标签，是根据用户的社会属性、生活习惯和消费行为等信息而抽象出的一个标签化的客户模型。在各个行业领域，将用户的性别、年龄、爱好、购物习惯等通过数据进行展示，有助于数据的统计分析。短视频平台的主力用户以年轻人居多，我们可以通过用户性别、用户年龄、用户所在区域、用户消费水平、用户偏好和用户活跃时间对用户群体做简要的分析。

用户画像的构建过程，首先，需明确用户画像的构建目的。在产品创建及营销活动开展的初期，企业要了解构建用户画像期望达到什么样的营销效果，从而在标签体系构建时对数据深度、广度及时效性方面做出规划，以确保底层设计科学合理。其次，进行数据的采集和筛选时，只有建立在客观真实的数据基础上，生成的用户画像才有效。在采集数据时，企业需要根据用户画像的构建目的采集多维度的数据并筛选出真实的基础数据。再次，进行数据的预处理，包括数据清洗、数据结构化处理、数据合并等基础工作。然后将数据标签化并赋予其权重，数据标签化能够将原始数据转化为特征。且给各个标签赋予相应的权重，权重值的计算是用户画像标签体系得以成功的关键。最后，生成的用户画像数据落地入库，每日计算更新，然后再根据各业务应用场景的不同需求进行调整和对接，如与会员运营平台、广告运营平台等打通，为之提供决策支撑。

2. 达人分析

达人分析通过粉丝数、点赞数、评论数、作品数等数据进行初步分析。基础数据分析达人的定位，以及判断该达人的调性是否与自身品牌相契合。

需要格外注重的是赞粉比，可以断定该达人的粉丝具体情况。点赞评论数越高代表达人与粉丝直接互动性越高，达人与粉丝之间的黏性越足。此外通过粉丝画像，得出达人的粉丝性别、年龄及兴趣分布从而判断其粉丝的特点，判断该达人的受众粉丝是否也是品牌方的营销目标群体，帮助品牌方进行精准投放。通过粉丝趋势判断粉丝量是否注水。一般正常运营的达人其粉丝趋势会呈现出较为平稳的走势，所以如果某位达人的粉丝走势出现大幅度的增长则可能是注水数据。

3. 视频评论舆情分析

评论量是用户对短视频进行评论的次数。在许多短视频平台的短视频播放页面中，都会显示该短视频的评论量。短视频运用者需要时刻了解用户视频评论的舆情，可用于短视频内容的更新，提高短视频流量的转化率，也可以提高短视频运营者的决策能力，创作出更多爆款短视频。

通常来说，一条短视频获得的评论量越成多，就越有可能成为爆款短视频。所以，许多短视频运营者想各种办法提高短视频的评论量。提高短视频评论量的关键就在于刺激用户的表达率，让用户忍不住想要进行评论。

基于这一点，短视频运营者可以重点做好两方面的工作：一是尽量打造具有话题性的内容，让用户看完你的短视频之后有话可说；二是通过一定的方法引导用户评论。例如，可以通过提问的方式，让用户通过评论做出回答。

7.4.3　短视频平台营销实验实训

1. 实验说明

实验以一家新兴零食公司为背景,目前刚研发出新款麻辣鸭脖,公司打算主要发展线上业务,还专门成立了短视频平台运营部门全力负责企业短视频平台的运营。学生为公司短视频运营主管,最近公司下达要求,将新品麻辣鸭脖打造成爆款商品,选择合适的 KOL 进行大力推广新品,让新品被消费者熟知,且带动新品麻辣鸭脖的线上销量。

2. 实验目的

(1)让学生了解 KOL 对品牌营销的具体作用。

(2)让学生了解寻找合适 KOL 的基本步骤。

(3)让学生进行相关数据分析,把握筛选 KOL 的关键点。

3. 实验知识点

(1)短视频营销数据分析。

(2)KOL 分析与筛选。

4. 实验步骤

短视频运营需要具有符合自身发展定位或匹配平台用户需求的风格。短视频运营前需要根据自身所在行业或产品,通过数据分析工具,精准定位符合自身发展的短视频风格。在实际的短视频运营过程中,多以对比分析法寻找出几个较为匹配的对标账号作为参考。首先,登录智慧新媒体营销实训实战平台后,打开短视频模块选择"带货视频榜"模块,我们以周榜带货视频为例,选取周榜中的带货视频数据进行下载,如图 7-2 所示。

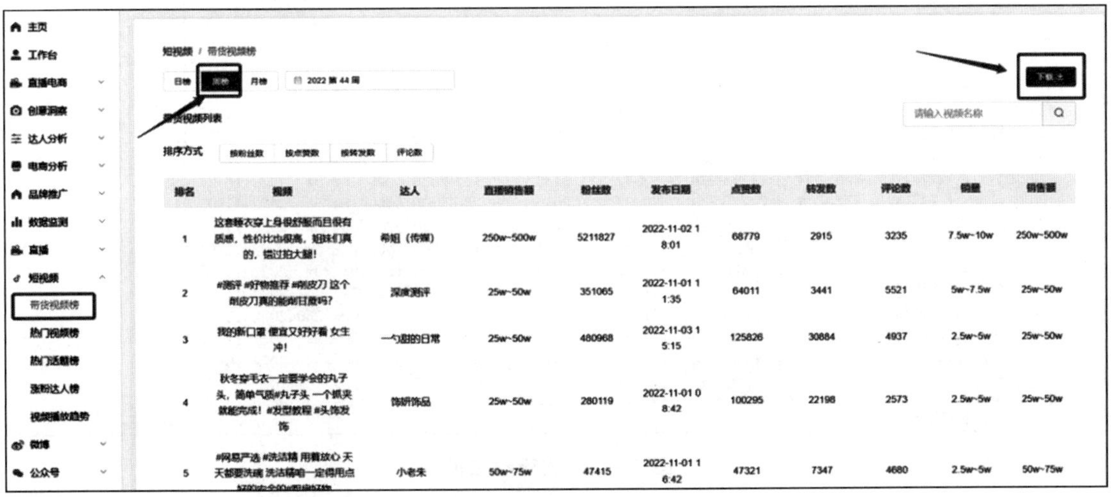

图 7-2　带货视频榜

数据下载完成后,打开数据分别对粉丝数、点赞数、转发数和评论数进行筛选,找出排名较高的几个视频账号,如图 7-3 所示。

排名	视频	关联商品	达人	粉丝数	点赞数	转发数	评论数	销量	销售额	发布日期
1	这套睡衣	【男女同	希姐（传媒）	5211827	68779	2915	3235	7.5w~10w	250w~500w	2022-11-02 18:01
2	#测评	【好物鸣刮皮	深度测评	351065	64011	3441	5521	5w~7.5w	25w~50w	2022-11-01 11:35
3	我的新口	独立包装	一勺甜的日常	480968	125826	30884	4937	2.5w~5w	25w~50w	2022-11-01 15:15
4	秋冬穿毛	亚克力发	饰妍饰品	280119	100295	22198	2573	2.5w~5w	25w~50w	2022-11-01 08:42
5	#网易严选	【粉丝专	小老朱	47415	47321	7347	4680	2.5w~5w	50w~75w	2022-11-01 16:42
6	妈妈种404	【谢谢你	谢谢你来了	21668130	121217	13082	2590	2.5w~5w	100w~250w	2022-11-03 07:03
7	跟领导出	即兴演讲	思维强者	1776971	32665	2459	30	1w~2.5w	50w~75w	2022-11-01 17:25
8	让种果的	【大乐鲜	大乐（应季水果）	9602170	76170	1389	5425	1w~2.5w	25w~50w	2022-11-01 16:43
9	越嚼越香	咖啡贝糖	大力饿了	1736	8549	5320	5989	1w~2.5w	5w~7.5w	2022-11-04 05:52
10	这事儿能	oralshark	安岚	7190889	46006	7108	14537	1w~2.5w	25w~50w	2022-11-01 15:01
11	我很气	【崔美玲	崔米林崔美玲	749886	185463	124385	39524	1w~2.5w	50w~75w	2022-11-02 18:37
12	视频中相	【苏醒同	月半树洞	2650635	78458	7287	3401	1w~2.5w	25w~50w	2022-11-01 17:40
13	商家倾情	#5瓶仅9.9	物美分享之	482054	22132	1638	373	1w~2.5w	25w~50w	2022-11-02 11:23
14	十一活动	【双11白	白鸽好物分享	1227095	26517	843	2623	1w~2.5w	25w~50w	2022-11-02 17:00
15	给他也不	【西麦】	老高夫妇	969105	12408	406	446	1w~2.5w	25w~50w	2022-11-01 15:31
16	在线实验.red earth	我是张凯毅	14203458	35832	4873	10789	1w~2.5w	250w~500w	2022-10-31 15:00
17	#抖音双11	【9.9元5c	看山（华脉百货）	108040	28673	3521	1387	1w~2.5w	25w~50w	2022-11-01 08:21
18	秋冬必备	【621#秋冬	十三小酱	252643	9075	591	119	1w~2.5w	25w~50w	2022-11-02 05:18
19	酸酸辣辣	【主推】	楠姐呀	2529810	36169	10911	374	1w~2.5w	25w~50w	2022-11-01 22:54
20	借了一个	高品质油	杭州阿凤姐厨房家居用品	41518	15039	1780	1383	1w~2.5w	7.5w~10w	2022-11-01 06:16
21	当老爸突	清洁五件	吾本少年优选⁵	7709	19229	1245	2651	1w~2.5w	25w~50w	2022-11-01 15:07
22	越喝越香	咖啡豆糖	十大人神	1736	6156	1451	2465	1w~2.5w	2.5w~5w	2022-11-04 16:18

图 7-3　带货视频数据

通过对粉丝数据的筛选找出拥有粉丝人数较高的视频账号。虽然每个账号的定位不同,获得的粉丝也不大相同,但却可以从这些粉丝账号中找到与自己推广的产品目标相匹配的视频账号,如图 7-4 所示。

排名	视频	关联商品	达人	粉丝数	点赞数	转发数	评论数	销量	销售额	发布日期
30	秋意渐浓	甄选自营	东方甄选	27876082	75821	2018	2659	1w~2.5w	50w~75w	2022-11-02 20:10
37	东方甄选	甄选自营	东方甄选	27876082	32954	1181	1224	1w~2.5w	50w~75w	2022-11-02 14:26
101	保留那份	甄选自营	东方甄选	27876082	47165	857	992	5000~7500	25w~50w	2022-11-03 17:55
104	快来看一	甄选自营	东方甄选	27876082	45830	435	631	5000~7500	25w~50w	2022-11-03 17:56
115	一托一捧	甄选自营	东方甄选	27876082	44084	405	808	5000~7500	25w~50w	2022-11-03 17:56
322	这个季节	【3袋仅9.	皮皮（教做	27263272	12834	2845	200	2500~5000	2.5w~5w	2022-11-04 16:45
333	蘑菇新吃	【4袋仅9.	皮皮（教做	27263272	17924	4298	268	2500~5000	2.5w~5w	2022-10-31 17:08
376	孩子要是	【4袋仅9.	皮皮（教做	27263272	17367	5534	375	2500~5000	2.5w~5w	2022-11-01 17:04
632	孩子喜欢	【不辣版】	秦皮皮（教做	27263272	7451	1719	249	1000~2500	1w~2.5w	2022-11-05 16:51
673	你要是不	【3袋】	秦皮皮（教做	27263272	5437	971	117	1000~2500	1w~2.5w	2022-11-03 16:04
237	藕合想要	【4袋仅9.	家味美食	24735480	21935	3800	204	2500~5000	2.5w~5w	2022-10-31 16:28
249	女生一定	教程往下	家味美食	24735480	8942	2133	157	2500~5000	2.5w~5w	2022-10-31 09:36
330	今天做一	【4袋仅9.	家味美食	24735480	20932	3046	230	2500~5000	2.5w~5w	2022-11-02 21:54
529	大白菜想	味仙居】	家味美食	24735480	8363	725	100	2500~5000	2.5w~5w	2022-11-03 16:01
1023	粉丝专享	【粉丝专享	家味美食	24735480	323	601	100	2500~5000	2.5w~5w	2022-11-03 09:40
43	在乡下最	闲不住的闲	闲不住的阿	23406677	317581	7745	10005	7500~1w	10w~25w	2022-11-04 16:30
329	这个天气	【明星爆	闲不住的阿	23406677	241903	6866	5763	2500~5000	25w~50w	2022-11-01 16:00
6	妈妈种404	谢谢你	谢谢你来了	21668130	121217	13082	2590	2.5w~5w	100w~250w	2022-11-03 07:03
33	包立春干	蜀中桃子	蜀中桃子姐	20901215	125753	2552	5293	1w~2.5w	10w~25w	2022-11-01 15:07
38	今天是实	蜀中桃子	蜀中桃子姐	20901215	124923	8683	3526	1w~2.5w	10w~25w	2022-10-31 13:33
195	桃子姐想	蜀中桃子	蜀中桃子姐	20901215	123827	3235	2528	2500~5000	7.5w~10w	2022-11-02 15:03
303	铁冰凉洋	蜀中桃子	蜀中桃子姐	20901215	26019	1568	1073	2500~5000	5w~7.5w	2022-10-31 18:04

图 7-4　筛选粉丝数据

点赞数和评论数是评估短视频内容的重要数据之一。在许多短视频平台中,短视频的播放页面会直接显示该短视频的点赞量和评论数。点赞数和评论数的多少,可以看出该视频的粉丝活跃程度,在寻找头部 KOL 账号进行商品推广时,需要查看该账号的粉丝活跃度。对于商家来讲,活跃度越高的粉丝越有活跃价值。通过对点赞数、转发数和评论数做出的可视化对比分析图,我们不难发现在带货视频榜中,与麻辣鸭脖新品相匹配的短视频博主"闲不住的阿俊"相比其他博主影响力较高,如图 7-5 和图 7-6 所示。

A	B	C	D	E	F	G	H	I	J	K	L	M	N
排名	视频	关联商品	达人	粉丝数	点赞数	转发数	评论数	销量	销售额	发布日期			
30	秋意渐浓	甄选自营丨东方东方甄选	东方东方甄选	27876082	75821	2018	2659	1w~2.5w	50w~75w	2022-11-02 20:10			
101	保留那份	甄选自营丨东方东方甄选	东方东方甄选	27876082	47165	857	992	5000~7500	25w~50w	2022-11-03 17:55			
104	快来看一!	甄选自营丨东方东方甄选	东方东方甄选	27876082	45830	435	631	5000~7500	25w~50w	2022-11-03 17:56			
115	一托一捧!	甄选自营丨东方东方甄选	东方东方甄选	27876082	44084	405	808	5000~7500	25w~50w	2022-11-03 17:56			
37	东方甄选	甄选自营丨东方东方甄选	东方东方甄选	27876082	32954	1181	1224	1w~2.5w	50w~75w	2022-11-02 14:26			
333	蘑菇新吃	【4袋仅9.9元】皮皮（教做菜）	皮皮（教做菜）	27263272	17924	4298	268	2500~5000	2.5~5w	2022-10-31 17:08			
376	【4袋仅9.9元】	皮皮（教做菜）	皮皮（教做菜）	27263272	17367	5534	375	2500~5000	2.5~5w	2022-11-01 17:04			
322	这个季节	【3袋仅9.9元】皮皮（教做菜）	皮皮（教做菜）	27263272	12834	2845	200	2500~5000	2.5~5w	2022-11-04 16:45			
632	孩子喜欢!	【不辣版】佳仙皮皮（教做菜）	皮皮（教做菜）	27263272	7451	1719	249	1000~2500	1w~2.5w	2022-11-05 16:51			
673	你要是不!	【3袋】秦妈家｜皮皮（教做菜）	皮皮（教做菜）	27263272	5437	971	117	1000~2500	2.5~5w	2022-11-03 16:35			
237	藕合想要!	【4袋仅9.9元】家味美食	家味美食	24735480	21935	3800	204	2500~5000	2.5~5w	2022-10-31 16:28			
330	今天做一!	【4袋仅9.9元】家味美食	家味美食	24735480	20932	3046	230	2500~5000	2.5~5w	2022-11-02 21:54			
249	女生一定!	教程往下拉 尚｜家味美食	家味美食	24735480	8942	2133	157	2500~5000	2.5~5w	2022-10-31 09:36			
529	大白菜想!	味仙居【大烩菜家味美食	家味美食	24735480	8363	725	100	2500~5000	2.5~5w	2022-11-03 16:01			
1023	今天在家!	粉丝专享尚川无家味美食	家味美食	24735480	3523	601	104	1000~2500	1w~2.5w	2022-11-03 09:40			
43	在乡下看!	闲不住的阿俊自闲不住的阿俊	闲不住的阿俊	23406677	317581	7745	10005	7500~1w	10w~25w	2022-11-04 16:30			
329	这个天气~	【明星爆款】W闲不住的阿俊	闲不住的阿俊	23406677	241903	6866	5763	2500~5000	2.5~5w	2022-11-03 16:00			
6	妈妈种404	【谢谢你来了】谢谢你来了	谢谢你来了	21668130	121217	13082	2590	2.5w~5w	100w~250w	2022-11-03 07:03			
33	今天是实!	蜀中桃子姐剁蜀中桃子姐	蜀中桃子姐	20901215	125753	2552	5293	1w~2.5w	10w~25w	2022-11-01 15:07			
38	今天是实!	蜀中桃子姐 钵蜀中桃子姐	蜀中桃子姐	20901215	123913	8683	3526	1w~2.5w	10w~25w	2022-10-31 13:33			
195	桃子姐他!	蜀中桃子姐卤蜀中桃子姐	蜀中桃子姐	20901215	123827	3235	2528	7.5~1w	10w~25w	2022-11-03 15:03			
735	包又香糊!	蜀中桃子姐~四蜀中桃子姐	蜀中桃子姐	20901215	97135	1399	3051	1000~2500	10w~25w	2022-11-03 15:02			

< < > >|　　带货视频榜　　十

图 7-5　点赞数、转发数和评论数据

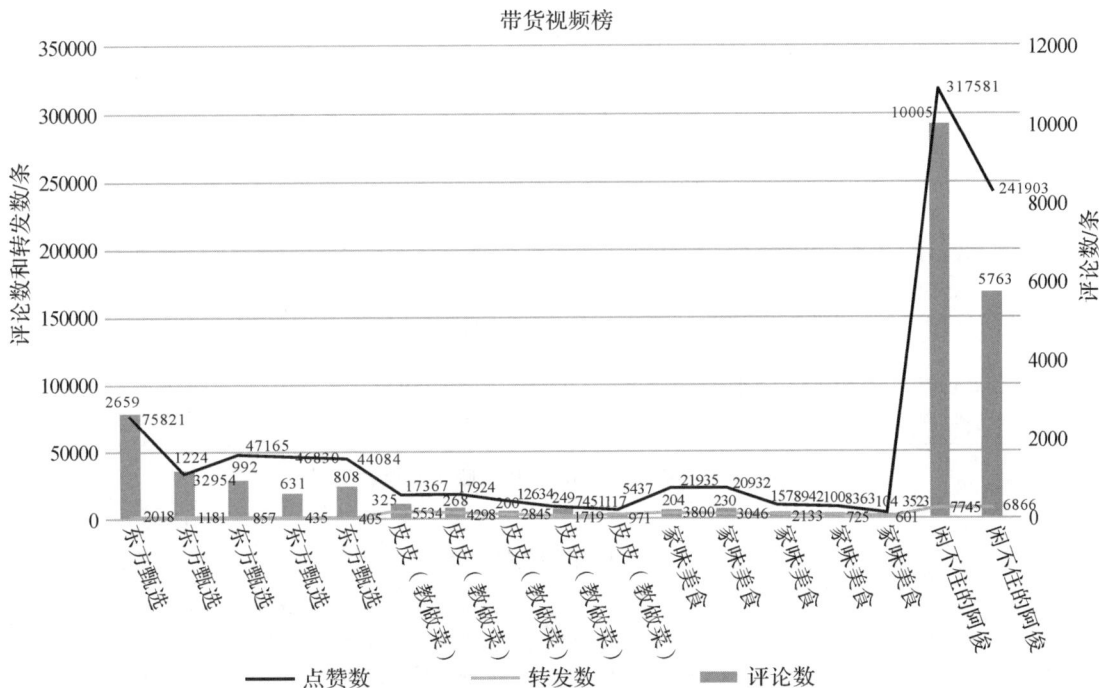

图 7-6　达人数据对比分析图

对于想要通过抖音头部 KOL 账号进行商品推广的商家来讲，短视频账号的带货的销售数据无疑是非常关键的。通过对该账号的销售数据进行分析，可以获知该账号的带货能力如何，是否能够满足即将进行推广商品的计划，如图 7-7 所示。

排名	视频	关联商品	达人	粉丝数	点赞数	转发数	评论数	销量	销售额	发布日期
43	在乡下最	闲不住的	闲不住的阿俊	23406677	317581	7745	10005	7500~1w	0w~25w	2022-11-04 16:30
78	老公也不	佳仙锅主	光子·逮饭了	1440912	19726	675	2628	7500~1w	w~2.5w	2022-11-03 19:04
60	第二次与	【达人优	添伊外贸家居馆	2027081	13706	624	1995	7500~1w	0w~75w	2022-11-01 09:48
76	我太懂你	【食分辣	小雪学艺（螺蛳粉	5135	4902	564	1862	7500~1w	25w~50w	2022-10-31 12:42
72	#抖音双1	山药葛根	倒霉蛋和张大胆	2235854	14643	1060	1394	7500~1w	0w~25w	2022-11-02 13:56
66	"蟹蟹"	豫吉巧克	张金宝饱了	17662	15941	2063	1337	7500~1w	w~7.5w	2022-11-02 13:49
77	#盐津铺仔	【70包仅	大G零食馆	563616	4928	2076	1241	7500~1w	0w~8.34	2022-11-01 08:34
45	这个时候	四季播落	梦屿百货商贸	31181	33629	6609	1170	7500~1w	.5w~10w	2022-11-02 15:30
81	这个咖啡	【窝小芽	小丸子今天吃点吗	96212	34263	6167	1126	7500~1w	0w~25w	2022-11-03 13:15
88	家里有粮	【卢小开	卢小开	6823357	23711	143	1032	7500~1w	25w~50w	2022-10-31 16:37
85	卤鸪这样	娘炒烟窑	李洋洋江西上饶人	2261548	29307	7703	919	7500~1w	0w~25w	2022-11-01 17:04
53	一共四种	Vitba白佳	卢小开	6823357	16427	130	875	7500~1w	0w~25w	2022-11-04 10:00
64	小杨哥带	【小杨哥	疯狂杨家人	8752	17286	968	826	7500~1w	0w~25w	2022-11-03 16:24
65	房琪说话	【当当】	麦子生活馆	9894	29233	3666	759	7500~1w	25w~50w	2022-11-02 18:26
70	你伤害了	【粉丝福	东北搞笑父子	365801	17273	265	691	7500~1w	0w~25w	2022-11-03 11:00
59	不愧是化	【棉花糖粉	沐瑶	142062	9775	1702	686	7500~1w	.5w~5w	2022-11-02 12:11
73	用电饭锅	娘炊烟窑	One♥美食	10664209	25365	12049	656	7500~1w	0w~25w	2022-11-04 17:27
51	婆婆吃饭	【主播专	川乡二妹	282877	10740	154	588	7500~1w	.5w~10w	2022-11-01 14:43
49	#创作灵感 薛杨	【9.9	娇姣好物精选	53264	23145	14730	538	7500~1w	0w~25w	2022-11-01 10:08
46	想吃烤鱼	秘制烤鱼	小丽美食记	1406215	41279	21233	523	7500~1w	0w~25w	2022-10-31 16:15
44	小杨哥三	【小杨哥	疯狂的小杨弟（三	20242	13673	697	496	7500~1w	0w~25w	2022-11-03 15:20
63	孩子喜欢	意林少年	橙妈养娃记	22121	7482	651	487	7500~1w	25w~50w	2022-10-31 14:49
87	#抖音双1	肌肉放松	晨星好物	624162	20731	482	7500~1w		2022-11-02	
58	仙女必备	OUTOFOFF	赣叫大美吧	147196	20181	1714	423	7500~1w	25w~50w	2022-11-03 11:13
71	#厨房必备	【厨总管	萌萌爱生活.	12109	6000	1937	400	7500~1w	.5w~10w	2022-10-31 20:32
55			疯狂小杨弟…	4697	13721	329	390	7500~1w	0w~25w	2022-10-31 14:59

图 7-7　达人销量数据

根据"闲不住的阿俊"每周粉丝增量,绘制的粉丝增量折线图,如图 7-8 和图 7-9 所示。得出"闲不住的阿俊"粉丝增量总体是在均衡的增长,可见账户短视频的更新频率和内容是有保障的。

周数	达人	粉丝数	商品数	粉丝增量
43周	闲不住的阿俊	23337409	32	63075
44周	闲不住的阿俊	23402172	32	57756
45周	闲不住的阿俊	23497852	34	86037
46周	闲不住的阿俊	23554521	34	43799
47周	闲不住的阿俊	23658498	37	65905

图 7-8　"闲不住的阿俊"达人账号涨粉数据

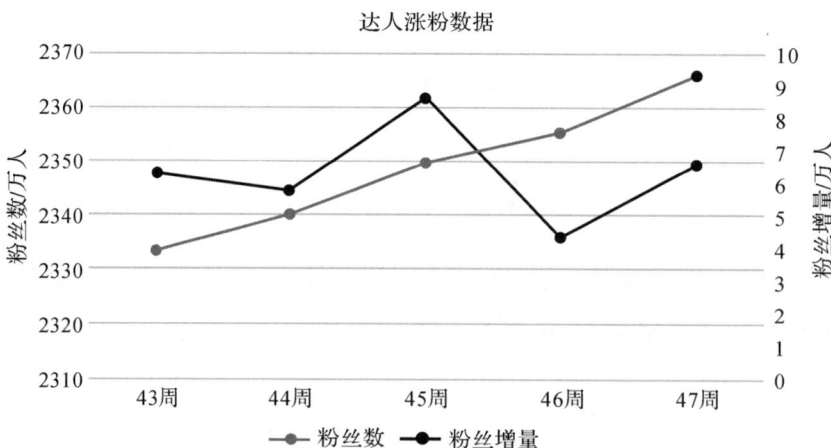

图 7-9　"闲不住的阿俊"达人账号涨粉折线图

点击达人分析下的粉丝榜,选择相应的达人,点击详情按钮,查看具体的数据概览,包括粉丝总数、作品数、点赞总数、赞粉比、平均点赞、评论总数和分享总数等数据,如图 7-10 和图 7-11 所示。

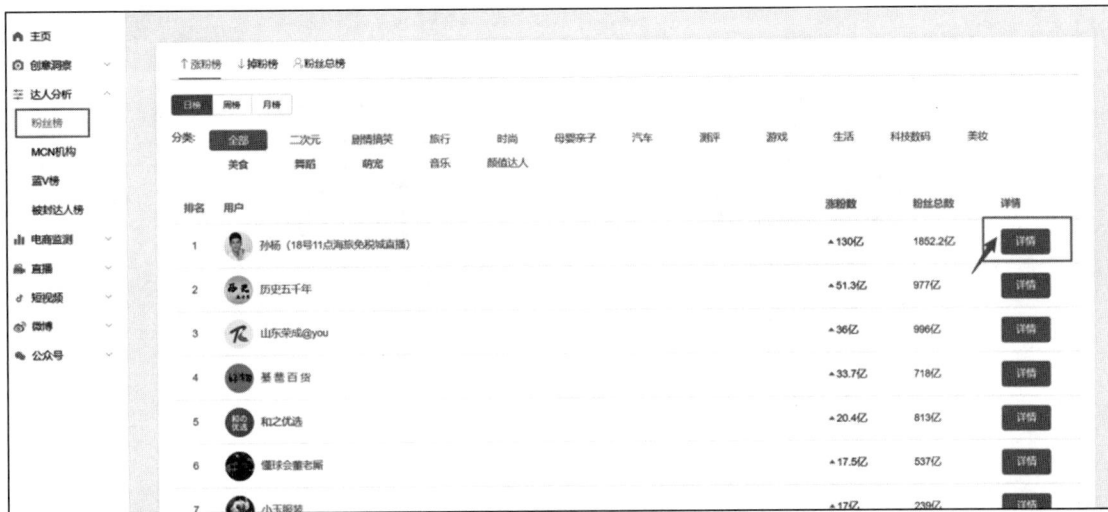

图 7-10　粉丝涨粉榜

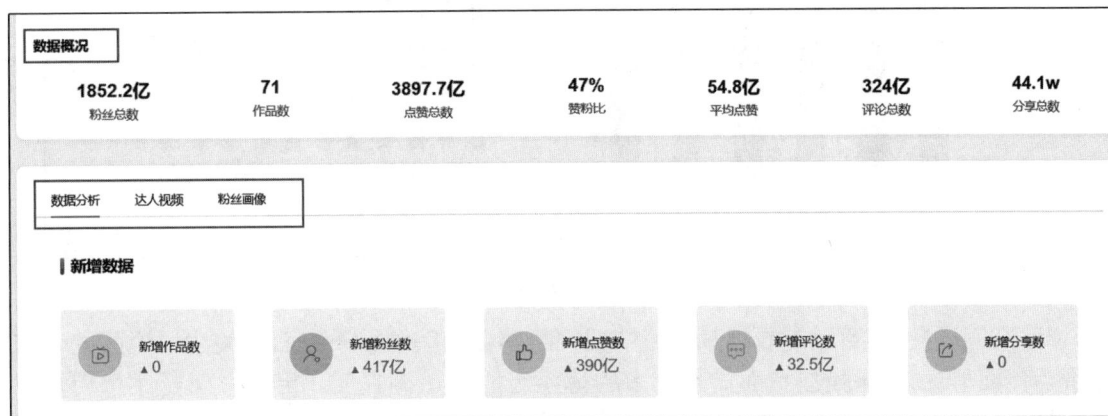

图 7-11　达人数据概况

根据相关行业数据报告,明确麻辣鸭脖产品的受众,消费潜力群体是 18~35 岁的女性。筛选出美食领域的达人"闲不住的阿俊",查看其粉丝画像,根据性别、年龄、地域等分布图,分析该达人的粉丝是否与新品麻辣鸭脖的受众群体相匹配,如图 7-12 所示,年龄大多分布在 18~35 岁的女粉丝是该达人的主力粉丝群体,刚好与品牌的目标消费群体相契合。粉丝画像分析可以得到达人的粉丝性别、年龄、地域及星座分布,从而判断其粉丝的特点,品牌方就能根据此判断出该达人的粉丝特点是否与自身品牌目标用户相契合,从而帮助其完成精准投放。

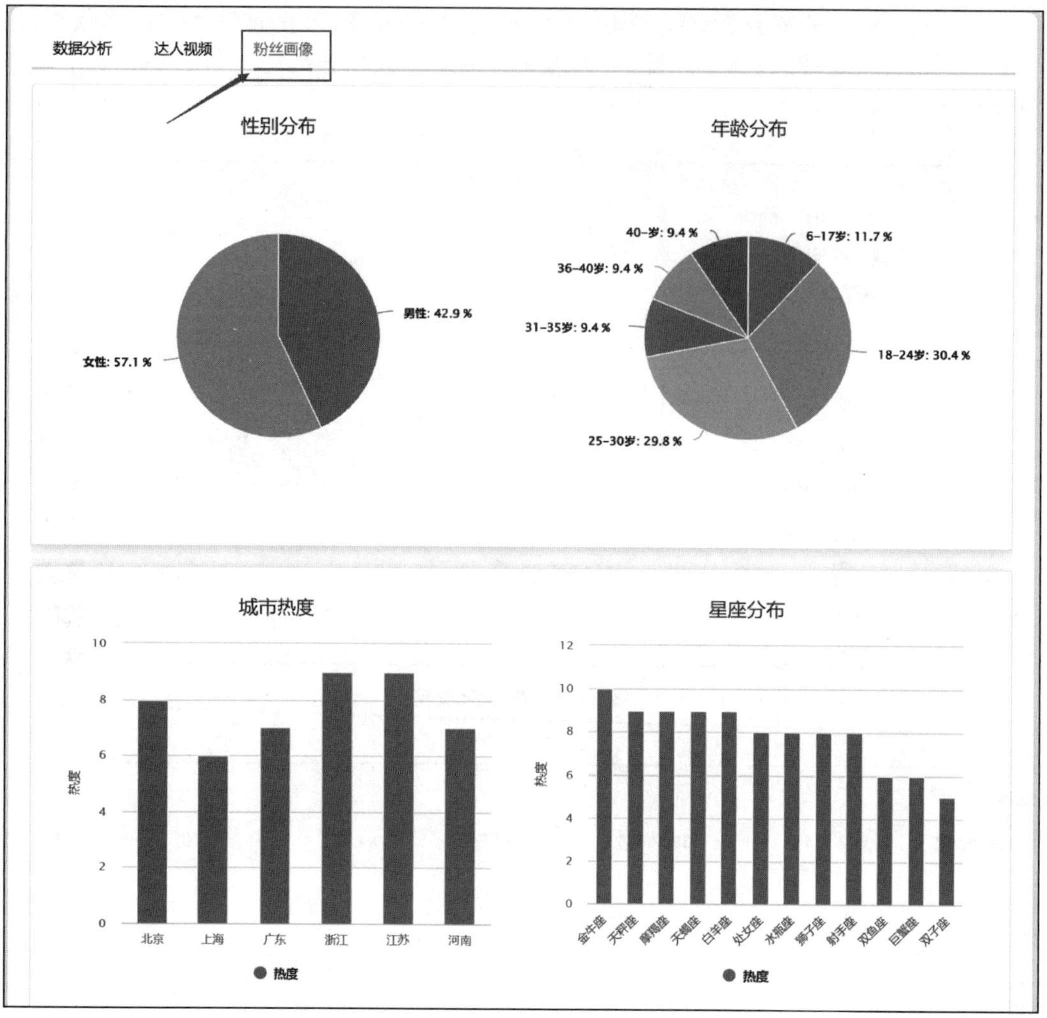

图 7-12　达人粉丝画像

　　"评论词云模块"可以查看视频评论情况判断博主的舆情。一方面要关注评论区的留言是否为负面信息,如果投放负面信息较多的博主可能会适得其反。另一方面要注意用户关注点是在产品上,还是 KOL 本身。如果用户的关注点只在于 KOL 好看与否,对产品而言就是无效曝光和互动。如果评论词云大多有体现产品名称和产品特点,这样 KOL 的产品推广就是有效果的,如图 7-13 所示,查看该达人评论区的高频词,可以判断达人是否与品牌调性相匹配。

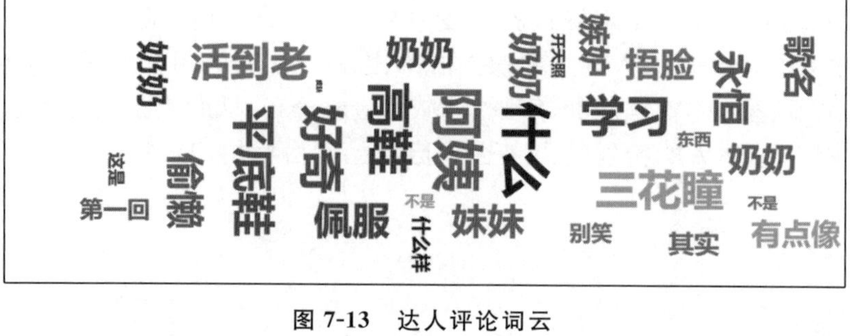

图 7-13　达人评论词云

品牌方在进行推广的过程中如果选择了数据注水的达人，不仅会使得投入得不到回报，还有可能会使得品牌、产品相关的词汇列入审核黑名单，导致品牌被平台封杀，所以学会辨别注水达人至关重要。通过粉丝走势判断粉丝量是否注水。一般正常运营的达人其粉丝走势会呈现出较为平稳的走势，所以，如果某位达人的粉丝走势出现大幅度的增长则可能是注水数据，如图 7-14 和图 7-15 所示。

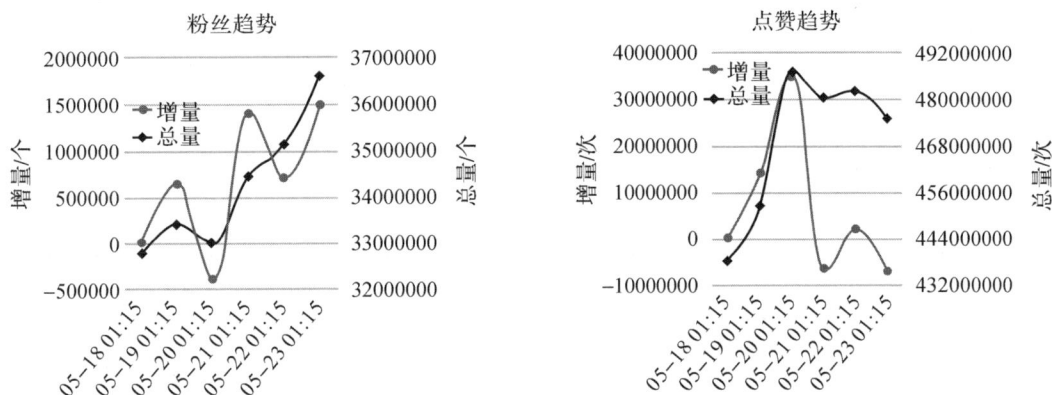

图 7-14　达人粉丝和点赞趋势

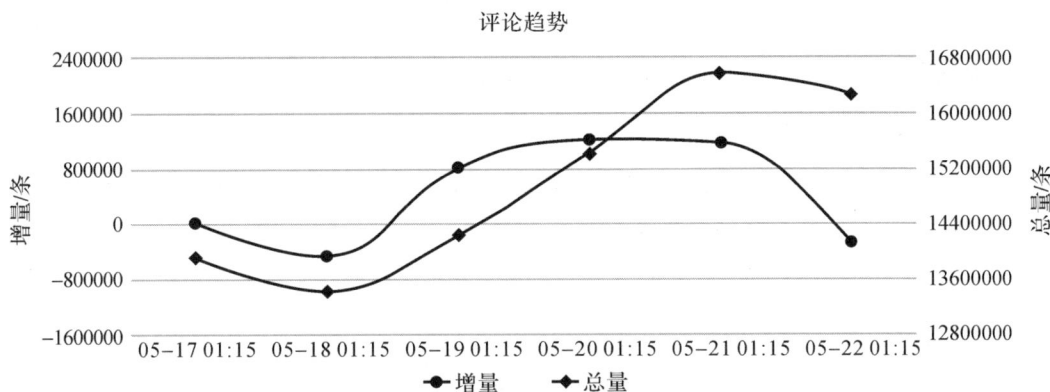

图 7-15　达人评论趋势图

点击短视频下的"视频播放趋势"模块，可以查看单个视频的完播率、播放量、评论量和点赞量，来判断该视频的质量高低。播放量和点赞量可以展示一天中各个时间段的数据，分析各个时间段数据来评定达人创作的短视频内容，如图 7-16 所示。

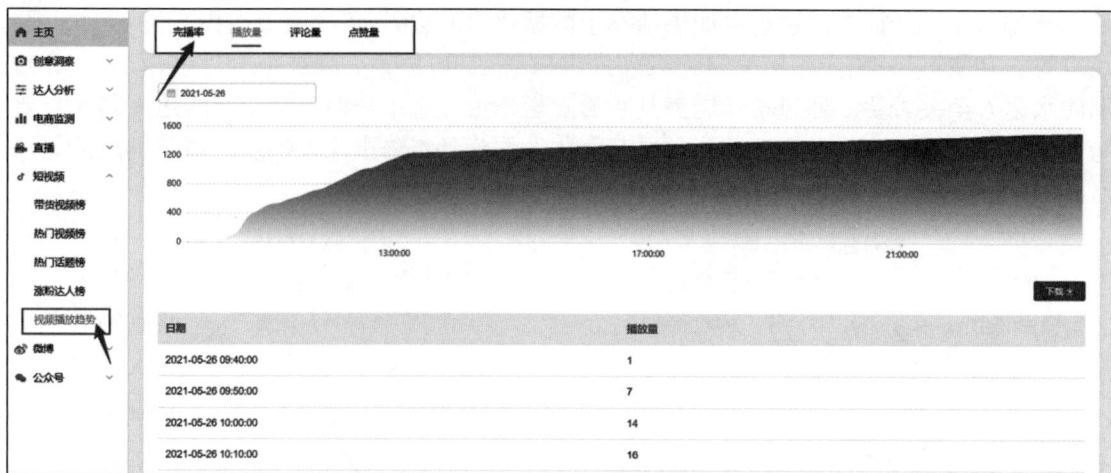

图 7-16　达人视频数据概况

综合分析各项数据,可以得出达人"闲不住的阿俊"与企业营销目标高度匹配。该达人不仅在粉丝量和粉丝的高频互动方面表现优秀,而且也是一位优质内容输出者。粉丝体量大代表视频流量大,可以快速引流。互动率高说明与粉丝黏性强,可以促进用户消费,提高转化率并实现短期内打造新品麻辣鸭脖为爆品的目标。

✍ **拓展实训:分析抖音头部主播短视频营销**

［实训目的］

了解短视频内容创作及发布的流程,掌握短视频营销的方法;通过短视频成功案例的分析,帮助从业人员掌握打造优质短视频的技巧。

▶ **思考与练习**

1.尝试注册自己的短视频账号并拍摄发布短视频。

2.了解短视频营销的概念,搜集身边优秀的短视频营销案例进行分析。

📄 第 7 章小结

第8章 直播平台营销

> 学习目标

● 了解什么是直播营销
● 了解直播营销的准备与实施
● 掌握直播营销的数据分析

> 学习重点、难点

学习重点

● 直播营销的主要特点和优势
● 利用直播营销数据进行关键指标分析

学习难点

● 准备直播预热引流
● 对直播营销的效果进行关键指标分析

> 思维导图

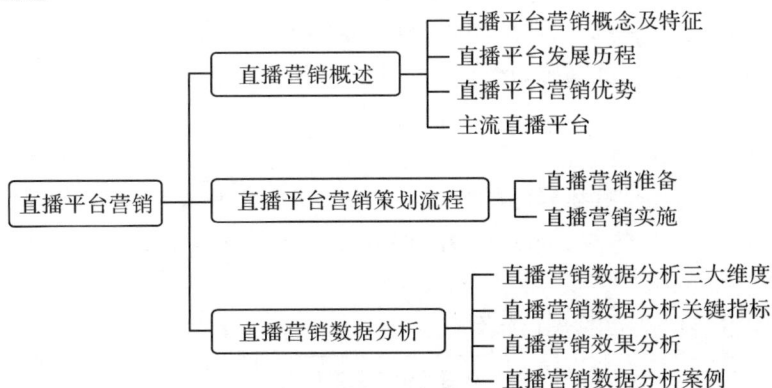

		直播平台营销概念及特征
	直播营销概述	直播平台发展历程
		直播平台营销优势
		主流直播平台
直播平台营销	直播平台营销策划流程	直播营销准备
		直播营销实施
		直播营销数据分析三大维度
	直播营销数据分析	直播营销数据分析关键指标
		直播营销效果分析
		直播营销数据分析案例

8.1　直播营销概述

8.1.1　直播平台营销概念及特征

用直播平台进行的营销活动是直播营销,它是一种越来越常见的新媒体营销方式,可以达到提升品牌形象或者增加产品销量的目的。与传统的营销相比,它具有不受媒体的平台限制、参与门槛较低和直播需求多样化等优点。如今,网店提供了淘宝、拼多多和京东等大型电商交易平台的直播入口,而一些专注于视频领域的平台也已开始广泛进行直播营销。

直播营销是营销形式的一种重要革新,也是反映互联网领域的一个重要特征。推进网络直播营销是一种双重互动:一方面,网络主播可以向大众展示产品信息;另一方面,观众也可以给出自己的反馈。调整网络主播的直播内容或推进品牌的更新迭代,并在未来向公众展示,可以实现公司的稳定发展。

1.能准确捕捉好奇心

面对一些顶级公司,消费者会对它们的运作流程感到好奇。虽然现在的文字描述可以回答问题、消除疑虑,但还是会有距离感存在。虽然也有图画和视频可以了解操作,但是与直播相比,还是缺少了一些真实感。如果想激发和满足用户的兴趣,可以尝试直播营销,利用直播的实时互动功能,同步用户的状态和信息,给用户更真实、更详细的体验。

2.减少品牌和用户之间的距离

通过互动直播营销,可以进行最直观的品牌打造。一些生产流程、企业文化的设计和传播可以全方位、实时地向用户宣传。用户可以更好地理解品牌的概念和细节,直观地感受到产品和企业背后的文化。品牌和潜在的买家用户可以拉近距离,消除以往的生疏。

3.身临其境

营销用户的适用性问题是全体创业者最重视的问题,而直播营销可以解决这个问题。其独特的实时数据共享和特殊的现场服务流程,能让用户了解具体的细节,为用户创造更真实的情景体验,增强用户的沉浸感,可以最大限度地扩大营销的辐射范围,让用户感受这种身临其境的状态。

4.直播转型

通过直播营销的创新、直播界面的升级、打赏形式的变化及公司独特直播内容的创造,公司可以打造出新的广告方式,消除用户眼中的旧规则和老观念,进行营销的转型升级,更好地进行商品销售。

直播营销的主要特点如图 8-1 所示。

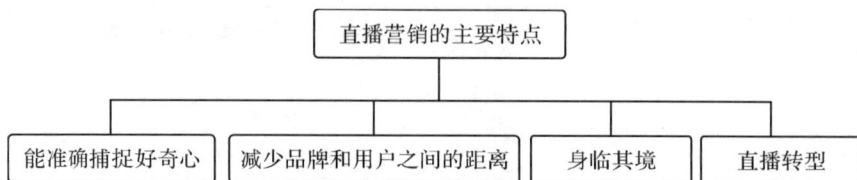

```
                  ┌──────────────────┐
                  │  直播营销的主要特点  │
                  └──────────────────┘
         ┌───────────┬───────┴────┬──────────┐
  ┌────────────┐┌──────────────────┐┌────────┐┌────────┐
  │能准确捕捉好奇心││减少品牌和用户之间的距离││身临其境││直播转型│
  └────────────┘└──────────────────┘└────────┘└────────┘
```

图 8-1　直播营销的主要特点

8.1.2 直播平台发展历程

疫情催动直播带货井喷,从小众围观到大众狂欢。一场直播千万次观看、点赞,几百万元、上千万元甚至上亿元的成交,带货商品小到口红,大到重型卡车……疫情之下,凭借手机"撬动"的直播带货异军突起,赚足了眼球,许多商家在转型自救中一跃成为5G时代的风口行业。

消费者对商品和服务的需求发生了变化,倒逼企业加快营销模式的升级。直播、短视频、私域流量、裂变营销逐渐成为企业的营销标配。直播营销成为一种大势,不管是明星抑或是素人都在进行直播。

直播营销是指在从某一事件的开端到结尾都进行实时播放的播出方式,该营销活动以直播平台为载体,以获得品牌的提升或是销量的增长为目的。直播的核心价值就在于它聚集注意力的能力。

"直播营销"最早只是单纯的"直播"。从最早的"央视新闻""春节联欢晚会"等广播电视直播逐渐发展成为聊天室聊天直播类的秀场直播,再到游戏、移动、社交直播等。渐渐地,直播平台开始从一个聚集"网红"的平台发展为创新营销平台。一时之间,"直播+营销"成为各大品牌营销模式的新标配。

直播作为一种新兴的娱乐风潮,它本身就具有很大的粉丝量。直播能够快速地抓住消费者的眼球,占领消费者流量,最大限度地满足消费者群体的猎奇心理。

直播营销具有互动性。直播营销跟之前的电视广告不同,直播营销注重与消费者的互动,即消费者可以在直播的时候提出自己的问题,让商家做出详细回答。

直播营销具有直接性和真实性。在直播营销过程中,一个直播主如若想让自己的商品卖得出去,就需要将商品完全展现给消费者。让消费者可以清晰地了解到商品的款式、形状、功能、颜色等基本信息,从而决定购买与否。这样一来,直播营销给消费者带来了很大的便利,消费者就能从被动接受转变为主动出击,对商家的产品及服务进行主动的挑选并提出意见,让消费者真正能拥有自己想要的产品,也让商家的投入更有效益。

直播营销为消费者提供了一种参与感。现如今提倡粉丝文化,直播作为一个可以和消费者面对面的平台,在直播营销的过程中,拉近了与消费者之间的距离,让消费者自身充满参与感,增强了消费者对企业品牌的黏性。同时,直播营销运用群众的从众心理,让用户参与品牌的整个建设过程,增加了消费者对品牌后期的一种认同感。

直播带货让购买链路变短。以往我们的购买形式为:确认需要—搜寻信息—评估比较—产生购买—购后行为,如今直播让我们的购买链路变得更加便利,只要你在品牌直播间观看直播,想购买产品,你只需要点击一下单,就能完成购物。

8.1.3 直播平台营销优势

以网络大数据的分析能力为基础,直播营销这种独特的方式具有特殊的营销优势。

1. 精准性

在特定的时间点上,用户才可以打开这个页面,这违背了网络视频的"随时性"。然而这种时间限制,可以让你在短时间内,精准地发现和捕获一批直播观众。

2.实时交互

它可以实现与用户的实时交互,与传统的电视营销相比,网络视频的主要优点之一是可以满足用户更加多样化的需求。它不仅可以让用户进行单方面的观看,还可以进行弹幕发送,此外也可以为自己喜欢的人点赞,甚至可以借助公众的影响力来影响整个节目的走向。

3.情感共鸣

在这个信息碎片化的时代和分散的背景下,人们生活中的活动交叉越来越少,特别是在情感层面。直播是以意识为基础的内容传播,它可以把有相同兴趣的人聚集在一起,专注于共同的兴趣,在情感上相互感染。如果一个品牌能恰到好处地营造这种氛围,那它的营销效果就会更好。直接向用户做广告可以消除品牌和用户之间的距离感,直播可以实时向用户展示产品的生产过程并进行企业的文化交流,让用户更好地理解品牌的概念和细节,直接感受品牌背后的产品和文化。此外,直播的内容在直播的营销过程中不会被修改和处理,直播的内容与观众看到的内容完全一致。

4.简单媒介设备

营销直播比较简单,拥有智能手机、电脑等设备,就可以在现场使用。基于网络的直播营销可以通过智能手机直接接收信息和传播。这种营销方式传播范围更广,传播速度更快,效果更明显。低成本、高利润,这是卖家最想看到的营销效果,在传统的视频营销中,电梯广告、汽车广告和视频广告的费用从几十万元到几千万元不等,但直播营销随时随地都可以开始,而且成本很低。

5.产品不受限制

多年来,家具和汽车被认为是"在线"绝缘品,但推进直播营销,通过5G、虚拟现实、人工智能和其他技术应用领域的革命性创新,为客户提供了绝佳的体验,包括实时交互通信。运用其他的传统营销方法,观众在看到信息时,要在脑海中创造一个场景,而直播营销可以直接向观众展示产品使用的形象和过程,并将其引入营销场景,为用户创造情境体验。

6.准确快速

总结经验是推进直播营销的重要组成部分,也是管理用户需求最重要的方式。在直播结束后,可以在后台管理并查询直播数据,包括总销售额、总实时浏览量、点赞数等内容。通过比较数据和公众的消息反馈,主播可以迅速收集消费者的情况,不断改善商品促销和营销的过程。无论采用何种营销方法,其目的都是取得更好的销售效果。直播营销方式通过评论更直观地传达各种偏好信息,主播可以实施现场宣传行动,可以大大刺激用户的消费,提高营销的效果。

确定目标产品的出发点是证明产品的价值,从而实现利润。在此过程中,企业应不断优化产品和营销战略,更新和改进产品,优化营销的影响。直播市场强大的双向互动形式可以得到观众的反馈,比如点赞和评论。在直播互动的实时过程中,这些反馈不仅包括产品的信息,还包括现场观众的感受,这为公司实施直播营销提供了机会。

直播营销的优势如图8-2所示。

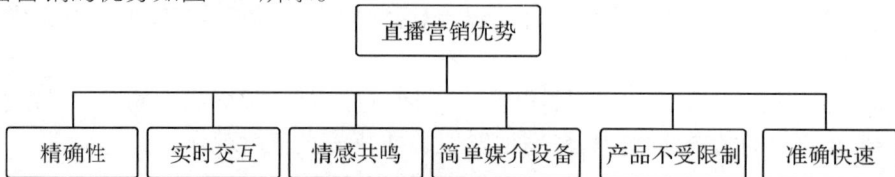

图 8-2 直播营销的优势

8.1.4　主流直播平台

1. 淘宝直播

淘宝网的直播平台是一个全新的孵化场,因为淘宝本身就拥有相当高的转换率,所以淘宝直播的流量非常大。淘宝直播是基于大量的数据算法建设的平台,因此,直播效果会有大量的数据支撑,主播可以根据实时得到的数据进行营销效果的优化。它具有先天的优势,不需要挖掘数据资源,它本身自带资源,对于新手和没有背景的新人主播来说,这是一个很好的直播带货平台。

2. 多多直播

"多多直播"是拼多多给有带货能力和潜力的主播及合作方打造的一个市场营销工具,用来提高用户的黏性,从而提高用户信任度和流量的转化,给平台带来更多效益。此外,多多直播也和社交裂变绑定在了一起,直播间的主播用现金红包、拼多多助力和关注等形式来吸引用户。

3. 抖音直播

抖音直播是目前最受欢迎的直播形式之一,使用抖音的用户平均每天超过 6 亿人次。此外,大多数使用抖音的用户都比较年轻,且居住在大城市,消费能力较强。在抖音更容易打造爆款,给商家带来重大的变化。由于抖音上出现了越来越多的女性用户,根据用户的结构,如果只能出售女性用的产品,那跟淘宝相比转化率会比较低。但采用直播的方式则可以利用平台大流量的红利,获得较好的收益。

4. 快手直播

该平台的主要用户分布在三线及以下城市,而且上面售卖的产品价格比较低。此外,快手具有"老铁"经济的独特性,这给消费者带来了良好的购物体验。快手也是一个短视频平台,直播是短视频的一个衍生产品,由于目前直播电商比较火热,所以快手在直播营销这方面也发展得比较好。

5. 京东直播

作为电子商务的头部平台,京东早就开始研究直播内容。2022 年 7 月,京东新的福利政策出炉,为了鼓励京东的商家更加积极主动地开展直播业务,共同促进京东直播的发展,新的降扣政策保证了相关内容的实施,它的内容也就是降低平台的扣费标准,给商家直播谋取更多的福利,让更多商家积极主动地去参与直播。

6. 微博直播

为了加强电子商务、社交和直播相结合的内容,微博大大提升了电商产品的性能,并且正式上线了微博小店。它能够为广大商户的经营管理提供全面的商铺管理服务,其中包含了商品的添加、管理、核心经营数据服务等功能。随着微博小店的推出,进一步加强了社交、电商和直播的结合,为微博用户的直播营销变现提供了更为便利的工具。

7. 斗鱼直播

2022 年 7 月,《网络主播行为规范》的颁布对斗鱼来说是一个挑战,在斗鱼平台,依靠不雅行为、打擦边球为直播间引流的主播不在少数,该平台也曾因为直播内容违规而屡次被罚,但斗鱼仍是目前比较出名的顾客端娱乐平台,在直播营销方面还有许多经验值得借鉴。

8.微信直播

现在微信已经是一种社会工具,所以在微信场景中的任何行动都是和社交挂钩的。目前,微信直播的形式已经得到了很大的改进,利用分销直播、裂变模式等方式,微信的视频号直播收获了更多的流量,这也是最近发展得比较快速的一个直播平台。

8.2 直播平台营销策划流程

8.2.1 直播营销准备

1.明确直播目的

不管是宣传,还是简单的直播解说,都要将本次直播的目的传达给观众,这才是最关键的部分,让粉丝知道自己能从这次直播中获得什么。一款商品,首先要做的就是讲解和演示,然后再强调自己的直播目的,接着和用户进行交流。节奏控制就是专业主播和普通主播之间的区别,在这一步,最重要的就是明确最初的直播目的。

(1)专业精神。

直播中要建立粉丝对产品的信心,并且提高观众对直播的兴趣,这对主播的专业精神要求很高。主播专业性越高,粉丝对主播的信任就容易增加,从而增加对直播的关注度,增加产品的销量。

(2)特殊性。

直播中需要强调产品的特殊性和适宜性,主播需要对产品提供独特的见解,并扩大产品的深度,用独特的视角进行描述来提高产品的转化率和客户单价。

(3)公众意见。

把关于品牌的好评展示出来,其目的是应对公关危机。因为商家在交易中面临着各种各样的买家,这时候利用直播来有效应对一次危机公关也是不错的选择,把公众的意见从差评转为好评。这不仅可以让差评失去效果,还会获得粉丝的认可和支持,并产生"同情单"。

一般来说,直播的内容应该设置不同阶段,每一阶段有不同的目的,而这些目的都是并列的。此外,运营也必须考虑到消费者,消费者并不是一开始就在直播间的,大部分是中途加入的,所以大部分观众进入直播间都不知道主播的谈论内容。所以主播在每一个阶段都要衔接内容,重复直播的目的,如图 8-3 所示。

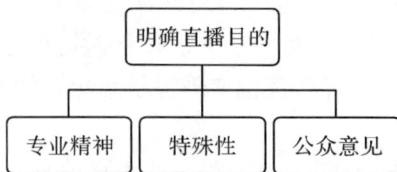

图 8-3 明确直播目的

2.直播硬件选择

直播硬件选择如图 8-4 所示。

图 8-4 直播硬件选择

(1)电源。

使用手机直播,对手机电量是一大考验。在正式播出之前,主播团队必须进行现场直播测试,来衡量使用手机的性能。然后,根据直播间的情况,准备适当的电源,如图 8-5 所示。为确保直播不中断,主播必须配备手机充电宝进行电量的补充。如果条件允许的话,也可以在直播过程中准备手机充电线和插线板,直接对手机进行充电。

(2)无线网络。

无线网络的速度直接影响直播的质量和用户的观看体验,如果是在家里直播,拥有一个无线网络并且连接的设备比较少,就可以选择使用无线网络进行直播。在正式直播前,直播团队应该测试手机的网络是否流畅。如果无线网络不能满足直播的需要,应及早发现和解决网络问题。

无线网络通常无法满足户外直播的需求,所以户外直播需要用流量来满足网络需求,对于流量不够的主播,可以购买流量卡或者移动 Wi-Fi,将手机连接到网络后就可以进行直播,如图 8-6 所示。

图 8-5 电源

图 8-6 无线网络设备

(3)支架。

在拍摄过程中,无论是用相机还是手机,都要调整自己的直播角度,以获得良好的直播画面效果。如果现场直播团队想更简单地实现画面的拍摄,那就需要使用支架。直播支架包括固定机位直播支架和移动机位防抖直播支架,可以根据直播需要进行选择。

①固定机位直播支架。

固定机位直播支架包括单台手机支架和多台手机支架,如图 8-7 所示。如果使用单台手机直播,可以使用三脚架;如果使用多台手机进行直播,就需要用到多平台直播支架,它可支持 5 台以上手机同时进行直播。

②移动机位防抖直播支架。

移动机位防抖直播支架包括手持手机稳定器和手机防抖云台,随着直播行业的发展,这些直播支架也附带了其他功能,比如补光、美颜等,如图 8-8 所示。

 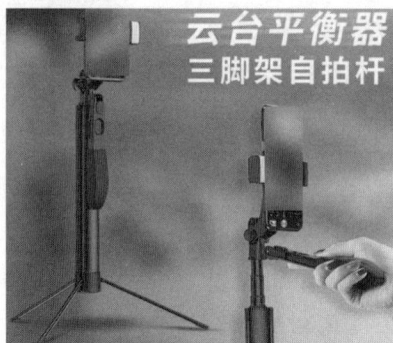

图 8-7　固定机位直播支架　　　图 8-8　移动机位防抖直播支架

（4）补光灯。

许多主播会使用前置摄像头进行直播，使用摄像头时如果在一个黑暗的环境下，会影响视频的清晰度和美观。因此，用户可以添加一个或多个补光灯，比如暖光灯和冷光灯。暖光灯可以让主播的皮肤变黄，而冷光灯会使皮肤变白。主播可以同时使用两种灯光，使视频效果看起来更好，如图 8-9 所示。

（5）收音设备。

即使在安静的环境中，主播离手机稍微有点距离，声音都会变得嘈杂。如果在一个嘈杂的环境中，那手机收音的效果就会更差，这时必须使用外接收音设备进行收音辅助，如图 8-10 所示。

 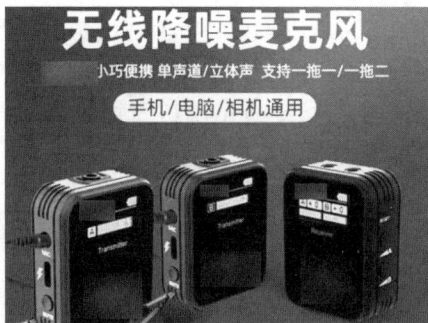

图 8-9　补光灯　　　　　　图 8-10　收音麦

（6）提词器。

由于直播是现场直播，所以对主播的语言能力和记忆能力要求比较高。如果没有事先准备，可能会说错一些重要的信息。进行一场直播，主播需要介绍许多产品信息，介绍的内容包括关键活动、抽奖信息、产品服务等内容,没有提词器容易造成语言的卡顿和信息的错误。有了提词器之后,这些信息都会显示在高亮度的屏幕上,它的工作原理是将屏幕上的信息反映到镜头前一块呈 45°角的专用镀膜玻璃上,让主播在直视镜头的时候也能看到文字,如图 8-11 所示。

(7)相机。

在拍摄后,直播团队需要在后期广告中使用清晰的图片,所以使用专业摄像机进行拍摄是非常必要的。相机也可用于直播的专业录制,为后期的程序提供大量的高清素材,如图 8-12所示。一般推荐使用单反相机进行录制,当团队需要录像和视频剪辑时,至少需要两个单反相机:一个完整地记录视频,另一个进行多机位地移动视频录制。

图 8-11　提词器 　　　　**图 8-12　相机**

3.直播营销脚本

(1)直播营销脚本设计。

直播的脚本是一种特殊的描述性语言,按照规定的格式来进行可执行文件的编写。而电商直播的脚本是一种营销的规划,主播和相关人员依据直播营销脚本来进行现场直播,当然,脚本设计必须从粉丝需求入手。

①梳理直播的安排。

在直播开始前才考虑直播的内容和活动是做直播最忌讳的地方,特别是一些直播是把商店的活动直接扔给主播,没有对其进行详细的介绍。如果主播在直播前没有预览内容和产品的信息,直播的最终效果将大大下降。因此,脚本要解决的第一件事是安排直播内容并梳理直播的安排。

②主播话术管理。

有了脚本准备之后,主播可以很容易地表达自己的话语,细致到对主播的每一分钟进行规划,让主播知道能做什么和不能做什么,以及哪些事情还没有完成。此外,还可以通过话术管理让主播传达更多的产品信息,减少主播在现场直播过程中发生的错误。营销脚本通过对主播话术进行提醒,可以让主播在工作上更加游刃有余。

③总结直播内容。

主播的一个重要工作是在直播结束后参加工作总结,这份工作需要后台的运营人员根据直播数据不断总结相关信息,而工作脚本可以为总结提供数据支持。

直播营销脚本设计如图 8-13 所示。

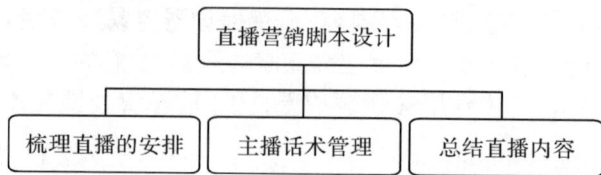

图 8-13　直播营销脚本设计

（2）直播营销脚本的作用。

清晰、细致的直播脚本是保证现场直播顺利运行并具有良好效果的有效保证，直播营销的脚本有以下两方面的作用。

①提高工作效率。

在直播前，直播的运营团队要考虑整个拍摄计划，不能快到直播了才考虑主题设置、场景设置及拍摄方法。如果没有准备很容易发生人员责任不明确、相关细节考虑不充分等问题。打造一个直播营销脚本，在直播时能帮助员工了解直播流程并参与现场直播，让每个人各司其职，提高团队的工作效率。

②控制直播预算。

对于小型和中型公司来说，直播的预算可能会有限制，通过营销脚本的设计，可以对直播要送的礼物、抽奖的奖品、名额等进行事先的设置，从而对直播的预算进行控制。

4. 直播预热引流

直播必须进行预热，直播是建立在自身私域流量和外界公域流量相结合的基础上的。要想获得外界公域流量，可以通过花钱推广来增加直播间的粉丝，还可以通过直播间预热让更多的人关注，从而获得流量；而自身的私域流量激活也要看直播间的预热情况。对于那些主播来说，通过长视频或短视频积累的粉丝没有来直播间观看直播，那视频的发布将毫无意义。直播预热也就是稳住原有粉丝、吸引新粉丝的过程，可以提高直播的关注度，增加产品的销售。

（1）直播预热引流的时机。

①直播预热的时间。

最受欢迎的直播时间段通常发生在晚上，那时大部分上班族都在休息，人们通常会选择在休息时间看直播而不是在工作时间看直播。与相对固定的直播时间相比，直播预热的宣传时间会更灵活，所以直播团队应该抓住这些时间，在用户活跃的时间段进行预热宣传。

在工作日，员工和学生在早上比较活跃，在周末则没有明确的活跃时间，可能整天都在玩手机。因此，直播的预热时间只要避免休息和吃饭的时间就可以。值得注意的是，直播预热最好是在用户活跃的前半个小时左右，可以给用户更多的反应时间，以获得更多的用户响应，避免错过用户活跃的高峰期。

②直播预热和正式直播之间的间隔时间。

一般来说，直播预热的时间不要放在周末，要提前给观众一个反应的时间，这样子也可以避免各种平台的消息高峰期，比如大部分社交平台，如抖音和微博，创作者都会在周末发布大量消息。

当然，直播预热的时间也不宜太长，否则很容易让用户忘记；也不要太短，至少 24 小时以上,否则预热就是无用功,效果很难展现出来。通常情况下,直播团队要在 1~3 天前进行直播预热,在互联网上信息的发酵时间一般是 2~3 天,通常在这段时间里,大量的用户能看到流行的信息。当讨论的人数达到顶峰时,直播的效果就会更加好,也会避免热度的消退。此外,提前三天的直播预热也能帮助直播团队进行应急预演,并对突发情况进行缓冲,在预热的情况下,直播团队只用调整一小部分的事情就可以避免紧急情况下的手忙脚乱。

（2）直播预热引流的方法。

①花钱推广。

视频是直播预热的最重要的一部分,它可以通知用户什么时候进行直播,以及直播的相关信息。主播在推广的同时打开直播,这时候在直播过程中刷到主播的用户,点击主播的头像就会进入直播间,可以最大限度地发挥付费流量的作用。

②公域流量推荐。

在直播之前,主播可以发布多个视频进行宣传,找到数据最突出的一个视频,花钱进行推广,为直播进行宣传引流。直播间观看的人数越多,直播间的人气就会越高,也就容易被推广到直播广场,从而获得更多的流量。

③私域流量推荐。

主播的个人主页和昵称的设置,可以在账号和个人信息上写上直播预告,包括直播时间和直播内容,可以让观众一刷到直播号,就知道什么时候直播。也可以让她们养成习惯,定时定点地蹲点直播。此外,主播也可以在微博、微信朋友圈、小红书等平台进行直播预热,吸引更多的观众。通过这些社交网络进行推广,可以激发粉丝的力量,连接社交平台账号和直播平台账户,起到很好的直播预热引流效果。

④分享直播间。

在开播前,可以将开播消息分享给粉丝,或者为一些忠实的粉丝朋友准备一些礼物,这样可以提高他们的积极性和参与度。开播后,可以让粉丝在别的平台进行直播间的分享,获得更多的流量。

⑤蹭名人流量。

如果没有足够的流量,直播间没什么人观看,主播可以去比较出名的直播间送礼物和评论,吸引名人的流量。通过刷存在感的方式,让名人和他的粉丝关注到自己,如果名人回复了问题或者感谢主播送的礼物,就可以吸引到一波流量。

⑥直播预告文案。

在做直播的时候,不需要将直播的所有内容一一展现。如果将直播所有的亮点和好处一下子展示出来,用户可能会失去兴趣。主播可以留下一些悬念,刺激用户的好奇心,吸引用户的关注。

⑦制造噱头。

通过制造噱头,可以为品牌的推广做铺垫。用户对品牌信息的了解可以通过话题的传递得知,这是直播营销的重要组成部分,也是一个高明的营销工具。所谓的制造噱头,是为了吸引消费者的兴趣,用特殊的手法刺激观众。

⑧软文推广。

目前,市场上有很多品牌推广的方法,其中软文推广是最为常见也是最为重要的方法,它的好处是在营销传播的时候,达到潜移默化的作用。软文推广适用于所有的市场营销,一个好的软文能迎合那些高文化水平、高欣赏能力的用户,获得他们的高度评价,帮助品牌获得流量。因此,软文推广已经成为直播中品牌推广的必要手段,能够取得良好的推广效果。写软文的时候应对不同场景要有不同形式的软文内容,例如,一个软文是卖产品的,那它必须包括产品的卖点;而对于销售的软文,就要把内容写得丰富有趣,让人觉得不买就是损失。

⑨自有平台和线下推广。

直播之前也可以进行品牌的传播推广,在自有平台和线下两个渠道上进行预热宣传。一方面,自有平台最了解自己的产品和直播的模式,可以更好地进行产品推广;另一方面,在线下进行一对一宣传,可以让顾客直接了解到产品和直播间。因此,用户使用这两个渠道可以促进直播间的预热引流,实现快速销售,提高品牌的曝光量。

直播预热引流的方法如图 8-14 所示。

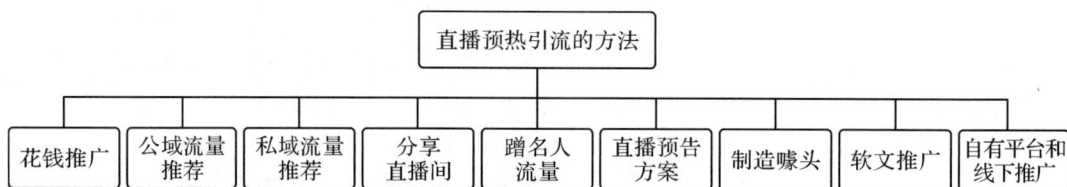

图 8-14　直播预热引流的方法

8.2.2　直播营销实施

1.直播活动开场形式

(1)开门见山法。

①方法:开始时直接进入主题,清楚告诉大家今天讲什么主题,直播要分几个场次,持续多长时间。

②目标:直截了当不废话——给观众一种明白感,让他们沉静下来,做好心理准备,同时帮助主播快速进入直播的状态,熟悉直播的框架。

(2)故事引入法。

①基本原则:瞬间捕捉黄金 10 秒,引起大家的关注。

②常见场景:在直播中,主播在直播前先讲个故事吸引观众的注意力。

③提示:节目开始时,不适合再次自我介绍——观众原则上认为这是废话,直接开讲就行;长度不宜过长,应在 90 秒内检查持续时间。

(3)赞美法。

①要点:直播开始时,通过小故事表彰相关员工(避免使用一些虚假的空话,如"蓬荜生辉")。

②三大技巧:在直播时说些具体的话,赞扬主办方和观众,唤起他们的好感。试着说一些细小的事情,比如参观公司的时候,工作人员热情周到,服务温暖,要尽量讲一般人想不到的小事情。

③小贴士:直播时不讲大家普遍知道的事情,比如公司硬件好、公司待遇好、风景美。

(4)想象法。

①固定句型:开头的第一句话是"想象一下"引导观众的思想。

②举例:当公司上市时,你最期待的是什么? 上市后,这里的每个人都会成为经济自由的人,从而让观众幻想其中。

(5)游戏法。

①定义:开场游戏是吸引注意力的重要方法。

②举例:双手交叉,此游戏可以测试观众是偏理性还是感性的人。

③提示:此类游戏应与主题密切相关。

④两大技巧:选择简单的游戏,不要太难,要原地就能进行。线下的话尽量避免身体触碰,特别是男女之间。

(6)引用法。

定义:使用名言名句或权威数据开始直播,增加震撼力,立即吸引观众。

(7)历史上的今天。

①方法:首先查阅日期,找出和今天直播主题的相关性历史事件。

②举例:比如今天这个日期历史上是某个名人逝世的日子,而今天要卖的书就是他在世时写的,引起观众的兴趣。

(8)道具法。

①举例:使用地球仪进行演示,介绍相关地理课程内容。

②结论:道具传递的意义应与主播、听众或直播内容有关。

(9)承上启下法。

①应用场景:当自己的出场顺序在上一个主播和下一个主播之间,那么出场时可以简短回顾下上一个主播的内容,再引出自己的话题。

②适用场合:比较适合多个主播轮流直播的场景,可以把观众的注意力吸引回来。

③优点:能让上一位主播感到被尊重;建立无缝连接,"上一个主播讲得很好,接下来我也努力让大家明白……"

(10)提问法。

①特点:激起大家的好奇心,让大家瞬间被留住。

②举例:"大家觉得游戏里面哪个英雄是最厉害的?"——针对年轻群体的提问。

③目的:让气氛活跃起来,激起大家的讨论。

直播活动开场形式如图 8-15 所示。

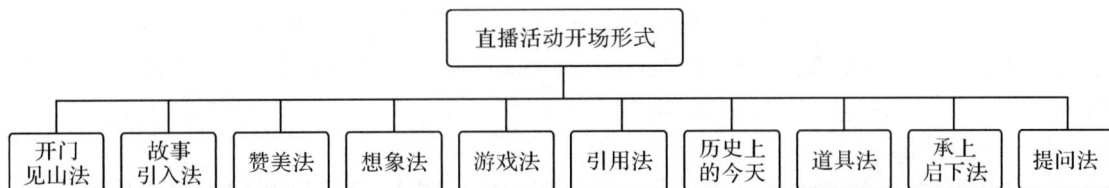

图 8-15　直播活动开场形式

2.直播互动玩法

直播只是企业的一种工具,如何在直播间更好地与粉丝沟通,以达到销售商品的目的是需要注意的。直播展现的内容是有限的,主播需要通过长期规划保持良性的互动,慢慢培育和转化粉丝,满足买家的需求以实现销售的目标。

(1)从共同话题入手。

①从一些小细节入手。

电商主播对产品的理解是非常深刻的,而且,观众是来直播间买东西的,所以彼此之间就存在一致性。在展示了产品以后,主播还可以讲解商品的相关作用并与观众进行讨论。这样才能让主播和观众有一个共同话题,才能更好地拉近关系。

②对粉丝感兴趣的东西也感兴趣。

这是最容易接近粉丝的方式,也是最方便的一种方法。主播要知道粉丝喜欢的东西,在和他们交流的过程中,才能让粉丝感动。

③利用自己的悲伤经历和粉丝展开话题。

主播可以向自己的粉丝诉说自己在现实中遇到的不愉快的事情,以此来激发粉丝的情感,让他们感受到主播和他们的经历类似,从而形成一种共鸣。

从共同话题入手如图 8-16 所示。

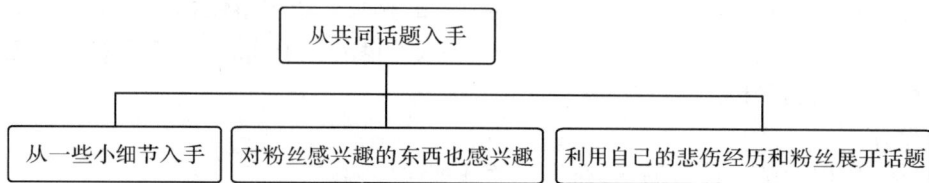

图 8-16 从共同话题入手

(2)加强互动。

直播过程中的互动是吸引观众的基础,如果没有互动,观众在主播盲目展示商品时就会离开直播间。一些活动将激励粉丝,调动他们购买的积极性,实现商品的销售。在直播开始时,可以邀请几个或更多的朋友进行交流,例如给予奖励、提问题和点赞。当其他人进入直播间,看到有人在互动就会跟着互动。

(3)分享直播间。

直播开始前进行一些预热活动,等半小时之后再谈论直播内容,可以让第一批粉丝在微博、微信朋友圈、QQ 空间等可以共享内容的地方分享直播。如果情况允许,可以每天进行现场直播,可以与观众聊天和唱歌,增加观众对主播的熟悉度。此外也可以让粉丝参与直播,随着越来越多的人观看,直播间的气氛也会变得热闹起来。

(4)固定时间段直播。

如果无法进行每日直播,可以用固定时间段直播的形式进行,也可以在一周的某个时间段进行固定直播。但是需要优化每次直播的主题和内容,以便用高质量的直播来吸引更多粉丝。

(5)分享返现。

活动结束后,需要粉丝对直播间进行分享和转化。例如,在直播间购买过商品的粉丝,如果帮忙将直播的链接转发到朋友圈及其他地方,主播可以给粉丝发放优惠券、送上福利或者赠送其他礼品。同时,主播可以根据公屏上的信息和一些可视化内容收集观众的关注点,并根据分析的结果及时添加观众喜欢的产品。

直播互动玩法如图 8-17 所示。

图 8-17　直播互动玩法

3.直播转化率提升方法

现在直播已经成为最流行的营销模式之一,很多人从中看到商机,都进入了直播平台。对于直播人员来说,转换率不仅决定了直播的效率和质量,还决定了直播间是否能继续生存,因此这是一个非常重要的核心问题。

(1)货场人。

为了提高直播间的转化率,需要对"货场人"三要素进行分析,接下来以一个售卖服饰的直播间为例。

①货。

对商品进行精细分配并进行价格策略的优化是非常关键的,对大多数企业来说,不能像达人或者直播机构那样,拥有各种齐全的产品类别。他们更多的是要把在自己店里的现有商品销售给别人,但它不能胡乱降低价格,同时要注意一些直播的细节。对于服饰商品来说,首先需要对货品的价格进行分析,根据直播间的观众分析确定服饰的定价,是走低端路线还是中高端路线。如果走低端路线,那要考虑把服饰的价格定在哪个区间。

许多公司将商品分为新款、主促销款式、秒杀款、直播间专享款、引流款、利润款及抽奖款,对不同产品采用不同的促销策略。例如,对于低端服饰商品的直播,引流款一般价格比较低,低价能吸引大多数顾客,那顾客对其的点击率就会比较高,适合用来吸引流量,同时带动店铺的访问量和其他商品的销售。而新款衣服主要用来刺激直播间的老用户,可以对其设定一个新款全场买一送一的优惠活动,提升店铺的复购率,避免顾客的流失。对于衣服的利润款主要用于保证直播间的利润,可以设置四五百元一件,让感兴趣的粉丝购买,避免店铺由于优惠活动亏损过多。

其次要优化带货商品,带货所选商品的质量直接影响直播带货的转化率和效益。比如选择服饰产品时,要符合粉丝的定位,直播间粉丝的偏好是低端产品时,卖上千元的衣服吸引不了他们,但卖低价说不定就能产生订单。同时也要检查好衣服的质量,直播的时候向粉丝展示衣服的质地,这也是对粉丝负责任的表现。每次直播结束后都可以对直播进行复盘并分析相关数据,通过高曝光产品了解直播间观众的喜好,并为直播间的下一个选品进行选择。

此外,商品直播的另一个亮点是"便宜"。公司盲目降低直播商品的价格可能会影响产品的正常销售。因此,卖服饰商品时,直播间可以通过增加礼品进行"变相"折扣,比如在售卖衣服期间反复强调:现在这衣服是买一件送一件,相当于打五折。

②场。

布置直播间场地,提高用户的信任度。不仅是商品,商业直播也可以在直播场上发挥自己的优势。例如,在线下的服装直播场景布局中,可以选择服装的品牌识别墙作为现场直播的背景,将自己的各类服装产品挂在衣架上,这样子服装的品牌感就会很强。还有些服装公司直播的时候会选择直接在公司的门店、批发市场甚至工厂进行现场直播售卖,这样,用户就可以看到服装的"货源",提高对服装的信任度。

③人。

打造主播的话术以提高用户的转换率,这也是一个重要方法。上面两个因素是关于直播间的"货物和场所",现在来谈谈直播间的"人",也就是主播。人的外观不是最重要的,话术才是决定转换率的关键。要提高主播的专业性,因为在现场直播中,主播的水平和能力是影响商品转化率的重要因素。如果主播对直播中的产品不是很了解,并且在讲解中经常出现错误,观众的可信度就会降低,自然转化率也不会很高。在直播中,主播必须明确描述产品的信息功能,活动结束后,必须及时复盘以发现直播中的异常数据。在这些数据被记录之后,主播需要发现直播中的不足之处,并及时对话术进行调整。比如在服装产品售卖中,主播可以详细地介绍服装的材质、性能、款式及价格,也可以和同价位的其他服装产品进行比较,说明直播间服装的优点及卖点,吸引观众下单。

为了抓住一切可以转化的流量,主播要非常迅速地与粉丝互动。不仅如此,还要欢迎新粉丝进入直播间,也要对进入直播间的老粉丝进行互动。此外要对弹幕和公屏上提出的问题进行回答,比如回复观众对于服装的材质疑问、尺码的问题及衣服制作的细节。在这一波操作后,用户对产品容易有更多的了解,也能感受到主播的专业,对品牌有更好的印象,就更容易下单购买商品。

(2)找到精准流量。

为了提高直播中商品的转换率,需要大量的流量。如果流量大且精准,那商品的转化率就会越高。而给直播间带来精准流量最快、最有效、最稳定的方式就是花钱。但应注意,广告投放的对象越准确,广告覆盖的人数就会越少,那整个投放计划的跑量难度就会越高,吸引准确用户的成本就会越高,即价格越高。比如对服饰直播而言,想要的是对服装感兴趣的粉丝,服装又可以更加细分,所以要引流精准的流量,这个要求比较高,价格就会比较高。因此,商家最好及时对市场的投放进行消费评估,避免不必要的资金损失。

(3)增加福利活动。

在直播商品带货时,应该让用户获得更多的利益,从而让用户因为商品的优惠而下订单。其中,福利活动是不可少的。选择低成本的商品作为吸引用户的东西,让用户增加对商品的评论,从而得到系统的推荐。比如在女装的服饰直播中,选择一批便宜但质量不错的女装短袖,低价走量,吸引大量的用户下单,从而引流到店铺的其他服装。把每一场直播的停留指数和互动指数进行优化提高,那流量增加后就可以立即受益。另外,还可以进行福利活动的预告,比如高峰期进行女装衣服抽免单、衣服的满减活动,以及赠送服装商品或者洗护用品等。一方面,它可以活跃直播间的购物气氛;另一方面,观众可以产生期待并留在直播间持续观看,这有利于提高订单的交易率,从而提高客户的转化率。

直播转化率提升方法如图8-18所示。

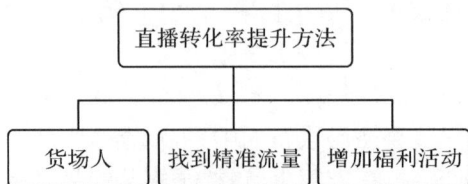

图8-18 直播转化率提升方法

4.直播重点与注意事项

(1)直播重点。

①直播时间和方式。

一般来说,每一天的直播时间是4～8小时左右,所以最好售卖各种各样的商品,包括美容产品、家居用品和糖果类产品。直播的时间长,直播的品种类目丰富,才能覆盖更广泛的受众。

②建立亲密的朋友关系。

他们把粉丝称为"朋友"和"家人",这能提高一段关系的忠诚度。每一次直播开始时,可以保持一定的话术,也可以给粉丝们安排抽奖福利活动,送出的礼品不低于100元,且都是比较热门的产品。简单直接的福利开场方式容易增加观众的好感度,促进他们对直播间的兴趣,让他们觉得不应该错过这个活动。此外,直播的节奏要比较紧密,可以先预告下整场直播的货品,找几个比较热门的货品进行详细的介绍,并通知观众特定的直播时间,方便不能一直蹲守直播间的观众朋友。

③营造良好直播气氛。

主播的声音要是安静的、不刺耳的或舒适的声音,助理的声音可以洪亮,她要能够提供产品的详细信息,回答公屏上粉丝朋友的问题。主播应该是充满活力的,直播间要热闹但不吵闹。如果主播想要什么产品,助理要马上能拿出来;主播提问一些问题,助理可以马上进行回答。直播间的每一分每一秒都充满内容,观众就不会感到无聊。在服饰直播间,主播和助理可以穿着售卖的衣服和配饰,这能吸引观众的眼球。在进行产品介绍时,主播也可以谈论家庭成员和员工的使用经验,来消除公众对产品的疑虑。

④与公屏观众互动。

直播间通常需要刷不同的关键字,一般来说,主播会让人在公屏上打"1",但主播要学会创新,可以在公屏上让粉丝刷品牌的名称和产品信息,让观众对产品留下深刻的印象。这不仅能销售产品,也能让观众参与其中。此外,流量好的主播也可以限制产品的数量。当已上架的产品库存短缺时,主播可以询问员工,能不能增加产品的数量,紧接着让想要的观众在公屏上进行回复,回复到一定的数量才上架产品。这种方式能控制主播的销售节奏,为观众创造了一个紧张刺激的购物环境,也让直播间的套路多了一些陪伴感和参与感。

直播重点如图8-19所示。

图 8-19 直播重点

(2)注意事项。

①规范问题。

这里首先要注意的是,要避免因不注意而造成直播禁止和平台警告的情况。直播间要求不得发表违反法律的不正当言论,禁止传播不符合价值观和道德规范的评论,不要做出粗俗、色情等不良行为,着装也应注意风格,拒绝打擦边球的行为。直播间的室内活动福利不能转移到直播间的室外进行引流,如二维码关注公众号。直播间内销售的产品,为避免欺诈性销售,应保持与购物链接上新相同的频率。最后,不要用虚假数据购买直播粉丝,不然会造成封禁。

②账号、直播封面。

账号名称不得随意更改,不得和多人混淆以致难以识别或使用。直播封面要清晰美观,可以是自己的高清照片,把用户吸引进直播室。封面的模糊变形,或者照片上面堆满杂乱的元素,会让用户失去兴趣。因为人是视觉动物,清晰的封面可以让用户产生停留观看的欲望。因此,在制作直播图像时,要注意高分辨率、简洁有序的介绍,给人留下良好的印象。

③直播服饰。

以浅色衣服为主,尽量不穿黑色、灰色、深色等颜色的衣服,注意搭配饰品,要与光的效果一致。避免穿暴露或粗俗的衣服,也不要在相机前过度曝光。不要穿着睡裙在家直播,也不要躺在床上直播。

④歌曲选择。

以欢乐、DJ、热门歌曲为主,适合自己的风格或选择粉丝喜欢的风格,也可以适当演奏经典歌曲,烘托直播间氛围。每周需要更新 7 首直播歌曲和音乐,最好每一场直播都有合适的音乐主题,例如以情感音乐为主题的时候,只有情绪化的歌曲才能播放,这样还能增强现场互动。此外,热门歌曲可以作为直播歌曲的选择之一。现场直播音效是一种特殊效果,它在直播间的气氛烘托中起着非常重要的作用,所以主播必须掌握移动声卡的特殊效果。

⑤直播环境和设备。

直播环境一定要简单整洁、不杂乱,需要有直播手机和播放音乐的手机,如果条件允许,可以使用声卡,同时也可以选择舒适的椅子,因为直播时间比较长,不舒服的椅子会影响主播的形象,也会影响直播效果。直播间的清晰度非常重要,因此要选择好的摄像头,选择适合房间的光线,选择温暖的背景。房间颜色单调的时候,可以用小东西进行装饰,背景有白色墙和黑色的背景等内容,只要不让人觉得背景脏就行。

⑥直播内容。

直播间的内容是直播可以持续的关键,主播可以选择唱歌、跳舞、讲故事、进行游戏等活动,但如果主播长时间在这个领域直播,可以每天都设定一个小主题,让更多的粉丝围绕这个主题参与讨论并配合音效,可以让直播内容变得有趣。这样子主播在丰富自己的节目类型时,还能让自己出名,吸引更多的粉丝。

⑦直播风格。

主播在直播的时候时不时地开个玩笑,可以让粉丝感兴趣。主播需要保持自己的聪明才智,但又不过分聪明,当需要帮助时,可以向粉丝求助,让粉丝有表现的机会。根据直播内容的不同,服装和妆容也可以不同,让粉丝感受到变化,感受到主播对直播的在意。主播也要定位自己的风格,避免随意直播,直播风格会影响直播间的人气和活跃度。找到最佳风格、最适合自己的直播内容,尝试放大直播效果。

⑧直播心态。

直播要花很长时间才能看到收益,新主播不能因为不受欢迎或观众说脏话而生气,要冷静耐心,控制情绪和表情。自信是最有魅力的,也是最重要的。不要一味地欢迎和感谢,因为开始直播时,总是欢迎和感谢的话,没有输出价值,就不能留下粉丝。事实上,很多人开始直播的时候,直播间里都是没有人的。主播可以去看看同类型的优秀主播的现场直播,多用手机进行直播练习,直播多了就会越来越轻松,想留下观看的粉丝也会越来越多。

直播注意事项如图 8-20 所示。

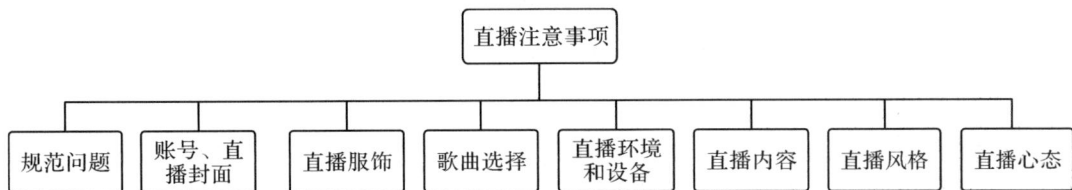

图 8-20 注意事项

8.3 直播营销数据分析

8.3.1 直播营销数据分析三大维度

用户应该了解直播的市场信息,通过观察营销数据促进产品的销售。但想要彻底地了解直播数据,需要高级阶段的数据分析,通过庞大的多维度的直播数据分析能预测未来一季度甚至半年的商业前景,虽然会有一定偏差,但是整体效果还是比较接近的。

1. 用户的维度

从用户的角度来看,实时数据通常被称为实时分析。这一维度的重点是观察用户访问直播间的方式,并且观察他们在直播间的行为。本研究的主要目的是为运营人员提供一定的数据基础,帮助他们分析直播间哪个模块能吸引更多的用户,以便及时调整政策。

(1)用户来源渠道。

用户可能是从自己的关注页进入直播间,可能是通过收藏页进入直播间,也可能是直接从搜索页面进入直播间,还可能是从微博和论坛等渠道点击分享链接进入直播间。运营人员可以收集相关的数据,寻找一个最佳的用户来源渠道,以便帮助直播间保持流量来源。

(2)用户直播间行为。

用户以不同的方式来到直播间,会有哪些行为? 通常有什么特点? 这些问题需要仔细分析。关注用户的购买行为,一般情况下,用户会在直播间观看多久? 在直播间的发送消息方式和频率是多少? 对直播的哪个部分最感兴趣? 运营人员通过对直播用户的行为分析,为现场直播的决策提供了良好的依据。

(3)用户访问路径。

用户进入直播间后,会到什么页面进行观看? 他们进行购买操作的页面是什么? 或者在什么页面离开直播间? 从这些信息里面,可以绘制用户的一般访问路线,结合用户的来源渠道进行分析,可以找到用户访问深度最高和最大转化率的渠道。这将帮助运营人员在适当的时候调整策略,增加流量,此外也能对效果强的广告渠道加大推广力度。

用户的维度如图 8-21 所示。

图 8-21　用户的维度

2. 运营的维度

运营维度是对直播间的用户进行行为跟踪。对于直播营销而言,用户维度就是用户的来源分析,而运营维度主要是进行用户的收入分析。

(1)每日订单数。

每日订单数是直播间销售的整体情况,也是总收入的主要指标。通过观察直播间的每日订单数有多少、哪个时间段下单的人数最多,以此来分析直播间的营销效果。

(2)客单价。

客单价指平均每个订单的金额有多少,在一般情况下,客户的订单数量和客单价的乘积就是直播间的销量。它与实际情况没有太大的差异,运营人员可以根据客单价来调整直播间产品,从而提高转换率。

(3)订单支付成功率。

在直播间里,观众可以把大量的商品加入购物车,但是也会删掉许多商品,也就是说很多订单其实最后并没有成功支付。运营人员应该密切关注这些数据信息,如果存在大量订单未支付的情况,就要去分析问题出现在哪里,或者说支付环节出现什么问题导致用户不再支付。

(4)退货率。

这个数据很重要,大量的退货会对直播间造成损失,因此要分析退货的原因是什么,需要及时跟顾客沟通,然后降低退货率。

(5)订单交付周期。

订单交付周期指的是一个订单从用户下单支付成功到送到客户手里进行签收的时间。当然,不同城市和地区之间的传输周期是不同的,但它考验了直播间的物流水平。另一个不容易注意到的数据是投诉率,用户体验是从网上到线下的一个全过程,不管中间哪个环节出现问题都会导致投诉。投诉率是一个品牌整体服务水平的体现,用户投诉往往与特定的问题相关,这会给用户留下不好的印象,也就是说建立一个品牌很难,但毁掉一个品牌很简单。因此,供应商应选择适当的物流合作商,以便尽快把快递送到客户手中。

(6)重复购买率。

这考验了顾客的忠诚度,如果用户第一次购买商品时有一个好的购买体验,对产品也比较满意,那么就容易发生二次购买的行为。此外,用户的购买周期也是一个很重要的数据点,可以依据购买周期更新营销策略,从而鼓励客户重复购买。

运营的维度如图 8-22 所示。

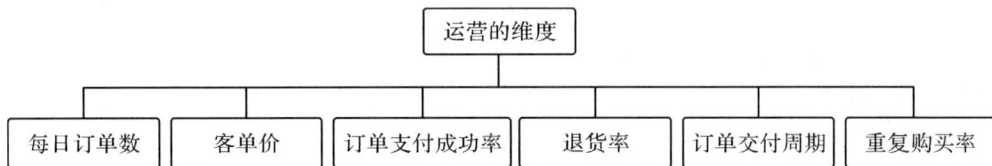

图 8-22　运营的维度

3. 商品及内容的维度

直播中不仅要关注用户信息和销售信息,还要关注商品的数据,比如某一商品的销量和退换货率。此外,对某一品类的商品也可以采用这样的方式,分析品类产品的销售量和收益率。通过这一分析,可以更清楚地看到流行的产品,对于采取的促销活动就有了方向。直播内容也是直播中要注意的一个问题,它和主播的重要性一样。直播间除了文本和图片的展示,还有直播内容本身的分类,如摄影、旅游、美食、时尚、动画和电影等多种标签。当然,这个标签是用户自己进行添加的。

直播营销数据分析三大维度如图 8-23 所示。

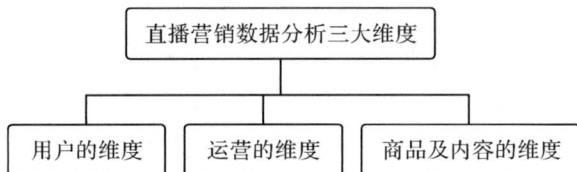

图 8-23　直播营销数据分析三大维度

8.3.2　直播营销数据分析关键指标

1. 总场观

这是直播间的控场人气,总场观反映的是一场直播当中总共的观看人数。监测该项数据,一方面是为了了解直播间在整个行业中的情况;另一方面也是继续记录每场直播的数据,来监测直播间的基础场观是否有波动。直播间的场观数据可以反映供货量是否能够满足开播带货的需求,也能够有助于优化运营手段。

2. 平均停留时长

这是直播间的留客能力,能影响优质流量的输送。把直播间当作店铺来运营的话,那就要去和同行,甚至是全行业来做排名对比。直播间是否能获得更大的自然流量,需要实时监测主播停留数据的排名如何,如果排名越高,就能够获取更多的直播推荐。如果做的是中端类的直播间,针对的精准人群比较少,直播间的推荐条件要求的排名会更高一些。如果去卖一些低客单价的产品,整场直播都是高性价比的产品,那平台对它的判定是比较好的,继而给予更大的流量池。直播复盘的时候,更多应该做纵向对比即和自己做对比,看看每场直播的平均停留时长有没有变化。

3. 涨粉数据

这是粉丝转化的基本来源,涨粉数据有两个方向,分别是总粉丝的增量及直播涨粉的数量。需要这样的数据判断出直播间是否能够有源源不断的新粉丝加入进来,整个账号能否继续呈现健康的发展态势。直播间的流量是由老粉丝和新粉丝构成的,对直播平台来讲,给直播间推更多的流量,在一定程度上肯定是看新粉丝进到直播间后所呈现的停留数据、购买数据及各项过程数据,从而达成最后的推流条件。从阶段性的指标来看,就需要监测直播间是否存在正向增长粉丝的现状。

4. 流量来源占比

这是直播间流量的构成情况,直播推荐的流量来源占比,其中一部分来自直播广场,即平时刷视频会出现的直播间流量,一部分是粉丝用户的推荐信息流;剩下的都是一些流量比较小的入口,如复制链接进入的、他人分享进入的、商品跳转进入的、看视频点头像进入的等;此外,还有一些高端的付费玩法,比如品牌方投放开屏广告,这种推广适合预算比较充足的商家朋友去实践。

流量的来源不同,对应的直播间的稳定性也是不同的。如果直播间的短视频流量占到了非常大的部分,那在这种情况下,就要保持账号的短视频内容输出。这样的直播间是比较稳定的,短视频的权重池要比直播间的流量池的稳定性更高。因为对短视频的判定只有几个指标,比如点赞、评论、完播和转发,观测的数据会少一点;反观直播间的数据维度就会更多一些,比如点赞、点击购物车、评论互动、停留时间、点击商品下单购买。决定直播间的流量权限多,整个直播间数据考核的指标也多,存在一定的不稳定性,所以短视频的流量相对来讲会更稳定一些。再者,通过直播推荐进来直播间的流量也会存在一定的不稳定性,比如都是通过低客单价商品去拉动自然推荐流量,那直播间的稳定性就会弱;如果直播间持续卖高客单价的产品,那么整个直播间的标签是非常统一的,这样直播间的稳定性相对会好一些。

5. 带货口碑/小店 DSR

它直接影响流量的转化,这一块是很多商家、品牌很少关注的点,但是真正发现自己的评分过低,出现问题的时候又追悔莫及,因为很多条件都会被限制。店铺的 DSR(detail seller rating,卖家服务评级)考核有 3 个数据维度:第一个就是商家回复有没有做到 3 分钟的高效响应;第二个是物流体验,可控因素相对来说会少一点,但也是十分影响用户购物体验的一个因素;第三个是带货口碑,口碑和店铺 DSR 考核的指标是有差别的。我们首先要重点关注退货率,这无论是对店铺还是对直播间都是非常关键的。其次,好评率、差评率肯定很重要,在直播平台带货,平台还是希望直播间能够产出优质的产品、内容,实现高效的转化。

8.3.3　直播营销效果分析

一般来说,直播间的数据概览包括直播中各类数据的概览和直播带货的数据概览。

1. 直播数据概览

例如,以抖音的视频直播为例,直播数据中可以查看观众总数、最高在线人数、平均观看时长、喝彩次数、新增关注人数和总热度(见图 8-24)。

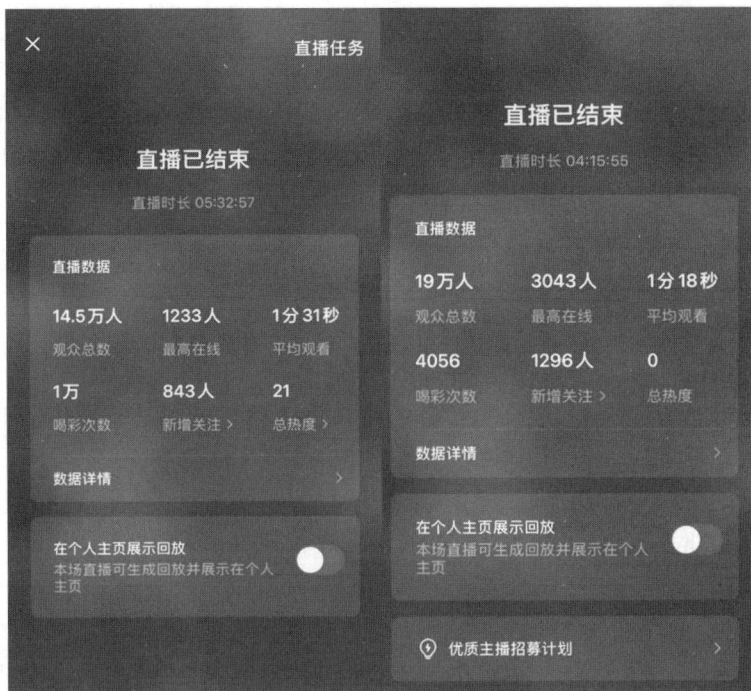

图 8-24 直播数据

直播收到的礼物是很多主播的额外收入,这种收入会更多。所以,作为一名主播,把握好自己的直播间礼物数据是非常关键的。在直播中,一般通过音浪来衡量主播获得的礼物,目前音浪兑换人民币的比例是 10∶1,平台会扣掉一半,主播可以在抖音的后台查看音浪的收入。

例如,主播可以在直播结束后查看本场次收获的音浪,也可以在抖音数据中心,查看今日、前 7 天及前 30 天的直播数据,里面包括收获音浪的相关数据(见图 8-25)。

图 8-25 数据中心

除了单场次的视频直播数据外,也可以查看短视频账号"近 30 天"直播带货的数据概览,比如直播场次、场均观看、上架商品、带货转化率、场均销量和场均销售额(见图 8-26)。

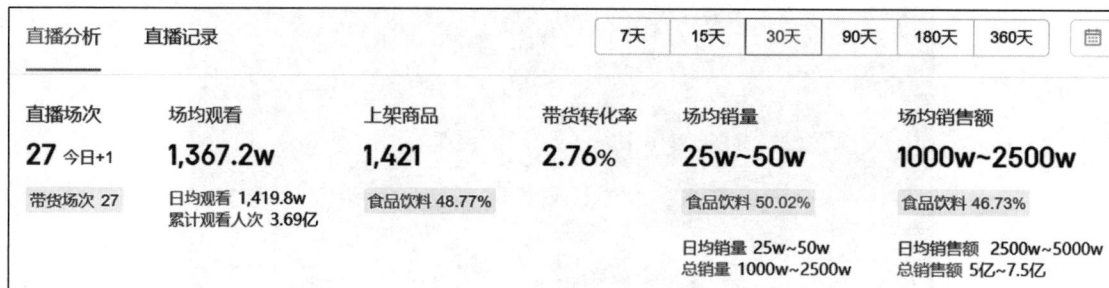

图 8-26　直播分析

2.直播带货数据

对靠着直播来赚钱的主播来说,直播间的流量是至关重要的,因为主播可以根据自己的直播和直播带货的数据,全方位地剖析自己的产品。

首先查看基础分析,可以查看主播的直播场次、平均开播时长、场均销量、场均销售额、视频数量、平均视频时长、平均销量和平均销售额等数据(见图 8-27)。

图 8-27　基础分析

在直播分析中,主播可以查看上架商品、带货转化率、场均 UV(unique visitor,独立访客)价值等数据(见图 8-28)。

图 8-28　直播分析

在视频分析中,可以查看所有视频数、带货视频、平均点赞数、平均评论数、平均转发数、平均收藏数、平均销售额、平均销量、IPM(interaction per thousand followers,每千个粉丝的互动数)及 GPM(gross merchandise volume per mille,每千次观看所产生的成交金额)等数据(见图 8-29)。

图 8-29　视频分析

在带货分析中,可以查看商品数量、直播带货数量、视频带货数量、带货品类和带货品牌(见图 8-30)。

图 8-30　带货分析

在粉丝分析中,可以查看粉丝的总量趋势及粉丝的直播观众画像概览(见图 8-31、图 8-32)。

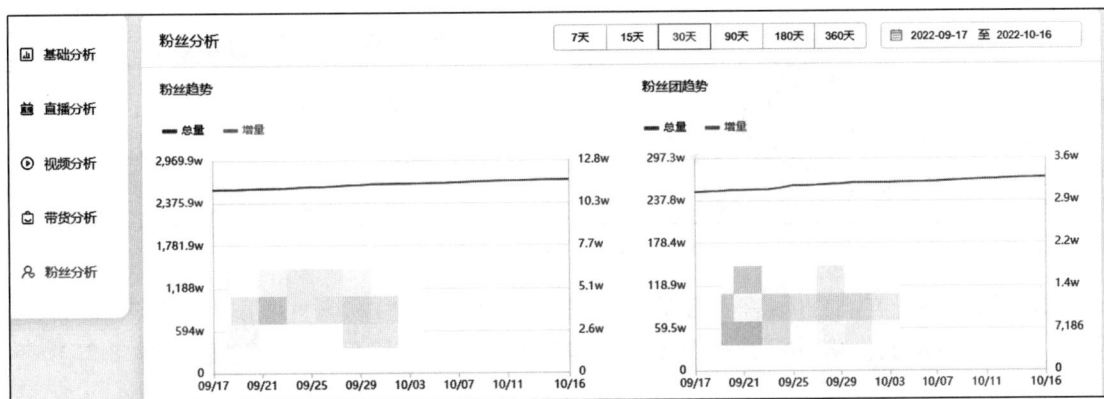

图 8-31　粉丝分析

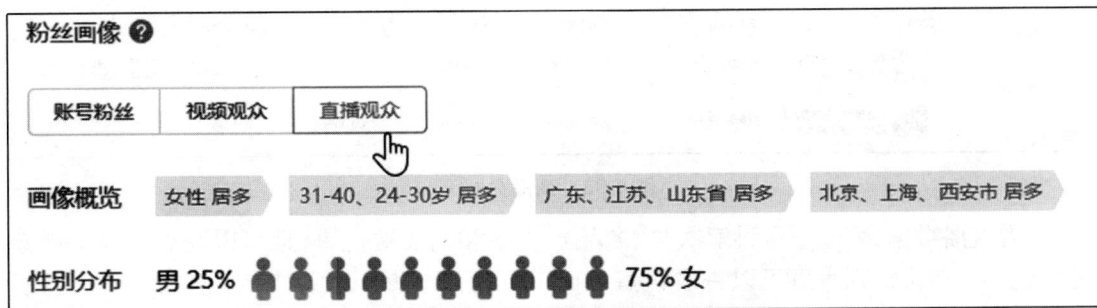

图 8-32　粉丝画像

进入流量分析页面,可以查看直播间的相关信息,如观看人次、人气峰值、平均在线人数等人气数据,同时也包括本场销售额、销量、UV 价值(即客单价)等带货数据(见图 8-33)。

图 8-33　直播数据显示

查看观众来源,一般是大数据预估的结果,其中包括通过粉丝推荐和关注页面进入直播间的观众,通过达人视频(包含投流视频)推荐进入直播间的观众和通过直播广场推荐、外部引流等其他方式进入直播间的观众。

查看转化漏斗,可以看到累计观看人次、商品点击次数和商品销量的数据,并通过这些数据分析观看一点击转化率、点击一购买转化率和整体转化率(见图 8-34)。

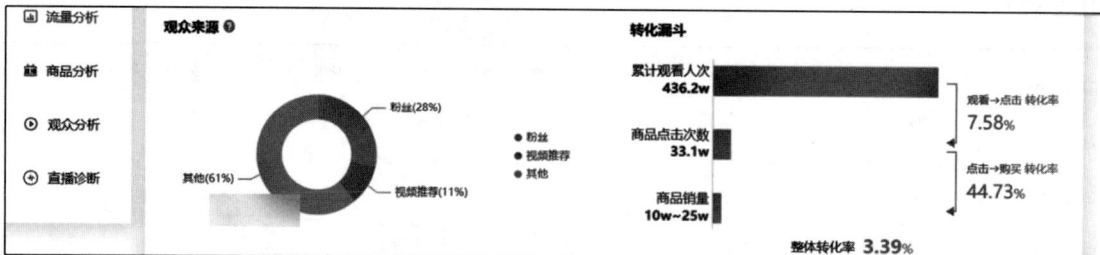

图 8-34　流量分析

对直播间进行商品分析,查看商品的直播带货数据,比如本场直播中,共销售 117 个商品,可以查看商品的价格、销量、销售额、转化率、累计讲解时长及上下架时间(见图 8-35)。

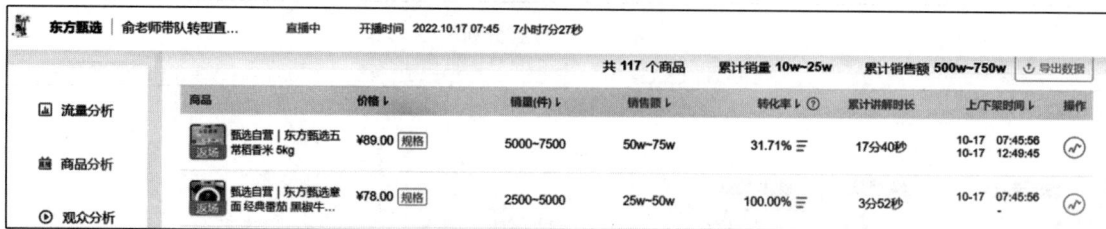

图 8-35　商品分析

查看直播数据,可以查看讲解次数、商品点击率和购买转化率,且可以查看商品的销量及价格走势,在讲解列表里可以查看讲解的时间和全网销量,以便对商品进行进一步分析(见图 8-36)。

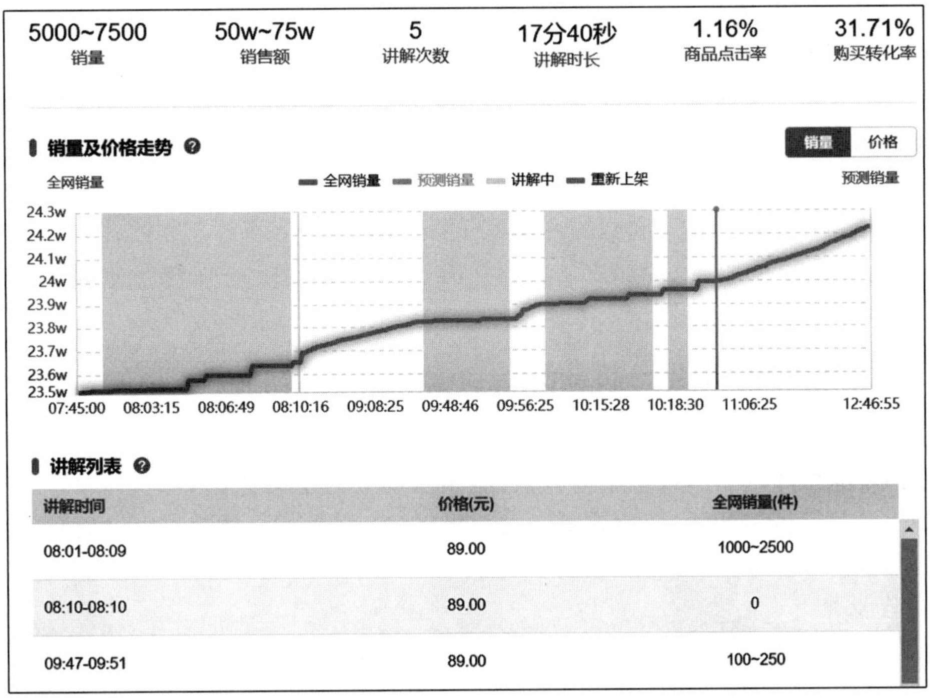
5000~7500
销量
50w~75w
销售额
5
讲解次数
17分40秒
讲解时长
1.16%
商品点击率
31.71%
购买转化率
销量及价格走势
销量
价格
全网销量
全网销量
预测销量
讲解中
重新上架
预测销量
24.3w
24.2w
24.1w
24w
23.9w
23.8w
23.7w
23.6w
23.5w
07:45:00
08:03:15
08:06:49
08:10:16
09:08:25
09:48:46
09:56:25
10:15:28
10:18:30
11:06:25
12:46:55
讲解列表
讲解时间
价格(元)
全网销量(件)
08:01-08:09
89.00
1000~2500
08:10-08:10
89.00
0
09:47-09:51
89.00
100~250

图 8-36　商品数据

对于商品的带货达人分析,可以查看商品的分类、带货口碑、预估销量、预估销售额、关联视频和关联直播等数据(见图 8-37)。

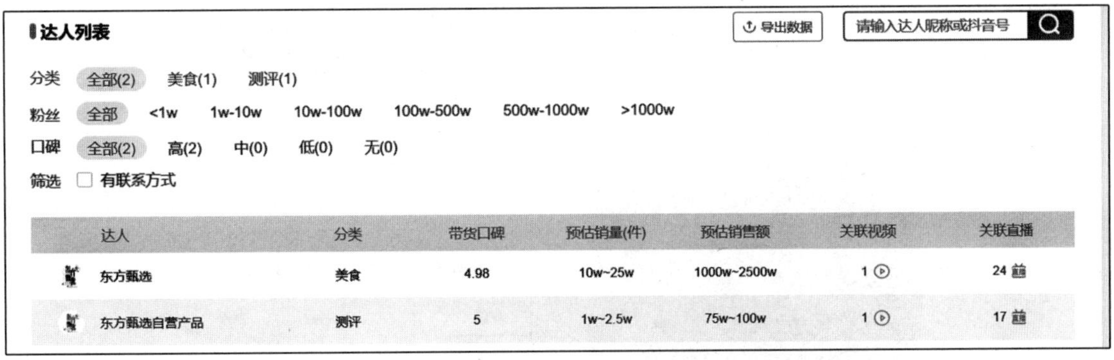
达人列表
导出数据
请输入达人昵称或抖音号
分类　全部(2)　美食(1)　测评(1)
粉丝　全部　<1w　1w-10w　10w-100w　100w-500w　500w-1000w　>1000w
口碑　全部(2)　高(2)　中(0)　低(0)　无(0)
筛选　有联系方式
达人
分类
带货口碑
预估销量(件)
预估销售额
关联视频
关联直播
东方甄选
美食
4.98
10w~25w
1000w~2500w
1
24
东方甄选自营产品
测评
5
1w~2.5w
75w~100w
1
17

图 8-37　达人列表

3. 直播营销的价值体现

为了获得更多的发展机会,并且在竞争中获得更有利的地位,公司必须选择合适的网络营销模式。公司使用的网络营销模式适合自身的需求和营销计划,才能吸引更多的消费者,为企业带来良好的经济利润。

在如今的信息时代,各类行业中的新技术对人们的生活和工作产生了深远的影响。网络营销的本质是通过信息技术和网络促进各种商业活动的实施,从而使产品得以销售。网络营销顾客价值是网络营销的第一战略,反映了营销的最重要目标。企业在应用网络营销时,需要根据自身的情况制订适当的营销计划并跟踪相应情况,以确保取得预期效果。

4.直播营销的发展空间

直播营销在营销市场中变得越来越重要,产生的营销效果也是十分显著。网络直播营销模式的出现促进了视频营销和内容营销的多样化,可以借助网络平台展示出自身的经济实力和营销实力,为企业带来更多的发展机会。通过直播营销完成对各类产品的销售可以提高公司或品牌的知名度和影响力。

随着网络经济的发展和互联网的普及,新的销售观念层出不穷。因此,国内企业需要意识到这一点,并根据自己的特点建立适当的营销网络来改善自己的品牌形象,网络营销可以很好地提升企业价值。

8.3.4 直播营销数据分析案例

1.实验说明

实验以一家线下男装服饰企业为背景,学生扮演的是这家企业的销售人员。现在公司决定组织一场直播营销活动,学生需要自主运营完成一系列的直播操作,帮助公司顺利进行一场直播营销。

2.实验步骤

(1)账号设置。

登录抖音后,点击右下角的"我"进入个人信息页面,点击个性签名进入账号设置页面(见图8-38、图8-39)。

图 8-38 点击右下角的"我"

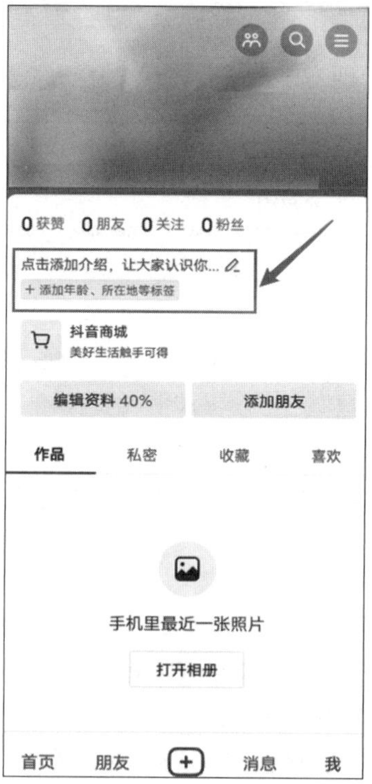

图 8-39 点击个性签名

在个人信息设置里,我们可以设置能够体现直播特色的昵称。若是抖音账号已进行企业认证,暂不支持自定义名称修改(见图8-40至图8-42)。

图 8-40 账号设置页面　　　　图 8-41 修改账号名称　　　　图 8-42 商家账号名称修改确认

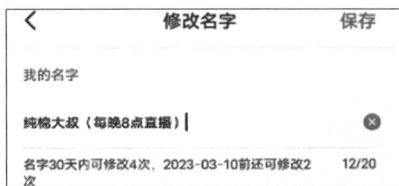

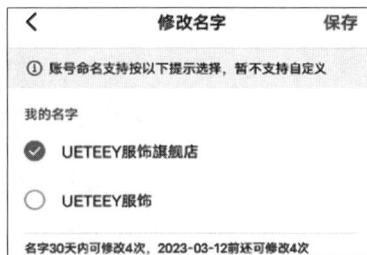

根据商家售卖的产品内容,我们可以将个人简历设置为以下内容(见图 8-43)。

衣服在商品橱窗或视频左下方小黄车可直接下单。

官方保障:专注品质与服务,您的满意就是我们的动力!

我们家衣服都支持 7 天无理由退换货!

我们直播时间:18:00—24:00。

有问题:商品橱窗—宝贝—左下角—客服—咨询。

请勿相信本账号以外的私信或退款。

感谢光临,感谢关注。

按照直播账号的定位与属性,我们采用带有公司名称的账号做头像,加深客户的认识(见图 8-44)。

图 8-43 修改简介　　　　图 8-44 设置头像

按照直播账号的定位与属性,我们可以使用一些纯棉衣服的图片当背景图片,使得图片能够展现账号定位风格(见图8-45)。

最终设置好的账号如图8-46所示。

图 8-45　设置背景图

图 8-46　设置成功

2.直播带货选品

进入思睿智训智慧新媒体营销实训实战平台,可以查看直播数据,进行货品的选择(见图8-47)。

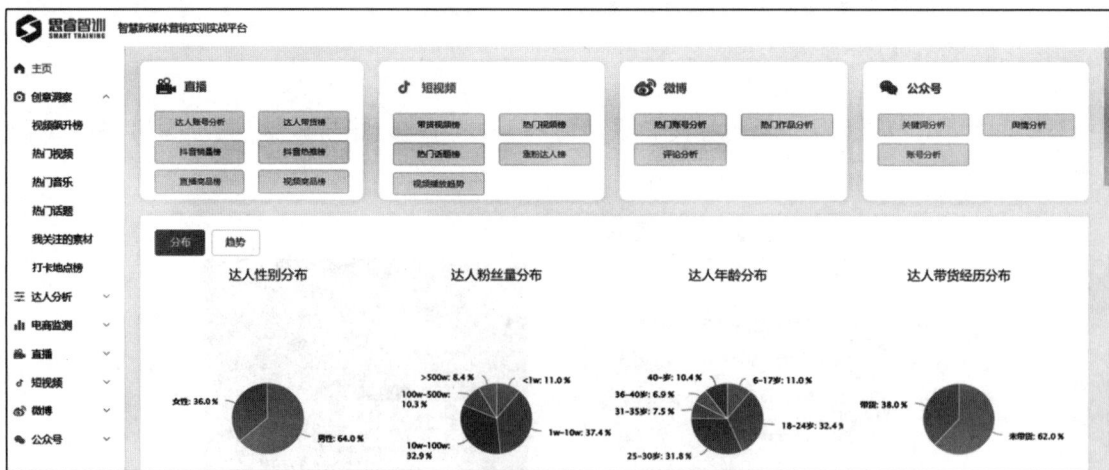

图 8-47　智慧新媒体营销实训实战平台

点击直播模块,可以查看达人账号分析、达人带货榜、抖音销量榜、抖音热推榜、直播商品榜、视频商品榜和热门品牌榜等(见图8-48)。

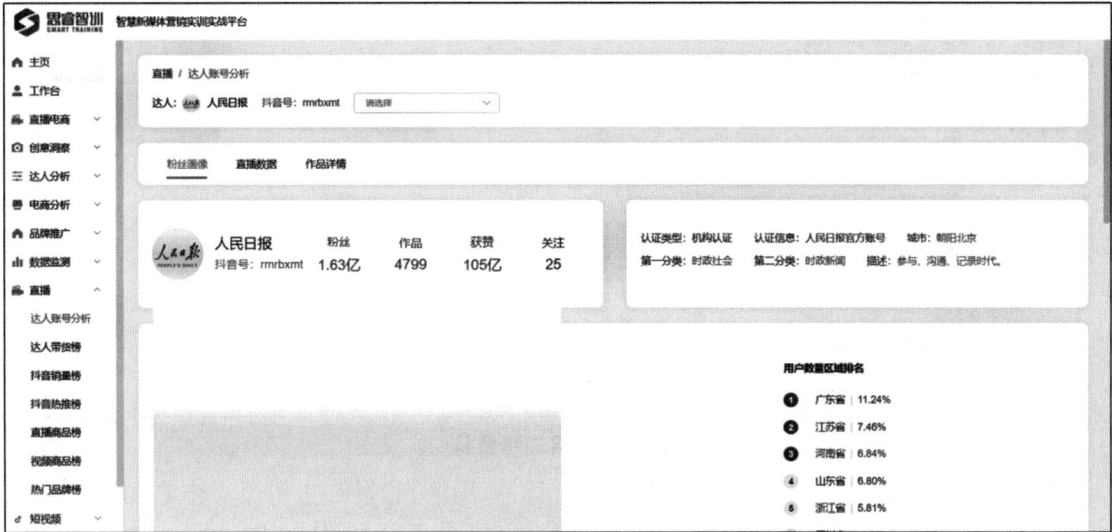

图 8-48 直播模块

点击抖音销量榜,可以设置条件筛选,查看日榜、周榜和月榜,也可以点击右侧输入商品名称,查询想要在抖音销售的商品,查看商品销量(见图 8-49 和图 8-50)。

图 8-49 抖音销量榜

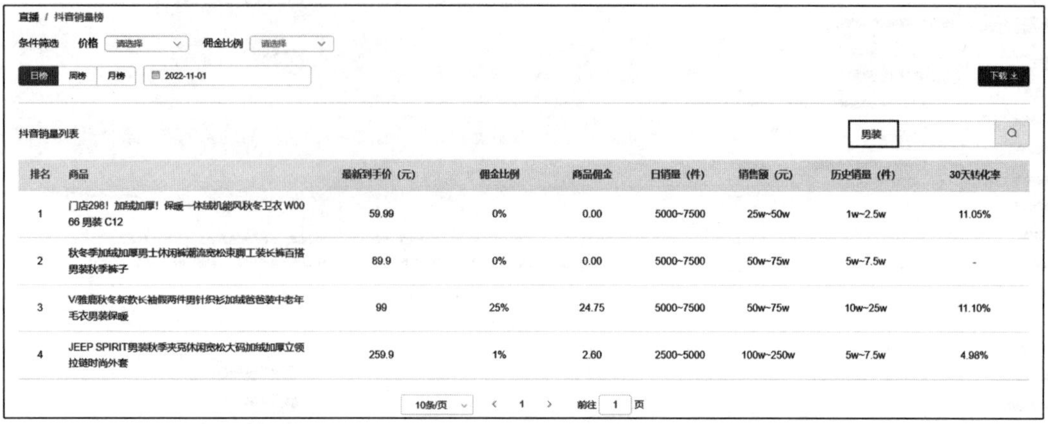

直播 / 抖音销量榜

条件筛选 价格 请选择 佣金比例 请选择

日榜 周榜 月榜 2022-11-01 下载

抖音销量列表 男装

排名	商品	最新到手价（元）	佣金比例	商品佣金	日销量（件）	销售额（元）	历史销量（件）	30天转化率
1	门店298！加绒加厚！保暖一体绒机能风秋冬卫衣 W0066 男装 C12	59.99	0%	0.00	5000~7500	25w~50w	1w~2.5w	11.05%
2	秋冬季加绒加厚男士休闲裤潮流宽松束脚工装长裤百搭男装秋季裤子	89.9	0%	0.00	5000~7500	50w~75w	5w~7.5w	-
3	V/雅鹿秋冬新款长袖假两件男针织衫加绒爸爸装中老年毛衣男装保暖	99	25%	24.75	5000~7500	50w~75w	10w~25w	11.10%
4	JEEP SPIRIT男装秋季夹克休闲宽松大码加绒加厚立领拉链时尚外套	259.9	1%	2.60	2500~5000	100w~250w	5w~7.5w	4.98%

10条/页 < 1 > 前往 1 页

图 8-50　男装销量榜

点击直播商品榜，可以设置条件筛选，查看日榜、周榜和月榜，也可以点击右侧输入商品名称查询想要在抖音直播带货的商品，查看商品榜(见图 8-51 和图 8-52)。

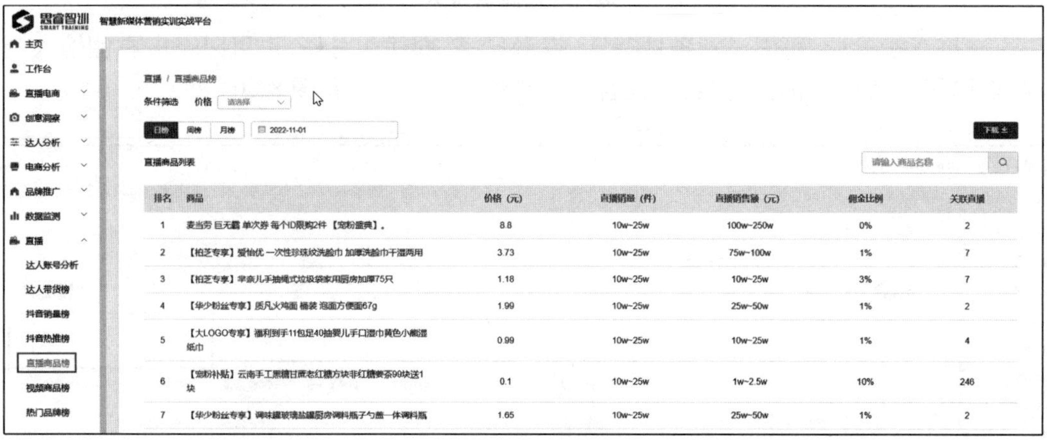

直播 / 直播商品榜

条件筛选 价格 请选择

日榜 周榜 月榜 2022-11-01 下载

直播商品列表 请输入商品名称

排名	商品	价格（元）	直播销量（件）	直播销售额（元）	佣金比例	关联直播
1	麦当劳 巨无霸 单次券 每个ID限购2件【宠粉盛典】。	8.8	10w~25w	100w~250w	0%	2
2	【柏芝专享】爱怡优 一次性珍珠纹洗脸巾 加厚洗脸巾干湿两用	3.73	10w~25w	75w~100w	1%	7
3	【柏芝专享】华奈儿手抽绳式垃圾袋家用厨房加厚75只	1.18	10w~25w	10w~25w	3%	7
4	【华少粉丝专享】质凡火鸡面 桶装 泡面方便面67g	1.99	10w~25w	25w~50w	1%	2
5	【大LOGO专享】福利到手11包足40抽婴儿手口湿巾黄色小熊湿纸巾	0.99	10w~25w	10w~25w	1%	4
6	【宠粉补贴】云南手工黑糖甘蔗老红糖方块非红糖姜茶99块送1块	0.1	10w~25w	1w~2.5w	10%	246
7	【华少粉丝专享】调味罐玻璃盐罐厨房调料瓶子勺盖一体调料瓶	1.65	10w~25w	25w~50w	1%	2

图 8-51　直播商品榜

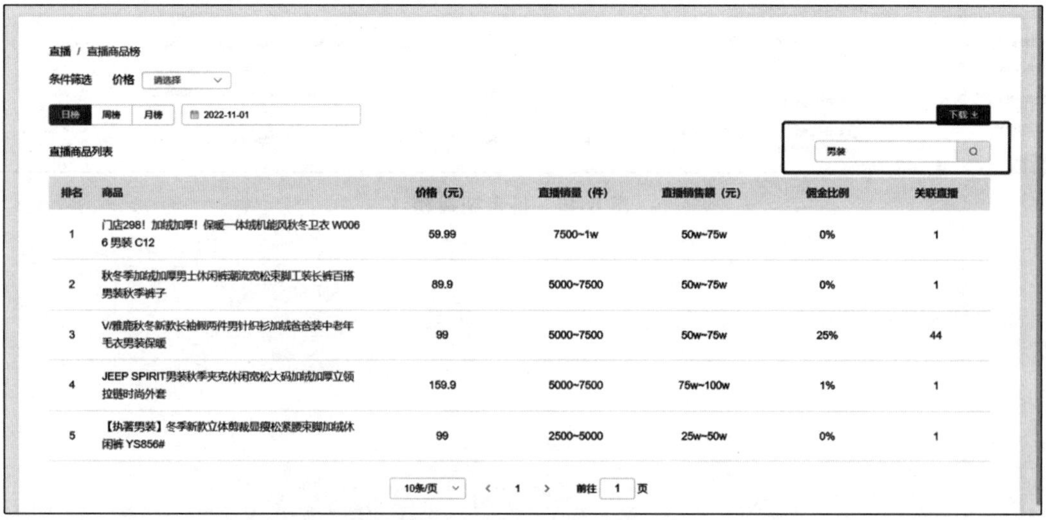

直播 / 直播商品榜

条件筛选 价格 请选择

日榜 周榜 月榜 2022-11-01 下载

直播商品列表 男装

排名	商品	价格（元）	直播销量（件）	直播销售额（元）	佣金比例	关联直播
1	门店298！加绒加厚！保暖一体绒机能风秋冬卫衣 W0066 男装 C12	59.99	7500~1w	50w~75w	0%	1
2	秋冬季加绒加厚男士休闲裤潮流宽松束脚工装长裤百搭男装秋季裤子	89.9	5000~7500	50w~75w	0%	1
3	V/雅鹿秋冬新款长袖假两件男针织衫加绒爸爸装中老年毛衣男装保暖	99	5000~7500	50w~75w	25%	44
4	JEEP SPIRIT男装秋季夹克休闲宽松大码加绒加厚立领拉链时尚外套	159.9	5000~7500	75w~100w	1%	1
5	【执著男装】冬季新款立体剪裁显瘦松紧腰束脚加绒休闲裤 YS856#	99	2500~5000	25w~50w	0%	1

10条/页 < 1 > 前往 1 页

图 8-52　男装直播商品榜

综合思睿智训智慧新媒体营销实训实战平台的直播数据分析,结合公司资源,公司选择以下 4 款类型产品进行售卖,分别是低客单价商品、中客单价商品、高客单价商品和门店同类型商品。

低客单价商品:39.9 元
名称:秋冬季雪尼尔加绒加厚休闲纯色圆领毛衣男装(见图 8-53)
中客单价商品:99 元
名称:冬季新款立体剪裁显瘦松紧腰束脚加绒休闲裤(见图 8-54)

图 8-53　低客单价商品

图 8-54　中客单价商品

高客单价商品:169.9 元
名称:"雪尼尔加绒加厚"冬季夹克中年男士爸爸保暖休闲外套中老年男装(见图 8-55)
门店同类型商品:49.99 元
名称:门店 399!情侣款!加厚仿羊羔绒　休闲卫裤　W8603　男装＋女装V236(见图 8-56)

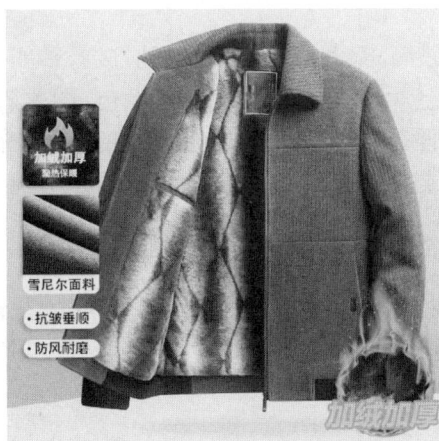

图 8-55　高客单价商品

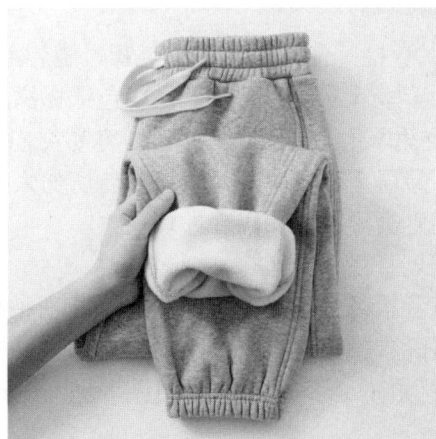

图 8-56　门店同类型商品

（3）基本的直播营销方法。

①产品亮点功能展示：产品本身都会有它的亮点，那么可以骄傲自豪地直接展示产品与众不同的地方。

②优势放大：懂得在客观现实的基础上有目的地放大产品的某个特征，以增强表达效果的表现手法。对于产品的某个或某几个独有的特征，可以尝试用夸张的方式呈现，便于受众记忆。

③寻找创意卖点：若产品本身出彩的地方不多，那就用创意来填充。挖掘一些特别的功能或延伸一些增值附加功能，创造性地展示出这些跨界的用途或功能，也能吸引大家围观。

④口碑氛围：在抖音展示口碑，可以从侧面呈现产品的火爆。大量用户在抖音跟风展示网红产品的卖点，通过多样化的内容呈现，不断深化用户对产品的印象，形成品牌口碑。

⑤场景植入：这种展示不再直接针对产品本身，而是把产品融入某个生活场景当中，让别人潜移默化地接受品牌或者产品的影响力，从而记住这个产品或品牌。

（4）直播场地布局。

①服饰直播间搭建技巧。

服装直播间场景的合理打造，不仅可以营造购物氛围，让用户产生购买场景代入感，还可以很好地强化品牌账号和产品的调性，从而加强粉丝对品牌和产品的信任感。

打造一个专业合适的服装直播间需要许多的搭配技巧。

首先，直播的形式决定了直播场地的尺寸要求，直播场地的大小要根据直播的内容进行调整。以站播场景应用最普遍的服饰箱包类商家为例，遵循饱满不拥挤的原则即可，无须占用很大的空间。因此，建议选择 20～40 平方米的直播间，该场地内需要有直播区域、商品挂置/摆放区域、换衣区等。

其次，直播前需要检测场地的隔音和回音情况，如果隔音不好或者回音太重，都会影响直播的正常进行，可以在直播场地放置隔音棉，减少杂音。同时为了直观地展示服装穿搭效果，直播间环境要保持光线清晰、环境敞亮、可视物品整洁即可。直播间适当可以放一些背景音乐和小灯串，但注意音乐不能太大，灯光不能太亮，否则会分散用户对直播间的注意力。另外，直播间画面布局周边区域可以在衣架上摆满衣服，视觉上暗示观众直播间的款式非常多，极具吸引力。

最后，直播间最好以浅色纯色背景墙为主，以简洁、大方、明亮为基础打造，不能花哨，因为杂乱的背景容易使人反感。在颜色选择搭配上，尽量挑选简洁明亮的颜色，如冰蓝、浅灰、浅棕，纯色和浅色在视觉上更精简，容易突出主播。也可以选择同色系拼接搭配，看起来既舒适又不显得千篇一律。背景墙颜色切勿太亮或太花哨，太亮会极易导致画面出现反光，太花哨的话则会导致镜头出现虚焦现象。

②规划直播背景区。

直播背景区应放置在摄像头能够清晰拍摄的位置。我们将其放置在靠墙位置，考虑到服饰直播间衣物颜色十分丰富的特点，建议采用简洁单一的背景，比如素色窗帘或者白色墙面，使得背景不至于喧宾夺主（见图 8-57）。

图 8-57　规划直播背景区

③规划主播活动区。

主播是直播的灵魂人物,主播活动区应当放置在直播间中心位置。可以适当靠后一点,既可以让背景区更清晰地呈现在镜头下,也可以在镜头后方留下足够的其他工作人员活动的区域。因为服饰直播间需要完整展现服装的材质、版型,大多情况下需要主播试穿,因此应当采用站播形式,不需要设置桌椅(见图 8-58)。

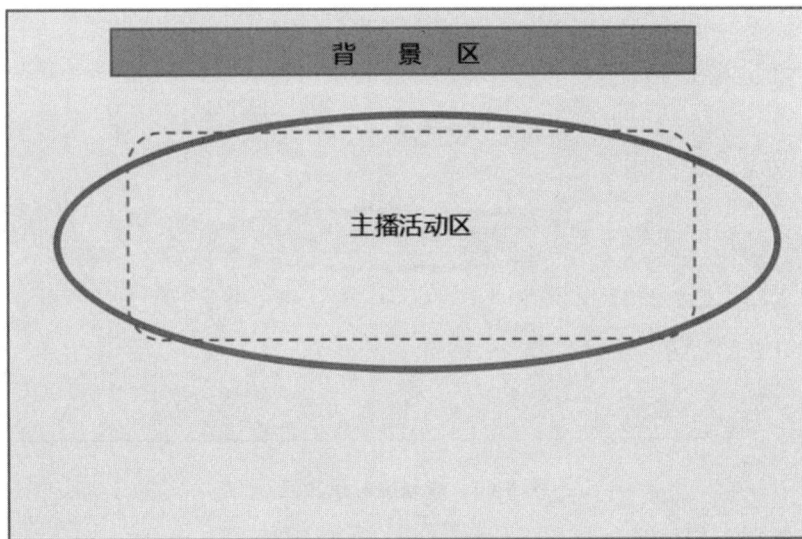

图 8-58　规划主播活动区

④规划商品展示区。

服饰直播间的商品展示区一般为衣架或者衣柜形式,应放置在主播活动区附近,且要保证能清晰地展现在镜头下(见图 8-59)。

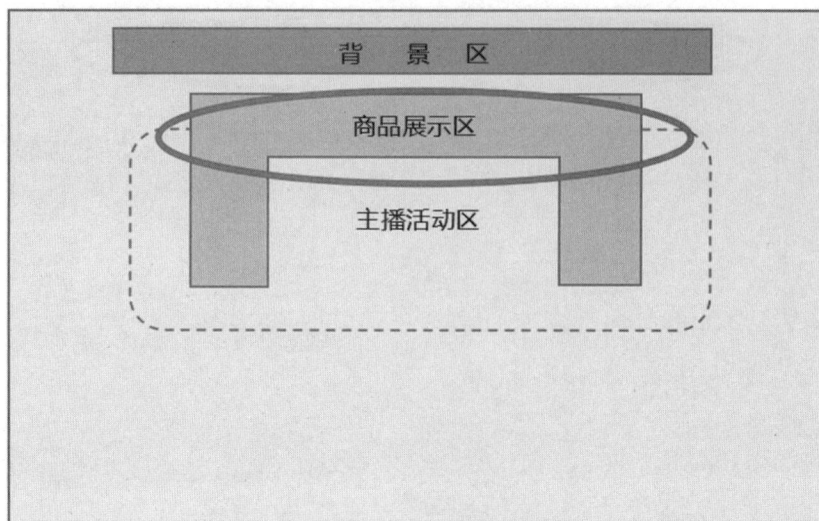

图 8-59　规划商品展示区

⑤规划摄影录音区。

摄影录音区是直播间最重要的区域,负责直播画面与声音的录制。应当放置在离主播较近的位置,方便更清晰地捕捉主播的动作与声音(见图 8-60)。

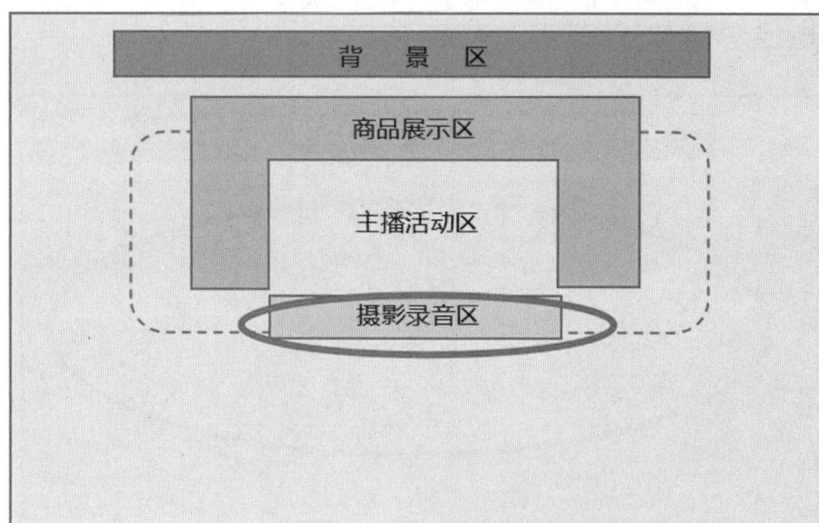

图 8-60　规划摄影录音区

⑥规划监视器与提词区。

此处假设该服饰直播间为团队直播,有专门工作人员负责监视整场直播画面展示效果,此时监视器就需要设置在靠近其他工作人员的活动区域,而提词器需要面向主播(见图 8-61)。

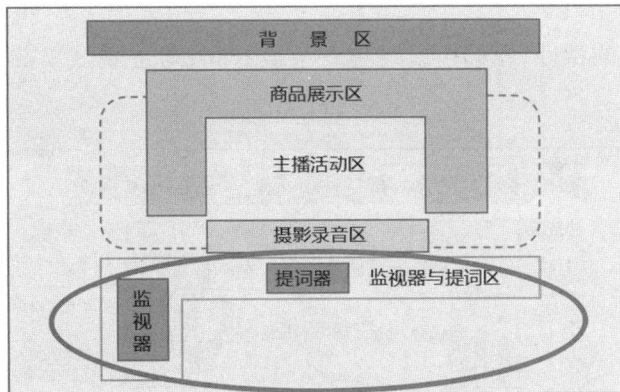

图 8-61 规划监视器与提词区

⑦规划补光灯区。

一般位于直播间角落,为直播间提供不同效果的灯光,增强直播间视觉效果(见图 8-62)。

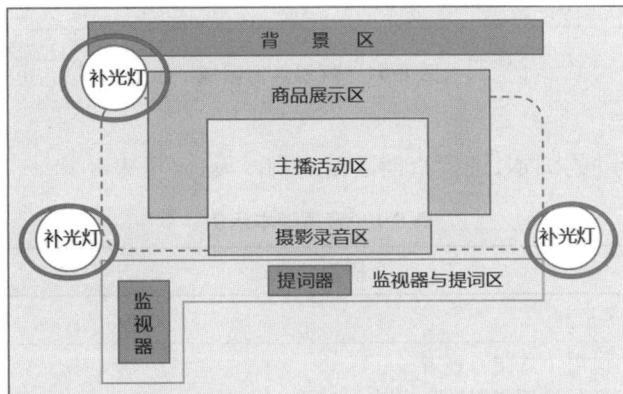

图 8-62 规划补光灯区

⑧规划其他工作人员活动区。

其他工作人员活动区应当放置在镜头背后,不被镜头捕捉,又能对主播起到提示作用(见图 8-63)。

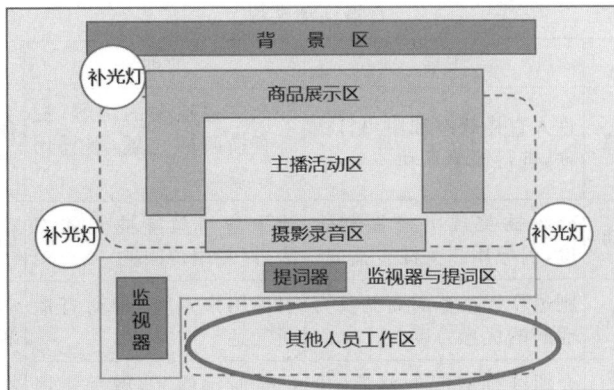

图 8-63 规划其他工作人员活动区

⑨规划其他区域。

根据服饰直播间的特性,我们可以设置一个换衣间,为主播试穿衣服提供隐蔽空间(见图 8-64)。

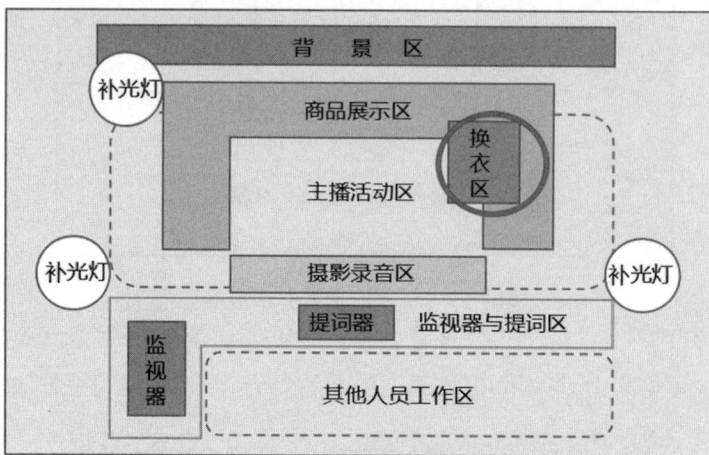

图 8-64 规划其他区域

(5)直播脚本撰写。

撰写整场直播活动的脚本,进行直播活动的脚本设计(见表 8-1)。

表 8-1 直播脚本示例

直播活动概述	
直播主题	冬季服装送福利
直播目标	流量目标:吸引 1 万用户观看 销售目标:新品纯棉衣服销量突破 1000 件
主播人员	主播:××;助理:××;客服:××
直播时间	××××年××月××日 18:00—21:30
注意事项	1.主播合理把控时间,注意商品讲解的节奏 2.注意引导用户进行点赞加关注的互动,避免冷场

直播活动流程				
时间段	流程	主播	助理	客服
18:00—18:10	开场预热	进入直播状态和用户打招呼,进行简单互动	补充主播遗漏的内容,提升直播间的气氛,引导用户点赞	播放能烘托气氛的音乐,向用户推送开播通知
18:11—18:20	暖场互动	介绍抽奖规则及福利力度,引导用户关注直播间	演示参与截屏抽奖的方法,回复用户问题	向用户推送直播信息
18:21—18:25	活动预告	剧透今天推荐的商品及直播间的优惠力度	引导用户点赞,带动直播间气氛	向用户推送本场直播活动
18:26—18:55	商品介绍 1	介绍纯棉衣服的材质、价格,展示上身效果	配合演示商品,展示使用效果,引导用户下单	在直播间添加商品链接,回复用户关于订单的问题

时间段	流程	主播	助理	客服
18:56—19:25	商品介绍 2	介绍同款 T 恤的材质和价格,展示上身效果	配合演示商品,展示使用效果,引导用户下单	在直播间添加商品链接,回复用户关于订单的问题
19:26—19:50	福利抽奖	宣布抽奖福利内容和抽奖规则,引导用户参与抽奖	演示参与抽奖的方法,公布中奖用户,烘托直播间气氛	收集抽奖信息,展示中奖用户
19:51—20:20	商品介绍 3	介绍短裤的材质和价格,商品搭配展示上身效果	引导用户加入粉丝团,展示商品的使用效果,引导下单	在直播间添加商品链接,回复用户关于订单的问题
20:21—20:45	福利抽奖	发放直播间福利,引导用户参与,活跃直播间气氛	演示参与抽奖的方法,公布中奖用户,拉升直播间气氛	收集抽奖信息,展示中奖用户
20:46—21:15	商品介绍 4	介绍同款裤子的材质和价格,展示上身效果	配合演示商品,展示使用效果,引导用户下单	在直播间添加商品链接,回复用户关于订单的问题
21:16—21:30	直播预告	预告下一场直播的时间、福利、直播的商品等	引导用户关注直播间	回复关于商品和订单问题

(6)直播引流。

①个人主页预热。

在直播前,将你的个人简介信息更新,包括昵称和简介(见图 8-65)。个人简介中也可以以文案的形式提醒用户你的直播时间,告诉观众和粉丝你的直播开播时间,让观众和粉丝提前了解你的开播习惯,定点进入直播间(见图 8-66)。

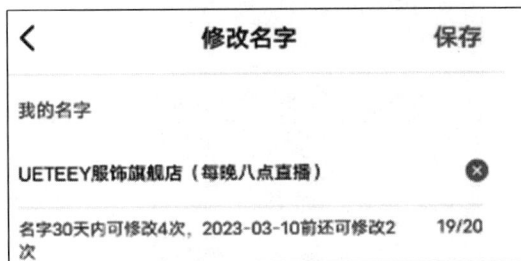

图 8-65　修改名字

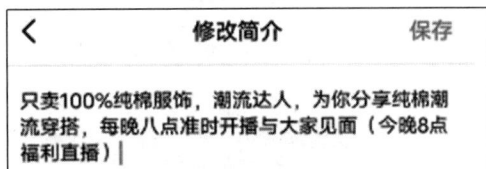

图 8-66　修改简介

②开播前发布小视频。

设置吸引眼球的开播封面:主播开播前要注意直播封面的选择,因为封面是决定粉丝进入直播间第一要素。封面色调要统一,像素要高,这样才能有视觉冲击力。另外,封面的美感与质感要能体现主播和直播间产品的风格。开播前 2～3 个小时发布一个小视频,在直播文案中预告开播时间和内容,让观众和用户进入你的直播间。如果观众看你的短视频时,你正在直播,就可以通过你的头像直接进入你的直播间。注意:直播预热的短视频结尾,留下悬念,吸引用户来直播间一探究竟。具体操作方式如下。

进入抖音 APP,点击下方正中间的"＋",进入视频发布页面(见图 8-67 和图 8-68)。

图 8-67　点击"+"

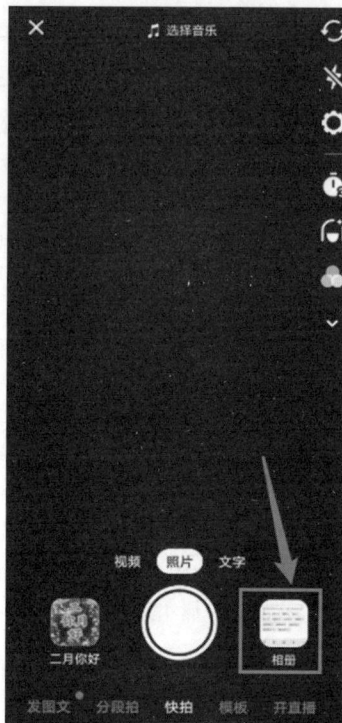

图 8-68　视频发布页面

点击"相册",选择预先做好的视频素材,接着点击"选择音乐"(见图 8-69 和图 8-70)。

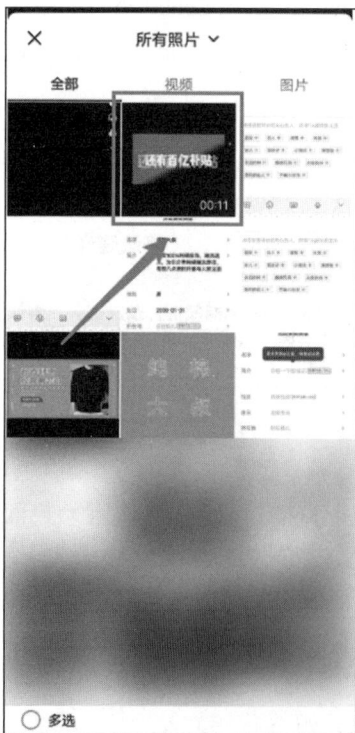

图 8-69　选择视频素材

图 8-70　选择音乐

　　在推荐或者收藏里面选择适合视频内容的音乐,也可以选择抖音的热门歌曲,增加流量。下方的"配乐"和"视频原声",可以依据视频的需要进行选取(见图 8-71)。

　　点击"下一步",进行视频的发布(见图 8-72)。

图 8-71　视频音乐选取

图 8-72　点击"下一步"

　　点击"选封面",选择有视觉冲击力的图片;接着添加作品描述,可以点击"♯添加话题"进行话题的选取(见图 8-73 和图 8-74)。

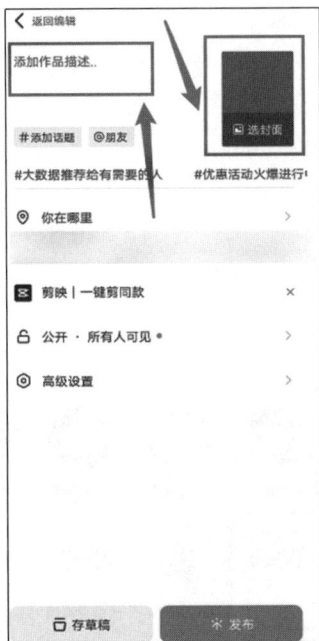

图 8-73　选封面、添加作品描述

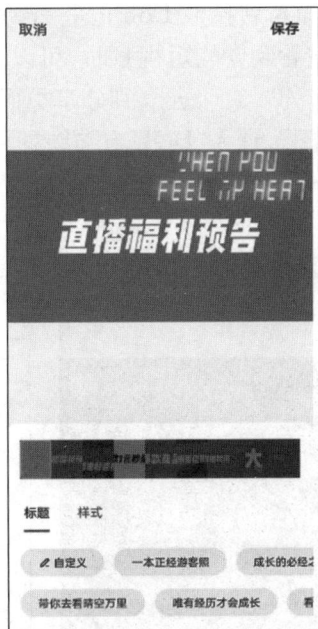

图 8-74　封面选择

完成上述操作步骤后,点击"发布"(见图 8-75)。

当开通直播后,视频中的头像就会显示在直播中(见图 8-76)。观众进入关注页面,也会显示博主正在直播中(见图 8-77)。

图 8-75　视频发布

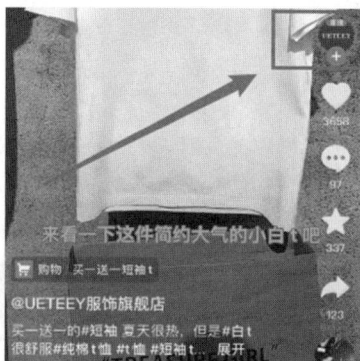

图 8-76　直播头像

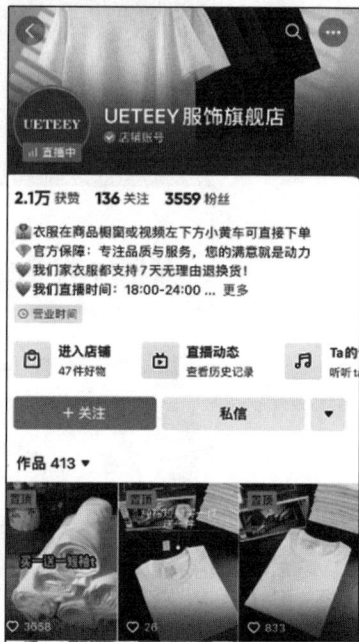

图 8-77　直播中

③Dou＋投放。

可以为直播间投放 Dou＋,付费助力为直播间预热加热。如果你的账号上有曝光比较高的短视频,可以付费投放 Dou＋进一步获取更多曝光,然后在投放 Dou＋的时间段开始直播。这样用户在看到你的短视频时,可以直接通过你的头像进入直播间。

点击右下方的"…",进入到分享页面(见图 8-78)。

点击"上热门",进入"DOU＋"投放页面(见图 8-79)。

图 8-78　点击"…"

图 8-79　DOU＋投放页面

若视频质量不佳,则会显示换个视频上热门(见图 8-80)。

重新制作一个优质视频后,重复上述操作,进入到速推版 Dou＋页面。可以对智能推荐人数进行选择或者自定义,同时可以选择提升视频点赞评论量或者粉丝量(见图 8-81)。

进入到定向版 Dou＋页面,可以对期望提升和投放时长的内容进行选择。同时可以选择系统智能推荐或自定义定向推荐。下方会显示预计播放量提升的数量及投放金额的结算(见图 8-82)。

图 8-80　换个视频上热门　　图 8-81　速推版 Dou＋页面　　图 8-82　定向版 Dou＋页面

期望提升包括点赞评论量、粉丝量和主页浏览量(见图 8-83),投放时长包括 2 小时、6小时、12 小时和 24 小时(见图 8-84)。

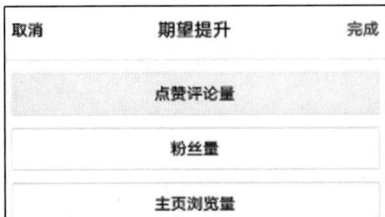

图 8-83　期望提升　　　　　图 8-84　投放时长

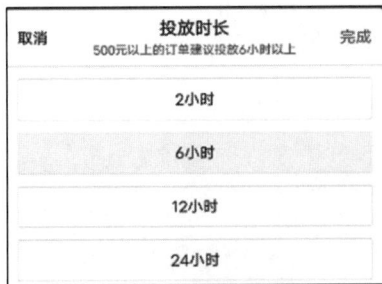

当选择了自定义定向推荐时,需要自行对性别、年龄、地域、兴趣标签和达人相似粉丝进行设置。其中达人相似粉丝可以选择与自己业务需求相似的达人,投放 Dou+后,该视频就会推荐给他们的粉丝并进行引流(见图 8-85 到图 8-87)。

图 8-85　自定义定向推荐

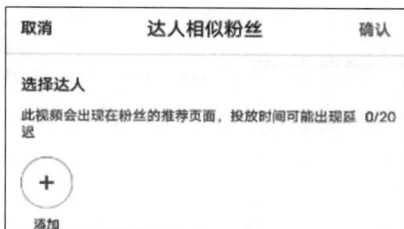

图 8-86　达人相似粉丝

图 8-87　选择达人

(7)直播环节。

①开播准备。

在做好以上环节的准备工作之后,就可以开始抖音直播。进入抖音 APP,选择下方正中间的"+"(见图 8-88)。

默认进入"快拍"界面,点击右下角的"开直播",开启抖音直播(见图 8-89)。

在开直播界面,可以选择开启位置、所有人可见,也可以对下方的内容进行设置,包括照片、美化和特效(见图 8-90)。

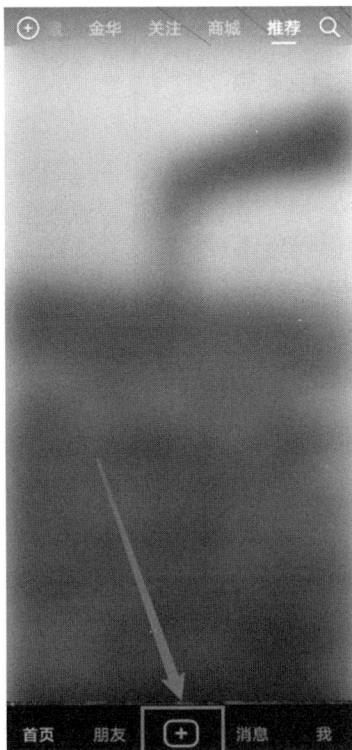

图 8-88　点击"＋"

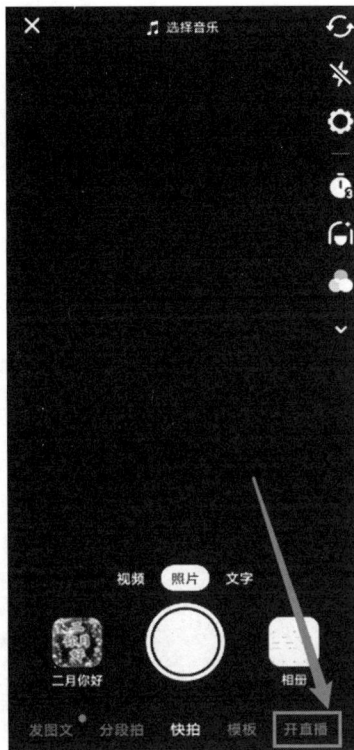

图 8-89　点击"开直播"

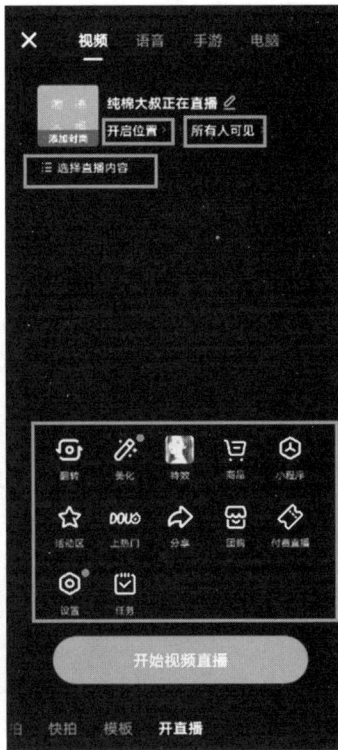

图 8-90　开直播界面

　　点击"开启位置",可以设置显示位置/隐藏位置(见图 8-91)。点击"所有人可见",可设置直播可见范围(见图 8-92)。

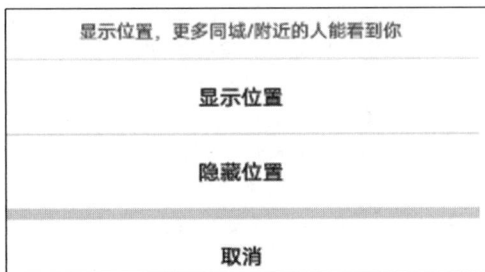

图 8-91　开启位置

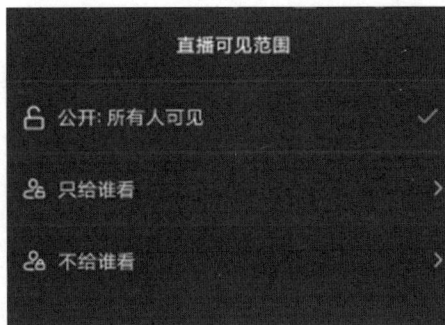

图 8-92　直播可见范围

　　点击"选择直播内容",可设置与自身直播相关的类目(见图 8-93)。

　　点击商品,抖音电商需要公开发布视频数≥10 条,抖音账号粉丝量≥1000 并进行实名认证(见图 8-94)。

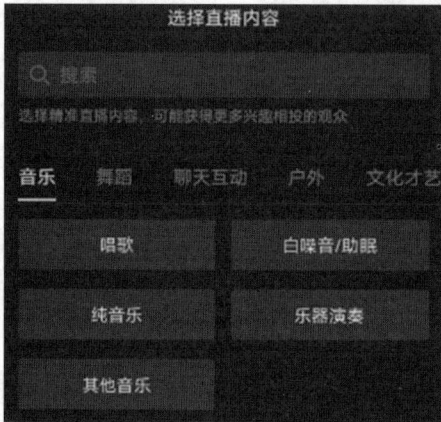

图 8-93　选择直播内容

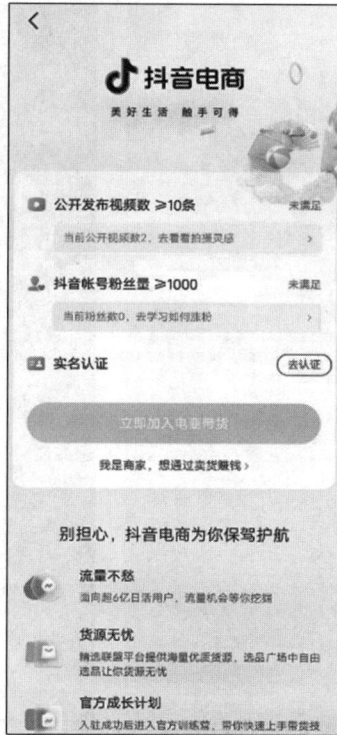

图 8-94　抖音电商

点击"小程序",选小程序或推广任务,需要满足条件,即粉丝数达到 1000 及近期无违规(见图 8-95 和图 8-96)。

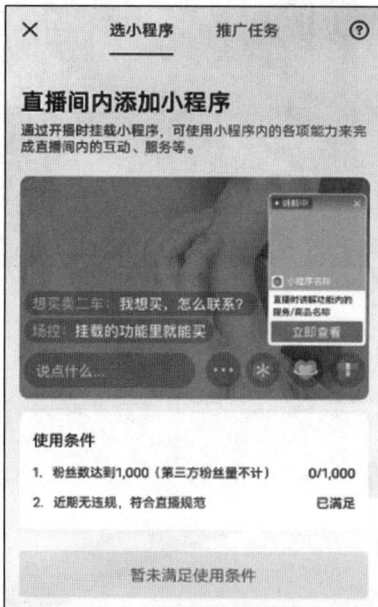

图 8-95　选小程序

图 8-96　推广任务

点击"上热门",可以使用 DOU＋直播上热门,并选择快速加热或自定义加热(见图 8-97 和图 8-98)。其中自定义加热方式,可以对直播间人气等内容进行设置,也可以选择想吸引的观众类型,还可以选择加热方式(见图 8-99)。

图 8-97　选择快速加热

图 8-98　选择自定义加热

图 8-99　自定义加热设置

当想吸引的观众类型选择"自定义观众类型"时,可以对性别等内容进行设置(见图 8-100)。

点击"团购",申请团购带货和点击"付费直播"时,需要进行实名认证,并且账号粉丝量≥1000(见图 8-101 和图 8-102)。

图 8-100　自定义观众类型

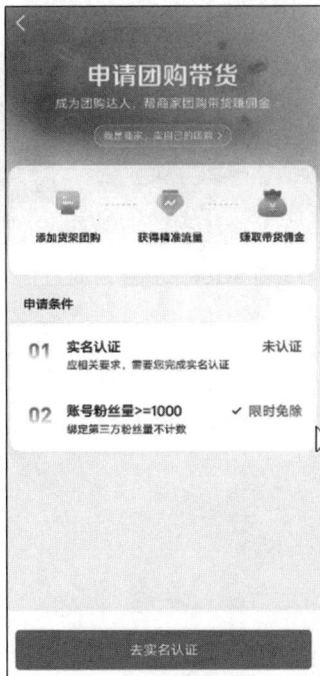

图 8-101　团购带货

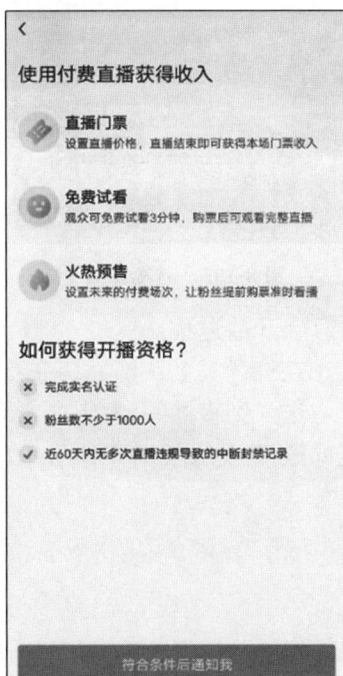

图 8-102　付费直播

点击"设置",可以对直播间进行开播设置,包括启用直播预告、开播时间设置等,保存设置后可以进行日历提醒(见图 8-103 至图 8-107)。

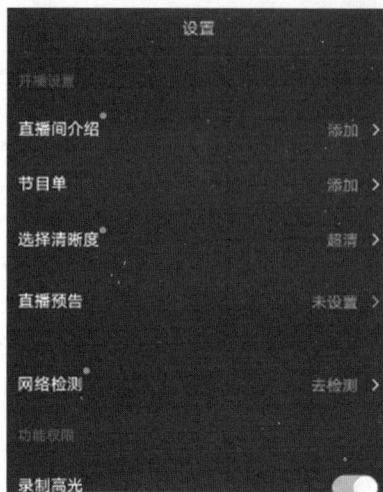

图 8-103　直播间设置

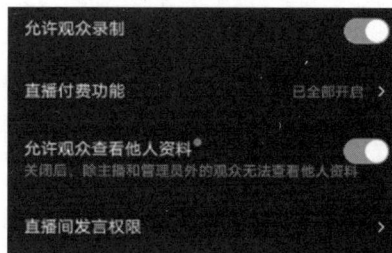

图 8-104　开播设置

图 8-105　直播预告

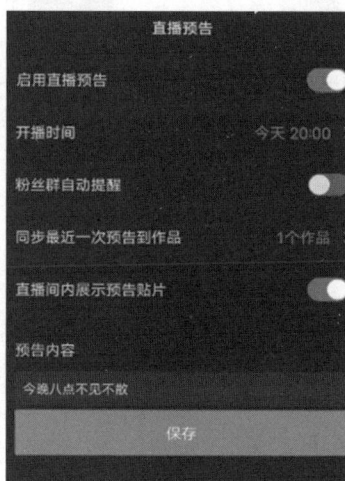

图 8-106　开播时间设置

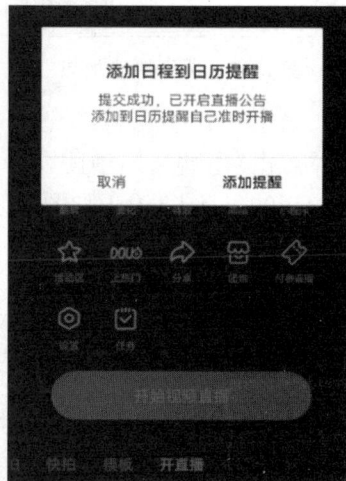

图 8-107　日历提醒

②开播过程。

在进行实名认证后,完成以上操作,点击"开始视频直播"进行直播(见图 8-108)。

进入到直播间,左上方会有提前设置好的直播预告。点击右下角的"...",进行直播功能的选择(见图 8-108 和图 8-109)。

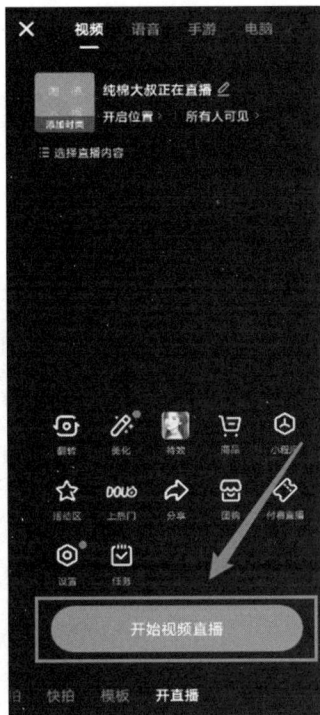

图 8-108 开启视频直播

图 8-109 选择直播功能

③直播功能。

进入直播功能页面,可以对互动能力、直播工具、基础功能进行体验(见图 8-110)。

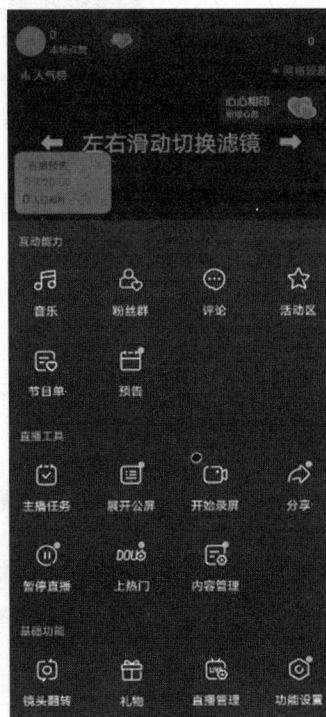

图 8-110 直播功能

互动能力中,点击"音乐",进入点歌页面(见图 8-111);点击"粉丝群",进入粉丝群管理页面(见图 8-112);点击"评论",进入聊天页面(见图 8-113);点击"活动区",进入活动专区页面(见图 8-114);点击"节目单",进入节目单设置页面(见图 8-115);点击"预告",进入直播预告页面(见图 8-116)。

图 8-111　音乐

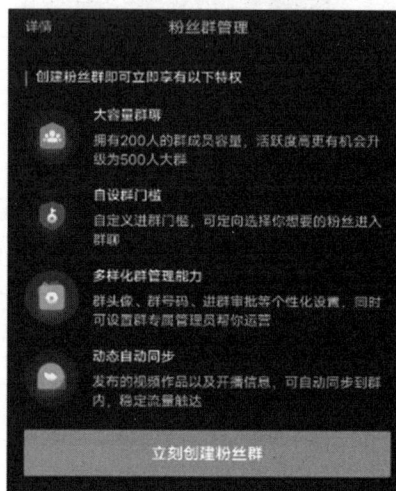

图 8-112　粉丝群

图 8-113　评论

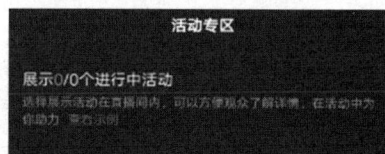

图 8-114　活动区

图 8-115　节目单

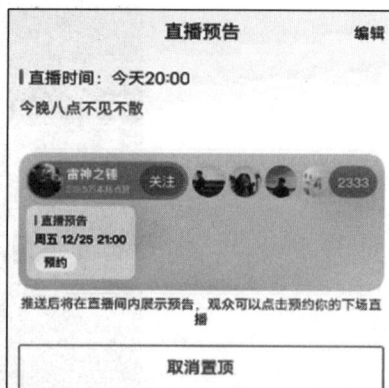

图 8-116　直播预告

直播工具中：点击"主播任务"，进入任务页面(见图 8-117)；点击"展开公屏"，进入公屏信息筛选管理页面(见图 8-118)；点击"开始录屏"，进入屏幕录制页面(见图 8-119)；点击"分享"，进入活动分享页面(见图 8-120)；点击"暂停直播"，进入直播暂停页面(见图 8-121 和图 8-122)；点击"上热门"，进入 Dou＋推广页面(见图 8-123)；点击"内容管理"，进入直播间介绍页面(见图 8-124)。

图 8-117　主播任务

图 8-118　展开公屏

图 8-119　开始录屏

图 8-120　分享

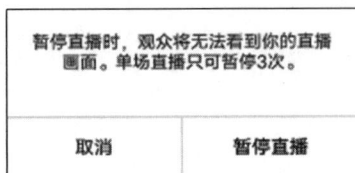

图 8-121　暂停直播提示

图 8-122　暂停直播

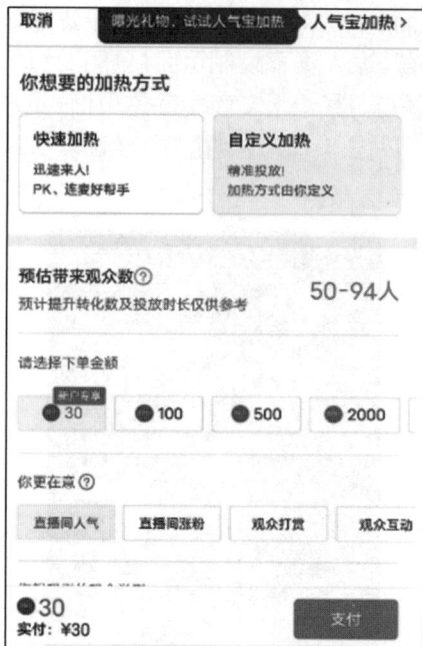

图 8-123 上热门

图 8-124 内容管理

基础功能中：点击"礼物"，进入礼物打赏页面（见图 8-125）；点击"直播管理"，进入设置管理员等内容的页面（见图 8 126）；点击"功能设置"，进入主播功能和观众功能设置的页面（见图 8-127）。

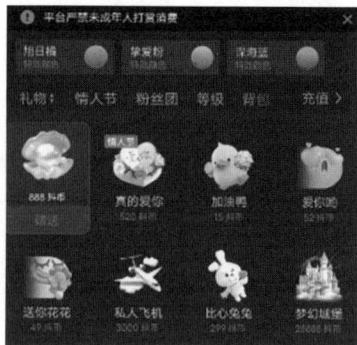

图 8-125 礼物打赏

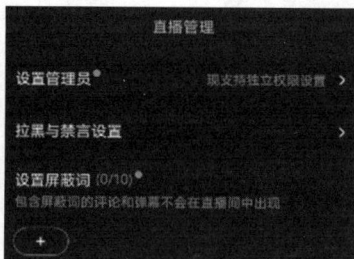

图 8-126 直播管理

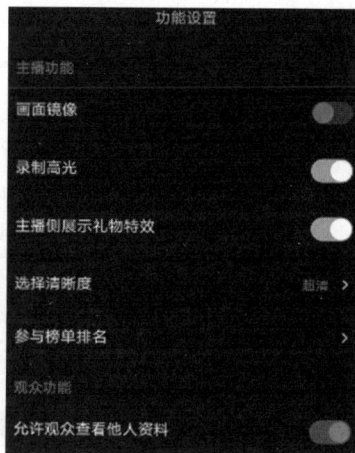

图 8-127 功能设置

④结束直播。

当所有的环节按照直播脚本运营完之后，可以点击右下方结束直播（见图 8-128）。

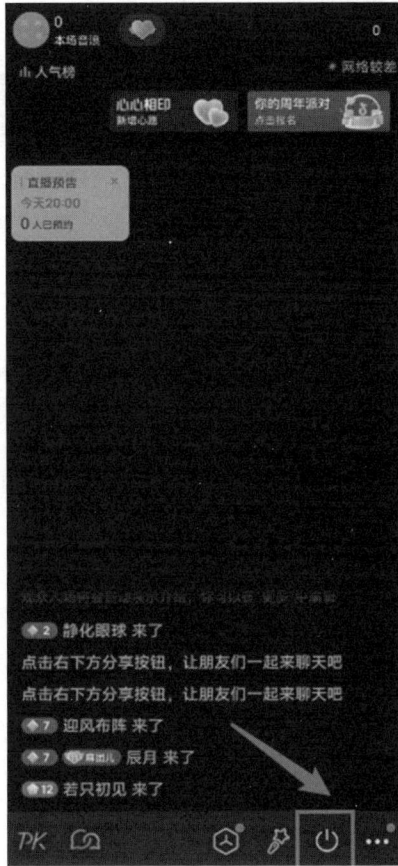

图 8-128 结束直播

⑤抖音账号拥有 1000 个粉丝。

当抖音账号拥有 1000 个粉丝之后,可以开通抖音小店,进行商品添加。浏览器搜索"抖音商家后台",进行抖店登录(见图 8-129 和图 8-130)。

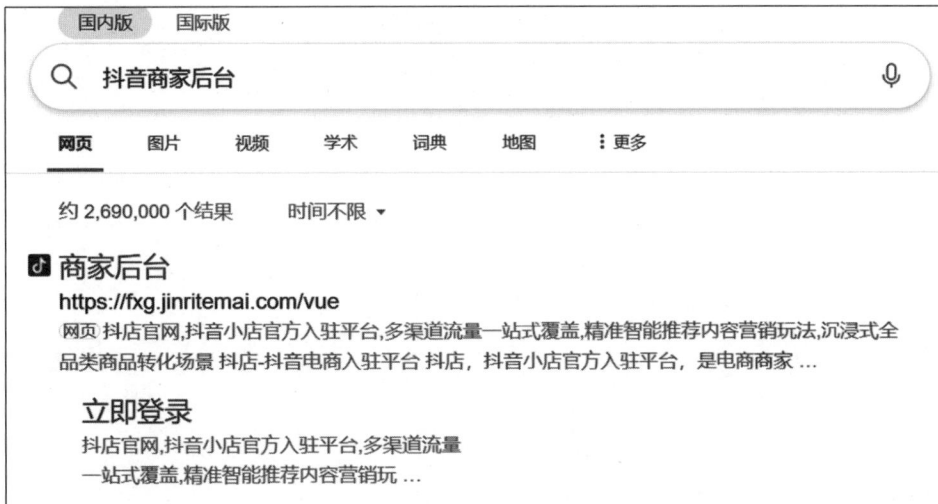

图 8-129 浏览器搜索

图 8-130　抖店页面

　　点击"商品"—"商品创建",进入商品创建页面,选择主图上传、商品类目等信息进行商品内容的填写,完成抖店商品的上架(见图 8-131 和图 8-132)。

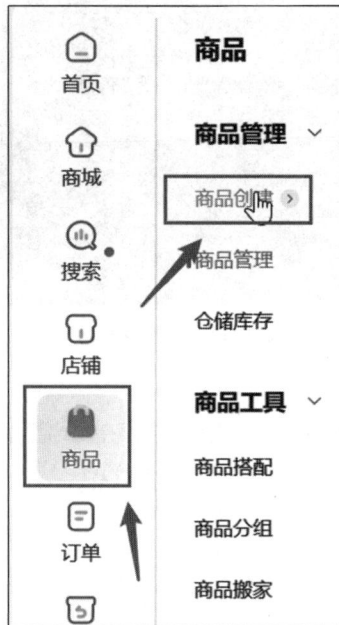

图 8-131　商品创建

图 8-132　商品上传页面

商品上架后,可以发送短视频,对直播带货的商品进行推广。可以点击视频页面的"..."进行推广,选择"小店随心推",进入小店随心推页面,对优化目标和投放时长进行设置,同时可设置把视频推荐给潜在兴趣用户(见图 8-133 至图 8-138)。

图 8-133　选择"小店随心推"

图 8-134　小店随心推页面

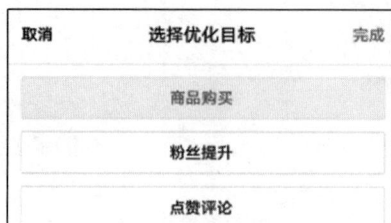

图 8-135　选择优化目标

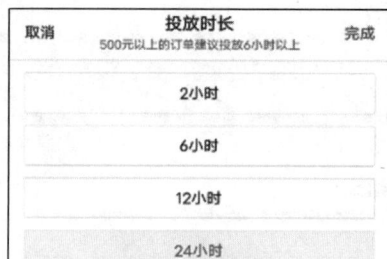

图 8-136　投放时长

图 8-137　自定义定向推荐

图 8-138　达人相似粉丝推荐

点击商品,可以查看店铺的最近添加产品、我的橱窗、我的店铺及专属推广(见图 8-139 至图 8-142)。

图 8-139　最近添加

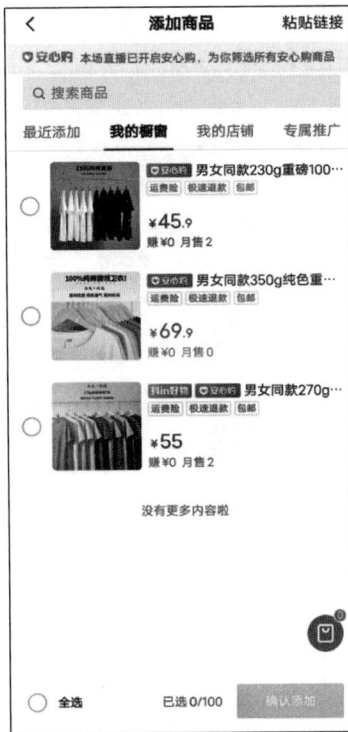

图 8-140　我的橱窗

图 8-141　我的店铺

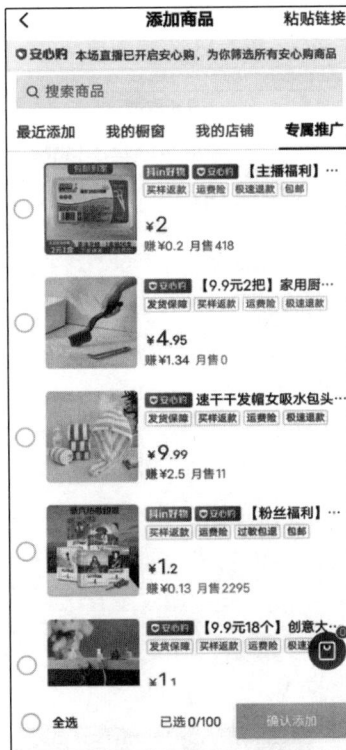

图 8-142　专属推广

点击"确认添加",可以进行商品的上架。同时可以点击"设置限时抢"对商品进行设置,它分为统一限时价和分规格设置限时价,最后可以核对限时抢信息(见图 8-143 至图 8-147)。

图 8-143　添加商品

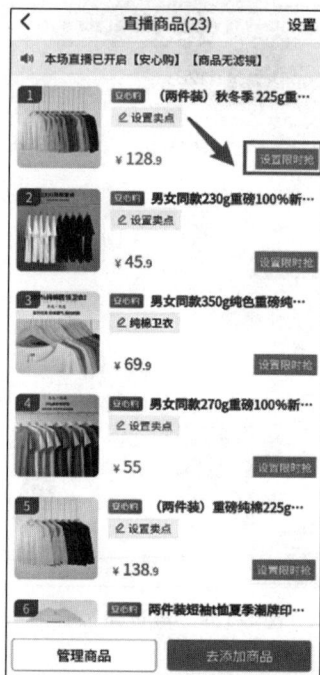

图 8-144　设置限时抢

图 8-145　统一限时价

图 8-146　分规格设置限时价

图 8-147 核对限时抢信息

点击"管理商品",可以对商品进行置顶操作或删除操作;点击"商品",再点击"设置",可以进行商品搭配设置、主推商品设置,以及安心购、商品无滤镜和店铺商品入口的选择(见图 8-148 至图 8-153)。

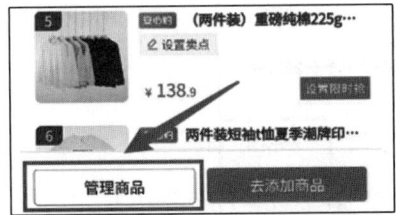
图 8-148 管理商品

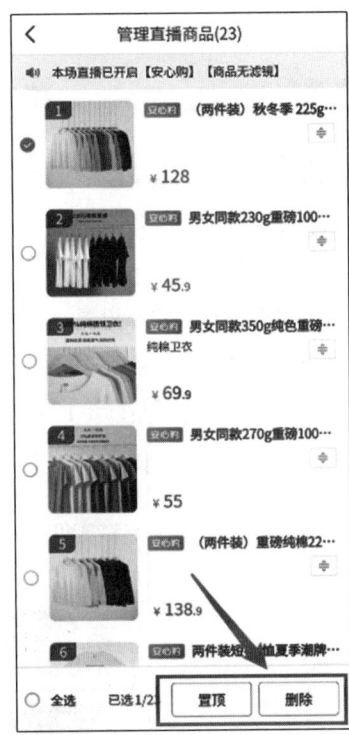
图 8-149 置顶/删除商品

图 8-150 点击"商品"

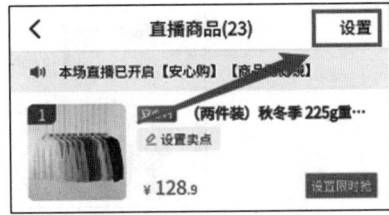
图 8-151 点击"设置"

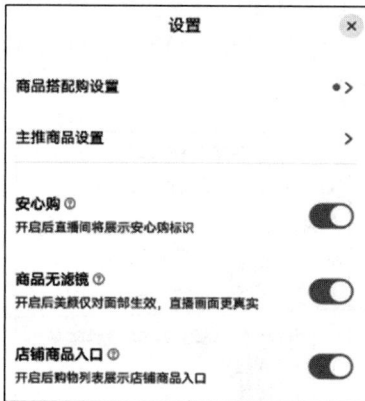

图 8-152　商品设置

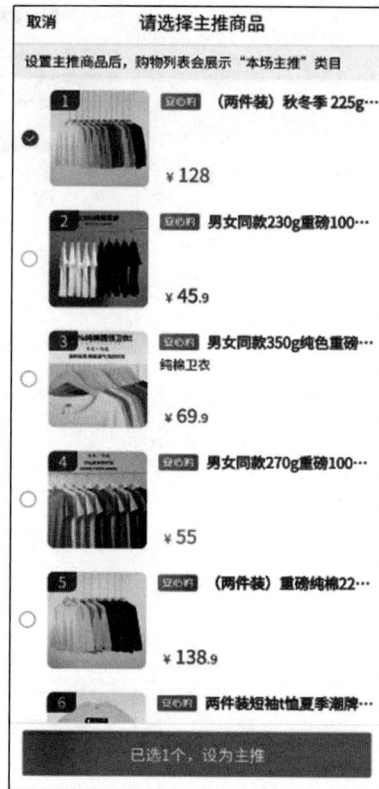

图 8-153　设置主推商品

　　开通直播后,选择购物车,点击"讲解",可以向观众表明此刻是在对该商品进行介绍;点击"取消讲解"则会结束讲解(见图 8-154)。

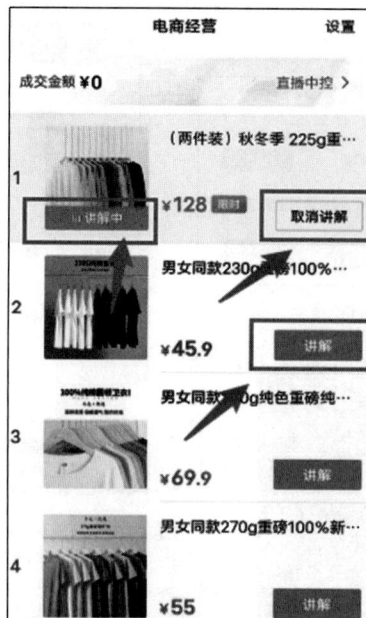

图 8-154　讲解商品

点击"直播中控",进入直播中控页面,可以查看实时数据和直播关注内容;点击"设置",可以对发券、商品管理等内容进行修改(见图 8-155 至图 8-158)。

图 8-155　电商经营

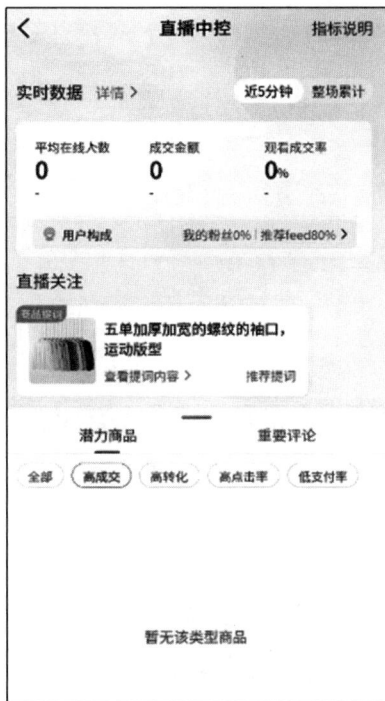

图 8-156　直播中控

图 8-157　设置

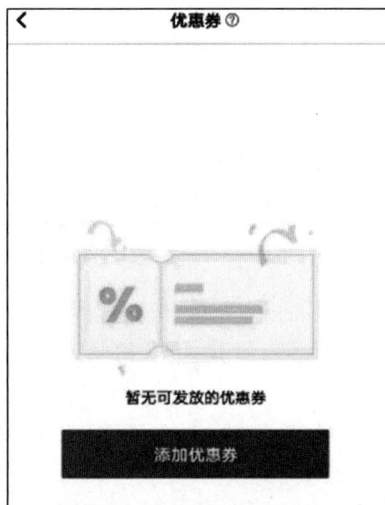

图 8-158　优惠券

点击直播界面下方的六边形,选中其中的福袋,对抖币福袋可以进行设置(见图 8-159 和图 8-160)。

图 8-159　点击玩法

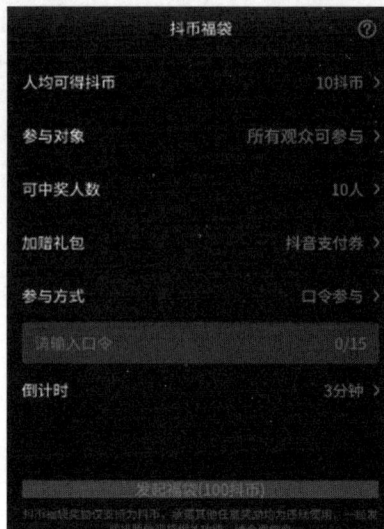

图 8-160　抖币福袋

(8)直播突发情况处理。

直播时,会遇到许多突发情况,这时候需要主播具有强大的应变能力(见图 8-161)。

图 8-161　直播突发情况

①直播间听不到声音:副播检查声卡与麦克风等硬件设备,查看声卡上的麦克风音量是否有正常打开、话筒音量是否正常、设备有无按说明书操作使用、接入手机是否打开音量主控。

②直播间观众无反应:主播找话题与观众进行互动、学会向观众提问、要求观众发送弹幕进行福利抽取。

③没有一场完全按照脚本走的直播:主播需要及时调整,对于反响好的商品进行详细的讲解;若观众对某一部分的反响不够好,主播可以及时跳过相关环节。

④没有一场完美无缺的直播:主播需要及时调整心态,为下一次直播做好准备。

(9)直播数据分析。

结束直播后,抖音自动会显示主播中心,可以查看今日/前 7 天/前 30 天的数据信息,包括收获音浪、观众人数、新增粉丝、开播时长等内容(见图 8-162)。

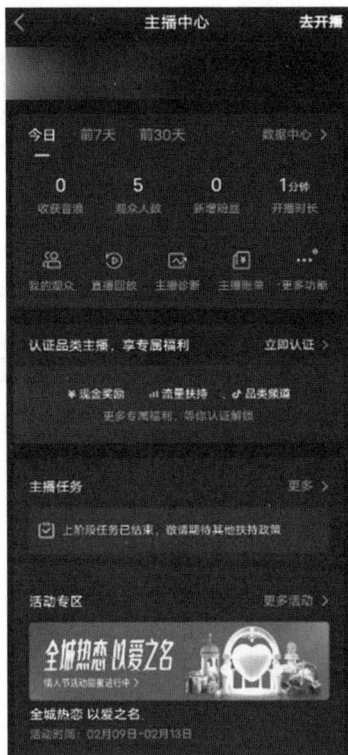

图 8-162　主播中心

点击"我",进入抖音后台页面,接着点击右上角的"≡",选择企业服务中心(见图 8-163 和图 8-164)。

图 8-163　点击"我"

图 8-164　企业服务中心

进入账号后台页面,可以查看数据概览,包括核心数据、私信数据、粉丝群数据、电商数据等信息(见图 8-165 和图 8-166)。

图 8-165　数据概览

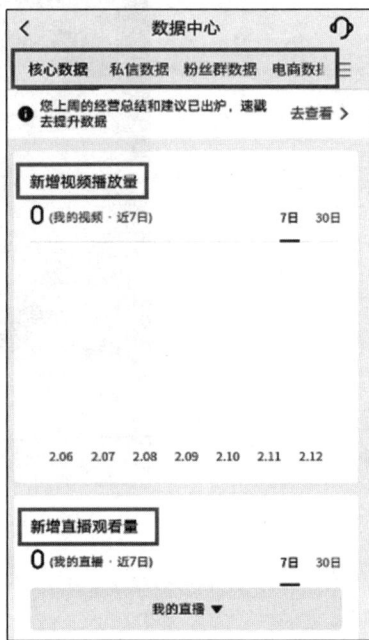

图 8-166　数据中心

✎ 拓展实训:直播平台营销分析

[实训目的]

掌握直播营销的概念和主要特点;通过对直播营销的学习,掌握直播营销前的准备,在直播营销实施中学会转化率提升方法;掌握对直播营销的数据分析并进行改进。

➤ 思考与练习

1.通过相关模块,掌握直播平台的相关营销概念。

2.列举一些直播营销在具体直播过程中的案例。

📄 第 8 章小结

第9章　社群营销

▶ 学习目标

● 了解社群营销的概念及构成
● 掌握裂变营销和社群运营
● 掌握社群营销数据分析

▶ 学习重点、难点

学习重点
● 社群营销的概念、构成与价值
● 裂变营销的概念与内涵
学习难点
● 掌握社群运营的工具
● 掌握社群营销数据分析的指标

▶ 思维导图

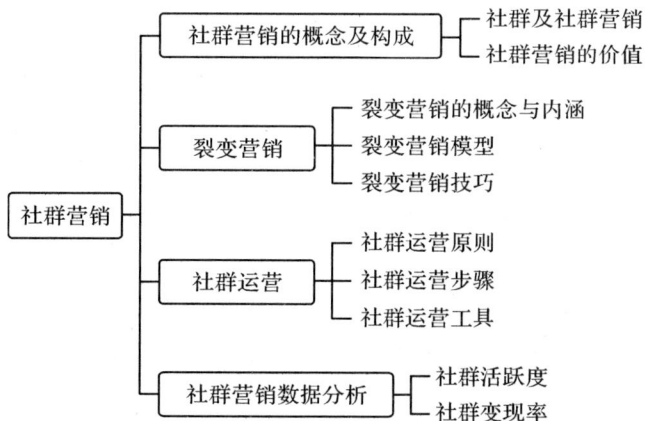

9.1 社群营销的概念及构成

9.1.1 社群及社群营销

1.社群的概念及分类

社群主义是 20 世纪 80 年代后兴起的当代最有影响的西方政治哲学思潮之一。西方语境中社群(community)在政治理论中很早就出现。德国社会学家费丁南德·滕尼斯是第一个对"社群"(社区、共同体)与"社会"两个概念进行清晰划分并系统阐释的理论家。他在《共同体与社会》中指出,"社群"是通过血缘、邻里和朋友关系建立起的人群组合,它的基础是"本质意志"。"本质意志"与"选择意志"相对应,表现为意向、习惯、回忆等,它与生命过程密不可分,在这里手段和目的是统一的,靠"本质意志"建立的人群组合即"社区"是有机的整体。"社会"是靠人的理性权衡即"选择意志"建立起的人群组合,是通过权力、法律、制度的观念组织起来的。

社群概念是指在某些边界线、地域或地区内发生作用的一切社会关系。社群可以是一种特殊的社会关系,包含社群精神或社群情感。社群有独特的表现形式,社群基于个体共同的需求和爱好将个体集合成兴趣共同体。

在网络时代,社群是社会成员基于相同或相似的动机、需求,通过某种载体聚集起来的,社群在不同分类下具备不同的属性,具体可以分为以下 5 种,如图 9-1 所示。

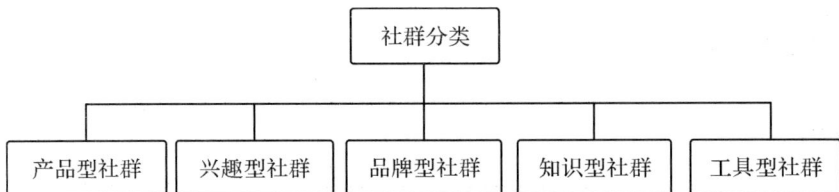

图 9-1 不同分类的社群

(1)产品型社群。

在产品型社群中,产品起到了连接中介的功能,众多用户通过产品聚集形成社群。产品型社群使得企业和消费者之间不再处于链条的两端,而是达成了线上线下的深度互动。产品型社群最为著名的当数"罗辑思维"及罗永浩的锤子手机。

(2)兴趣型社群。

兴趣型社群基于成员的共同兴趣爱好成立,是互联网时代最为常见的社群。由于人们有着形形色色的爱好,兴趣型社群呈现出小而多元的趋势。兴趣型社群同产品型社群一样,也可以成为一种新的商业形态,较为著名的案例如"大众点评"。

(3)品牌型社群。

品牌型社群是基于消费者对品牌的感情而形成的。品牌是一种抽象、无形的资产,它承载了消费者对其产品和服务,甚至是价值观的认同。品牌型社群能够给消费者带来独特的品牌体验,从而强化其品牌忠诚度。例如小米的"小米社区"聚集了一批小米品牌的支持者——"米粉"。

(4)知识型社群。

知识型社群在含义上有狭义和广义两种,前者的范围在企业组织内部,更像是一种学习小组,自发或半自发组成的成员会在其中进行知识分享和学习;而后者的范围有着无限的延伸,涵盖了每一个个体,基于人们对某方面知识的渴求而创建。知识型社群的典型成功案例为知乎,知乎以网友问答的形式来提供诸多知识信息。

(5)工具型社群。

社群沟通活动需要借助一些基础性工具,才能实现随时随地的实时交流,比如当下大行其道的微信。企业通过微信来组建社群,实现项目管理、会议召开处理工作等需求。工具型社群也不限于在工作场合使用,有着很强的灵活性和场景性。

2.社群营销的概念

社群的粉丝基数数量庞大,社群营销是以"人"为中心、以产品和服务为辅助的营销模式。社群营销依赖社群成员之间的多向互动交流,让信息和数据以平等互换的方式进行流通。其通过互联网的传播效应,借助社群成员对社群的归属感和认可度而开展,借助良好的互动体验,增强社群成员之间的黏合度,使社群成员自觉传播品牌,甚至直接购买产品,从而使企业达到营销目的。

社群营销具有弱中心化、多向互动化、具有感情优势、自行运转、碎片化等特点。如图 9-2 所示。

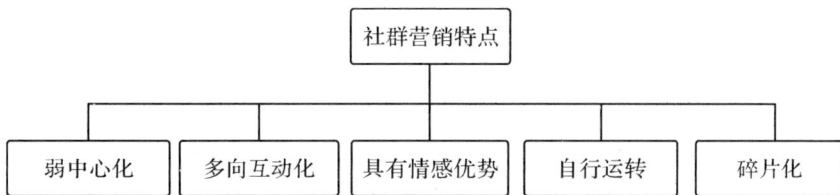

图 9-2 社群营销特点

(1)弱中心化。

社群营销是一种网状型结构,每个人都是传播的主体,社群营销是一种弱中心化的结构,但不代表没有中心。社群营销的建立者和组织者是社群的中心。

(2)多向互动化。

社群营销采取群内成员多向互动交流的模式,社群成员既可以自己发布信息,也可以传播分享信息。

(3)具有情感优势。

社群营销在一定程度上满足了马斯洛需求金字塔中的社交需求,相同兴趣爱好的用户加入社群,重新建立契合自身的兴趣,获得感情和身份的认同,满足了社群成员传递价值的情感需求,促使成员受到情感感染,进而不断增加群内成员,以达到社群营销的目的。

(4)自行运转。

社群营销的很大特点是群成员可以自主创造分享信息,从而实现社群的自行运转,一个成熟的社群可以实现用户流量转存量,营销用户精准定位,大幅度降低企业的成本。

(5)碎片化。

社群具有多样性的特点,社群成员的创造性可以为社群进行信息发布、产品设计、内容服务等,呈现碎片化的状态。但只要合理利用,社群营销的价值就能得到最大化的展现。

3. 社群营销的构成要素

社群营销基本元素也是社群构成的五大要素,包括同好、结构、输出、运营、复制五个方面。由社群五大基本元素构成的模型即社群营销的"ISOOC"模型:同好,简称 I(interest),是构成社群的首要条件,共同或相似的兴趣爱好、价值观念或行为等都可以称之为同好;结构,简称 S(structure),包括社群内部构成成员及管理规则等;输出,简称 O(output),决定了社群的价值,也是衡量一个社群稳定持续发展的重要指标;运营,简称 O(operate),运营决定了社群的寿命;复制,简称 C(copy),复制决定了社群的规模。由于社群的核心是情感归宿和价值认同,那么社群越大,产生情感分裂的可能性也就会变得越大。如图 9-3 所示。

| 同好 | 结构 | 输出 | 运营 | 复制 |
| interest | structure | output | operate | copy |

图 9-3　社群营销构成要素

(1)社群的同好。

同好是构成社群的第一要素,社群的成立基于共同或相似的立足点,可以基于某个产品,例如小米手机发烧友;可以基于某种行为,例如读书交流会;可以基于某种空间,例如小区业主群;也可以基于某类三观,例如励志人生群。

(2)社群的结构。

结构是维持社群长久运营的关键要素,社群的结构包括组织成员、交流平台、加入原则、管理规范四大部分。组织成员是发现、号召那些有"同好"的人抱团形成金字塔或者环形结构;交流平台是作为成员日常交流的聚集地大本营,目前常见的有 QQ、微信等;加入原则是后期设立的筛选机制作为门槛,加入原则有两种作用,一是保证质量,二是让新加入者感到不易而格外珍惜这种社群。管理规范也是社群发展到后期必不可少的,不断完善群规是非常重要的。

(3)社群的输出。

社群的输出决定了社群的价值,社群交流本身大部分是基于碎片化的学习交流,社群价值输出是指将碎片化的知识加以系统整合,形成社群 IP 化,成为整个社群每个人的流量平台和资产。

一个活跃的高质量社群组织需要持续对外输出有价值的东西。社群的输出是多样化的,比如可以输出社群运营人才、实体产品(图书、品牌联合产品)、虚拟的产品(咨询、课程、文化),根据社群本身属性,输出相应的东西。如果没有足够的价值输出,社群迟早会成为"鸡肋",群主和群员会选择解散群或退群。在社群营销时要注意一定要能给群员提供稳定的服务输出,这才是群员加入该群、留在该群的价值。

(4)社群的运营。

社群的运营的好坏与社群的生命周期的长短息息相关,良好的运营能够延长社群的生命周期,创造更多的价值。一般来说,社群的运营要建立"四感":仪式感、参与感、组织感、归属感。仪式感包含了加入社群申请，保证接受群规等内容，以此保证社群的规范；参与感需要社员进行有组织的分享、讨论，以此保证群内有话说、有事做、有收获；组织感需要成员对某事件有分工、协作、执行等，以此保证社群战斗力；归属感需要社员之间有线上线下的互助、活动，以此来保证社群的凝聚力。

（5）社群的复制。

社群的复制决定了社群的规模。当社群的同好、结构、运营和输出都已经完善，并且经过实践得出效果的时候，就该乘胜追击复制社群模式。社群的复制要考虑两个因素，一是该社群适不适合复制，二是有没有能力去运营更大的社群。社群的复制好比做产品，量产之前需要试用，成效良好则批量生产，社群的运营如果处于健康状态，则可以进行复制。判断社群健康与否可以参照前 4 个要素，即基于同类喜好、有合格的规范，输出有价值的内容等条件。另一方面，复制多个社群后，虽然模式比较成熟，但每个人的能力都是有限的，复制社群的数量需要控制在能力之内。

9.1.2　社群营销的价值

1. 树立品牌

品牌是一种抽象、无形的资产，它承载了消费者对其产品和服务，甚至是价值观的认同。树立品牌是一个长期过程。品牌塑造的形象需要被大众广泛长期认同。树立品牌便于企业展示自身个性和情感特征。通过社群营销树立品牌，具体来说就是消费者在社群互动的过程中，对品牌产生了信赖感，进而获得了归属感。

以"小米"为例，小米公司品牌社群营销十分成功，小米公司用产品聚合用户，以社群沉淀粉丝，巩固了大量"米粉"。截至 2023 年 12 月，全球 MIUI（米柚）日活跃用户 6.41 亿人，小米 AIoT（artficial intelligence & internet of things，人工智能物联网）平台已联接的 IoT（internet of things，物联网）数已达 7.4 亿。小米在激烈的市场竞争中独辟蹊径，树立了与众不同的产品形象。小米将目标人群定位在手机发烧友，以出色的核心产品满足手机发烧友进行深度定制的需求，利用社群传播小米品牌定位，低成本高效率地完成品牌树立。如图 9-4 所示。

图 9-4　小米"米粉节"

2. 刺激销售

社群营销的最终目的是实现变现，尤其是产品型社群、学习型社群、品牌型社群等社群类型，刺激产品的销售是社群营销的一大价值。通过营造社群中的购买氛围，激发人们的购买冲动,实现刺激销售的价值。

以瑞幸咖啡为例,瑞幸咖啡的社群营销已经成为瑞幸订单的一大来源,瑞幸咖啡的社群营销手段包括海报提醒、发放秒杀券、社群专享优惠、不定时惊喜、产品推送等活动,围绕"高品质、高性价比、高便利性"等进行营销设计,促进产品销售。如图 9-5 所示为瑞幸社群营销部分内容。

另一方面,在社群中获得良好的用户反馈也会加强成员对品牌的信任度,建立用户对产品的认可,在羊群效应的驱使下,会在很大程度上提升销量。

图 9-5 瑞幸社群营销

3. 维护客户黏性

在传统的营销环境中,顾客消费一次之后很少再复购,而社群营销能够维护客户黏性,更好地建立客户信任,让客户复购和转介绍。在社群营销中,可以通过节假日活动、福利等方式引导用户产生购买及复购行为。社群营销的一大价值就是能让用户更深度地参与产品反馈和品牌推广,从而使其爱上企业,主动进行推广。

9.2 裂变营销

9.2.1 裂变营销的概念与内涵

1. 裂变营销的概念

裂变营销,顾名思义,就是像细胞分裂一样,从开始的单个迅速分裂成无数个。裂变营销其实指的是终端市场的裂变,其本质是以存量带动增量,让用户主动寻找潜在客户,利用用户的社交圈,实现一传三,三传十的裂变式传播。例如通过社群用户 A 进行信息传播,获取了用户 a、b、c、d,这几个新用户又继续进行裂变传播,从而达到快速获客的目的,如图 9-6 所示。和传统营销相比,裂变营销强调分享,将获取新客的广告费用分解为老客户推荐和新用户注册的奖励。广为人知的裂变营销有拼多多和瑞幸咖啡。

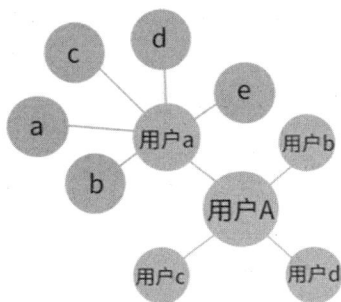

图 9-6　裂变营销原则

社群营销的核心在于用户裂变,通过不断给客户输出价值,得到客户的认可,让核心客户进行自发传播。裂变营销的根本是产品,优质的产品不断为客户提供价值,促使消费者自发进行传播,形成产品—价值—传播关键点链路。

2. 社群裂变营销的方式

社群裂变的本质是对用户进行需求集合,用户需求越细致,所能裂变的社群种类也就越多。社群裂变按不同的分类方式划分,可以分为简单复制裂变、按需求裂变、按用户阶段裂变和按地域裂变。如图 9-7 所示。

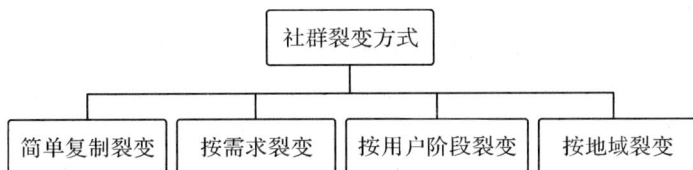

图 9-7　社群裂变方式

(1)简单复制裂变。

简单复制裂变即把一个社群用同样的服务标准复制到第 N 个社群。简单复制裂变适合活跃度较低的新社群,此类社群服务方向尚未明确且活跃度低。此时,简单复制裂变可以解决部分新社群活跃度低的问题。

(2)按需求裂变。

按需求裂变是指根据社群的服务类型进行社群的专门化和深度化。例如,一个投资理财社群可以根据社群成员需求不同裂变为内容运营、投资理财课程、理财产品等社群。

(3)按用户阶段裂变。

按用户阶段裂变是指按照社群中成员所处阶段进行裂变,例如某电商社群可以按照购买用户和未购买用户进行裂变,其中购买用户还可以根据购买次数或客单价进一步细分。

(4)按地域裂变。

按地域裂变是指按社群成员所在的不同区域进行裂变,据此建立的社群也称城市社群。例如,某品牌汽车交流社群可以根据成员所处的不同地域分裂为多个车友群。

9.2.2　裂变营销模型

社群裂变营销是依赖于用户的营销模式,对用户生命周期的把控极为重要。硅谷著名风险投资人戴夫·麦克卢尔于 2007 提出了 AARRR 模型,这是帮助运营者更好理解获取用户和维护用户的原理。AARRR 模型因其掠夺式的增长方式被称为海盗模型、海盗指标,也叫增长黑客理论模型、增长模型、2A3R 模型、决策模型,核心就是 AARRR 漏斗模型。

AARRR 代表了 5 个英文单词：acquisition（获取用户）、activation（提高活跃度）、retention（提高留存率）、revenue（获取收入）、refer（自传播）。这 5 个英文单词对应了用户生命周期的 5 个重要环节。

1. 获取用户

社群裂变营销的第一步就是获取用户，即让用户从不同渠道了解到产品、服务。获取用户是模型中的第一个阶段，也就是通常所说的推广。在第一阶段，运营人员需要借助各种推广方式来获取目标用户，同时可以对各个营销渠道效果进行评估，从而制定更为科学的推广策略。

获取用户不仅仅存在于产品的导入阶段，而是贯穿整个产品生命周期，获取用户的渠道有很多，例如网站广告、线下推广，也可以结合自媒体时代背景，结合自媒体进行产品的宣传。

获取成本阶段一个非常重要的数据指标就是分渠道统计的获客成本，能够查看到不同推广渠道的效果。还需要考虑到获取用户性价比的问题，有些渠道获取用户成本较高，但是用户质量也较高。

2. 提高活跃度

如何将用户转化为活跃用户，让用户完成一次参与行为是第二阶段。好的推广渠道往往针对有潜在购买意向的人群，这类用户实际上不能算是真正的用户，但比较容易成为活跃用户。要将推广获取的用户转化为活跃用户，需要对用户进行激活，这个阶段需要产品的质量过硬，并且能在使用初期的前几十秒抓住用户，某些产品会通过良好体验的新手教程来引导用户。另一个重要因素是运营人员对用户进行一定的指导和服务，例如新用户进入社群之后，需要进行社群规则的引导。

提高活跃度是裂变营销的重要步骤，只有活跃的用户才会参与产品的出谋划策，并将产品推销出去，吸引其他用户进行购买。提高用户活跃度的常规做法是通过策划活动，设置与时下热点相结合的话题，吸引用户自发进行讨论。

在这个阶段，可以用一些明显的指标来衡量用户活跃度，例如日活跃用户（daily active user，DAU），即每日使用过产品的用户数，通过数据的对比分析衡量核心用户规模，对产品目前的生命周期进行衡量。除此之外，周用户活跃度和月用户活跃度，是衡量用户活跃度的阶段性指标，可以借此分析产品的活跃用户流失率，并以此来计算产品的总用量等。

另一个重要指标是每日在线时长或者说日均使用时长，时长越长就说明用户的黏性越强，该用户就越有价值。运营者还可以通过不同的使用时长对用户进行不同维度的划分，针对不同特点的用户进行精细化营销。这一指标也可以用于衡量推广渠道质量，用户匹配程度等。

3. 提高留存率

用户在完成一次参与行为后，下一阶段就是让用户继续使用产品，增加用户黏性。在通常情况下，留客成本远低于获取新客的成本。所以在这一阶段，提高用户留存率是维持产品质量、延长产品生命周期的重要手段。

在这一阶段，运营者需要了解用户在产品使用时遇到的问题，了解用户的真实痛点，根据产品的缺点来进行更新迭代，或者由客服人员为用户提供满意的服务。在社群运营中，为了实现用户的长久留存，可以每天都在群里发送"问候"消息，让成员养成每天都会查看社群信息的习惯,从而对社群中的服务和产品产生依赖。

这一阶段需要关注日留存率、周留存率、月留存率等指标,留存率体现了用户获取的渠道与方式的合理性。关注留存率的同时也要关注流失率,流失率关注的是为什么有些用户会放弃产品,尤其是当产品发展达到用户数量稳定的阶段,一个用户的流失,就可能给企业带来利润下滑。

4. 获取收入

运营的最直接目的就是收入变现,即用户的行为可以使运营者获得收益。如果在收入变现的过程中,用户没有流失,那说明这个运营手段是比较合适的。

获取收入的方式有多种,国内使用程度较广的方式有流量变现和广告。流量变现的方式比较多样,包含了出售产品、售卖课程、提供咨询、知识付费、渠道分成、打赏变现、软文变现等方式。另外,广告是大部分运营者的收入来源,通过广告联盟、微信公众号接广告、页面上放置广告链接等方式,都可以实现收入变现。

上述获取收入的方式都是直接或者间接来自用户,因此提高用户活跃度和留存率,对于获取收入来说是必需的基础。

除了上述两个指标,这一阶段运营时还需关注付费率和获客成本。付费率即付费用户数占活跃用户数的比重。付费率代表了企业能在用户身上获得的收入的高低。这一指标可以帮助企业了解产品的收益转化能力,了解用户的付费关键点。获客成本即企业获得一个用户所付出的成本,获客成本越低说明企业获取客户的能力越强,在单个用户身上所获的收入也就越高。

5. 自传播

自传播是社群裂变营销的重要实现方式,通过用户主动宣传,获取新的用户,引导他人使用产品。这一阶段成为获取用户的新途径。实现用户自传播的前提是优质的产品或服务。用户自传播通常有着很高的效率和很大的体量,也可以称为"病毒式传播",借助用户本身的社交网络,达到提升企业品牌知名度、获取新用户、提高产品市场占有率等运营目的。

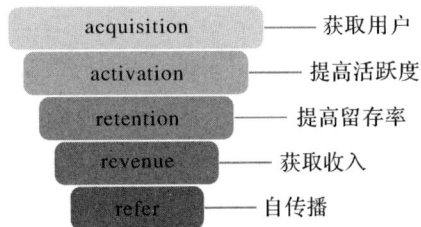

图 9-8 AARRR 模型

AARRR 模型各阶段的用户容量呈现"漏斗状",从用户增长、获取收入到传播裂变,可完成闭环,如图 9-8 所示。

9.2.3 裂变营销技巧

了解 AARRR 模型之后,需要学习如何运用模型进行运营。

1. 获取用户

获取用户是 AARRR 模型的第一个过程,拉新除了选择合适的推广渠道,针对目标市场投放,还需要结合产品,降低用户的使用门槛,结合不同阶段用户群体特征,制定合适的拉新策略,关注各个核心指标。如图 9-9 所示。

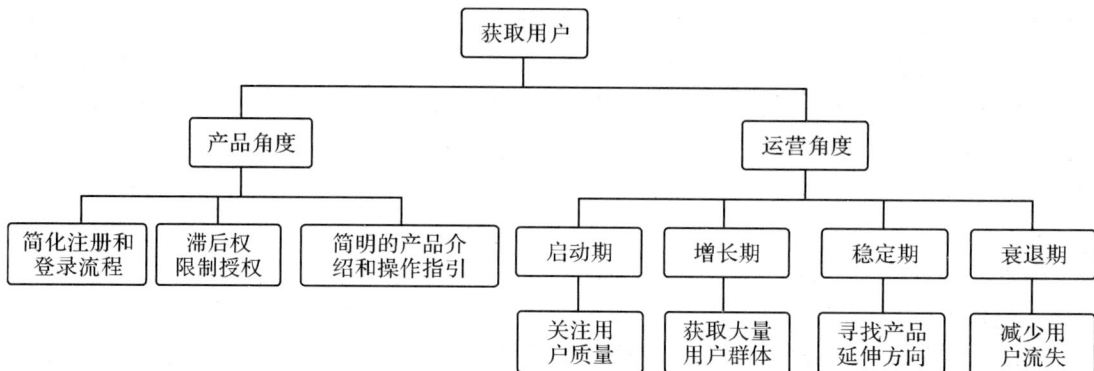

图 9-9　获取用户技巧

（1）产品角度。

产品上应该减少用户的使用门槛，包括简化注册和登录流程、滞后权限制授权、简明的产品介绍和操作指引。首先是简化注册和登录流程，复杂的用户名、密码注册登录需要用户有非常多的耐心，对于账号关联性强的产品，往往可以采用手机和验证码登录的形式，辅以常见社交账号的一键登录，简化用户操作流程。其次是滞后权限制授权，产品需要调用手机部分功能，例如定位、短信等权限，在用户初接触的时间点就发起授权申请，对用户的使用感会造成一定的下降，相比之下，在用户触及功能点时再进行授权申请令用户更容易接收。最后，对于较为复杂的产品，用户在最初接触的时候需要简单明了的功能介绍，介绍和指引必须适当，数量过多极易降低用户的耐心。

（2）运营角度。

从运营角度来看，不同的产品阶段，用户群体特征也不同，可以分为启动期、增长期、稳定期和衰退期。启动期的用户往往是第一批用户，在这段时间，相比用户数量，更应关心用户质量。用户深入体验产品并给出产品的意见和反馈，能够更好地打磨产品。此阶段应关注用户日活跃度、留存率、活跃指标等数据。启动期之后，产品会进入到飞速的增长期，经过核心用户的验证，接下来需要获取大量的目标用户群体，这个阶段需要结合目标群体的普遍特征，寻找合适的渠道进行推广引流，例如市场发布、其他产品引流、事件营销等。此阶段需要关注投资回报率，以尽可能少的成本获取高质量的客户。经历了快速增长阶段之后，产品的用户规模会相对稳定，随之而来的便是用户规模瓶颈。这个阶段可以根据用户需求的延伸寻找产品的延伸方向，获取更多客户。产品随着时代的发展难免会存在衰退期，运营的目的之一就是延长产品的生命周期，在产品衰退期用户慢慢转移至其他替代产品，用户逐渐流失。流失用户召回存在于每个时期，但在衰退期尤为重要，召回流失用户可以从以下几个点出发。

①利益驱动召回（如对沉默用户发放优惠券）。

②社交属性召回（提醒某用户对你关注）。

③产品核心需求召回（产品涉及用户核心需求）。

④新功能刺激召回（如某游戏发放新版本）。

2.提高活跃度

从各个渠道获取目标用户之后，需要将用户激活，成为产品的真实用户，这个阶段有部分用户会流失。有效激活不等于用户注册登录，与账号强相关的商品可以将用户注册作为一个参考依据，但从整体上来说，用户激活与否与是否涉及产品核心功能相关，例如视频剪辑类工具需要看用户是否完成一个视频剪辑全程,内容类平台需要看用户的观看数量与观看时长。针对不同类型的产品,达成用户激活的对应指标也不同,接下来分 3 类情况进行讨论:单用户产品、多用户产品、多角色产品。

(1)单用户产品。

单用户产品服务于个人,常见的有工具类的产品。对于工具类产品,用户需要通过工具解决问题,最核心的就是尽可能降低使用门槛,让用户可以一目了然,快速上手。

(2)多用户产品。

流量巨头微信是多用户产品的例子,微信的成功离不开前期 QQ 好友引流,在微信上找到熟人并进行消息互动就实现了用户激活。

(3)多角色产品。

多角色产品需要激活多方用户并且达到多角色之间的平衡。比如常见的电商平台,通过首单优惠、商家推荐等方式,促成用户与商家首单首次交易。多角色产品的设计需要关注几个核心指标:用户激活率、用户激活花费时长、用户日活跃与月活跃比值、用户日均使用时长。

3.提高留存率

当用户体验完核心功能之后,需要让用户持续使用产品,提高用户黏性,达到第三阶段。如何提升产品的留存水平,可以从产品和运营两个角度来探讨。如图 9-10 所示。

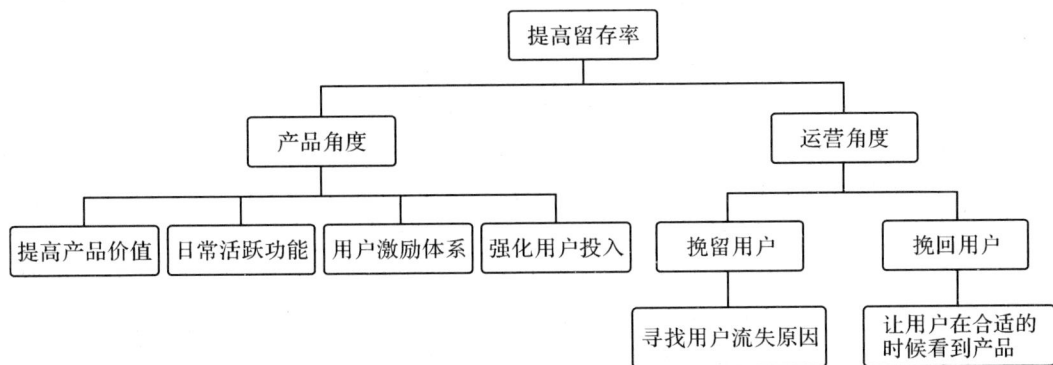

图 9-10　提高留存率技巧

(1)产品。

从产品角度提高用户留存率,最核心的要素是提升产品价值,满足用户需求,优化用户体验。另外还可以通过日常活跃功能、用户激励体系、强化用户投入等方式增强用户黏性。

日常活跃功能是指通过一些方法培养用户习惯,最常见的就是每日签到功能;用户激励体系是指通过一些方法,鼓励用户行为,最常见的方法如勋章头衔、等级成就,通过正向激励来激励用户,形成正向循环;强化用户投入是指通过一些方法,沉淀用户行为,使用户对产品产生依赖,常见的强化用户投入的方式有:强化时间投入(例如拼多多砍单)、强化金钱投入(例如年度会员)、强化内容投入(例如 UGC 内容沉淀)、强化情感投入(例如宠物类产品)、强化社交投入(例如微信等社交平台)。

(2)运营。

通过运营提高产品留存率,本质是挽留与挽回用户。挽留用户需要运营者找到产品价值,对比流失活跃异同,找到流失原因,输出解决优化方案。挽回客户有两个契机,一个是用户在适当的时候看到产品,一个是用户在适当的时候想起产品。

挽留用户就是减少用户流失,首先要找到自身产品的价值,明确产品的核心竞争力。通过分析流失用户与活跃用户的行为差异及流失用户的普遍特征,找到用户流失的原因,结合产品价值,制定解决优化方案。

挽回用户是对流失用户的召回。让用户在合适的时候看到产品,有以下几种方法:数据关联(为用户推送感兴趣的产品)、关注内容变动(收藏的内容发生更新变化推送)、特定时间段(节日、生日等固定时间推送消息)、用户场景变化(如季节切换)推送相关内容。让用户在合适的时候想起产品则需要结合产品调性,占据用户头脑,例如提到短视频平台就想到抖音。

4. 获取收入

一般情况下,产品的最终目标是获取收益。能否盈利也决定了产品是否能在市场上存活下来。从产品获取收入却不会造成用户流失,那么此种盈利方式是合适的。目前的盈利方式可以大致分为两类:流量变现和产品及服务变现。如图 9-11 所示。

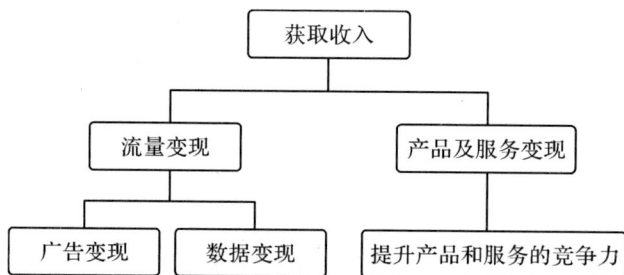

图 9-11　获取收入技巧

流量变现广泛应用于互联网时代,大致可以分为广告变现和数据变现。广告变现是目前许多产品的主要盈利模式之一,在大数据时代背景下,广告投放更为精准,在适当的时间和适当的场景下推送,往往更能促进广告的转化。数据变现并不是售卖直接数据,而是通过抽取过滤加工,形成可利用的数据,比如地图 APP 的免费用户为企业提供了无数的路径定位数据,经过加工后形成数据网络信息,进而提供商业收费服务或者商业数据转让变现。针对单个用户,也可以挖掘用户的行为与属性,进而指导产品业务或者精准把握用户需求。

产品及服务变现本质上就是建立传统买卖关系,为客户解决问题从而获得收入。产品和服务变现,最核心的要点就是提升产品和服务的竞争力,除此之外还有两点注意事项:首先是找到免费与付费之间的平衡关系,免费的服务提升用户的体验感,收费的时候也要收得自然,让消费者不觉得吃亏。以美团会员为例,购买会员获得优惠券,直接展现了投入与回报,让消费者觉得开了会员反而不吃亏。其次,要找到免费与收费之间的平衡点,运营者需要知道用户的预期,免费的产品或服务满足用户预期,对于预期之外的体验进行收费,对于存在需求的用户来说,收费便顺其自然。最后,运营者可以引导和培养用户的付费行为,通过精神激励和实物激励鼓励用户产生付费行为,典型的如首次充值奖励。

5. 自传播

想要实现大规模的用户增长,需要充分利用自传播的力量。自传播的营销优势十分明显,它利用已有用户的社交关系,其获取用户的成本低而用户质量高,并且能够达到用户指数级增长,在自传播的过程中,也能够促进口碑效应的产生。提升产品自传播的水平可以通过 3 个步骤:传播基础、自主传播、传播转化。

(1)传播基础依靠靠谱的产品及便捷的传播分享手段。比如支付宝最初满足了我们线上支付的需求,微信最初满足了线上通信的需求,拼多多满足了我们购买便宜商品的需求,这些产品能够触达用户需求,帮用户解决问题,是实现自传播的基础条件。

(2)自主传播就是激发用户进行传播的欲望,提升传播水平。自主传播可以借助当下热门的话题,进行热点营销;可以通过创造话题性激发从众心理;可以让用户参与过程,通过沉淀用户行为,促使用户分享自身的成果;可以利用人们的情绪,引导用户分享;也可以提供给用户超预期的体验,自然产生分享传播。

(3)传播转化是指在用户传播之后,提升转化率,实现用户有效增长。提升传播转化要注意增加传播内容的可读性。通常情况下,图表往往比文字更容易让人读懂,视频则更能表达内容。另一方面要构建传播用户与被传播用户之间的桥梁,例如拼多多的砍一刀,被传播者在助力之后,同样被给予直观的收益,这又会诱导二次传播。

目前市场上实现用户自传播的具体方法有以下几种。

①奖励邀请新用户。

裂变营销的标准玩法是通过老用户带来新用户。可以通过奖励优惠券的方式让老用户邀请新用户。例如某款生鲜 APP 的老用户,通过邀请新用户,老用户可以得到 20 元的代金券。

②鼓励分享红包。

用户在结束消费后,收到的红包可以分享给好友,红包可被多次领取,并且分享者自己也可领取。该玩法目前深受美团、饿了么用户欢迎,能有效刺激用户进行消费。这种红包裂变的玩法,需要根据用户兴趣、习惯,以及企业的投入产出比率等因素,进行计算之后,制定出合理的法则,才能让企业不断增加用户,拓宽付费渠道。

③IP＋红包分享法。

作为红包裂变的升级版,结合近期火爆的影视、明星等元素,进行分享红包页面的设计,让用户在分享红包的同时,更像是在分享近期好玩、好看的影视内容,分享友善度更高,进而增加被打开及被分享的成功率。IP 与红包相结合,不仅能增加分享的趣味性,也能借力 IP 热度,提升品牌印象感,拉近用户距离。

④预付卡玩法。

简单来说,预付卡是通过鼓励用户储值,以达到吸引新用户、提高用户付费频度的一种裂变营销新玩法。企业主可通过充值 100 元返 10 元等优惠形式,鼓励用户进行平台预付,用以达到先期大量积累原始新用户的目的。

⑤鼓励用户个人分享。

这个模式的玩法基于单次体验成本较高的产品,尤其是虚拟产品,包括线上教育等。在付费课程中,可设置“分享免费看”功能,只要分享到朋友圈,即可免费看,并且活动长期有效。这能有效激励用户进行社交平台的转发,从而使企业以低成本实现推广、拉新、变现的效果。

⑥拼团裂变。

拼团裂变最为著名的案例就是拼多多,凭借“拼团”这一模式疯狂吸收用户。拼团的本质在于用户可以通过分享获得让利。因此,用户本身成了一个极为活跃的流量裂变点,其分享模式为熟人社交,分享和邀请的成功率更大。而每一个参团者本身,有着自主购买意向,购买需求强烈,因而其裂变效应更大,团购成单率也更高。并以此模式为核心,通过便宜和好用的产品,不断激发用户发起拼单,不断发生裂变。

9.3　社群运营

9.3.1　社群运营原则

随着拼多多、瑞幸咖啡等社群运营的成功案例出现,社群运营开始被越来越多的企业重视和应用。社群运营给企业带来的不只是一个简单的用户群,而是一群熟悉企业产品并且会自发进行产品宣传的核心用户。目前企业发展存在获客成本居高不下的问题,社群在企业中可以作为一个低成本高信任的营销工具,连接企业与用户,减少认知成本、沟通成本、信息流通成本,社群运营的重要性可见一斑。以下是社群运营的 3 个原则。

1. 以用户为主进行构建

社群的特点是弱中心化的,社群运营不是企业自建社群,而是以用户为中心进行社群搭建。社群运营的目的有两个,一是增加企业与用户之间的接触,延长二者的接触时长,二是让用户之间相互服务,实现用户黏着。这两个目的都需要充分发挥用户的自主性。对于社群运营来说,最重要的一个原则就是要以用户为中心,社群要为用户服务。社群的主人是用户,社群是用户自发建立的,企业扮演的是帮助用户在社群中更好地行使他们的权利的角色。

在社交网络中,每个人都有自己的社交圈,遇到高频出现的常见困难或者需求,人们会在自己的社交圈内展开讨论;遇到低频、小众的需求,人们会趋向寻找能够提供帮助的人或是社群。这个现象给企业提供了切入社交网络的自然入口,跟随用户进入现有社群或鼓励用户创建社群。

为了特定需求建立的社群关系比较脆弱,需求解决后,社群会迅速走向衰亡期。而优秀的社群建立通常遵循着某些原则,例如"三近一反"原则。"三近"是指地域相近、兴趣相近、年龄相近;"一反"是性别相反。"三近"原则协助用户聚合成各种社群或在社群中扩散、停留、活跃,与人们相关的地域、兴趣、爱好成为人们相互聊天沟通的起点。"一反"原则则加强了成员的黏合力,男女双方互相帮助又存在着冲突和协调,可以让社群更为活跃。

用户是社群的核心,因此企业在构建、运营社群的过程中一定要以用户为中心,了解用户的需求,构建用户喜爱的、可以持续活跃的社群,而不是为了自身的某个项目去运营一个社群,这样的社群会很快失去活力,也不能为企业创造价值。

2. 以社群价值输出为导向

持续输出价值是一个优秀社群的标志,社群运营的第二个原则便是以价值为导向。以价值为导向是指企业需要不断为用户创造价值,创造价值的方式可以是给出简单而清晰的目标,让用户逐渐实现目的。实现目标的过程既可以解决用户个体在社群中长期活跃的问题,又可以使用户在社群中找到自身价值。例如策划线下活动时,可以将分工、进度、指标等列明,让社群成员能在相应阶段展开工作即可。

自助激励是用户创造价值的重要方法,这方面做得比较好的是游戏。游戏通常会设计"副本经验多少能够进入××地图,获得××资格"的逻辑,激励用户主动寻找自己的游戏激励和社交激励。优秀的游戏往往擅长给用户营造一种氛围,协助用户不断树立自主目标,在自主激励和自主目标联合发挥作用时,实现用户的长期留存。众所周知的案例有微信小游戏"跳一跳",许多用户在微信朋友圈、微博等社交平台分享自己的战绩。用户分享的诉求不尽相同,有些用户想成为好友中的第一名,有些用户想打出高分,有些用户想超越自己上一次的分数。用户一旦确立了个性化的目标就会为了实现目标而努力。游戏中的自助激励同样可以化用到社群运营中,例如用户参与了某个读书会,需要完成每天的阅读任务,给出阅读反馈。社群成员交流阅读经验就成为用户自我价值实现的方式,在社群中持续输出价值,正是社群的生命力所在。

3. 以社群可持续发展为目标

社群的搭建相较于社群的维持是比较简单的事情,很多社群的生命周期短暂,在解决了用户某个需求之后,社群就进入了衰退期。企业进行社群运营的最终目的是维持用户忠诚度,为用户解决需求,实现社群裂变。基于这个目的,社群的可持续发展就成了社群运营的重要原则。

社群可持续运营需要解决两个问题:用户长期活跃的问题,以及企业与群体之间的黏着关系。

维持用户的长期活跃需要让用户清晰地知道自己的任务并完成它。在小社群中,"领头羊"和活跃分子所扮演的角色非常重要,能够带动整个社群的发展,例如某个工作群。社群用户增多,社群体量变大时,社群领袖的角色就开始淡化,依靠"领头羊"维系大社群活跃度的方式并不可取。如何维持大社群的活跃度,需要借助一个重要工具——激励。"自助激励"和"自主目标"为社群运营奠定了基础,维持整个社群的活跃度还需要让用户清晰地知道,为了获得激励,当下应该去完成什么任务。维持社群可持续发展侧重于协助每位成员设定合理的目标与角色定位。

企业要实现社群可持续运营,还需要解决企业与群体之间的黏着关系。用户为了自我价值的实现会进行自助激励,但仅仅有自助激励还不足以帮助实现社群的可持续运营。社群运营中还需要给社群成员提供及时且正向的互助激励和群体激励。用户在分享社交信息时产生的被浏览、被评论、被点赞等互动活动,都属于互助激励。互助激励是结果导向的,在用户互动中自然而然获得。

群体激励是企业能够提供的一种作用更强的奖励,群体激励有几个关键因素,一是让用户实时了解完成任务过程中能够做出的贡献,在社群中的排名、贡献值等;二是实时全员告知,确定最优秀的效果并公开实时告知所有参与者。企业的及时告知会成为社群用户的激励引导,超越此次任务的优秀成员便会收到下一个任务。这类群体激励规则,会促进社群成员不断通过各种方式实现自我价值,从而实现社群的可持续发展。

9.3.2　社群运营步骤

社群起到了持续转化客流、稳定活化粉丝、轻松触达客户等作用。建立社群不复杂,但持续运营却是个难题。社群运营的具体流程包括确立定位、内容规划、人员管理、社群激励及价值4个步骤。

1. 确立定位

社群运营的前期需要做好社群规划,即明确社群的目的。社群定位的确定首先要明确共同的目的,例如买水果的社群,其目的可以是让大家每天都能吃到新鲜的水果;读书的社群,其目的可以是书籍和读后感的相互分享;某个 IP 的社群,其目的是集合喜欢该 IP 并愿意为此付费的成员。只有明确了社群的目的,才能获取到拥有相同或相似需求的用户。社群定位是社群构建的基础,也是后续社群运营时的方向。

2.内容策划

社群的内容策划,涉及社群的价值输出,影响社群的生命周期。内容策划包括以下几部分。

(1)群规范。

群规范是在社群建立之初确认并执行的社群基本管理规范,群规范是一个社群良性发展的基础。群规范在建群一开始就要经常重复,使得社群成员在潜移默化中自觉维护。当有新的社群成员加入,也要跟新成员声明群规范。

(2)内容输出。

内容分享型的社群需要注意内容输出,譬如以传统服饰分享为主的社群,需要定期进行传统服饰相关知识的分享。基于产品生产内容的大方向,运营者可以以社群成员的需求痛点为突破口,进行优质话题或内容输出。

(3)产品输出。

产品输出是内容策划的一部分,典型的例子有团购、秒杀、好物种草等产品售卖方式,社群中的产品输出形式通常是文字+图片+视频。在产品输出时要注意了解产品之后再进行产品分享,以真实体验分享转化率更高。

(4)价值观输出。

社群是由一群"志同道合"的人组成的,天然就带有一定的价值观。在此基础上,输出价值观就意味着能创造属于自身的优势。运营者的价值观输出可以为自己设定人格化 IP,保证能够持续输出高质量、有感情的内容,不断宣扬价值主张,以简洁的口号阐明核心价值观。

(5)互动内容。

社群中的互动内容,能够加强用户黏性。在社群中能通过一些福利的发放,与成员进行互动,例如社群红包、社群专享福利商品、无门槛优惠券、各种让利福利及社群属性对应知识分享。除此之外,对成员分享的内容进行点赞、评论,或给予正向互动也是激励用户的一种方式,极好地起到了加强用户黏性的作用。

(6)服务。

社群要为用户起到满足需求、解决痛点的作用,社群拉近了企业与消费者之间的距离,提供好的服务、满足消费者的需求是社群运营的重要功能。运营者可以提供例如不定期红包、知识分享、节日问候、接收产品使用反馈等服务。

3.人员管理

社群后期拥有大量成员,需要对人员进行管理以保障社群运营。社群成员一般分为 4 种,只有 4 种类型的成员都在社群中,才算比较健康的生态环境。

(1)群主管理员。

群主就是建群的人,前期的运营维护起到的作用是非常关键的,在社群建立前期,需要发布群规范,制定群规则,进行群管理。社群前期,成员之间的感情和价值纽带尚未形成,需要群主活跃气氛,比如回答一些问题进行价值输出,建立社群成员之间的情感链接。

(2)大神成员。

大神成员是社群中相对活跃的用户,他们懂得比较多,并且愿意在群里进行交流沟通,是群里的 KOL。社群中需要一些大神成员给大家传授一些知识,答疑解惑等。这类角色需要有时间、有专业、有能力,通过人格魅力带动群氛围,得到大家的认可。

(3)小白成员。

这类成员对专业知识比较感兴趣,并且在群中非常活跃地提问。社群中很多的内容都是通过小白和大神之间的问答对话形成的。这类成员起到了活跃社群的作用,实现了部分社群价值输出的作用。

(4)潜水成员。

社群中几乎都会存在潜水成员,不怎么说话也不退群,只默默关注着群里的内容,不断摄取知识。

4. 社群激励及价值

社群激励及价值包含了产品价值、物质价值、精神激励等内容。产品价值提供满足用户需求的产品、服务,通常是正在销售的产品、为用户寻找匹配需求的产品服务;物质价值针对内容创造者、群管理者、活动发起者等活跃分子、积极分子进行物质激励,例如不定时送优惠券、送产品、赠送线下体验等;精神激励针对内容创造者等积极分子进行精神激励,例如社群的专属昵称、个人专属海报等。

9.3.3　社群运营工具

裂变初期用户流量大,随之而来的问题就多,互动成本也高。这时候运营人员会面临一个困境:提高互动质量,就会无暇顾及一部分用户;照顾到所有用户,互动质量就很难保证。社群运营是一件烦琐且重复度高的工作,如果依靠人力来做,很容易陷入无休止的琐事中,如果借助合适的社群运营工具,就能极大地提高运营人员的工作效率。下面是不同社群运营阶段可以采用的运营工具。

1. 拉新裂变类工具

对于社群运营者来说,第一阶段就是获取客户,想要精准找到用户并迅速扩大规模可以借助以下几款工具。

(1)建群宝。

建群宝是一款实现企业粉丝高效增长的引流工具,其工作机制是建群宝生成带活码的活动海报,一级用户扫码进群后,机器人会给用户推送海报转发任务,用户完成任务后,可领取一定奖励,潜在用户在查看到海报之后会扫码形成裂变闭环。建群宝的主要功能在于活码系统和社群机器人。活码系统能够灵活分配二维码,打破微信群200人和7天自动失效的限制,并且能够实时统计扫码数据,进行数据监控。社群机器人会自动推送入群,进群验证,提升转化率。除了主要功能,建群宝还有后台统一管理、广告拦截、群托管等功能。

(2)爆汁裂变。

爆汁裂变是一款既有社群裂变功能,又有丰富群管理功能的工具,主要提供了个人任务宝、群任务宝、公众号任务宝、群裂变、付费入群工具。爆汁裂变的裂变模型与建群宝相似,爆汁裂变的自定义服务更丰富一些,提供了标签功能,用户可以根据标签选择进入自己感兴趣的群,实现社群精准引流。此外,爆汁裂变还提供了个人号精准涨粉和多个公众号矩阵同时涨粉的功能,并提供了多个微信号聚合管理的功能,提高了社群管理的效率。

2. 促活转化类工具

获取用户之后,运营者需要完成用户的激活、转化与留存。促活转化类的工具有以下几种。

(1)小 U 管家。

小 U 管家是一款提供微信群管理服务智能机器人的付费社群管理工具。小 U 管家主要分为 4 大模块、基础模块、内容模块、娱乐模块、护群模块。基础模块包括入群欢迎语、关键词回复、定时提醒、群引流和数据统计的功能;内容模块可以帮助运营者沉淀群内文字、语言、图片、链接等内容,实现内容变现,对于学术类、兴趣爱好类等社群来说非常实用。娱乐模块和护群模块可以帮助群主自动清理广告粉、调节社群氛围,提高社群的活跃度。

(2)社群拍档。

社群拍档是一款轻量级的社群运营工具,有小程序端和 PC 端两个端口。社群拍档深耕社群的社交场景,提供了从建立社群、智能管理社群、产品智能同步,到数据反馈优化提升群运营管理能力的整体解决方案。社群拍档提供了群头条、群接龙、群活动、群话题、群礼券、群会员、群直播、群分销等多元化的群运营场景,借助群智能助手实现多群的自动分发与管理,并通过数据反馈提供每次分发的指导意见。帮助个人和企业高效地激活社群,从而提高社群的活跃度和转化率。

3. 直播分销类工具

直播是近期非常火热的风口,对于社群运营来说,直播也是一个很好的营销和互动方式。下面是一些直播分销工具。

(1)一起学堂。

一起学堂是一个集直播—录播—重播—移动互动在线教育功能于一体的,为知识型社群提供内容变现服务的平台。一起学堂以"工具+内容"为核心,专注于帮助知识型社群更有效地进行快速传播和社群管理,此外,一起学堂还提供了免费、付费、分佣等多种变现方式。

(2)小鹅通。

小鹅通是一款定位为知识服务的社群运营聚合型工具,其聚合了多种排课教务、网校搭建、学校 CRM(customer relationship management,客户关系管理)、线上直播课堂教学、知识付费、营销互动等需求。小鹅通的知识店铺支持图文、音视频、直播等形式,满足各类课程的教学需求,帮助企业快速获客,持续提升课程销量。

4. 运营辅助工具

在社群运营过程中,除了拉新、促活、转化外,还需要做一些辅助工作,譬如设计海报、策划活动方案、设计调查问卷等。下面是一些运营辅助工具。

(1)创客贴。

创客贴是一款简单易用的线上图片设计工具,平台提供了大量图片、字体、模板等素材,涉及海报、新媒体营销、工作文档、电商、生活等场景,基本满足社群运营的所有需求。使用的方式也非常简单,通过拖拽、更改文字图片可以方便高效地设计出自己想要的作品。

(2)石墨文档。

石墨文档是一款轻便、简洁的多人在线协作文档工具,能够随时随地远程办公。石墨文档支持即写即存统一管理,高效共享文档、表格,团队在做社群活动方案策划时可以轻松完成写作撰稿、方案讨论、会议记录和资料共享等工作。

（3）问卷星。

问卷星是一个集问卷调查、测评、在线考试、投票于一体的综合平台。问卷星提供了各行业丰富的问卷调查模板，可以免费下载统计分析报告和原始答卷。问卷星在社群运营时支持微信群发、红包抽奖、满意度调查等需求。

9.4　社群营销数据分析

社群营销的数据分析可以分为两方面：一方面是社群的活跃度，社群活跃度体现了社群运营的效果；另一方面是社群变现率，变现是社群营销的最终目的。

9.4.1　社群活跃度

1. 社群活跃度衡量角度

社群活跃度衡量大致可以分为两个角度：综合互动量和内容类型偏好。如图 9-12 所示。

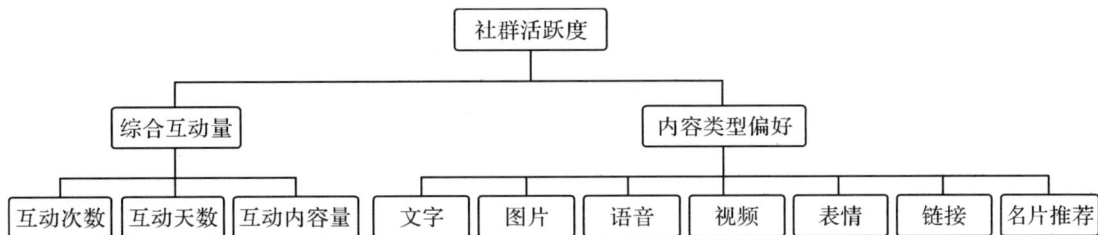

图 9-12　社群活跃度

（1）综合互动量。

衡量综合互动量由互动次数、互动天数和互动内容量三部分组成。

①互动次数包括了所有互动类型的次数，无论是长篇的内容输出，还是一个表情、一个点赞，都传达了用户的参与感。根据互动次数可以计算互动率，公式为

$$互动率＝当日有效发言人数/社群成员总人数×100\%$$

互动率一定程度上体现了该社群的活跃度。

②互动天数是指在观察周期内，用户来访的天数，互动天数表现了社群成员的黏性，例如，一位用户每天都来打卡发言，另一位用户十天互动一次，这两位用户对社群的依赖度和黏性显然是不同的。

③互动内容量可以理解为文字消息字符数，文字消息是社群互动的主要载体，也是产生内容 UGC 最多的来源。相较于其他类型的信息，文字传递了更多的诸如用户的情感、偏好、关注度、参与度等信息。

由互动次数、互动天数、互动内容量单项，以及单项合成的综合指标可定义和计算出用户活跃度排名和相关互动值。一个社群并不是每个用户都是活跃用户，用户有不同的关注点，需要综合根据业务和社群特点判断用户黏性和忠诚度。

根据运营者的经验可以归纳出以下结论:群用户数>访问群用户数>活跃用户数。群用户数就是社群内的所有用户,访问群用户数是指关注群内容、发言或是没有发言的用户。活跃用户的对立面是"潜水用户",潜水用户是不在群里进行互动的用户。运营者可以尝试对有价值的潜水用户提供更多精准的服务,激活参与感,提升互动频次;对无价值,甚至起负面作用的用户,也可以尝试经过分析后谨慎淘汰。

(2)内容类型偏好。

社群中的互动可能包括文字、图片、语音、视频、表情、链接、名片推荐等各种类型。

根据数据平台的统计,社群中用户内容排名前三的互动消息类型是文字、图片、转发分享(含页面、APP、小程序等分享),文字类型消息占近75%,文字+图片消息占了近九成。

2.社群活跃度九大核心指标

通过观察法得知,社群运营核心指标有9个。

(1)入群率。

$$入群率=入群人数/入群渠道曝光量×100\%$$

入群率能够分析每个渠道不同的推广效果,判断哪个入群渠道进群的人数最多,调整推广渠道的营销成本投入。根据平均入群率可以判断某次活动的入群率高低,提升用户进群效率,具体的方法有:扩大推广渠道、增强利益驱动等。

(2)退群率。

$$退群率=周期内退群人数/社群总人数×100\%$$

退群率侧面反映社群的价值,根据退群率能进一步分析退群原因,挽回流失成员。根据周期内的新增人数和退群人数可以计算净增用户数,净增用户数是最直接、客观的分析指标,可以判断社群处于上升还是下滑阶段。

(3)互动率。

$$互动率=当日有效发言人数/群成员总人数×100\%$$

在统计互动率之前,需要运营者先确定"有效互动"的标准,例如平均每天两条与主题相关的发言,通过这个标准筛选出有效发言人数,再计算互动率。互动率反映出社群的活跃度,一般来说,互动率越高,活跃度越高。针对互动率下降的情况有下列几种解决办法:培养 KOL 的角色,专门活跃社群氛围;设置群内聊天机器人;搭建积分系统,提高成员积极性。

(4)互动内容。

互动内容包括消息的时间分布和话题频次。消息的时间分布可以统计不同时间的消息数量,将活动、分享、推送等内容安排在社群活跃的时间点,提高社群中的活动参与率与用户积极性,同时提高用户满意度。话题频次是指一段时间内社群中出现的高频词汇,对话题频次的分析有利于找到社群成员的喜好话题,完善用户画像。

(5)用户留存率。

$$用户留存率=周期内留存的用户数/新增用户数×100\%$$

新增用户数是指一段时间内新加入社群的用户。

$$第\ N\ 天的留存率=新增用户日之后第\ N\ 日依然留存用户/新增用户数×100\%$$

用户留存率能够帮助运营者优化产品和服务体验。

(6)转化率。

$$转化率＝订单数/群成员总数×100\%$$

转化率是社群运营的最终目标,从总体上来看,既要分析用户对精准商品广告投放及付费的意愿,又要分析不同商品类目和价格区间的转化效果,为进一步精准营销提供决策依据。从客单价来看,可以关注"复购率"和"客单价"筛选高价值用户,便于客户分级管理及营销。

(7)投入产出比。

$$投入产出比＝成本/销售额$$

投入产出比可以用来衡量投入和销售的均衡点,避免补贴过度,投入过多。

(8)客单价。

$$客单价＝订单总额/订单人数$$

客单价用以衡量单个用户价值,是衡量社群营销情况的重要指标,在客单价流量转化不变的情况下,高客单价意味着高收益。

(9)用户分类。

用户分类即根据用户类型比例推出不同的活动,引发自传播。

社群营销的重要环节之一就是用户自传播,通过区分不同类型用户比例,设计不同的活动,带动用户将内容传播到自己的社交圈,带来新的用户,形成社群运营闭环。根据满意度和忠诚度强弱可以将群成员分为 4 类:羊毛型用户、忠实型用户、需求型用户、低需求用户,如图 9-13 所示。

①羊毛型用户忠诚度高而满意度低,会因为价格优惠购买,不会进行相关产品推荐,针对此类用户多的社群可以推出组合型优惠或是以邀请好友获取优惠的方式进行促销。

②忠实型用户具有高忠诚度和满意度,复购率和推荐朋友购买的概率都较高。针对此类用户可以推荐一些高客单价的单品,提供更加周到的服务。

③需求型用户具有高满意度、低忠诚度,此类用户对产品的需求强烈,对品牌忠诚度低,复购率低。

④低需求用户满意度和忠诚度都较低,只购买过 1 次甚至从未购买过。

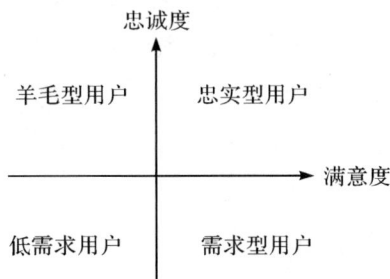

图 9-13　群成员分类标准

3.社群活跃度计算

(1)入群率。

入群率可以判断每个入群渠道的推广效果,公式为

$$入群率＝使用入群人数/入群渠道曝光量×100\%$$

首先,使用 Excel 打开"社群渠道分析数据.xlsx"。如图 9-14 所示。

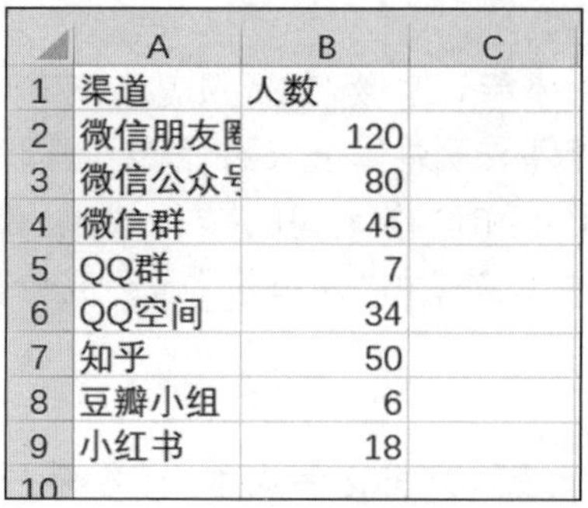

	A	B	C
1	渠道	人数	
2	微信朋友圈	120	
3	微信公众号	80	
4	微信群	45	
5	QQ群	7	
6	QQ空间	34	
7	知乎	50	
8	豆瓣小组	6	
9	小红书	18	
10			

图 9-14　打开社群渠道分析数据文件

接着,使用“SUM”函数计算入群总人数,公式为“=SUM(B2:B9)”。如图 9-15 所示。

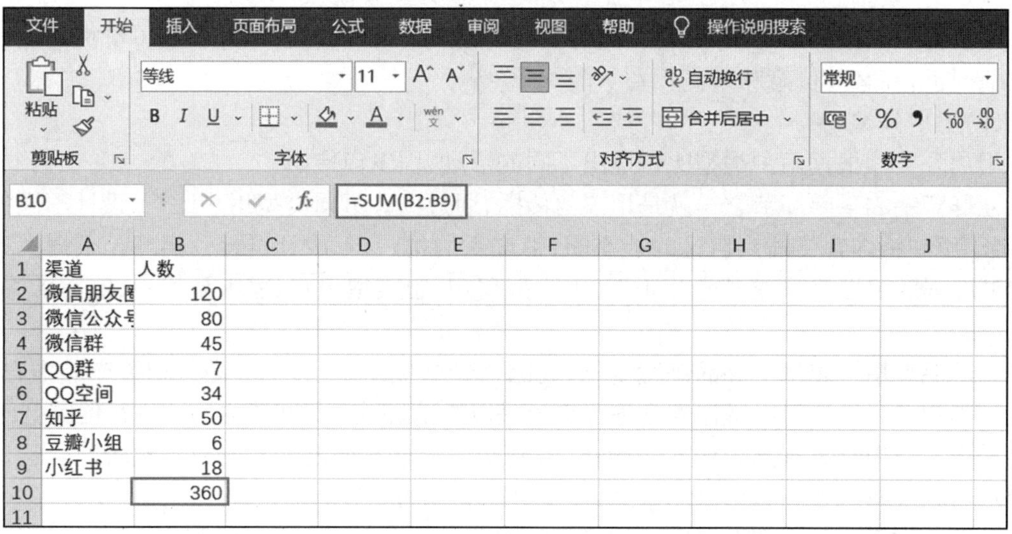

	A	B	C	D	E	F	G	H	I	J
1	渠道	人数								
2	微信朋友圈	120								
3	微信公众号	80								
4	微信群	45								
5	QQ群	7								
6	QQ空间	34								
7	知乎	50								
8	豆瓣小组	6								
9	小红书	18								
10		360								
11										

图 9-15　计算入群人数总和

在“人数”列前插入一列,并命名为“各渠道入群率”,光标选中“B2”,输入公式“=C2/\$C\$10”,用该渠道入群人数除以入群总人数,可以使用 F4 快捷键快速锁定,公式输入完成后敲击回车键形成数据,使用下拉填充功能完成整列数据的填充。如图 9-16 所示。

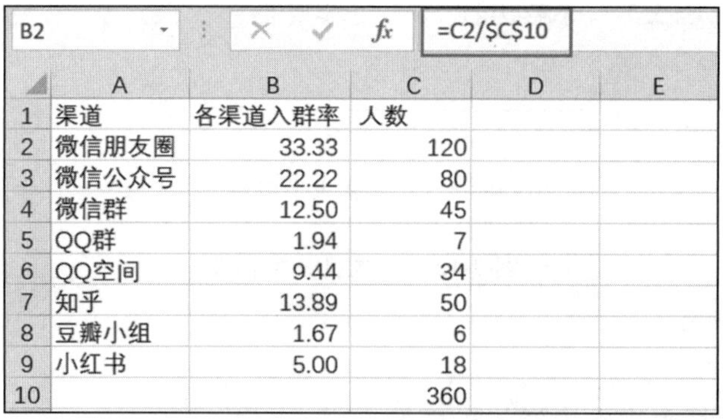

	A	B	C	D	E
1	渠道	各渠道入群率	人数		
2	微信朋友圈	33.33	120		
3	微信公众号	22.22	80		
4	微信群	12.50	45		
5	QQ群	1.94	7		
6	QQ空间	9.44	34		
7	知乎	13.89	50		
8	豆瓣小组	1.67	6		
9	小红书	5.00	18		
10			360		

图 9-16　计算“各渠道入群率”

将“各渠道入群率”的数据格式变为“百分比”,保留两位小数。如图 9-17 所示。

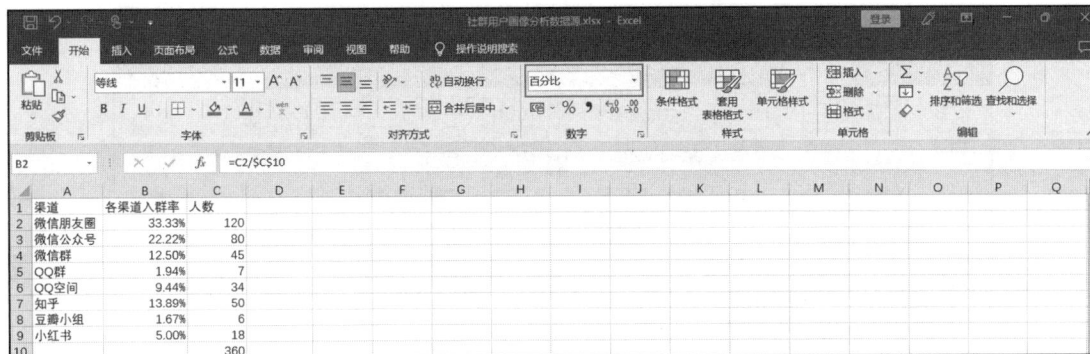

图 9-17　修改数据格式

选择数据,对表格数据进行排序,选择自定义排序方式。如图 9-18 所示。

图 9-18　数据自定义排序

"主要关键字"选择"人数","排序依据"为"单元格值","次序"选择"降序"。如图 9-19 所示。

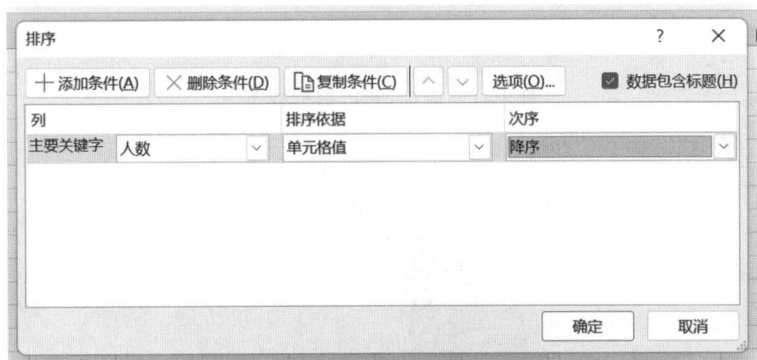

图 9-19　自定义排序页面

完成数据排序之后,框选如图数据,在菜单栏中选择"插入"—"饼图"。如图 9-20 所示。

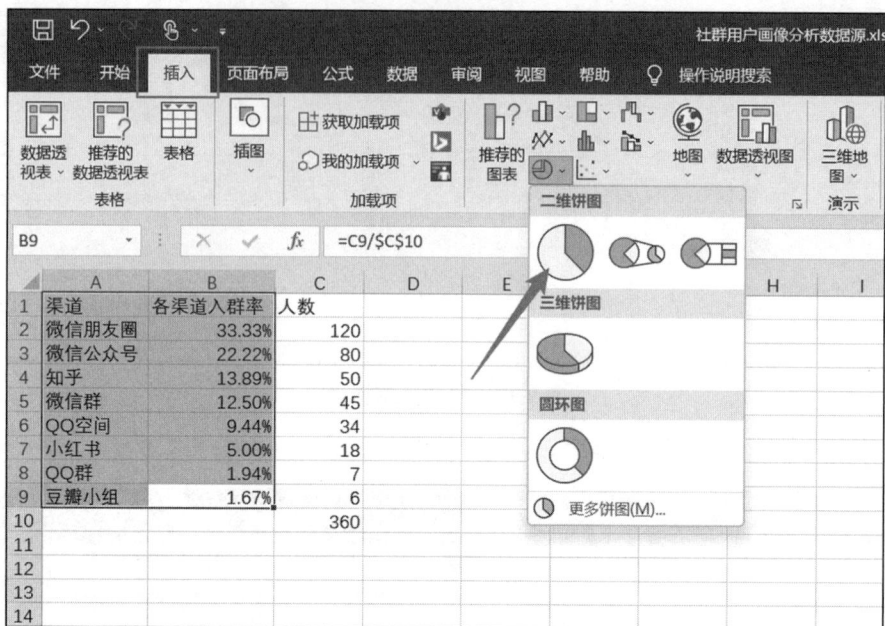

图 9-20　插入饼图

单击图片,可以在图片右侧对图片的图表元素进行调整,例如增加图表上的"数据标签"。如图 9-21 所示。

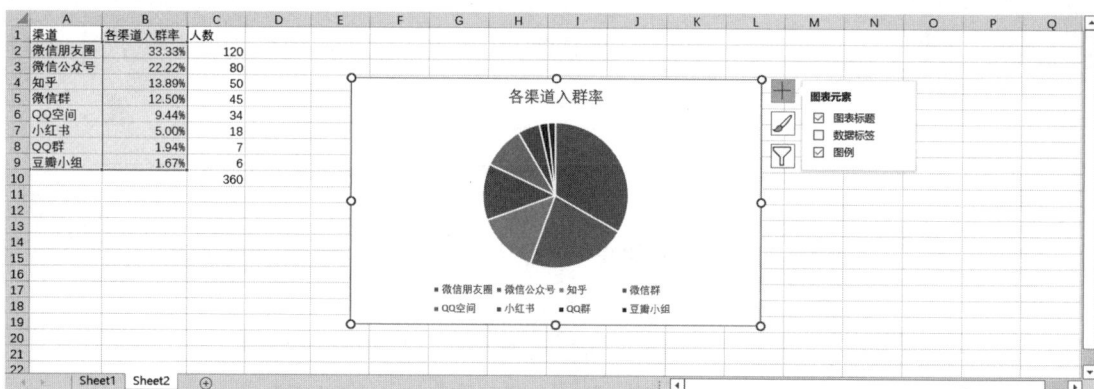

图 9-21　添加图表"数据标签"

完成后的图表如图 9-22 所示。

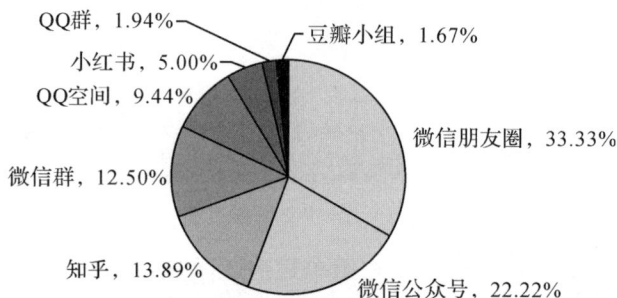

图 9-22　"各渠道入群率"饼图

通过图表分析可以得出,该社群成员入群渠道中占比较大的是微信朋友圈和微信公众号,超过半数的成员来自这两个渠道。从知乎和微信群中获取的社群成员也相对较多。从豆瓣小组和 QQ 中获取的社群成员很少。综合每个渠道的客单价,可以判断某个渠道的推广效果。

（2）话题频次。

社群运营过程中可以进行话题频次的分析,选择话题度高的话题,有利于提高社群活跃度。话题频次可以通过数据透视表进行分析,首先打开"社群话题数据. xlsx",选择"数据源"工作表。全选表格中的数据,点击"插入"—"数据透视表",选择"表格和区域"。如图 9-23 所示。

图 9-23　选择数据区域

为了后续数据分析工作更清晰,可以将数据透视表放入新的工作表中。如图 9-24 所示。

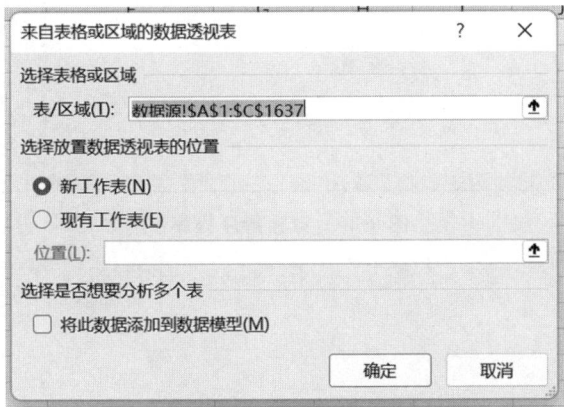

图 9-24　数据透视表弹窗

225

将"话题标签"字段移入"行"区域；"评论点赞数"移入"值"字段，生成数据透视表。如图 9-25 所示。

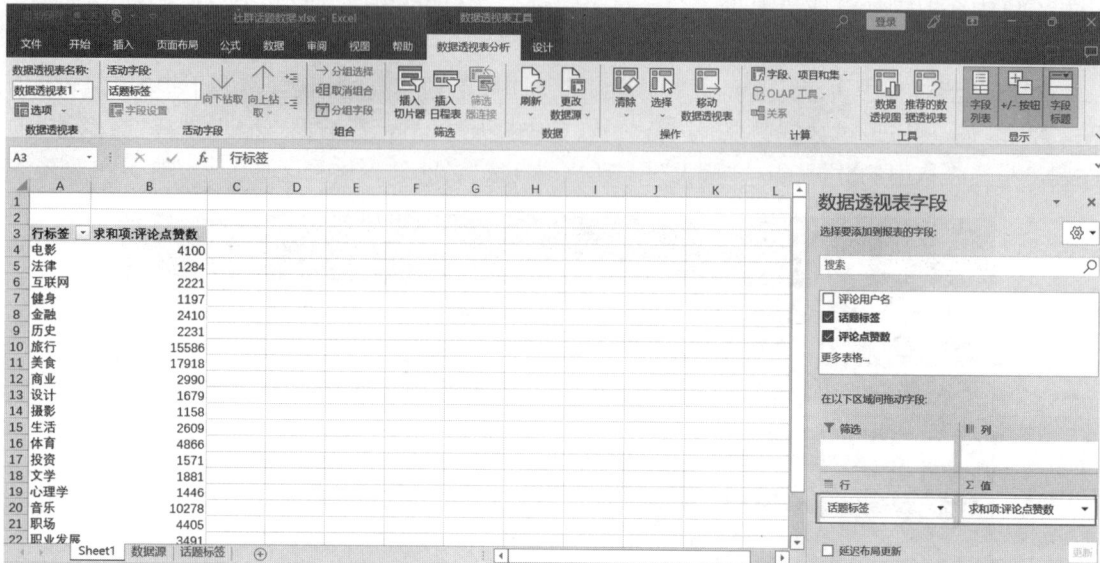

图 9-25　移动字段生成数据透视表

选中评论点赞数据，进行"降序"排序的操作。如图 9-26 所示。

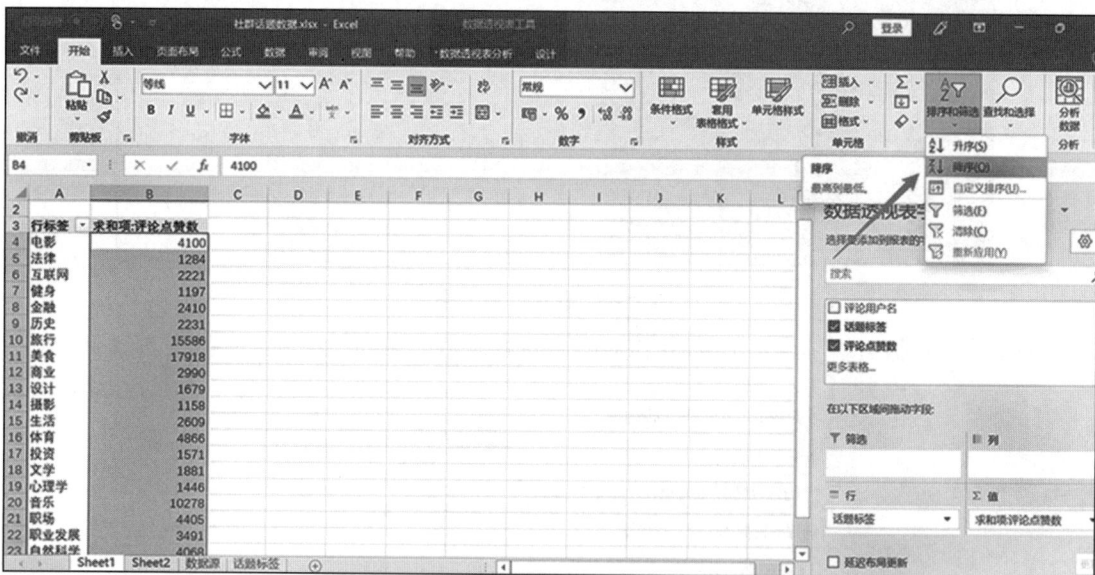

图 9-26　数据降序排序

排序完成后，选择总计之外的数据，选择"插入"—"图表"—"三维簇状柱形图"。如图 9-27所示。

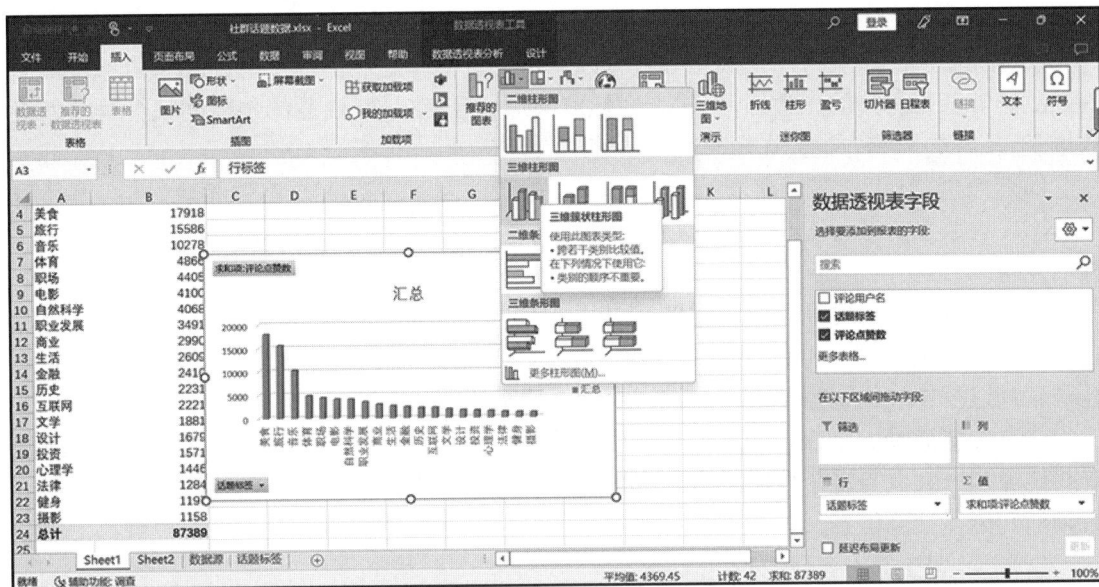

图 9-27　插入三维簇状柱形图

单击图表,对右侧图表元素进行编辑,例如添加坐标轴标题。如图 9-28 所示。

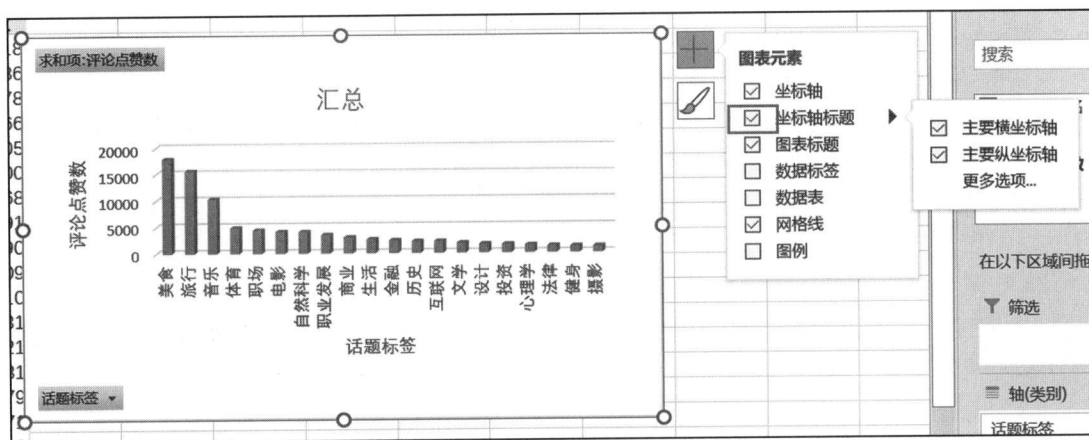

图 9-28　编辑图表元素

根据数据透视表得出评论点赞数较高的几个话题标签为"美食""旅行""音乐"。可以多选择此类标签作为社群话题。

9.4.2　社群变现率

1. 不同类型社群的变现逻辑

(1)电商型社群的变现逻辑。

电商型社群是以完成电商交易为目标的社群。比如各个电商平台的商家、实体店铺建立的"粉丝"群或者会员群,有商品资源的人建立的团购群都是电商型社群。要想获得商业回报,需要具备以下条件。

①有精准用户。电商型社群中的用户应当是有购买意愿的精准用户。用户市场越精准

变现潜力越大。

②有优质商品和服务。电商型社群赖以生存的基础就是社群提供的商品和服务。优质的商品能够获得用户的一致好评,逐渐在社群中形成商品口碑,商品的传播度就会呈几何级数增长,品牌的影响力也会在短时间内快速扩大。

③有消费 KOL。在电商型社群中,KOL 是能够左右多数人态度的角色,电商型社群中,KOL 的数量要尽可能多一些,占成员的 10% 左右,因为 KOL 是连接诸多用户的节点,这些节点越多,连接的范围也就越广。

④有购买氛围。电商型社群需要营造购买氛围,刺激成员产生购买欲望。例如在"双11""618 大促"等大型电商活动中,常会看到"限时""限量""秒杀""售罄"等文字。在电商型社群营销过程中往往也需要借助营销话术营造购买氛围。

⑤有传播激励。电商型社群的一大优势是可以通过裂变式传播实现社群壮大,实现裂变式传播的一大重点就是传播激励。这就需要我们重视社群成员,给用户超出预期的体验,激励他们传播社群信息。

(2)学习型社群的变现逻辑。

学习型社群通常是通过知识分享输出社群价值,让用户对社群产生正面、专业的影响。学习型社群的变现需要依靠以下几点。

①知识型商品。知识变现是学习型社群变现的一种方式,知识型商品需要具备价值感、成长感和易学感,让社群成员能够通过知识付费获得自我成长。

②用户策略。学习型社群的变现门槛比较高,在不同阶段,有不同的用户策略。在推广期,要注重吸收知识需求度高和活跃度高的用户;在发展期,需要持续地向成员输出有价值的内容和服务,同时要注意收集成员的好评,一个有"干货"的学习型社群自然会获得好口碑;在成熟期,社群已经拥有了忠诚成员和良好口碑,就需要投入精力去打造知名度了,我们可以联合社群成员,借助各个媒体平台来共同打造社群知名度。

③知识营销。学习型社群需要借助营销活动来向大众传播社群的主题、理念、价值和商品,使大家逐渐对社群及其商品产生价值感,从而产生购买意愿。知识营销的常见方法有免费分享入门知识、短视频平台推送相关短视频、微信公众号推送相关文章等。

(3)人脉型社群的变现逻辑。

人脉型社群的核心价值就在于群内用户的价值,通过强化用户之间的连接,实现群用户自身的边界拓展。因此,人脉型社群的变现条件不在于销售商品或者输出专业知识,而在于筛选出同频的人,做好服务,建立大家需要的价值链接,从而发挥出社群的价值。

①有核心人物。核心人物起到了凝聚社群的作用。

②有入群门槛。人脉型社群需要用高入群门槛来筛选出同频的人。方法:收取会员费、老用户推荐、任务筛选。任务筛选的意义相当于面试。

③有明确的服务体系。服务内容需要体现社群在增强用户连接上的优势,并非一定要直接产生商业价值。

④有线下交流。人脉型社群的价值建立在人和人合作的基础上,需要组织线下交流取得社群成员之间的信任。

⑤有项目合作。社群成员形成持续的项目合作,那这个社群就会形成优势互补、合作共赢的社群文化,就会开始拥有自己的中坚力量。相应地,社群成员对社群的认可度也越来

高,也就更愿意年复一年地继续待在社群,在社群内与他人连接、合作。这样,社群就会进入良性循环。

2.社群变现率指标

(1)成交率。

成交率是衡量社群变现的重要指标。成交率能够分析用户对精准产品的付费意愿,还能分析不同产品类目和价格区间的转化效果,进一步提升转化的参考依据。成交率的公式为

$$成交率＝成交数/客户数×100\%$$

首先,打开"社群变现数据.xlsx",来到工作表"十月客户购买数量",在购买数量右边一列输入"未购买客户",使用"COUNTIF"函数计算出购买数量为"0"的客户数。光标移动到"D2",输入公式＝COUNTIF(C2:C176,"0"),计算出未购买的客户数为 33,保存表格。如图 9-29 所示。

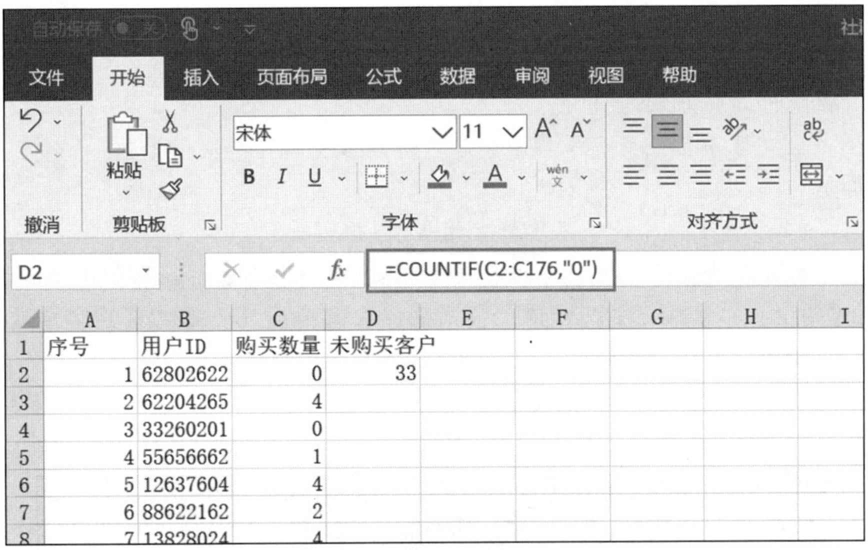

图 9-29 计算未购买客户数

根据该数据计算出成交数,再计算成交率,具体为

成交数＝175－33＝142

成交率＝142/175×100\%＝81.14\%

得出结论:十月的成交率为 81.14\%。

(2)回购率。

计算成交率之后可以继续计算回购率,回购率能够反映社群成员的忠诚度和满意度,为社群运营提供方向。首先需要明确"回购"的定义,即购买数量大于"1"。

打开"社群变现数据.xlsx",在工作表"十月客户购买数量","E1"单元格中输入"回购客户",使用"COUNTIF"函数计算出购买数量大于"1"的客户数。在"E2"单元格输入公式"＝COUNTIF(C2:C176,">1")",得出回购客户数为 105。如图 9-30 所示。

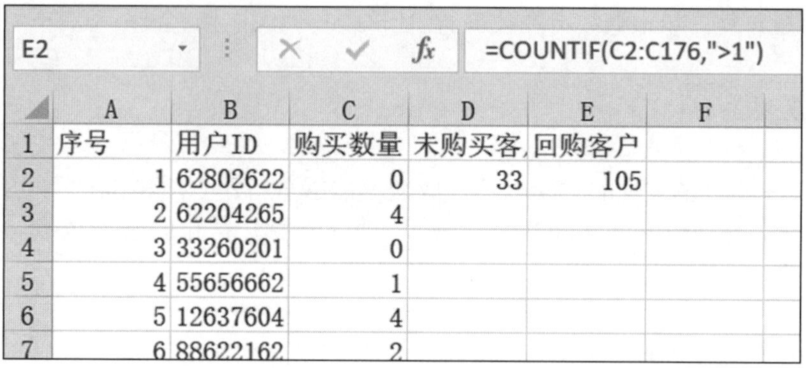

图 9-30　计算回购客户数

使用回购客户的数除以购买过的客户数,即可得回购率,为

回购率＝105/142×100％＝73.94％

计算得社群当月回购率为73.94％,回购率较高,社群运营的情况较好。

(3)客单价。

客单价有两种计算方式,一种是

$$客单价＝商品平均单价×每一顾客平均购买商品个数$$

另一种是

$$客单价＝销售额/顾客数$$

客单价是衡量营销情况的重要指标,在流量转化都不变的情况下,客单价越高收益越高。

根据"客单价＝销售额/顾客数"这个公式来计算客单价。已知购买的客户数为142,接下来需要计算销售额。在总销量的后一列输入"销售额",使用公式

$$销售额＝销售价×总销量计算$$

当前商品的销售额。如图9-31所示。

图 9-31　计算销售额

　　光标移到右下角进行数据填充,完成后使用"SUM"函数计算销售额的总和。在"F28"输入公式"＝SUM(F2:F27)",得出销售额总和为"20602.5"。如图 9-32 所示。

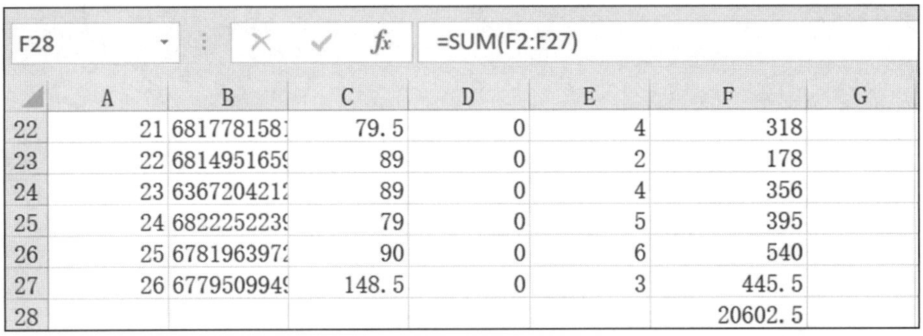

图 9-32　计算销售额总和

　　在"G1"单元格输入"客单价",输入公式"＝F28/142",计算得出客单价为"145.088"。如图 9-33 所示。

图 9-33　计算客单价

(4)投入产出比。

投入产出比是衡量收入与成本的均衡点,其计算公式为

投入产出比(ROI)＝所获得的产出总收入/所投入的总成本

　　由上文可知十月销售额为 20602.5 元,另外,已知十月份各渠道营销推广花费了 3000 元。计算投入产出比还需要计算进价成本。在当前文档中,打开"十月商品采购单",将"进货价"这一列的数据复制到"十月份商品销售情况"工作表中。如图 9-34 所示。

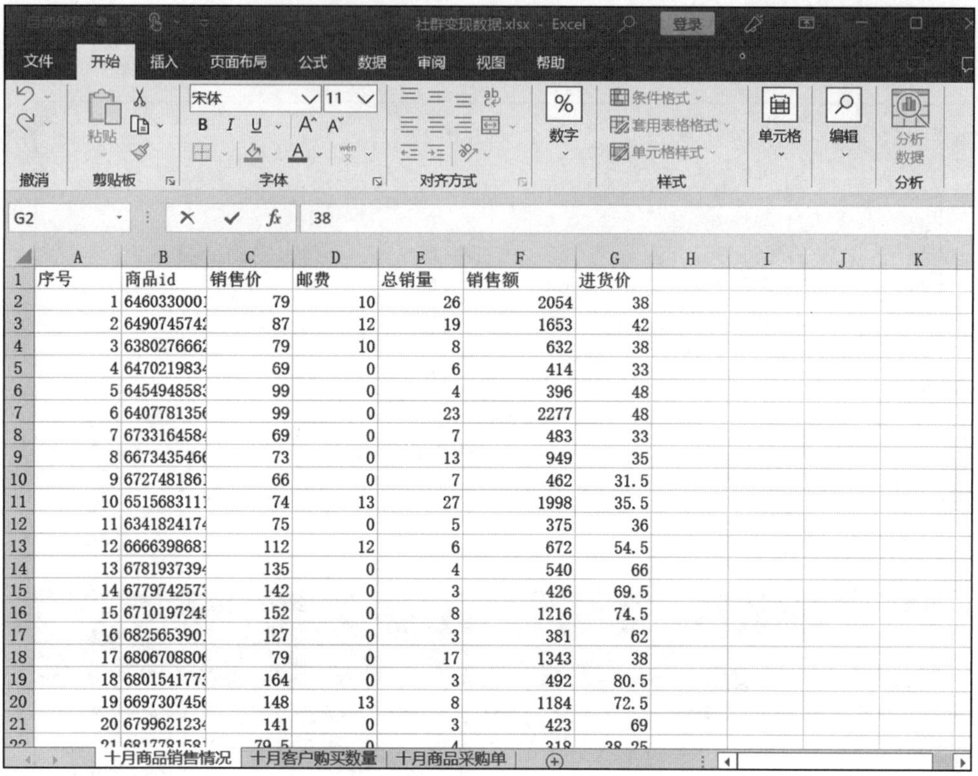

G2 =38

	A	B	C	D	E	F	G	H	I	J	K
1	序号	商品id	销售价	邮费	总销量	销售额	进货价				
2	1	6460330001	79	10	26	2054	38				
3	2	6490745742	87	12	19	1653	42				
4	3	6380276662	79	10	8	632	38				
5	4	6470219834	69	0	6	414	33				
6	5	6454948583	99	0	4	396	48				
7	6	6407781356	99	0	23	2277	48				
8	7	6733164584	69	0	7	483	33				
9	8	6673435466	73	0	13	949	35				
10	9	6727481861	66	0	7	462	31.5				
11	10	6515683111	74	13	27	1998	35.5				
12	11	6341824174	75	0	5	375	36				
13	12	6666398681	112	12	6	672	54.5				
14	13	6781937394	135	0	4	540	66				
15	14	6779742573	142	0	3	426	69.5				
16	15	6710197245	152	0	8	1216	74.5				
17	16	6825653901	127	0	3	381	62				
18	17	6806708806	79	0	17	1343	38				
19	18	6801541773	164	0	3	492	80.5				
20	19	6697307456	148	13	8	1184	72.5				
21	20	6799621234	141	0	3	423	69				

图 9-34 复制数据

使用公式

成本=(邮费+进货价)×总销量

计算成本，在进货价后方输入“成本”，选中“H1”单元格，输入公式“=(D2+G2) * E2”，使用自动填充功能完成整列数据。如图 9-35 所示。

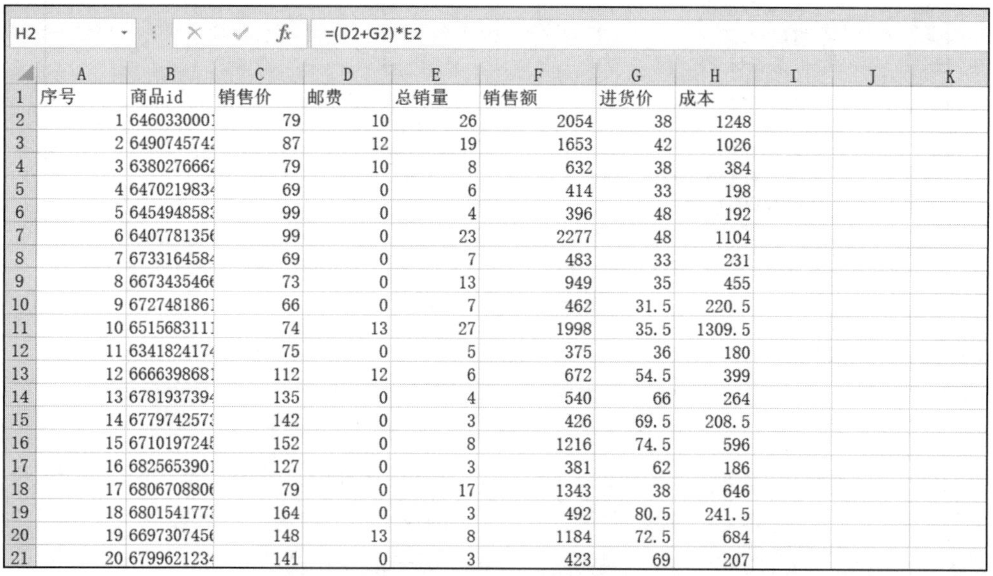

H2 =(D2+G2)*E2

	A	B	C	D	E	F	G	H	I	J	K
1	序号	商品id	销售价	邮费	总销量	销售额	进货价	成本			
2	1	6460330001	79	10	26	2054	38	1248			
3	2	6490745742	87	12	19	1653	42	1026			
4	3	6380276662	79	10	8	632	38	384			
5	4	6470219834	69	0	6	414	33	198			
6	5	6454948583	99	0	4	396	48	192			
7	6	6407781356	99	0	23	2277	48	1104			
8	7	6733164584	69	0	7	483	33	231			
9	8	6673435466	73	0	13	949	35	455			
10	9	6727481861	66	0	7	462	31.5	220.5			
11	10	6515683111	74	13	27	1998	35.5	1309.5			
12	11	6341824174	75	0	5	375	36	180			
13	12	6666398681	112	12	6	672	54.5	399			
14	13	6781937394	135	0	4	540	66	264			
15	14	6779742573	142	0	3	426	69.5	208.5			
16	15	6710197245	152	0	8	1216	74.5	596			
17	16	6825653901	127	0	3	381	62	186			
18	17	6806708806	79	0	17	1343	38	646			
19	18	6801541773	164	0	3	492	80.5	241.5			
20	19	6697307456	148	13	8	1184	72.5	684			
21	20	6799621234	141	0	3	423	69	207			

图 9-35 计算并自动填充成本

选中"H28",输入公式"＝SUM(H2:H27)",使用"SUM"函数计算成本总和,得出成本总和为 11060.25 元。

通过成本和营销费用的和比销售额计算得出投入产出比,则

$(11060.25＋3000)/20602.5＝14606.25/20602.5≈1:1.42$

投入产出比通常用"$1:N$"的形式表达,N 的值越大经济效果越好。基准投入产出比为 $1:3$,根据计算得出,十月份社群运营的投入产出比为 $1:1.42$,需要在后续运营中提高投入产出比,具体方法有减少投入、增加产出、规避损失等。

根据入群率分析结果,可以减少除微信朋友圈、微信公众号之外的渠道推广投入,增加社群的直接转化率,提升客户回购率。

✎ 拓展实训:社群活跃度与社群变现率计算

[实训目的]

通过社群营销的数据分析了解社群运营的案例,帮助企业通过社群数据的分析,完善社群运营效果。

▶ 思考与练习

1. 通过对社群活跃度中其他指标的计算,掌握社群活跃度指标数据的应用。

2. 列举一些其他的社群运营相关的数据指标。

📄 第 9 章小结

第 10 章　新媒体营销数据分析

学习目标

- 了解新媒体营销数据分析的步骤
- 了解新媒体营销数据分析的方法
- 掌握新媒体营销数据分析的工具

学习重点、难点

学习重点
- 新媒体营销数据分析的步骤
- 新媒体营销数据分析的方法

学习难点
- 掌握新媒体营销数据采集、清洗和加工的方法
- 正确运用新媒体营销数据分析的工具

思维导图

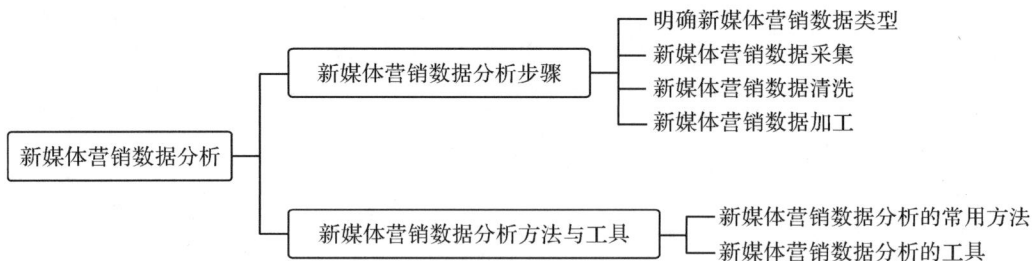

10.1　新媒体营销数据分析的步骤

10.1.1　明确新媒体营销数据类型

相比传统媒体营销,新媒体营销方式更加多元化,作为营销人员,需要掌握不同类型的数据,例如用户数据、内容运营数据和销售数据。

1. 用户数据

用户数据是指能够反映新媒体平台用户特征和数量变化的数据,这些数据可以呈现出用户画像。用户数据对企业通过新媒体平台开展营销活动非常关键,企业在用户数据中可以分析出现有用户和潜在用户的群体特征,以及当前新媒体运营模式对这些用户是否具有吸引力。

(1)用户数量。

运营人员通过分析后台粉丝数量的增减可以分析前一阶段的宣传与推广是否真的起到了积极正面的作用。用户数量变化数据主要包含新增关注的粉丝数、撤销关注的粉丝数、累计关注人数,甚至还能选择一定的时间段进行计算,这些数据体现了用户数据的动态变化(见表 10-1)。

表 10-1　用户数量变化数据

数据类型	数据内容
新增关注的用户数	新媒体平台每日新增关注的用户数量
撤销关注的用户数	新媒体平台每日撤销关注的用户数量
累计关注人数	一段时间内累计关注人数

(2)粉丝画像数据。

粉丝画像数据是指那些能够反映出用户特征的数据。这些数据可以勾画出用户角色,从侧面反映出这些用户的需求。新媒体平台中的用户画像数据主要有:用户的性别分布、年龄分布、地域分布等。新媒体营销人员通过分析用户画像数据,能够发现当前平台账号的用户特点,以及用户的内容偏好。

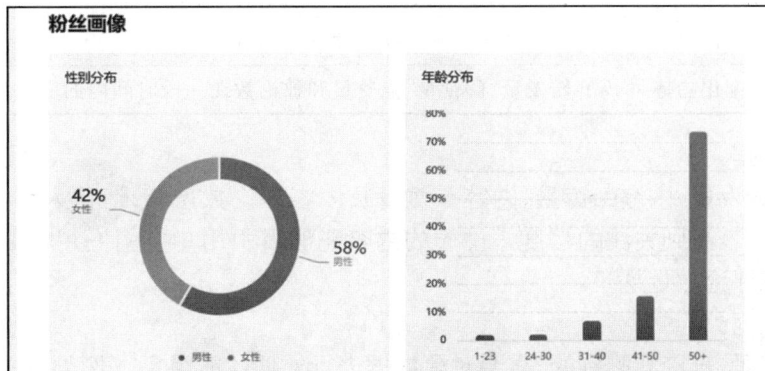

图 10-1　粉丝画像数据

图 10-1 为某抖音号用户画像数据,从性别分布可以看出,女性占 42%,男性占 58%。从年龄分布来看,50 岁以上的用户占据主导地位,高达 70%。因此,我们可以做出基础判断,当前账号定位是"年龄为 50 岁以上"或"男性"为核心用户。

2.内容运营数据

内容运营数据是指根据新媒体平台的特点进行图文内容和视频内容创作,以此引发用户关注的数据。微信是互联网用户主要的信息获取方式,用户可以通过朋友圈发表图文,也可通过其他软件将文章或音乐分享到朋友圈,以此获取好友的"评论"或"点赞"。微信朋友圈分享有助于拓宽营销思路,可以采用"社群运营+朋友圈运营"的双重模式来进行品牌宣传、产品推广,提升知名度。

除微信之外,微博作为免费向公众开放的社交平台,也是新型社交媒体的代表,可以让大量的用户在微博进行互动。微博本身具有广泛的粉丝基础,能够让企业快速获取流量,助力企业进行内容推广、宣传新品、扩大企业品牌影响力。同时微博也具有舆论引导的功能,通过微博热搜榜可以看到微博的用户关注哪些热点内容。新媒体运营人员需要关注这些热点话题,并借助一些热点事件开展营销活动,为企业增加曝光度。

而短视频的发展逐渐推动了新媒体平台从图文内容运营转向了短视频内容运营,企业通过利用新媒体平台进行内容创作而引发用户关注。内容运营具有两个目的:一是为企业引流。优质的图文和短视频内容可以为企业提高用户关注数量,借助成熟的新媒体平台的粉丝基础,便于开展直播营销。二是内容运营推动短视频带货。企业不仅可以通过图文和短视频内容积攒用户流量,还能通过短视频营销的方式获得销售数据,并深入剖析成功的短视频营销的构成要素。

结合微信、微博和短视频平台发展,内容运营数据主要有观测数据和统计数据两大类,如表 10-2 所示。

表 10-2　内容运营关注指标

数据类型		数据内容
观测数据	内容转发量	每则图文或视频的转发数量
	内容阅读量	每则图文或视频的阅读数量
	内容点赞量	每则图文或视频的点赞数量
	内容评论数量	每则图文或视频的内容评论数量
统计数据	内容标签	内容标签是用户感兴趣的领域或热点话题
	数据变化趋势	内容转发量、阅读量、点赞量和评论数在一段时间内的变化趋势

(1)观测数据。

包括内容转发量、内容阅读量、内容点赞量及内容评论数量等,运营人员可以通过这些指标判断当前内容受到关注的程度。优质的内容能够吸引用户并引发用户共鸣,则阅读数量、点赞数量或评论数量越多。

(2)统计数据。

统计数据不是直接观测到的,需要对源数据进行处理才能得到。例如,在短视频营销中常提到的"内容标签",它是内容制作时为了和垂直细分行业领域紧密结合而增加的检索关键词。分析内容标签可以结合用户数据变化,判断现有的用户或潜在用户偏好,提炼出用户关注的热点关键词,根据内容需求进行后续的内容优化。分析观测数据的变化趋势可以判断当前内容热度,例如分析近一个月的内容转发量、内容阅读量、点赞量等,若整体趋势呈现上升趋势,则说明内容创作较为合理,可以满足目标用户的需求。综上所述,内容运营数据也是运营人员重点分析的一个维度。

3. 销售数据

销售数据是企业借助新媒体平台开展销售的直观表现。新媒体销售数据主要通过视频带货、直播带货、微信朋友圈带货、微博推广等方式获取。销售数据主要包括总销售额、每日销售额、订单数量、平均客单价、销售利润率和退货率等,具体如表 10-3 所示。总销售额能够反映出该段时间借助新媒体开展运营的实际销售情况,给企业带来的实际收益。每日销售额和订单数量则能看出当天的销售规模,同时还可用于纵向分析每日销售额或销售量的增长或减少趋势。而平均客单价则是计算平均每件商品的单价,平均客单价也反映了当前用户的购买力,以及对企业销售额的贡献情况。若店内销售单价差异较小,则可以不考虑该指标。

表 10-3　销售数据表

数据类型	数据内容
总销售额	所有品类产品的销售额情况
每日销售额	每日销售额情况
订单数量	所有产品的销售数量
平均客单价	总销售额/总销售量
销售利润率	统计时间内,利润/销售额
退货率	统计时间内,客户退货单量/下单数量

但销售指标不能只看销售额情况,还需要计算企业的销售利润率。销售利润率是当前所获取的利润占销售额的比值。这一指标也反映了企业在追求销售额的同时,不能一味地采取低价策略,还要考虑单位销售额变动引起的利润变动。除此之外,退货率也是一个关键的数据指标,退货率是指客户退货单量在所有订单中的比值。它往往用于判断当前用户对于该商品的满意程度,退货率高则从侧面反映出用户满意度较低、用户需求多变等特征。

10.1.2　新媒体营销数据采集

很多新媒体营销平台都提供一些数据信息,例如可以通过微博后台检查详细的微博数据,其具体的操作方法是登录网页版微博后,单击"管理中心"选项卡,进入"数据助手"界面进行采集。但新媒体后台是单向观测本企业数据的一种方式,无法和整个市场上的其他企业进行对比分析,因此需要借助一些工具进行大数据采集。新媒体营销数据采集可以使用以下方法:网页源码采集、Power BI Desktop 采集、八爪鱼采集、Python 采集这 4 种方法。

1. 网页源码采集

要了解网页源码采集,需要分析网页的基本结构,网页的组成大体上分为 HTML、CSS、JavaScript、URL 四大部分。HTML 构建了网页的基本框架;CSS 塑造了不同风格的网页形式;JavaScript 使网页能够响应用户操作,做出各种活动;URL 则是服务器的地址,帮助网络资源定位。

(1)网页构成。

①HTML。

HTML 是 Hyper Text Markup Language 英文首字母缩写,它是为不同平台上的超文本文档创建的简单标记语言,可以用于创建 Web 页面。HTML 由一系列标签组成,这些标签可以统一规划网络文档格式,将互联网上零散的资源密切链接形成一个逻辑整体。HTML 是网页制作的基础,由 HTML 代码编写而成,现在也可以使用 FrontPage、Dreamweaver 等智能化的网页制作软件,这类软件可以自动生成代码,不需要人工撰写,减轻了运营人员的工作量。但熟悉 HTML 代码仍然非常关键。

②CSS。

CSS 是 HTML 或 XML 等文件形式的具体表现,可对网页和脚本语言进行修饰,呈现出丰富多样化的网页。CSS 对于网页形式的呈现是非常重要的,它主要通过层叠样式表来实现。作为新媒体运营人员,可以通过鼠标右键"检查—样式"来查看 CSS 内容,以下为 CSS 代码内容示例。

```
.ClassHead-wrap a {
    display: inline-block;
    float: left;
    padding: 0px 20px;
    _padding: 0px 15px;
    line-height: 33px;
    height: 33px;
    cursor: pointer;
    color: #0474c8;
    border-width: 2px 1px 0px 1px;
    border-color: #fff;
    border-style: solid;
}
```

但是在网页中一般不会把 CSS 代码直接写在页面中,由负责前端的程序员将 CSS 内容统一编辑好,再放入到.css 后缀的样式文件中,在网页中使用 link 标签连接到样式文件,就可以调用其中的样式库。

③JavaScript。

JavaScript 也是比较常见的一种编程语言,简称为 JS。JS 的主要功能是为用户呈现出多样化的内容,例如动态内容,或者交互性的功能(例如点击后出现自动滑动的图片效果等),以此让浏览的过程中更流畅,让用户的体验感更佳。JS 通常也是单独放在.js 后缀的文件中,在网页中通过<script src="></script> 标签调用。

④URL。

URL 全称为 Uniform/Universal Resource Locator,是指统一资源定位符,是对网页资源所在位置进行定位,系统可以从查找的资源中进行存取、更新、替换等操作。网络文件具有唯一的 URL 与其对应。URL 是由协议、主机、端口和路径四部分组成。URL 的一般语法格式示例为：scheme://host［：port ♯］/path/…/［？ query-string］［♯ anchor］，其中带"［ ］"的为可选项。

（2）HTML 源码采集。

HTML 源码解析可以在任意网页中使用，如图 10-2 所示的淘宝网页面，在空白处直接单击鼠标右键，在弹出的菜单中找到"查看网页源代码"或者"查看源"，进入后，可以看到 HTML 的源代码。源代码中包含了这一网页呈现的所有信息，例如可以呈现出淘宝首页各类商品标题、各个服务模块及相关描述。

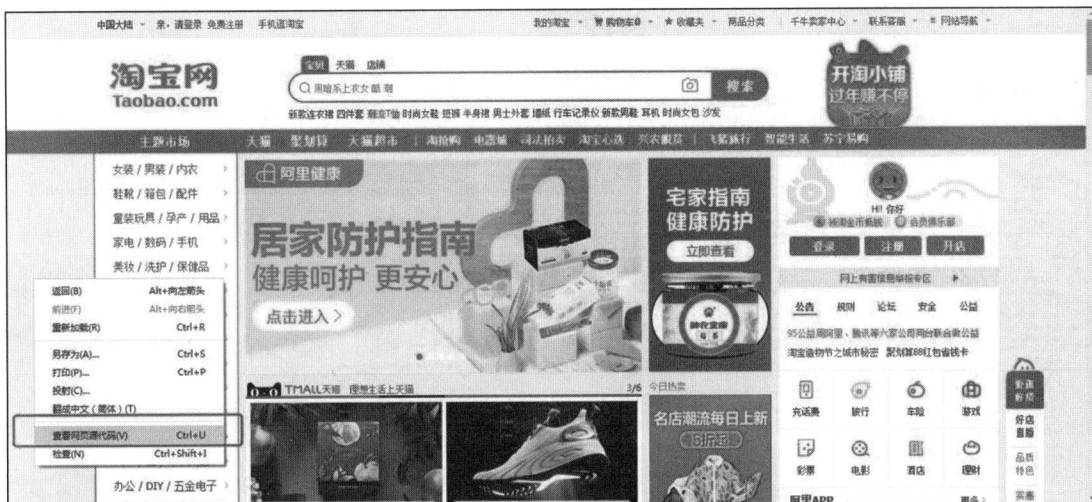

图 10-2　查看网页源代码

如图 10-3 所示，左侧是 HTML 的行号，右侧是 HTML 源代码，源代码中具有隐藏的信息。

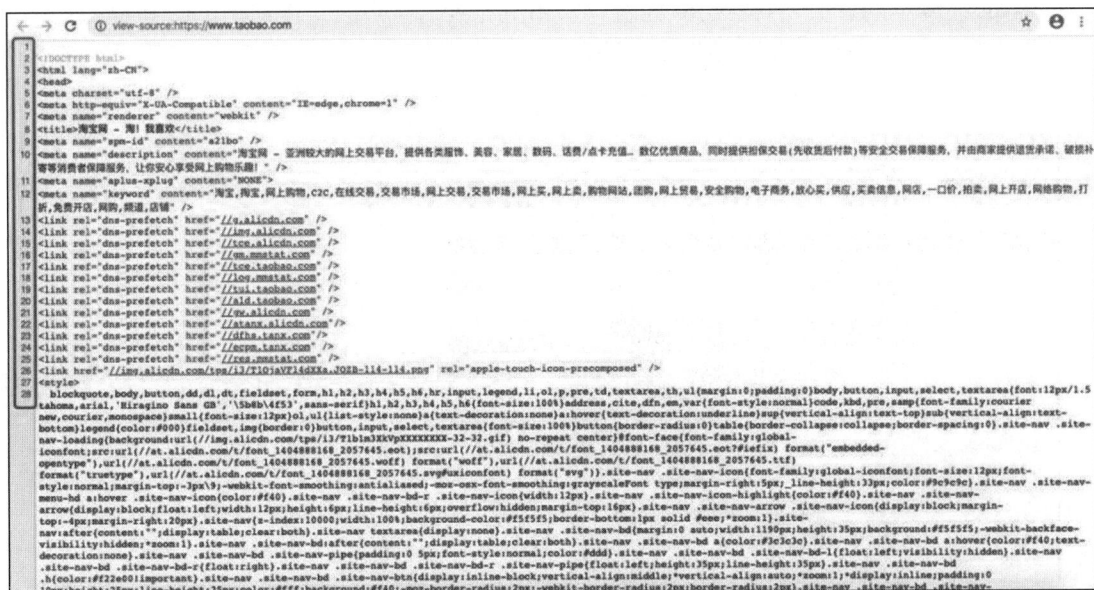

图 10-3　HTML 网页源码

通过快捷键"CTRL＋F"键调出搜索框,根据前端页面的目标信息进行搜索(例如,复制图 10-3 查看源码所在页面中任一宝贝的标题或其中一部分关键词,粘贴到调出的搜索框内),如果可以找到目标信息,则说明数据在 HTML 中,这类数据被称为静态数据。目标信息搜索如图 10-4 所示。

图 10-4 目标信息搜索

(3)网络抓包。

在网页中分析 Response(响应)中的 HTML,可以发现其中引用了很多 Images 文件、CSS 文件、JavaScript 文件。浏览器会自动再次发送 Request(请求)去获取图片、CSS 文件或 JavaScript 文件,当所有文件都下载成功后,网页会根据 HTML 语法结构完整地显示出来。需要注意的是,这些文件不会在网页源代码中呈现。

例如,在淘宝网首页,右键选择"检查"或"审查元素",也可以直接使用 F12 按键,进入开发者模式后,单击"Network"(网络),如图 10-5 所示。

图 10-5 开发者模式

如果暂时没有任何信息显示,可以使用"CTRL＋R"刷新界面,如图 10-6 所示,可以获取到许多文件,这个获取信息的过程也被称为网络抓包。

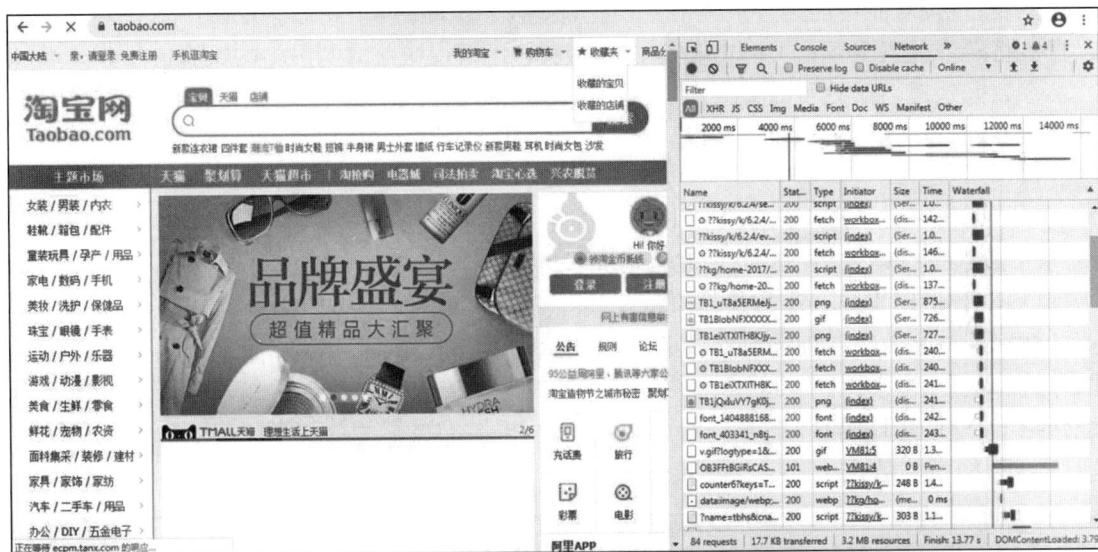

图 10-6　网络抓包

搜索下拉框会有关键词推荐,与 HTML 源码解析时搜索出的信息不同,这些关键词并不是静态的(图 10-9 中两个方框中的内容是相同的),因为系统并不知道用户会搜索哪些关键词,所以在 HTML 中显示。当用户进行抓包操作时,系统通过动态交互的方式从服务器获取对应的数据包,使用开发者模式可以观察到这些数据,如图 10-7 所示。

图 10-7　抓取关键词搜索结果

2. Power BI Desktop 采集

Power BI Desktop 是微软旗下的一款商业智能软件,Power BI Desktop 工具不需要手动去收集数据,而是把网址导入,软件的内部程序可以将网页内容分解成表格、文本等,极大地节约了时间。

（1）Power BI Desktop 的功能。

①数据采集。运营人员需要在一些网站上查找数据，但是这些数据不易复制，尤其是一些数据表，直接复制可能会导致乱码。因此，Power BI Desktop 可以轻松解决这些问题。可以直接将网址导入 Power BI Desktop，加载数据，可以很快获取网页中的数据信息。

②数据处理。虽然可以直接获取网页数据，但是这些数据会出现缺失值或多余信息，需要处理后进行数据分析，此时可以直接在 Power BI Desktop 中进行数据格式的调整、数据删除等操作。

③数据可视化。Power BI Desktop 最突出的一个优势则是数据分析与可视化，可以从不同的维度去比较数据变化，这一功能在下一章中会详细叙述。

（2）Power BI Desktop 的操作流程。

数据采集之前需要确定数据采集目标，找到目标数据所在的网页，最后需要确定数据获取方式。现在，本书以图 10-8 国家统计局发布的"2020 年全国科技经费投入公报"为例简单地介绍 Power BI Desktop 的操作流程，本次数据采集的目标为获取不同行业研究与试验发展（R&D）经费的数据。

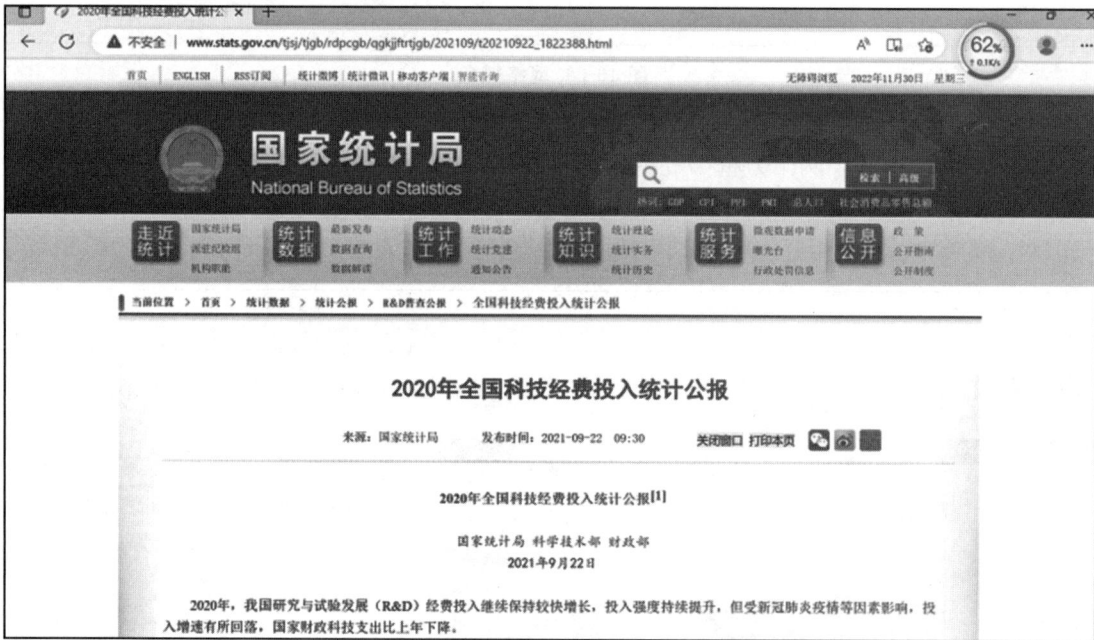

图 10-8　2020 年全国科技经费投入公报页面

图 10-9 为 Power BI Desktop 的界面，该界面左上角有"获取数据"选项，可以导入 Excel 数据、Power BI 数据集，以及 SQL Server、Web 等多种数据形式。如果是网页数据，可以直接选择"Web"，输入网址，点击"确定"运行软件。

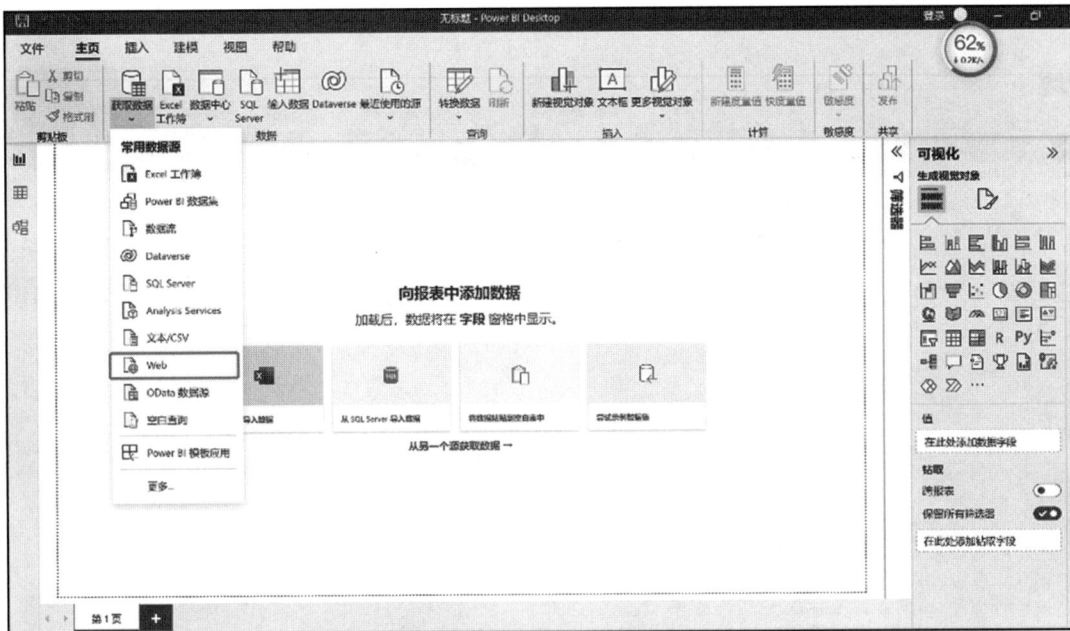

图 10-9　导入外部网页数据

　　Power BI Desktop 可以获取多种类型的数据信息,因此,也需要人为筛选确定数据。如图 10-10 所示,软件运行后出现导航页面,左侧显示的是捕获到的各种数据表及文本,可以点击"预览"查看是否为需要的数据。而行业和研究经费数据在"表 3"中,找到后,勾选前面的复选框,再点击右下角的"转换数据"或"加载"即可完成采集。

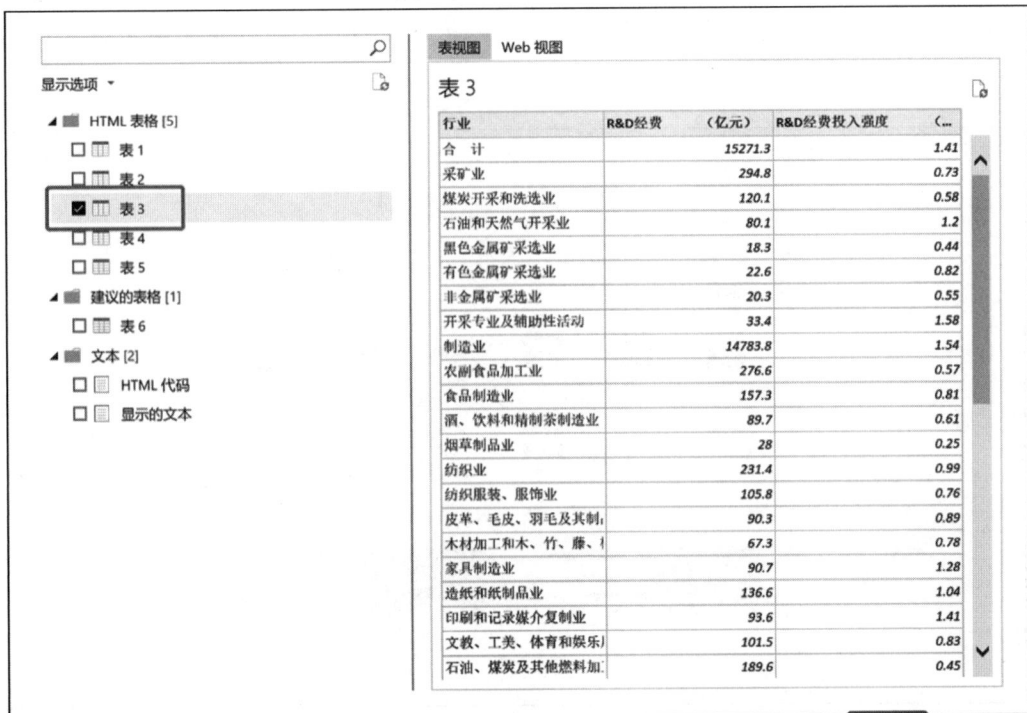

图 10-10　Power BI Desktop 数据采集选项

最终获取的数据结果如图 10-11 所示,这类数据可以用于进一步处理和分析。

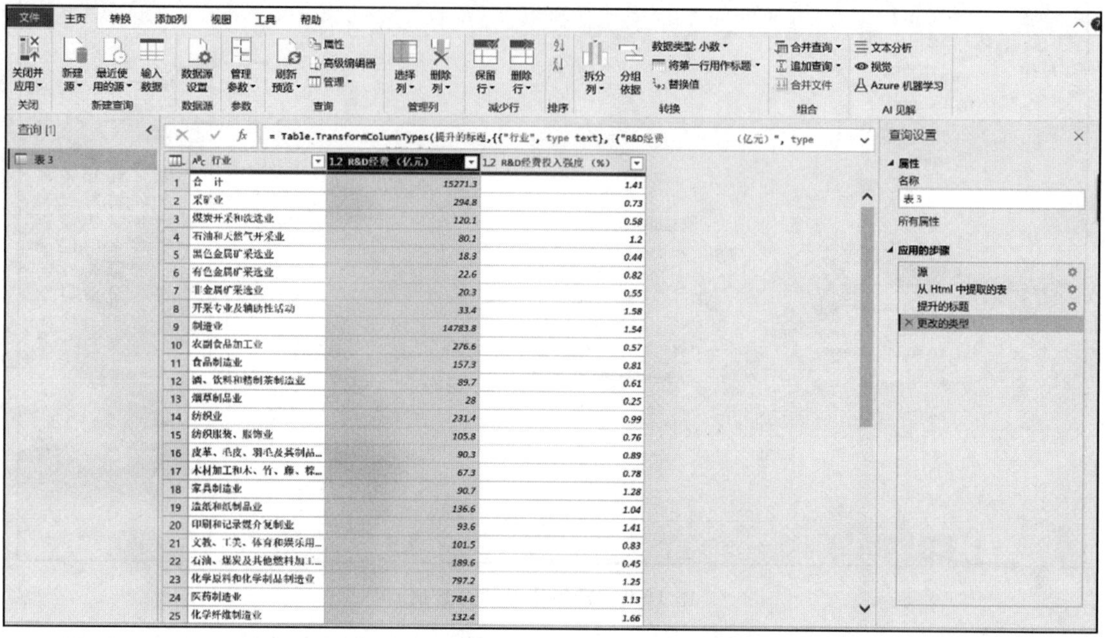

图 10-11　Power BI Desktop 数据采集结果

3. 八爪鱼采集

八爪鱼是一款简单容易操作的数据采集器,在八爪鱼采集器的首页,它提供了一些热门采集模板,涉及电子商务、媒体阅读、社交平台等各个模块,新手可以直接进入对应的模板采集数据。以下用爬取网易严选电商商品数据为例,介绍如何使用八爪鱼采集数据。八爪鱼采集器首页如图 10-12 所示。

图 10-12　八爪鱼采集器首页

　　进入八爪鱼采集器界面,可以从热门采集模板中选择"更多",点击社交平台选项,找到"网易严选电商商品采集"模板,进入后,点击"立即使用",设置搜索关键词"李宁"。模式有本地采集和云采集两种方式可以选择,云采集模式比本地采集获取的数据信息更多。如果对数据规模要求不高,也可以直接使用"本地采集—普通模式",如图 10-13 所示。

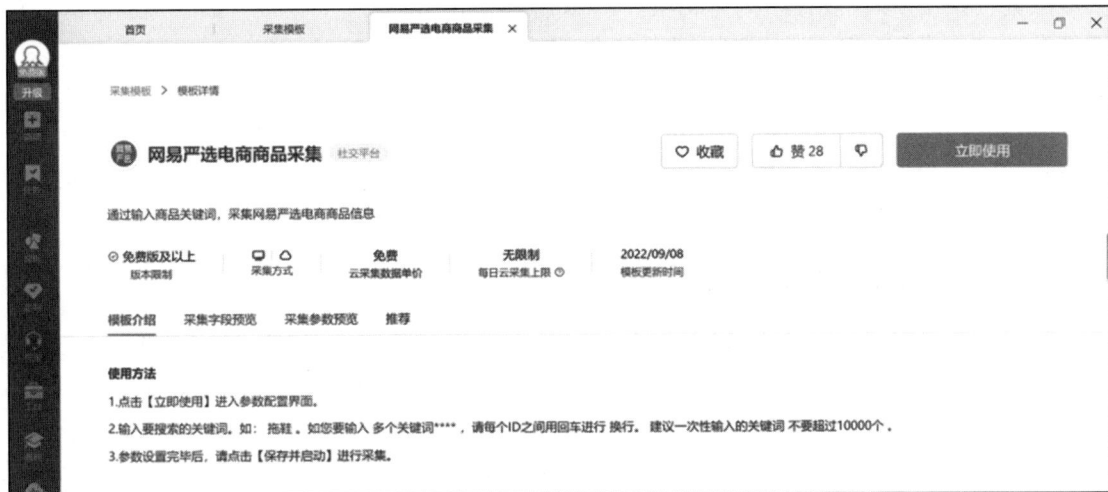

图 10-13　网易严选电商商品采集模板页面

　　点击后需要等待一段时间,等系统运行结束,即可导出采集到的数据。从图 10-14 中可以发现,采集到网易严选平台上李宁品牌的各类产品信息,包括了产品分类、简介、价格、好评率等。

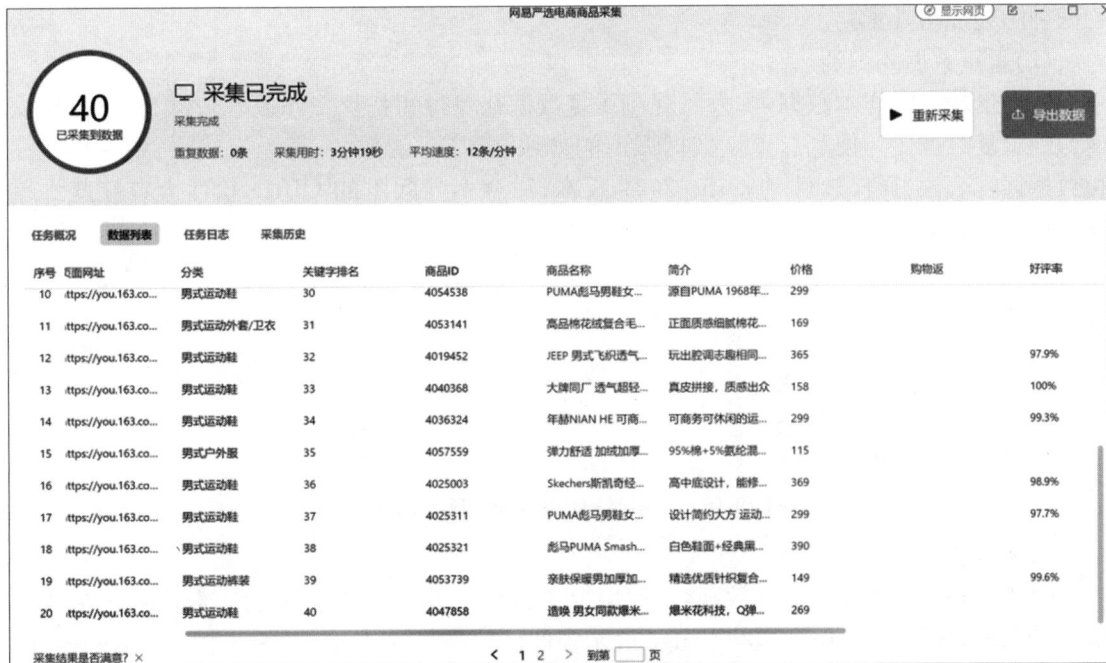

图 10-14　八爪鱼数据采集结果

除了现有模板之外,当然也可以自定义进行配置来更灵活地采集网页数据,在八爪鱼首页输入信息采集的网址,可以对指定界面的信息进行采集。

4. Python 采集

Python 是一种计算机编程语言,通过编写代码运行脚本程序,捕获目标网页的 URL 来获取数据,这一过程也被称为网络爬虫。Python 在数据分析、软件游戏开发、人工智能等方面都有突出的表现。Python 在数据采集方面的应用也相对较为成熟,主要有以下作用:①通过编写代码,可以提取网页中的关键词,用于文本分析。它的语法结构简单,运行速度快,前期编写好代码后,全自动化运行,不需要人为干预,减轻了数据采集工作的负担。②Python可以根据运营者的需求进行数据处理,筛选出可用数据。③数据采集后,对网页中获取的数据进行储存。

10.1.3 新媒体营销数据清洗

数据清洗是审查目标数据,发现数据信息是否出现重复、缺失和错误等问题,然后通过将数据进行清洗,获得可直接用于分析的数据。数据清洗是数据分析中的关键环节,有助于提高数据质量和数据的准确性,能够得到较为准确的结论,从而能够为管理决策提供支持。本节将主要从重复数据、缺失数据和错误数据这三方面详细阐述数据清洗。

1. 重复数据的处理

(1)重复数据的概念。

重复数据是指变量组合完全一致,或者是变量主体一致,其他类信息不完全一致的数据。如果数据容量较大,重复数据难以识别,而这些数据会给数据分析带来一定的干扰。重复数据的出现可能会导致重复计算,或是出现数据分析口径不一致的现象。因此,重复数据的识别和处理格外重要。

(2)重复数据的识别。

在容量较大的样本数据中,人为观测重复数据耗费时间长且工作效率较低,而计算机快速识别重复数据更为便利。重复数据识别的方法主要有:函数法、高级筛选法、条件格式法和数据透视表法(操作软件为 Office2021 版本,注意不同版本的 Office 软件会存在些许差异,见图 10-15)。

	A	B	C
1	类别	用户规模(万人)	收入(万元)
2	电商广告	59470	1567
3	搜索广告	69587	569
4	视频广告	75877	589
5	社交广告		320
6	搜索广告	69587	569

图 10-15　不同类别广告规模和收入源数据

①函数法。

COUNTIF 函数是一种计数函数,可以判断区域内指定条件出现的次数。基本格式为 COUNTIF(range,criteria),其中 range 表示条件计数的区域范围,criteria 表示计数的条件。首先我们需要判断哪一类数据可能是重复数据,"类别"这一变量相比其他变量具有唯一性,而其他的数据指标无法判断。因此,"类别"可以作为判断是否重复的计数对象。在 D2 单元

格中输入函数表达式："＝COUNTIF(＄A＄1：＄A＄6,A1)"，然后拖动单元格右下角的
"＋"号至 D6 单元格(或双击右下角)，显示结果如图 10-16 所示。COUNTIF 函数也可以在
单元格中直接插入公式，效果是相同的。使用 COUNTIF 函数时要注意，计数的范围是从
A1～A6，因此需要"＄"符号来固定单元格；反之，如果不使用"＄"符号固定，计数的范围就
会变动，导致计数不准确。

	A	B	C	D
1	类别	用户规模（万人）	收入（万元）	
2	电商广告	59470	1567	1
3	搜索广告	69587	569	2
4	视频广告	75877	589	1
5	社交广告		320	1
6	搜索广告	69587	569	2

图 10-16　使用 COUNTIF 函数识别重复值后的数据表

从图 10-16 中可以看到不同类别广告出现的次数，其中搜索广告出现两次，这类数据即
可被视为重复数据。

②高级筛选法。

在 Excel 中可以使用功能导航区域的筛选功能直接筛选出非重复值，首先选择数据单
元格区域，然后选择"数据"选项卡，选择"高级"选项，如图 10-17 所示。

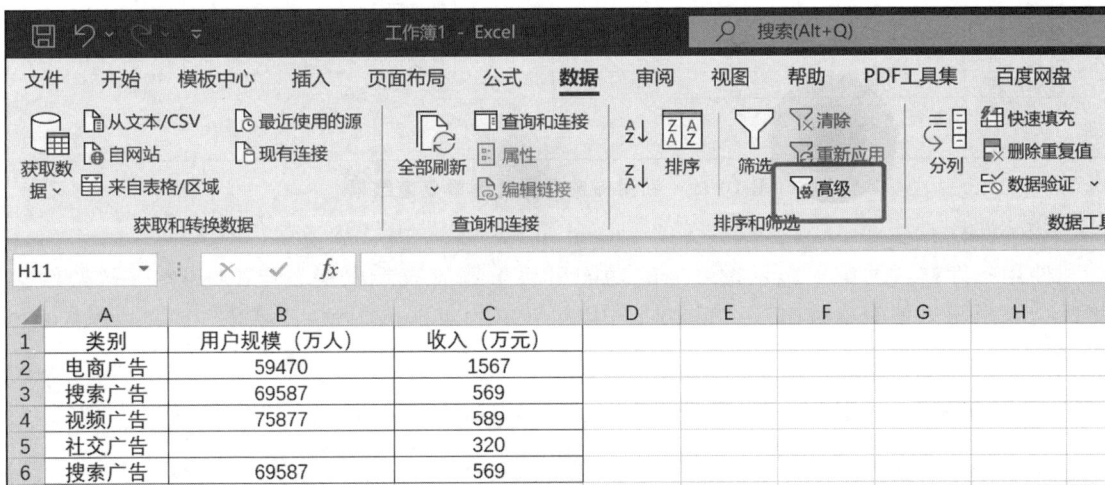

图 10-17　利用筛选功能处理重复值

在弹出的对话框中选择"将筛选结果复制到其他位置"选项，"列表区域"选中整个数据
表(A1:C6)，"条件区域"选中"A1:C6"，"复制到"选择"E1"单元格(任何其他空白单元格均
可)，同时勾选"选择不重复的记录"，单击"确定"按钮，如图 10-18 所示。

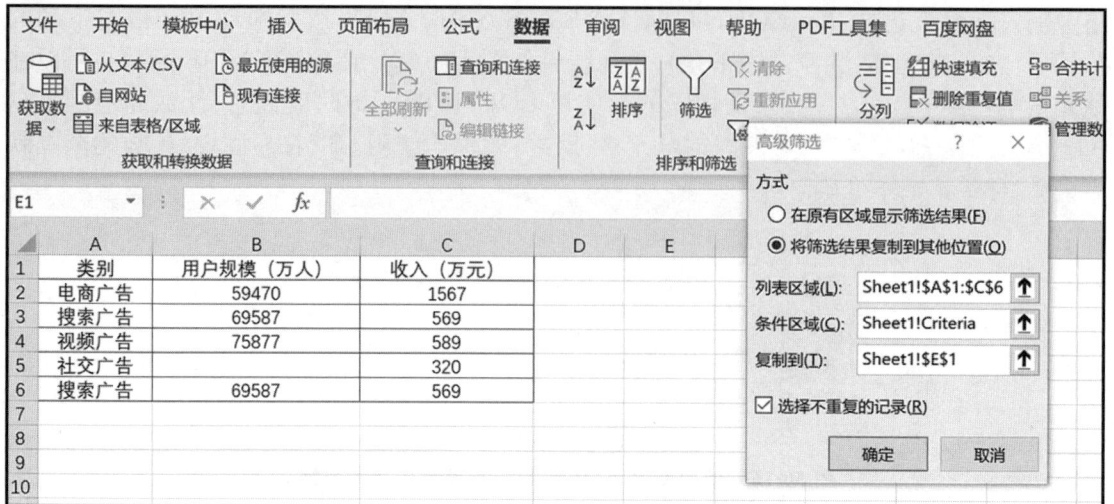

图 10-18 弹出"高级筛选"对话框

高级筛选的结果如图 10-19 所示,E1 到 G5 单元格为剔除重复数据后无重复值的数据表。

图 10-19 利用筛选功能处理重复值结果

③条件格式法。

使用条件格式法突出显示重复值的功能可将重复值显示出来。点击"开始"—"条件格式"—"突出显示单元格规则"—"重复值",并在弹出的对话框中单击"确定"按钮,如图10-20所示。

图 10-20 利用条件格式法处理重复值

如图 10-21 所示,计算机可以对识别出的重复值进行标记,显示为浅红填充色的文本,这种方式可以比较直观地确定重复值的位置。

	A	B	C
1	类别	用户规模（万人）	收入（万元）
2	电商广告	59470	1567
3	搜索广告	69587	569
4	视频广告	75877	589
5	社交广告		320
6	搜索广告	69587	569

图 10-21　利用条件格式法处理重复值的结果

④数据透视表法。

数据透视表法的原理类似于函数法,通过计算数据重复的频次,出现 2 次及以上就说明该数据属于重复项。其操作过程具体为:在 D1 单元格单击"插入"选项卡,选择"数据透视表",然后点击"表格和区域"就可以进行数据表分析。如图 10-22 所示。

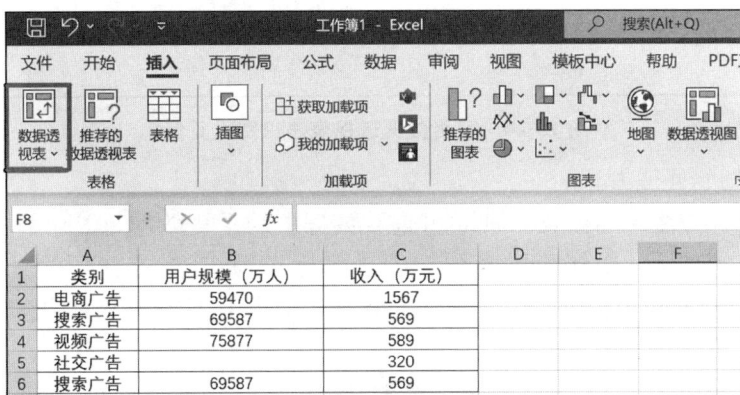

图 10-22　利用数据透视表法处理重复值

在弹出的对话框中,选择要分析的区域 A1:C5,选择放置数据透视表的位置 D1,单击"确定"按钮,如图 10-23 所示。

图 10-23　弹出"创建数据透视表"对话框

　　单击生成的数据透视表,在右方"数据透视表字段列表"中勾选"类别"复选框,再将"类别"选项拖动到"数值"区域,最后单击"数值"下拉按钮,在弹出的下拉列表中选择"值字段设置"为"计数",其结果如图 10-24 所示。

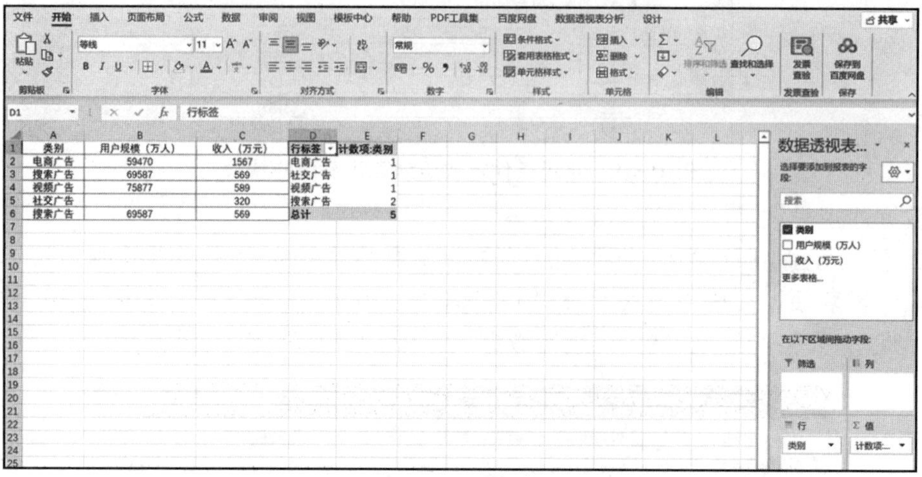

图 10-24　利用数据透视表法识别重复值

　　(3)重复数据的处理方法。

　　利用前面 4 种方法中的任意一种即可查看数据中的重复数据,识别后便可采取删除重复数据的操作。在 Excel 中删除重复数据的具体操作为:首先选择所要处理的区域 A1:C6,在上方导航窗口选择"数据"选项卡,在"数据工具"组中选择"删除重复值"选项,如图 10-25 所示。

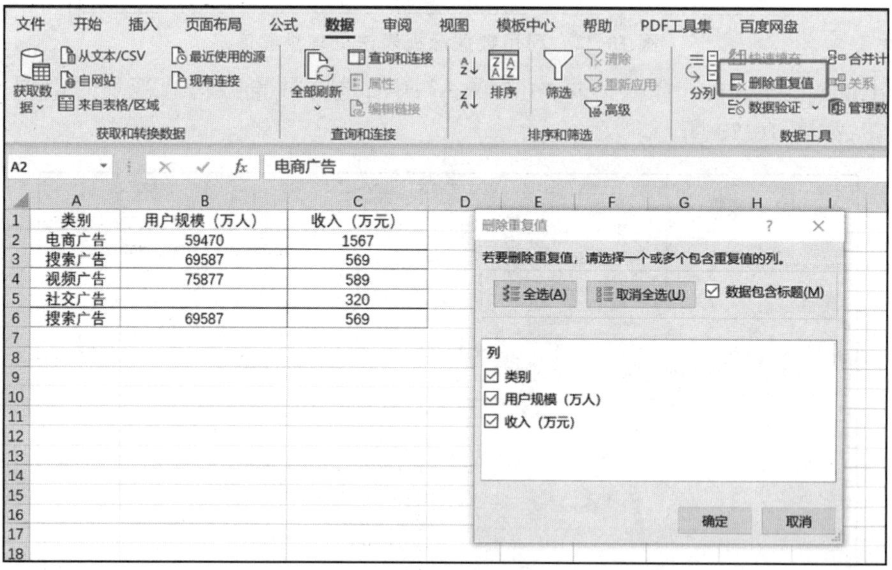

图 10-25　删除重复数据

　　在图 10-25 弹出的对话框中选择"扩展选定区域"—"删除重复值"选项,勾选"类别"、"用户规模"和"收入",单击"确定"按钮,弹出提示对话框,显示已经删除 1 个重复值,保留了 4 个唯一值。最终结果如图 10-26 所示。

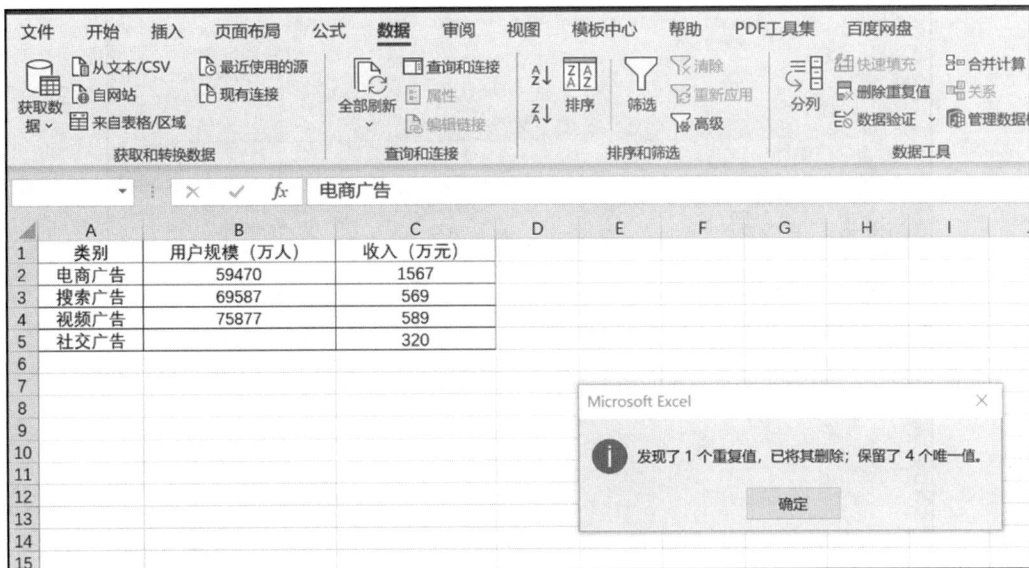

图 10-26 删除重复数据的结果

2. 缺失数据的处理

(1)缺失数据的概念。

缺失数据是指原有的属性值缺失或本身存在但数据表信息缺失的数据。缺失数据的产生有多种原因,可能是数据采集时调研人员主观失误导致的数据缺失,或者是隐藏数据所导致的数据缺失。无论是何种原因,这些数据都需要及时处理,否则会干扰数据分析,甚至出现错误判断。

(2)缺失数据的识别。

数据表中经常会出现"NA""NULL"或不显示任何数据和符号的情况,这些都属于缺失数据的表现。识别缺失数据的具体操作为:选定需要处理的区域 B1:C6,单击"开始"选项卡,单击"查找和选择"下拉按钮,在弹出的下拉菜单中单击"定位条件"命令,如图 10-27 所示。

图 10-27 单击"定位条件"命令

在弹出的对话框中选择"空值"单选按钮,如图 10-28 所示。

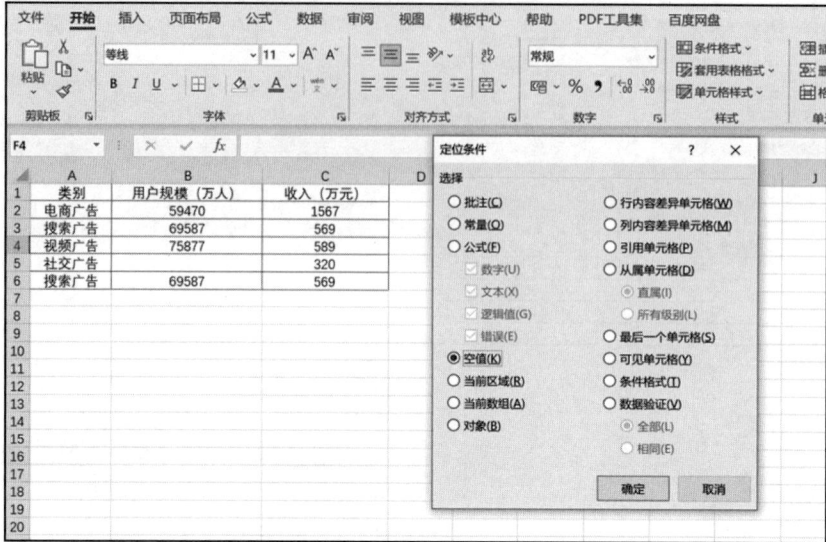

图 10-28　选择"空值"单选按钮

最终结果如图 10-29 所示,没有任何数据的单元格均被显示出来。

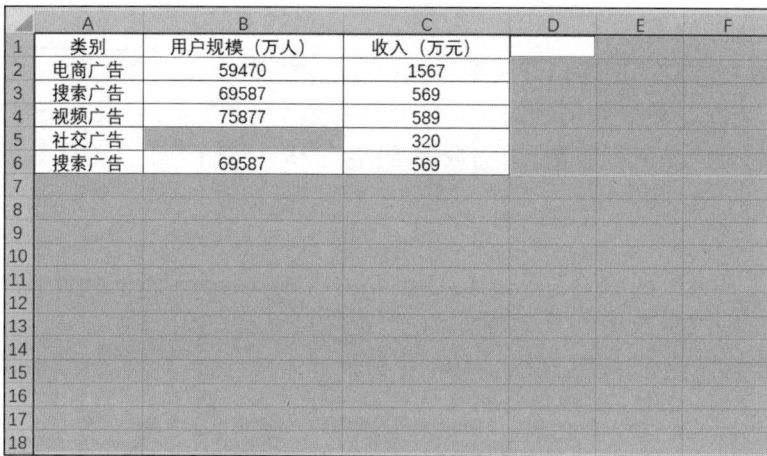

图 10-29　识别缺失数据的结果

(3)缺失数据的处理方法。

缺失数据会对数据分析带来很大不便,缺失数据存在两类情况:一种是原本存在的数据,由于人为因素导致数据缺失。这一类数据需要数据采集人员介入,需要进行数据填充。数据填充并非随意补充,而是通过分析缺失数据的属性、数据来源等重新进行资料的收集,试图用真实数据或近似数据补充完整。另一种是数据为空值,实际不存在。此时,需要填充缺失值,例如采用样本均值、中位数或者众数等数值填充。可以使用查找替换的方式将这些特殊形式的数据填充完整。当然,如果数据规模较大,且缺失数据较少,在不影响整体数据质量的前提下,可以删除缺失数据。

下面将利用样本均值进行查找替换处理缺失值。识别缺失值时,首先,需要计算出缺失值所在列的均值。可在 D2 单元格插入公式"＝AVERAGE(B2:B5)"可计算出"用户规模"的均值。由于计算用户规模数,可以取整数"68311"作为均值。如图 10-30 所示。

图 10-30 计算缺失值所在列的均值

然后拖动鼠标选中表格,按下"Ctrl＋H"快捷键进行替换,在弹出的对话框中查找内容为空,替换内容设置为均值"68311",范围选择"工作表",此时是指在选中的工作表中进行空值查找与替换。点击"查找全部",最后点替换。操作过程如图 10-31 所示。

图 10-31 利用查找法替换缺失值

3. 错误数据的处理

错误数据是指数据属性或数值出现错误。在实际的数据分析中,数据还可能存在其他类型的错误。在 Excel 中可以使用"数据有效性"来进行错误数据的检查,数据有效性中存在多种检查的规则,下面以一个简单的例子来说明。

利用上文中查找替换法的原始数据,查找是否存在缺失值及大于 60000 的整数。选定 B 列作为需要检查的区域,单击导航栏中的"数据"选项卡,单击"数据验证"命令,在弹出的下拉菜单中选择"数据验证"选项,如图 10-32 所示。

图 10-32 选择"数据验证"选项

弹出"数据验证"对话框,在"允许"下拉列表中选择"整数"选项,在"数值"下拉列表中选择"小于或等于"选项,在"最大值"文本框中输入60000,同时取消勾选"忽略空值"复选框,单击"确定"按钮,如图10-33所示。

图 10-33 "数据验证"对话框

"数据验证"对话框设定完数据有效性检查的规则,再单击"圈释无效数据"命令,即可筛选出不在有效性规则内的数据,其结果如图10-34所示。

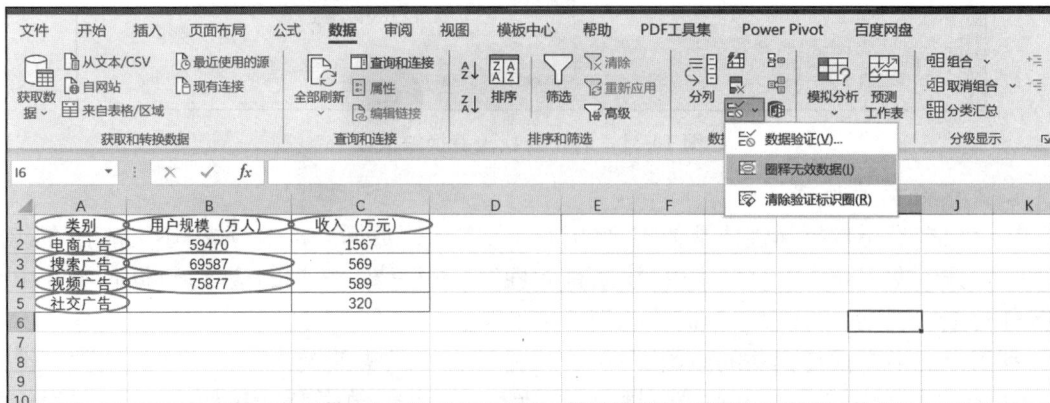

图 10-34 利用数据有效性检查数据

利用数据有效性这种方式是建立在对数据信息的范围较熟悉的基础上的，也可以为数据设置范围，比如可以将超出范围的数据判定为错误数据，而错误数据需要进一步调整优化。如果数据规模大，也可进行删除。

10.1.4　新媒体营销数据加工

数据清洗只是将重复、缺失和错误数据进行优化，但是仍然无法满足数据分析的需求，因此，还需要经过进一步的数据加工，最终形成简洁、规范、清晰的样本数据。数据加工的过程通常包括数据抽取、数据计算、数据分组和数据转换。

1. 数据抽取

数据抽取是在现有数据库中抽取部分需要的数据。数据抽取可以采用字段拆分和随机抽样这两种方式。

(1)字段拆分。

字段拆分是将大量冗杂数据中的有用信息进行拆分，选择部分数据作为分析对象。字段拆分的前提是这些数据的陈列有一定的规律。例如，用户的身份证号码均由 18 位数字构成，从身份证号中可以获取地区编码和用户的出生年月，以此判断不同地区年龄段的用户特征。图 10-35 为用户的身份信息。

	A	B
1	身份证号码	
2	32555819980708****	
3	61520119871111****	
4	34521019630503****	
5	33071120070912****	
6		

图 10-35　随机输入 5 个虚拟身份证号码

使用 MID 函数分别提取身份证信息的前 6 位数字，这 6 位数字为地区编码，第 7 位到第 10 位数字是出生年份，第 11 到 14 位为出生日期。MID 函数的格式是 MID(text,start_num,num_chars)，text 表示指定需要抽取的文本字符串，start_num 表示指定字符串的开始位置，num_chars 指定提取的字符数量。

因此，在 B2 单元格中输入公式"＝MID(A2,1,6)"，表示对 A2 单元格中的文本字符串进行提取，从第 1 个数字开始，抽取 6 个数字，所得数据为"地区编码"。同样在 C2 单元格中输入函数公式"＝MID(A2,7,4)"，表示抽取的数据为"出生年份"，在 D2 单元格中输入公式"＝MID(A2,11,4)"，表示抽取的数据为出生日期。

最后在各列拖动右下角的"＋"号，套用函数格式，将各列分别命名为"地区编码""出生年份""出生日期"，结果如图 10-36 所示。

	A	B	C	D
1	身份证号码	地区编码	出生年份	出生日期
2	32555819980708****	325558	1998	0708
3	61520119871111****	615201	1987	1111
4	34521019630503****	345210	1963	0503
5	33071120070912****	330711	2007	0912
6				

图 10-36　利用 MID 函数进行字段拆分

	A	B	C	D
1	完播率▼	平均播放时▼	点赞量▼	
2	3.79%	6.13	4	
3	12.83%	19.94	13	
4	26.44%	29.19	126	
5	7.85%	23.53	107	
6	9.95%	19.09	19	
7	30.24%	27.93	60	
8	13.55%	21.64	100	
9	2.40%	7.38	14	
10	13.43%	30.76	110	
11	4.70%	9.41	5	
12	18.31%	9.12	31	
13	19.38%	28.07	352	
14	8.36%	16.56	45	
15	15.02%	20.53	152	
16	13.54%	32.28	255	
17	9.85%	9.42	586	
18	2.67%	7.69	33	
19	12.09%	34.97	555	

图 10-37　抖音后台导出的部分数据

（2）随机抽样。

随机抽样是指在现有数据库中的每个样本被抽中的机会是均等的，因此按照随机原则进行抽样的一种方式。随机抽样可以依赖计算程序进行抽样，能够避免因为主观因素而产生的偏差。

图 10-37 为抖音创作者服务平台导出的用户数据，包括了用户的完播率、平均播放时长、点赞量。现对点赞量进行随机抽样，借助 Excel 中的数据分析工具进行分析。如果是初次使用该功能，需要将数据分析工具调出来（注意：如果使用 WPS 则没有数据工具这一选项）。

操作步骤如下：①调出数据分析工具。在 Excel 左上方导航栏找到文件选项，点击"文件"—"更多"—"选项"命令，弹出"Excel 选项"对话框，在左侧列表框中选择"加载项"选项，单击对话框下方的"转到"按钮，如图 10-38 所示。

图 10-38　调出"数据分析工具"

弹出加载宏对话框，勾选"分析工具库"复选框，单击"确定"按钮，如图 10-39 所示，在导航栏"数据"选项卡下就会出现"数据分析"选项（注意：如果没有出现数据分析选项，可以关闭 Excel，重新启动即可）。

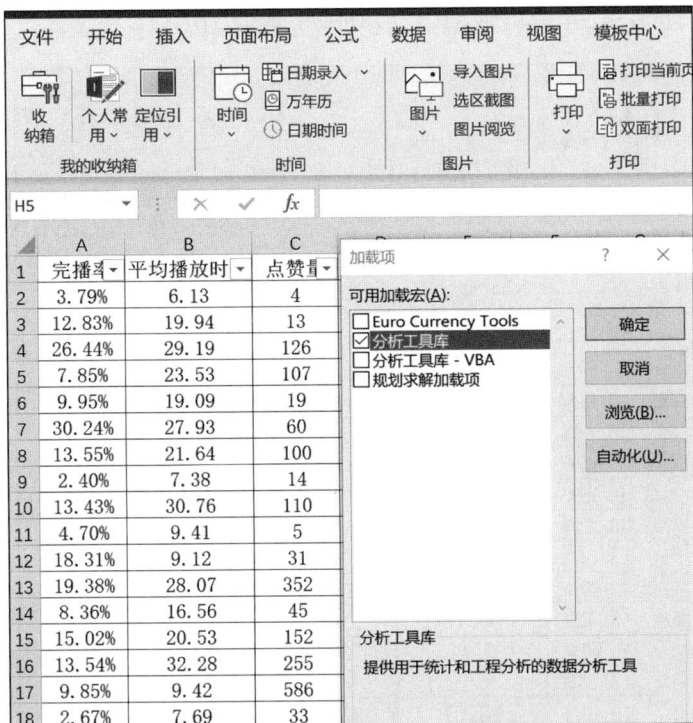

图 10-39　利用数据分析工具进行随机抽样

单击"数据分析"选项,在弹出的对话框中选择"抽样",弹出对话框,在"输入区域"选择Cl:C19,"随机样本数"选择 10,"输出区域"选择 D2,单击"确定"按钮,如图 10-40 所示(注意:如果输入区域中包括数据名称,还需要勾选标志,否则抽样程序无法识别文字)。

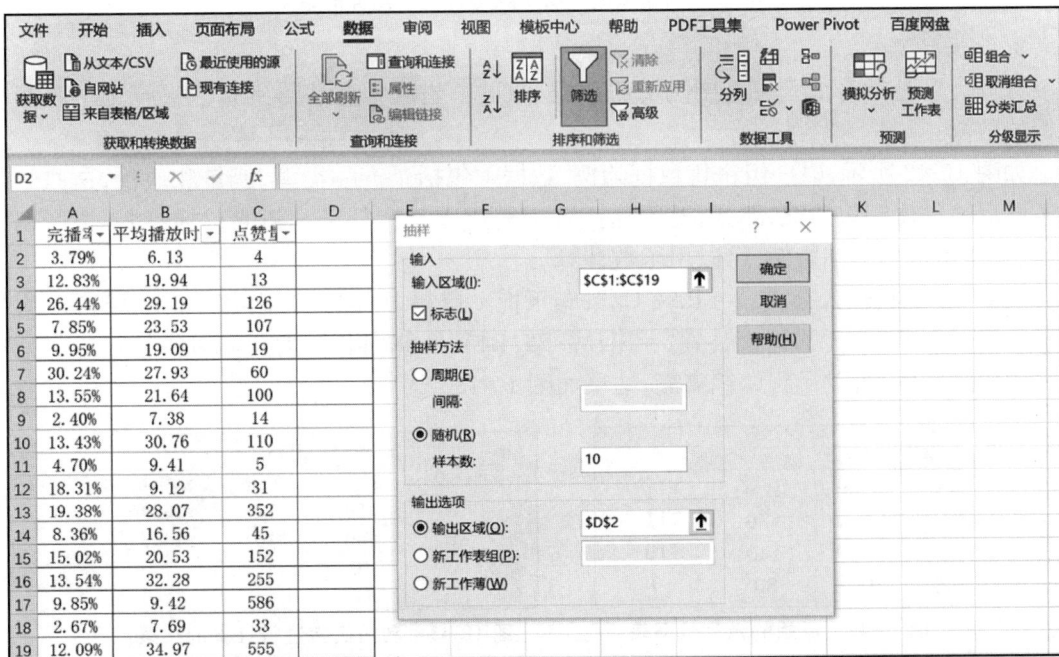

图 10-40　"抽样"对话框

结果如图 10-41 所示，在原有数据中，成功随机抽取 10 个样本。

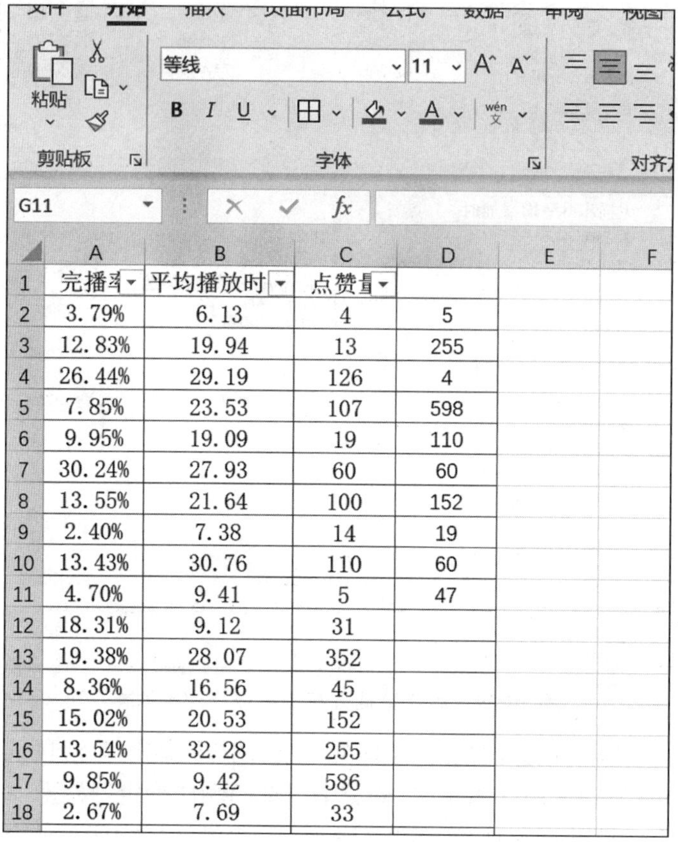

	A	B	C	D	E	F
1	完播率	平均播放时	点赞量			
2	3.79%	6.13	4	5		
3	12.83%	19.94	13	255		
4	26.44%	29.19	126	4		
5	7.85%	23.53	107	598		
6	9.95%	19.09	19	110		
7	30.24%	27.93	60	60		
8	13.55%	21.64	100	152		
9	2.40%	7.38	14	19		
10	13.43%	30.76	110	60		
11	4.70%	9.41	5	47		
12	18.31%	9.12	31			
13	19.38%	28.07	352			
14	8.36%	16.56	45			
15	15.02%	20.53	152			
16	13.54%	32.28	255			
17	9.85%	9.42	586			
18	2.67%	7.69	33			

图 10-41　利用数据分析工具进行随机抽样的结果

2. 数据计算

数据计算是指对于无法直接使用的数据，通过一些数学方法得到可以直接用于观察和分析的数据。

如图 10-42 所示，以一组销售数据为例，数据中包括了产品类型、销量和单价，这些数据还不能反映整体销售情况，因此，对于这些数据需要进行计算得到新的指标，如各类产品销售额、总销售量和总销售额，可以用函数计算。

在 D2 单元格输入公式："＝B2 ∗ C2"，向下拖动鼠标，可以计算出各个产品所对应的销售额。然后在 B5 单元格输入公式"＝SUM(B2:B4)"计算出总销售量。对销售额这一列也进行同样的操作，可以得到总销售额，结果如图 10-43 所示。

	A	B	C
1	产品	销量	单价
2	A	120	11
3	B	140	10
4	C	80	9

图 10-42　原始的销售数据表

	A	B	C	D
1	产品	销量	单价	销售额
2	A	120	11	1320
3	B	140	10	1400
4	C	80	9	720
5	合计	340		3440

图 10-43　利用函数进行计算的结果

当然,也可以利用导航栏"开始"选项卡下面的"编辑"选项,选择"自动求和"等函数进行计算,如图 10-44 所示。

产品	销量	单价	销售额
A	120	11	1320
B	140	10	1400
C	80	9	720
合计	340		3440

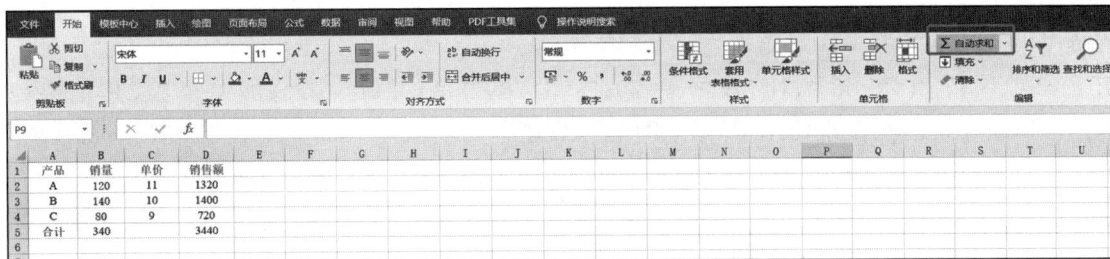

图 10-44　利用"编辑"选项进行简单计算

3. 数据分组

数据分组是指根据数据特征设定数据分类的标准,以此划分成不同的组别,分组后更为直观地呈现出数据分布的特点,便于后续进行数据分析。

在 Excel 中可以使用 IF 函数进行数据分组的操作。IF 函数是一个逻辑判断函数,可对数值大小进行判断,并赋予相应的分组标签。IF 函数可表示为 IF(logical_test,[value_if_true],[value_if_false]),其中 logical_test 是条件表达式,即逻辑判断条件,当条件满足时返回"value_if_true",当条件不满足时返回"value_if_false"。

选择部分新媒体用户年龄数据进行演示。第一列为年龄数据,第二列为年龄分组,将年龄数据分为"(0,40)""[40,70)",目的在于通过分组来判断目标用户的年龄特征。在输出单元格中输入公式"=IF(A2<40,"(0,40)","[40,70)"",最后单击填充柄,套用格式,输出结果如图 10-45 所示。

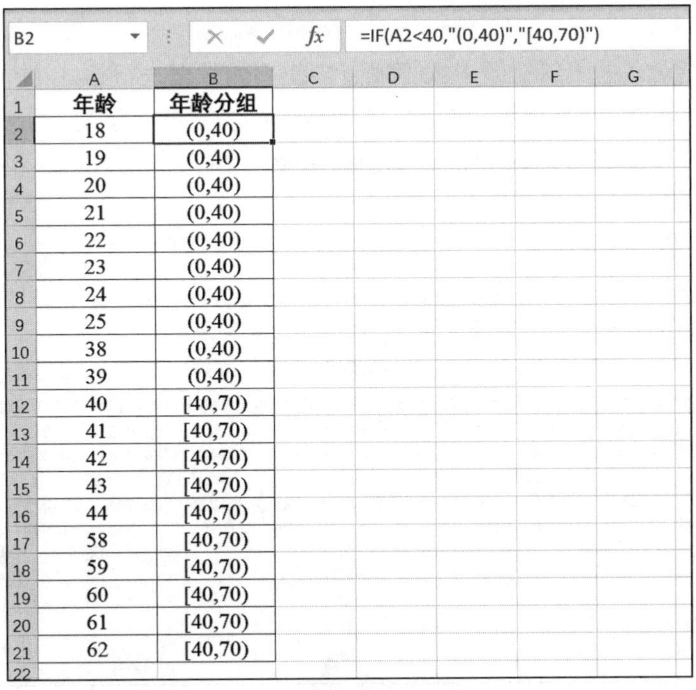

年龄	年龄分组
18	(0,40)
19	(0,40)
20	(0,40)
21	(0,40)
22	(0,40)
23	(0,40)
24	(0,40)
25	(0,40)
38	(0,40)
39	(0,40)
40	[40,70)
41	[40,70)
42	[40,70)
43	[40,70)
44	[40,70)
58	[40,70)
59	[40,70)
60	[40,70)
61	[40,70)
62	[40,70)

图 10-45　利用 IF 函数进行简单分组的结果

企业在进行新媒体营销时,需要对大量的用户数据进行分析,但是简单分析无法反映出用户详细年龄的分布,因此,在实际应用时还需要更详细的分组。例如对以上数据分为 4 个年龄段,"(0,25]"、"(25,40]"、"(40,55]"、"(55,70]",因此,需要在 IF 函数中嵌套 IF 函数。例如在图中的 C2 单元格中输入公式"＝IF(A2＜＝25,"(0,25]",IF(A2＜＝40,"(25,40]",IF(A2＜＝55,"(40,55]",IF(A2＜＝70,"(55,70]"))))",将年龄分成 4 个组,其结果如图 10-46 所示(注意:多次使用 IF 函数时函数表达容易出错)。

C2			× ✓ fx	=IF(A2<=25,"(0,25]",IF(A2<=40,"(25,40]",IF(A2<=55,"(40,55]",IF(A2<=70,"(55,70]"))))

	A	B	C
1	年龄	年龄分组	详细分组
2	18	(0,40)	(0,25]
3	19	(0,40)	(0,25]
4	20	(0,40)	(0,25]
5	21	(0,40)	(0,25]
6	22	(0,40)	(0,25]
7	23	(0,40)	(0,25]
8	24	(0,40)	(0,25]
9	25	(0,40)	(0,25]
10	38	(0,40)	(25,40]
11	39	(0,40)	(25,40]
12	40	[40,70)	(25,40]
13	41	[40,70)	(40,55]
14	42	[40,70)	(40,55]
15	43	[40,70)	(40,55]
16	44	[40,70)	(40,55]
17	58	[40,70)	(55,70]
18	59	[40,70)	(55,70]
19	60	[40,70)	(55,70]
20	61	[40,70)	(55,70]
21	62	[40,70)	(55,70]

图 10-46　利用 IF 函数进行多个分组的结果

4. 数据转换

数据转换是指对一些不符合要求或不能直接使用的数据进行格式或结构的调整。例如采集到的数据顺序混乱、不易观测,或是数据为文本格式不能直接用于计算。因此,在分析这些数据前需要进行数据形式的转换。常用的数据转换主要有数据表转置和数据类型转换,这是数据加工的最后一个环节。

(1)数据表转置。

图 10-47 为某个人抖音号发布的视频数据,选择部分数据作为数据转换演示。我们可以将图中的原始数据进行转置,将选中的内容进行复制。

	A	B	C	D	E	F	G	H	I	J
1	视频标题	#传播正能	#传递正能	#传递正能	#正能量	##学习 #情	#传递正能	#教育 #传	#传递正能	#传递正能
2	视频状态	已通过	已通过	已通过	已通过	已通过	已通过	已通过	已通过	已通过
3	发布时间	2024年11	2024年11	2024年11	2024年11	2024年11	2024年11	2024年11	2024年11	2024年10.
4	播放量	1048	1085	14888	14681	1443	11053	6666	3332	1091
5	完播率	3.79%	12.83%	26.44%	7.85%	9.95%	30.27%	30.24%	13.55%	2.40%
6	平均播放	6.13s	19.94s	29.19s	23.53s	19.09s	21.10s	27.93s	21.64s	7.38s
7	点赞量	4	13	126	107	19	60	60	100	14
8	评论量	0	2	4	32	3	5	2	0	0
9	分享量	0	0	2	1	0	0	0	1	0
10	主页访问	0	3	53	45	4	36	7	12	2
11	粉丝增量	0	0	2	1	0	5	0	2	1
12										

图 10-47　原始数据表

在空白区域中，点击右键，弹出对话框，选择“选择性粘贴”命令，选择“转置”选项，转置后的数据便于纵向分析数据规律，输出结果如图 10-48 所示。

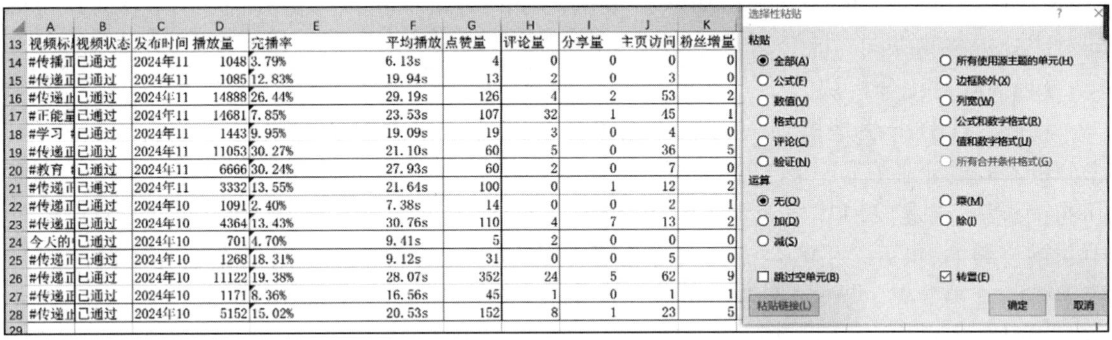

	A	B	C	D	E	F	G	H	I	J	K
13	视频标	视频状态	发布时间	播放量	完播率	平均播放	点赞量	评论量	分享量	主页访问	粉丝增量
14	#传播正	已通过	2024年11	1048	3.79%	6.13s	4	0	0	0	0
15	#传递正	已通过	2024年11	1085	12.83%	19.94s	13	2	0	3	0
16	#传递正	已通过	2024年11	14888	26.44%	29.19s	126	4	2	53	2
17	#正能量	已通过	2024年11	14681	7.85%	23.53s	107	32	1	45	1
18	#学习	已通过	2024年11	1443	9.95%	19.09s	19	3	0	4	0
19	#传递正	已通过	2024年11	11053	30.27%	21.10s	60	5	0	36	5
20	#教育	已通过	2024年11	6666	30.24%	27.93s	60	2	0	7	0
21	#传递正	已通过	2024年11	3332	13.55%	21.64s	100	0	1	12	2
22	#传递正	已通过	2024年10	1091	2.40%	7.38s	14	0	0	2	1
23	#传递正	已通过	2024年10	4364	13.43%	30.76s	110	4	7	13	2
24	今天的	已通过	2024年10	701	4.70%	9.41s	5	2	0	0	0
25	#传递正	已通过	2024年10	1268	18.31%	9.12s	31	0	0	5	0
26	#传递正	已通过	2024年10	11122	19.38%	28.07s	352	24	5	62	9
27	#传递正	已通过	2024年10	1171	8.36%	16.56s	45	1	0	1	1
28	#传递正	已通过	2024年10	5152	15.02%	20.53s	152	8	1	23	5

图 10-48　数据表转置的结果

(2)数据格式转换。

Excel 中有多种数据类型，选定想要输出的区域，在导航栏“开始”选项卡的“数字”选项中，可选择想要转换的数据类型。图 10-49 数据表中完播率这一列的数据格式为“文本”，“文本”格式的数据不能直接参与计算，因此这类数据会涉及数据格式的转换。用鼠标下拉选中这一列数值，在数据左上角会出现一个“感叹号”的图标，点击该图标，选择“转换为数字”即可。

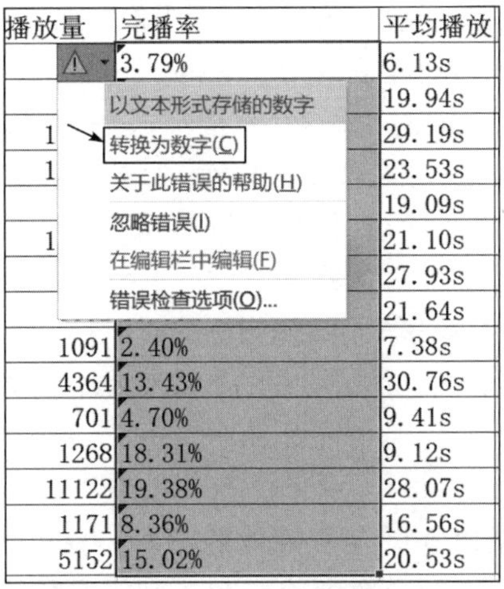

图 10-49　文本格式数据转换

10.2　新媒体营销数据分析方法与工具

10.2.1　新媒体营销数据分析的常用方法

新媒体营销数据分析中需要用到多种方法，常用的基本方法包括对比分析法、杜邦分析法、排序法、分组法、交叉法、指标分析法。根据业务场景选择一种或一种以上的分析方法，可以让分析更加高效。

1. 对比分析法

对比分析法,又称为比较分析法,是将不同时期或者不同企业的数据进行比较,以此来判断新媒体营销效果的一种分析方法。根据比较的对象不同,对比分析法可以被划分为横向对比分析法和纵向对比分析法。

(1)横向对比分析法。

横向对比分析法是指同一时期不同维度的对比。横向对比分析法主要有以下作用:①分析不同的企业在同一时期的差异。例如,在"双11"活动期间,各大电商平台公布活动期间的销售额,或是"双11"当天零点的成交额。从这些数据中,可以发现企业在这次电商活动中的销售潜力,也可以了解企业自身在市场中的地位。②分析同一时期企业在不同的新媒体平台的营销效果。例如,企业可以在小红书、抖音、快手等平台同一时期发布短视频,企业可以通过分析短视频带来的收益、点赞量、浏览量、转发量等,帮助企业找到平台间的差异,及时调整不同新媒体平台的视频制作策略。

(2)纵向对比分析法。

纵向对比分析法是指企业对不同时期的同一类数据进行对比。纵向对比分析法主要有以下作用:①能够判断该类数据在不同阶段的变化趋势。例如,运营人员可以将2024年12月抖音直播带货销售额和其他月份进行对比,分析销售额出现差异的原因。②有助于把握同一维度的变化趋势。运营人员需要计算每个月销售额的增减幅度,增减幅度=(本月销售额−前一个月销售额)/销售额。通过纵向比较不同阶段销售额,有利于企业全面把握销售指标的变化趋势。③纵向对比活动前后的效果,深入分析促销活动对完成销售计划的影响。例如,企业计划在"双11"完成一定的销售额,直播完成后,可以对后台数据进行分析。比较企业计划的销售额和在"双11"期间的真实销售额,如果超额完成,说明本次活动效果较好;如果没有完成计划的销售额,也要通过对比分析找出原因,以便下次重新调整计划。

企业在进行商业分析时有4个必备的维度:同一企业的不同时期的对比、同一企业的不同平台的对比、同一时期同一企业的不同数据指标的对比及同一时期不同企业之间的对比,这些维度的对比可以让企业更深层次地挖掘数据,进而为企业提供有价值的信息。总之,无论是横向对比分析法还是纵向对比分析法,都能帮助企业进一步分析数据,可以快速发现问题。

2. 杜邦分析法

杜邦分析法是基于财务视角分析企业绩效的一种方法,它是利用核心财务比率之间的关系,层层分析企业财务状况,进而综合评价企业盈利能力和股东权益回报水平。

杜邦分析法也可用于新媒体营销的数据分析,主要是利用它层层分解的理念,通过将企业自身的销售情况进行拆分,逐层找到销售增长或减少的原因。在分析抖音平台运营的销售业绩问题时,可以将销售业绩问题分成几个指标,如抖音平台总销售额、抖音直播销售额、短视频创作收入等。如果总销售额下降,可以通过拆分的方式快速找到原因。同时,还可以根据抖音直播销售额,拆分为销售单量和客单价,进一步分析当前的销售情况。

3. 排序法

排序法是对一组关键指标进行递增或递减排列。在商业中经常使用"榜单"对企业进行排序。例如,艾媒金榜公布的"2024年中国连锁咖啡品牌15强榜单",就是通过营收规模、门店规模、品牌口碑、品牌影响力、分析师团队评价等多种指标综合计算出企业的综合实力进行排序。通过查看排序后的榜单,用户可以快速判断哪些企业综合实力较强。在新媒体营销中也经常使用排序法,可以用于分析企业的业务结构,判断不同种类的产品对利润的贡献值。

4.分组法

分组法是根据数据的类型、特征、属性等特征划分为不同数据组。分组的目的在于将数据按照不同的标准进行划分,通过数据聚类来进一步加以对比。例如,通过将用户年龄进行分组,可以判断出目标用户的年龄分布。分组法在实际应用时还可以结合其他指标共同分析,比如将年龄数据和用户的购买商品结合共同分析不同年龄段用户的消费偏好。

5.交叉法

交叉法是结合横向对比法和纵向对比法,运用两个或两个以上具有一定交叉点的数据维度进行综合分析的方法。数据之间交叉点越多,数据分析的维度越多,数据表也越复杂。

以某品牌 2024 年 2 月和 3 月在抖音和快手平台上直播带货的商品类型和销售额为例,直播带货数据可以直接在抖音或快手创作者中心查看(见表 10-4)。同一新媒体平台,在时间、商品类型存在交叉点;同一时间,不同新媒体平台上的销售商品存在交叉。

表 10-4　某品牌 2024 年 2 月和 3 月在抖音和快手平台直播带货收益示例

时间	新媒体平台	商品类型	销售额/万元
2 月	快手	运动鞋	101
2 月	快手	运动装	340
2 月	抖音	运动鞋	500
2 月	抖音	运动装	720
3 月	快手	运动鞋	150
3 月	快手	运动装	400
3 月	抖音	运动鞋	550
3 月	抖音	运动装	783

对于这类存在多种交叉点的数据需要层层分析。①可以比较 2 月或 3 月的抖音和快手短视频的总销售额和同一类商品的销售额。由表 10-5 可知,抖音平台的总销售额较高。②同时还可以分析,直播两个月企业的累计销售额、运动鞋和运动装的销售额。交叉分析通过对数据表的拆分和重组,形成新的数据表,既可以对每一行数据进行分析,又可以对每一列数据进行分析,让原本复杂的数据更清晰地展现出来。

表 10-5　根据交叉点进行数据分类

时间	新媒体平台	运动鞋销售额/万元	运动装销售额/万元	总销售额/万元
2 月	抖音	500	720	1220
2 月	快手	101	340	441
3 月	抖音	550	783	1333
3 月	快手	150	400	550

6.指标分析法

指标分析法是指数据干扰因素过多时,难以抓住核心信息,因此需要综合考虑选择几个具有代表性的数据指标进行分析。例如,在分析抖音短视频数据时,可以提取主要的2～4个核心指标进行分析。

(1)平均值指标。

平均值代表一组数据变化的中等水平,平均值的使用比较常见。在上文中提到,可以用平均值代表缺失值。除此之外,平均值还可以反映短视频发布一段时间内的变化。平均值指标主要应用于:①分析新媒体账号平均日增用户关注量。企业通过创作和发布短视频引流,如果只关注某一天或者某一个视频引发的流量是远远不够的。因此,还需要考虑一些平均指标,例如平均日增用户关注量,它体现了这一段时间内用户关注量增减的平均水平,考虑了一些外在因素导致的用户关注量突增的情况。②分析短视频的平均浏览量。短视频的推广并非都能带来非常好的效果,计算短视频的平均浏览量也可以反映视频的平均质量。如果平均浏览量较低,而部分视频浏览量较高,说明视频制作的质量差异性太大,可以在后期进行优化调整。

(2)转化率指标。

短视频转化率是指短视频付费的用户占总用户的比例。如果短视频平均浏览量高,说明短视频的创作能够得到用户的认可;如果短视频付费用户规模大,说明企业可以从这些用户获得稳定的收益,此时短视频的转换率较高。获得利润是每个新媒体运营者的最终目的,转化率指标也关系到新媒体账号运营能否成功。

(3)综合指标。

综合指标是指数据信息难以直观呈现,在数据集的字段过少或信息量不足时,运营人员为了方便进一步分析,通过计算衍生出可以用于分析的指标。综合指标既可以用于企业不同阶段的营销活动的比较,也可以用于同一时期和其他企业进行比较。例如,在商品检索时,往往用销量作为检索指标,这是不准确的。而综合指标则是企业销量、用户评价、商品质量等因素的集合。综合指标是通过加权分析法计算得来的,在综合指标分析中,可以根据不同类指标的重要性设置权重,再根据数据指标的状态设置打分标准,最后计算综合得分。如表10-6所示。

表 10-6　建立综合指标

关键指标	权重	数据评价得分	加权得分
企业销量	0.4	70	28
用户评价	0.2	80	16
商品质量	0.1	75	7.5
……			
总分			

10.2.2　新媒体营销数据分析工具

1. Excel 分析工具

Excel 可以将系统导出的数据进一步处理,使用方法简单。

(1)函数处理工具。

函数便于对数据进行分组和归类。

(2)数据透视表工具。

通过数据透视表进行数据交互式分析,也可以将大量数据进行汇总分类,能够非常简洁地展现数据的分布状况,快速发现数据中存在的一些规律。例如,若统计某一个月的直播情况,通过数据透视表可以计算同一类商品的总销售额和数量。

(3)图表分析工具。

图表分析工具可用于数据的整理与观测,通过呈现出相关指标的数量及分布趋势,大致判断事物运行规律。例如,图 10-50 呈现的是抖音后台连续一周短视频播放量的情况,整体呈现出上升趋势,也意味着用户对该账号发布的视频关注量逐渐增加。其中有 6 天的播放量低于 1 万次,第七天有一个很大的突破。通过图表分析,不仅可以发现数据变化的规律,还可以结合视频内容深入分析播放量大幅增长的原因。

(4)统计分析工具。

可以使用 Excel 里的相关性分析、回归分析、方差分析等工具,也可以使用 SPSS 软件进行分析,进一步发现不同数据指标的关联性,同时进行数据预测。此外,还可以按照现有的数据发展趋势,预测在新的阶段企业的发展规模、销售趋势等。

图 10-50　核心数据发展趋势

2. 新媒体平台分析工具

新媒体平台有自己的数据分析中心,比如抖音创作者中心、快手创作者中心等,这些自带的分析工具基本能够分析粉丝画像、作品数据、直播数据等,直观展现该新媒体账号的运营情况。图 10-51 为抖音创作者中心的数据分析模块。

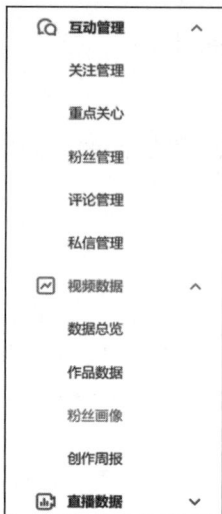

图 10-51　抖音创作者中心功能

3.第三方平台分析工具

第三方平台可以帮助新媒体运营人员进行数据分析,例如蝉妈妈、飞瓜数据等。本节以蝉妈妈平台为例进行阐述,在使用该平台前,企业需要在蝉妈妈网站中绑定抖音号,授权后可以看到该抖音号的相关信息,例如总作品数、总粉丝数、昨日新增粉丝数、总点赞数等。除此之外,可以和其他同类型的抖音号进行比较,最多可以设置 5 个账号进行对比分析,寻找不同账号之间的定位差异性。图 10-52 为蝉妈妈网站界面,包括了找达人、找爆品、找直播间、找素材、找品牌/小店等,也可以根据抖音号或达人名称自由搜索,满足企业运营的基本需求。

图 10-52　蝉妈妈网站界面

与新媒体平台自带分析工具相比,第三方平台分析工具有以下优点:①通过视频热搜分析,帮助运营人员快速抓住直播关键节点,从而制定新媒体高效运营策略。②数据监控。可以有效展现不同新媒体账号的数据变化,及时监控直播时的话术、视频等,数据监控可以为新手运营者提供学习范本。③对带货商品结构进行分析,找到销量最高、表现最好的商品,分析出这些商品的类型和特征。④视频文案提取,可以找到抖音达人的视频,对其视频文案进行提取和分析,发现视频文案创作规律,对短视频创作者有所启发。⑤挖掘潜在用户购买需求。通过消费者的购买情况深入分析用户购买需求,同时分析出当前用户的关注点。

图 10-53 为蝉妈妈直播数据界面,从中可以了解到直播账号、直播达人、开播时间、直播时长、人气峰值、观看人次、商品数、销售额、销量等详细数据。

图 10-53　蝉妈妈直播数据界面

✍ **拓展实训:新媒体营销数据整理的实践应用**

[实训目的]

巩固新媒体营销数据整理的步骤;通过教师讲解与操作演示,实际操作新媒体营销数据的整理分析,掌握新媒体数据的清洗与加工。

▶ **思考与练习**

1. 下载并安装 Power BI Desktop。

2. 数据来源:https://top.baidu.com/board? tab＝movie。

3. 使用 Power BI Desktop 软件采集百度电影榜单信息,采集信息类型:电影名称、热搜指数、电影类型等。

📄 第 10 章小结

第11章　新媒体营销数据可视化

▶ **学习目标**

- ● 了解新媒体数据可视化的定义与作用
- ● 了解新媒体数据可视化的常用工具
- ● 掌握新媒体数据可视化的应用场景

▶ **学习重点、难点**

学习重点

- ● 了解新媒体数据可视化的用途
- ● 利用数据可视化的工具对新媒体数据进行可视化

学习难点

- ● 理解各类型可视化图表的含义
- ● 掌握新媒体数据可视化的实际操作

▶ **思维导图**

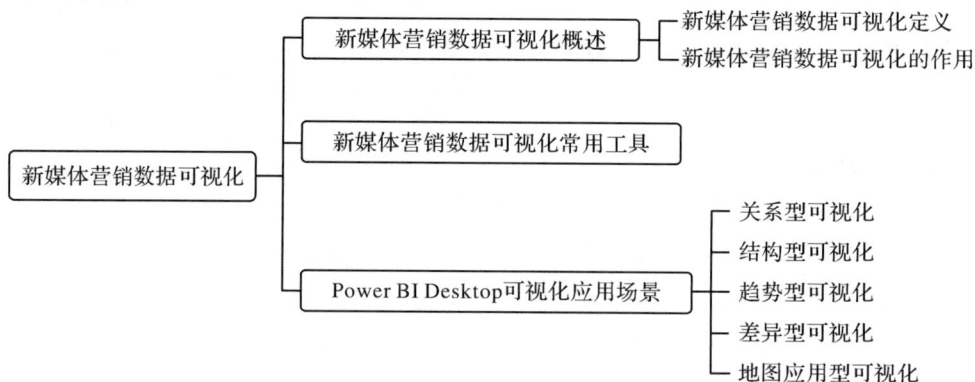

11.1　新媒体营销数据可视化概述

11.1.1　新媒体营销数据可视化的定义

新媒体营销数据可视化是指借助一定的工具,将新媒体营销数据转换为图形、图表或动画等形式呈现出来。新媒体营销数据可视化是数据分析的一个关键环节,把数据库中的海量数据集合成数据图像,并用多维数据的方式表达数据的各个属性,使数据能够从多维角度进行观测和分析,以达到快速、有效地传递数据信息的目的。

11.1.2　新媒体营销数据可视化的作用

新媒体营销数据可视化的作用是不容忽视的,主要有以下几个方面。

1. 便于信息传播

数据通过图表的形式进行信息传播,相比传统的文字形式,传达得更清楚、更直观。所谓"字不如表,表不如图",其言外之意就是图表对于信息表达而言十分重要。销售数据分析、客户画像等都要求从业人员具有良好的数据可视化能力。目前常用的信息沟通表达方式,比如"一图看懂××"等,都是以图片形式传达信息,属于典型的数据可视化产物。

2. 促进用户理解和记忆

数据可视化具有良好的视觉效果,同时,还有利于帮助用户降低文字信息的理解难度,高效分析数据和洞悉数据价值。具体而言,营销数据可视化可以让使用者更为直观地迅速掌握关键信息,有利于大脑的快速识别和记忆,并凭借直觉将图形信息转换成长久记忆。

3. 图文互补,增强阅读趣味性

数据可视化通过图表形式展现在用户眼前,能够将长篇叙述的文字简化,增加内容的趣味性。从信息内容上来看,文字信息是对统计图的解读和补充,而可视化图表是对文字内容的深入挖掘,用于构建统计对象间的联系。数据可视化也可以应用于数据新闻中,通过可视化的图表可以增强数据的叙事性,能够吸引更多的用户关注。

4. 便于进行数据分析

新媒体营销数据的可视化便于进行数据分析。例如,在图 11-1 的销售数据中,各月份销售额明细非常多,通过这个数据表难以对信息进行对比分析,也无法直接看出哪个月份的销售额贡献最大,而通过统计图,例如柱形图,则可以进行直观地比较分析,如图 11-2 所示。

	A	B	C	D
1	月份	销量(总)	价格(美元)	销售额
2	2023年10月	2668625	0.52	1387685
3	2023年11月	2898209	0.4	1159283.6
4	2023年12月	3186740	0.32	1019756.8
5	2024年1月	3196528	1	3196528
6	2024年2月	3416696	1.03	3519196.88
7	2024年3月	3138463	2.05	6433849.15
8	2024年4月	3139353	1.3	4081158.9
9	2024年5月	2287808	2.26	5170446.08
10	2024年6月	2197868	2.25	4945203
11	2024年7月	2051199	1.26	2584510.74
12	2024年8月	2091461	1.66	3471825.26
13	2024年9月	2382980	1.17	2788086.6
14	2024年10月	2634838	1.08	2845625.04
15	2024年11月	2637125	1.27	3349148.75
16	2024年12月	3248167	1.24	4027727.08

图 11-1 销售明细数据

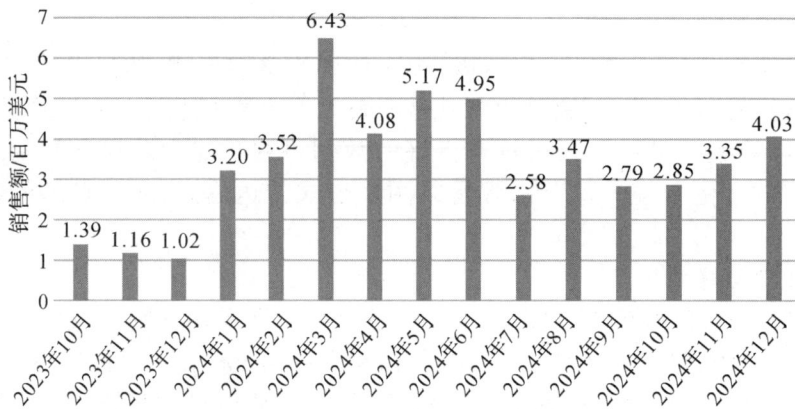

图 11-2 各月份销售额可视化柱形图

11.2 新媒体营销数据可视化常用工具

新媒体营销数据可视化的工具较多,常用的数据分析软件有:①Python 软件。适用于程序员、开发工程师、数据挖掘工程师等,具有免费、开源、容易上手、适合大数据应用的特点,但需要使用独特的语法,运行速度比 C 和 C++慢。②R 语言。这是一种免费、开源的专业数据统计、分析、挖掘和展现工具。适用于程序员、数据挖掘工程师。R 语言功能丰富,应用广泛,需要一定的编程基础。③SPSS 软件,用于数据统计和分析。适用于数据统计和基本挖掘的数据分析师。SPSS 基本数据统计和处理功能强大、可用模型较多,但其数据挖掘的流程控制较弱。

新媒体运营人员需要既可以进行数据采集,又可以进行数据可视化的工具。本节主要介绍一种适合初学者、免费使用、简单易操作且功能全面的可视化工具——Power BI

Desktop。在上一章中介绍的数据采集工具中,Power BI Desktop 能够简化数据采集流程,轻松将网站数据采集下来。除此之外,它具有多种可视化工具,堆积条形图、折线图、地图、气泡图等,能够满足新媒体数据可视化的多样化需求。相比于传统图表,Power BI Desktop 的交互式可视化更为突出。该工具可以在同一画布中创建不同的统计图,通过选中某一指标,可以看到其他图的详细信息。图 11-3 是 Power BI Desktop 的初始界面,接下来本节将主要介绍 Power BI Desktop 工具的详细使用步骤。

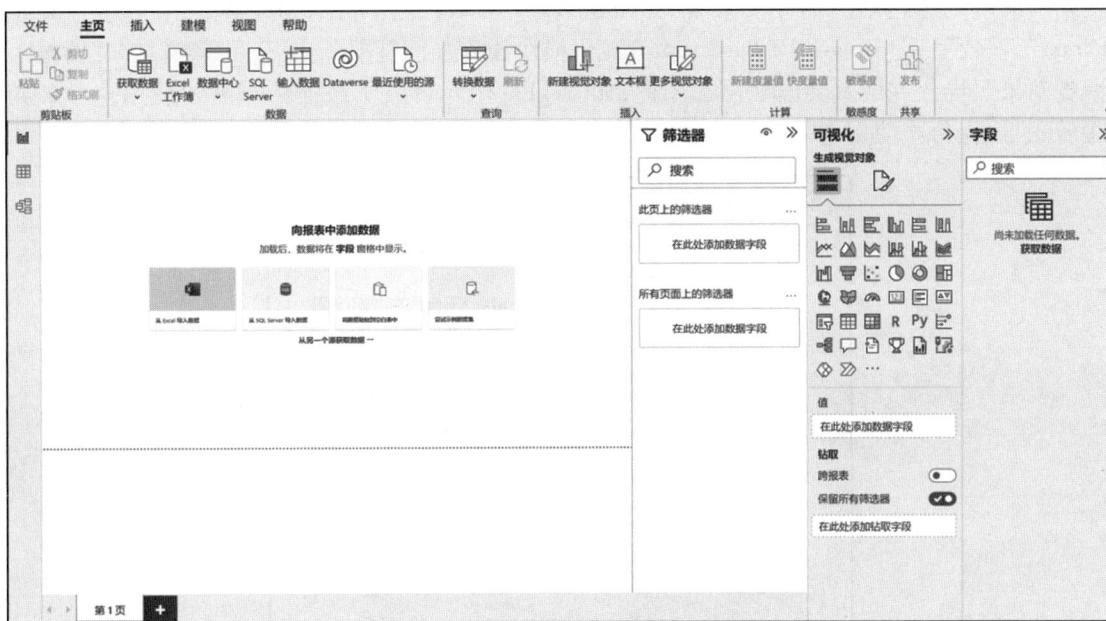

图 11-3　Power BI Desktop 的初始界面

1. 认识 3 种视图模式

(1)报表视图。

报表视图下可以对各种统计图进行可视化,使各种图表更美观、简洁地呈现在用户面前。

(2)数据视图。

数据视图主要呈现的是原始数据表,如果是多个数据表,点击数据表名称可进行数据切换预览。

(3)模型视图。

如果导入了多个数据表,且数据表之间存在一定的联系,例如有重复的字段,此时可以在模型视图中建立数据表模型。关系越复杂,模型视图的作用越显著。构建模型的操作比较简单,选中一个数据表的字段,用鼠标将其拖到另一个表的相同字段即可建立数据表的联系。

2. 可视化图表的绘制与优化

可视化图表的绘制主要通过"将数据添加到视觉对象"这一功能实现。在该模块下,可以根据数据特征选择不同类型的统计图。正下方会有统计图的设置属性,例如位置、图例、大小、值、坐标轴等,不同的统计图模型会有一些差异。

可视化图表的优化主要通过"设置数据格式"来实现。常规数据格式包括数据属性、标题、效果、工具提示和可选文字;视觉对象格式主要针对统计图的个性设置,除了图中文字的大小,还有颜色的优化,通过这些格式设置,才能展现出更美观且便于分析的统计图。

3. 自定义可视化对象

Power BI Desktop 自带的可视化工具基本能够满足新媒体运营者的需求,但也有一些功能需要进行手动添加。例如,Power BI Desktop 自带的可视化图形中没有雷达图。因此,在第一次使用雷达图时需要安装插件,如图 11-4 所示。在 AppSource 网站中搜索"Radar Chart",下载后,在 Power BI Desktop 可视化模块找到"…"图标,点开后,选择从"文件导入视觉对象",导入完成就会出现雷达图标,如图 11-5 所示(注:下载插件时需要使用企业邮箱注册账号,且每次使用均需重新导入)。

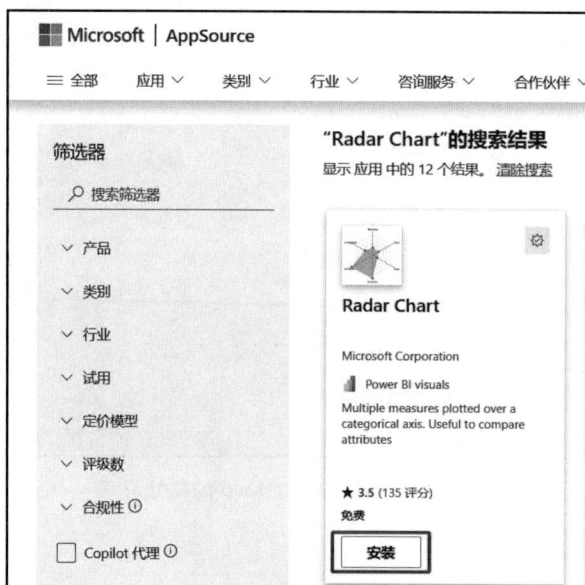

图 11-4　下载安装插件

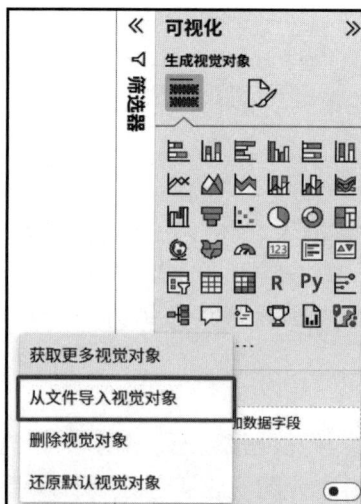

图 11-5　导入视觉对象

11.3　Power BI Desktop 可视化应用场景

11.3.1　关系型可视化

通过对数据关系的分析,人们可以快捷、高效地发现事物间的内在关联。新媒体数据蕴含了丰富的用户关系,挖掘和展示个体之间的关系及个体的聚类之间的关系具有非常重要的意义。

1. 散点图

散点图是指将数据用散点的形式呈现在坐标轴上,用于体现数据和数据增减趋势之间的联系。散点图经常被用来对数据进行展示和对比,通过散点图可以发现数据在坐标轴中的分布情况,从而发现数据之间的关联性。

在经济方面,XY 散点图是经济预测、盈亏平衡分析的常用工具。在不考虑时间的情况下比较大量数据点时,采用散点图是最佳的方法。在散点图中,使用数据越多,对比的效果越好,在数据关系预测方面越准确。由 XY 散点图可以进一步判断数据之间的关系:①相关关系。例如 X 轴和 Y 轴的数据变化方向保持一致,且为线性变化趋势,说明数据呈线性正相关关系,反之为线性负相关。②不相关关系。若 X 轴数据变化对 Y 轴的数据变化没有影响,说明数据之间不存在相关关系。③非线性相关关系。X 的变化并未引起 Y 的线性变化,但两者之间可能存在其他类型的函数关系,比如倒 U 型,或者是 S 型关系。

在 Power BI Desktop 中画散点图的步骤如下:①导入数据。打开软件,在首页出现获取数据的提示,选择事先处理好的 Excel 数据导入 Power BI Desktop 中。②在可视化工具栏中找到并点击散点图图标。将"广告投入费用"拖至 X 轴,会出现"广告投入费用"的总和;将"销售金额"拖至 Y 轴,出现销售金额的总和。在画布中可以看到一个散点,将鼠标放至此处,可以看到数据表的情况,广告投入费用总和为 277653 元,销售金额的总和为 1365515 元,如图 11-6 所示。

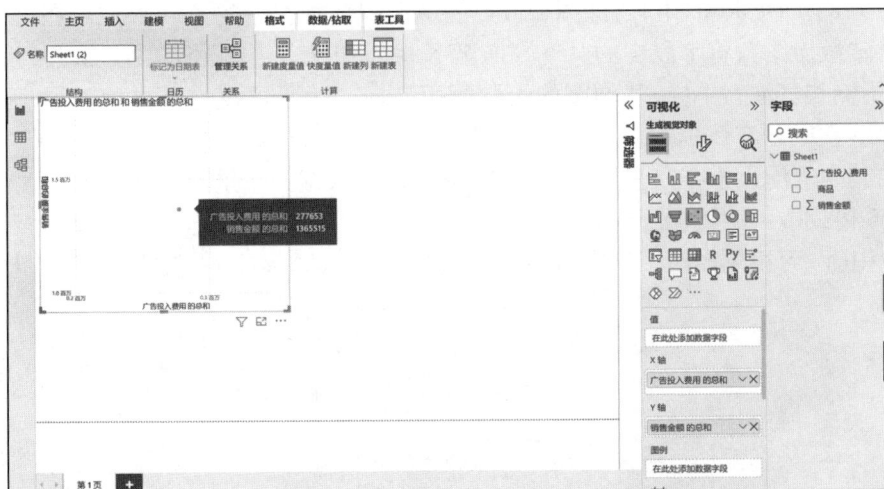

图 11-6　散点图中的汇总信息

如果需要查看详细信息，点击 X 轴数据下"广告投入费用"旁边的倒三角，修改为"不汇总"，Y 轴数据也进行同样设置。接下来需要对散点图进行优化，在视觉对象格式中调整 X 轴和 Y 轴的值的大小和标题，数值单位选择"无"，在常规格式中，设置散点图的标题即可完成优化，可视化结果如图 11-7 所示。由此可以发现这些数据的分布呈现线性，且数据呈现线性增长趋势，因此可以判断出广告投入费用与销售金额呈现正相关的线性关系。

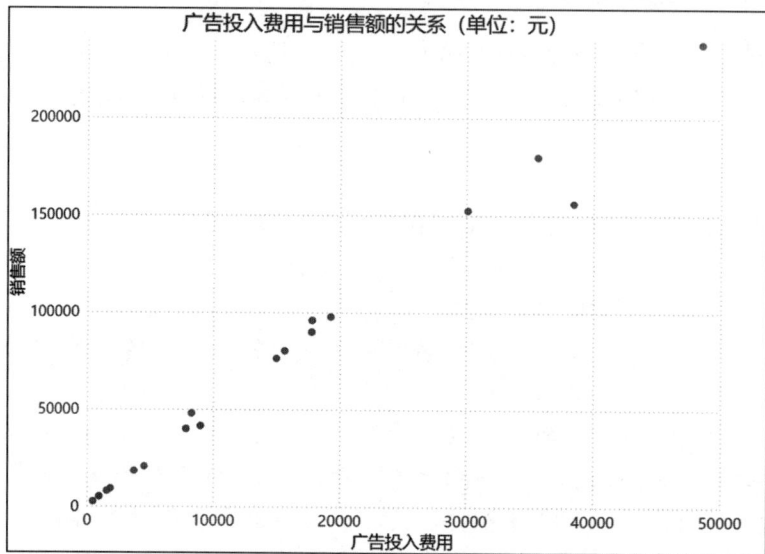

图 11-7　广告投入费用与销售金额关系散点图

2. 气泡图

气泡图和散点图的效果类似，它用气泡大小来表示数据大小。气泡图中至少有 3 组数据，前两个变量可以直接在坐标轴上显示出来，第 3 个变量可以用于衡量气泡大小。气泡图的可视化属性包括名称、标题、气泡形式和网格线等，使用不同颜色的气泡图能将数据更为直观地呈现在用户面前。

在 Power BI Desktop 中，气泡图和散点图属于同一种类型的不同形式。在可视化模块中仍然选择"散点图"，将字段中的"年份"拖至 X 轴，将"投资金额"拖至 Y 轴，将"投资次数"分别拖至图例和气泡大小中，气泡图的绘制即可完成。为了让气泡图更为美观，可以在"对象格式"中调整标题字体、字号、颜色等。图 11-8 展示了 2014—2024 年某直播行业融资情况气泡图，其中气泡大小存在差异，可以非常形象地将数据关系呈现出来。

在对象格式中可调整标记的形式，除圆形之外，还可以使用正方形、三角形、菱形等其他形式进行标记。可视化模块下还有"播放轴"功能，这一功能可动态演示不同时间段的数据变化。

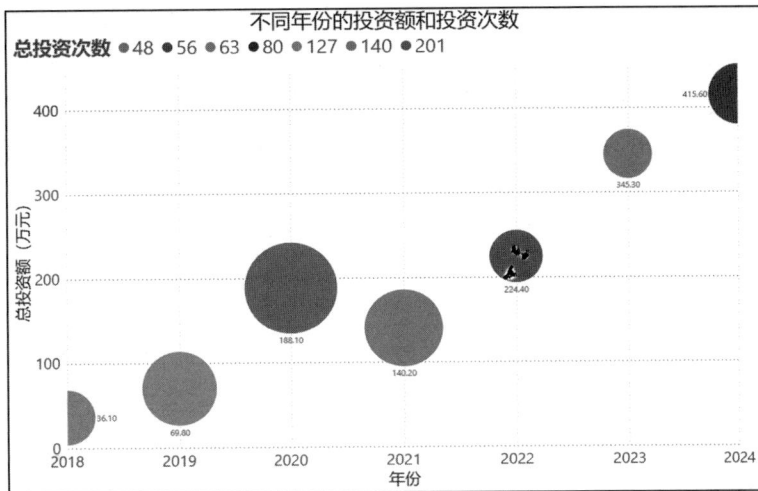

图 11-8　气泡图

11.3.2　结构型可视化

结构可视化是指部分数据与总体数据的比较,通过将总体拆分成若干个模块,能够观测出当前数据对于总体数据的贡献值,便于进一步数据分析。结构可视化主要有以下几种方式。

1. 饼图

饼图反映出每一个部分所占整体的比重。用圆形代表整体,将其分割为若干扇形,表示不同的统计对象。图 11-9 为 2021 年排名前 15 名的国内互联网公司广告营收的饼图,从图中可以看出,阿里巴巴广告营收在这些公司中排名第一,占 41.93%。

在进行可视化之前,需要进行网络数据采集和数据清洗。在 Power BI Desktop 中,选择获取数据,点击"Web"选项,粘贴网址并运行,选中所有的数据表,点击"加载"即可。绘制饼图需要在可视化模块中找到饼图图标,在视觉对象中添加数据,将"公司名称"拖至"图例"中,将"广告营收"拖至"值"中即可生成饼图。

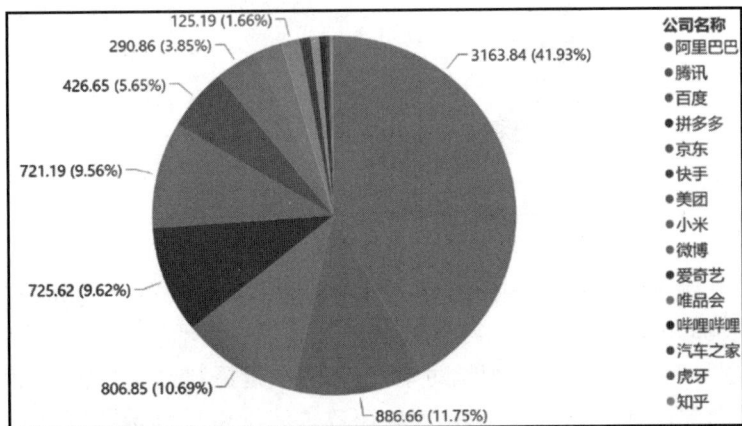

图 11-9　饼图

资料来源:观研报告网(https://www.chinabaogao.com/baogao/202204/591469.html)。

2. 环形图

环形图和饼图的效果有些类似,环形图中的比例大小是通过圆弧长度与总长度的比值计算得来的。根据统计指标的数量,选择绘制单环形图或多环形图。

在 Power BI Desktop 中,在导入某企业商业销售表加载数据后,在报表页可视化模块中找到环形图图标,通过在视觉对象中添加数据,将"商品名称"拖至"图例"中,把"销售额"拖至"值"中,即可生成单环形图,如图 11-10 所示。在 Power BI Desktop 报表页面还可以同时插入多个图,先点击空白页处,取消选中环形图,再次点击环形图图标,可以插入利润环形图,操作部分同上。

可以在 Power BI Desktop 中对视觉对象格式进行调整,通过展开详细信息标签,点击"选项",位置选择内部,标签内容选择"百分比","值"选项中是对数据字号大小、颜色等进行优化,最终可视化结果如图 11-11 所示。

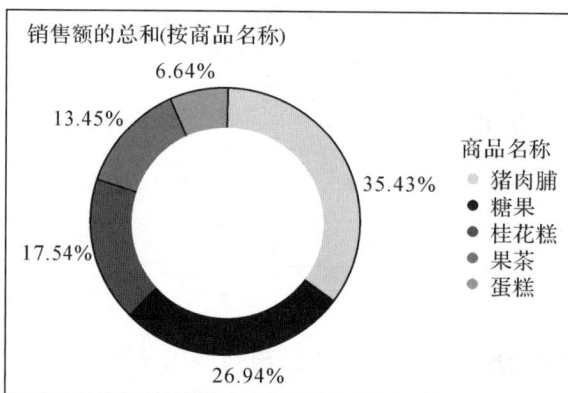

图 11-10　销售额环形图

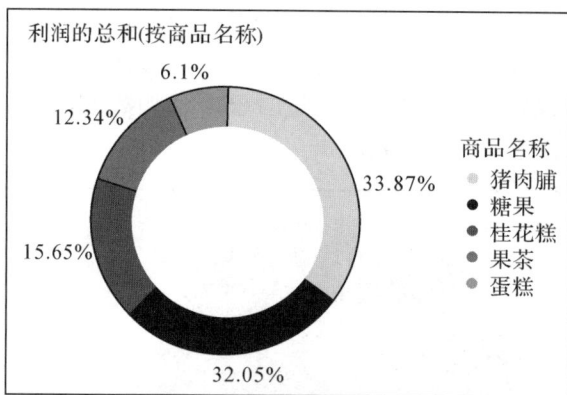

图 11-11　销售利润环形图

环形图还可以将多个环形图进行组合,将销售额环形图设置为内环,利润图设置为外环,同时比较销售额和利润贡献值。具体操作步骤如下:在现有单环形图的基础上,取消图 11-11 中的标题和商品名称,设置视觉对象格式,依次选择"常规""属性""大小"选项,再将销售额环形图的高度设置为 350,宽度为 491,在效果选项中找到透明度,设置为 100%。接下来对销售利润图的高度设置为 540,宽度为 748,透明度设置为 100%,将二者环形图拖至同一位置即可得到双环形图的可视化结果,如图 11-12 所示。

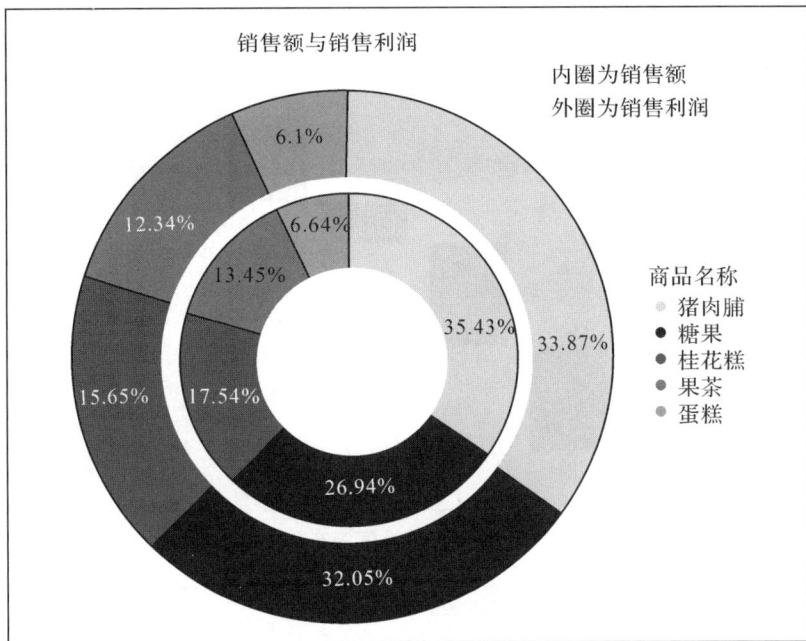

图 11-12　销售额与销售利润双环形图

3. 瀑布图

瀑布图由麦肯锡公司开发,外形像瀑布一样。瀑布图采用绝对值与相对值结合的方式,适用于表达数和特定数值之间的数量变化关系。

在 Power BI Desktop 中,导入"某企业 2021—2024 年 5 个城市的销售情况表",加载数据后,在可视化模块找到瀑布图图标,把"年份"拖到"类别"中,把"销售额"拖到"值"中,即可绘制瀑布图。此时的瀑布图会出现时间顺序乱序的情况,还需要进一步的优化。点击画布中的统计图,在统计图的右上角找到排序标记,点开后选择"按照时间进行升序排列"。同时在视觉对象格式中,设置 X 轴和 Y 轴的标题和数值大小均为 15 号,Y 轴数值设置为无单位,最后再勾选数据标签,瀑布图的可视化结果如图 11-13 所示。由图可以发现,瀑布图可以将每一年不同城市的销售额进行汇总,其中黑色方块代表每年总销售额,浅灰色代表连续四年销售额的总和,能够分析出不同年份的销售额情况。

除了单一维度,还可以进行双维度瀑布图可视化,即在时间维度下,进一步地细分变量。具体操作步骤是将"城市"变量拖至"细目"中,可以得到每年每个城市的销售表现,可视化结果如图 11-14 所示。此时,黑色代表"提高",即相比下一年度的数据处于增长状态,例如,2021 年对比 2022 年,长沙的销售额增长 900 万元。灰色代表"降低",即相比下一年度的数据有所降低。例如,2021 年对比 2022 年,南宁的销售额降低了 300 万元。从这一瀑布图中,也发现了一个异常,深圳这一城市 2021 年对比 2022 年数据为零,说明销售额没有变化。

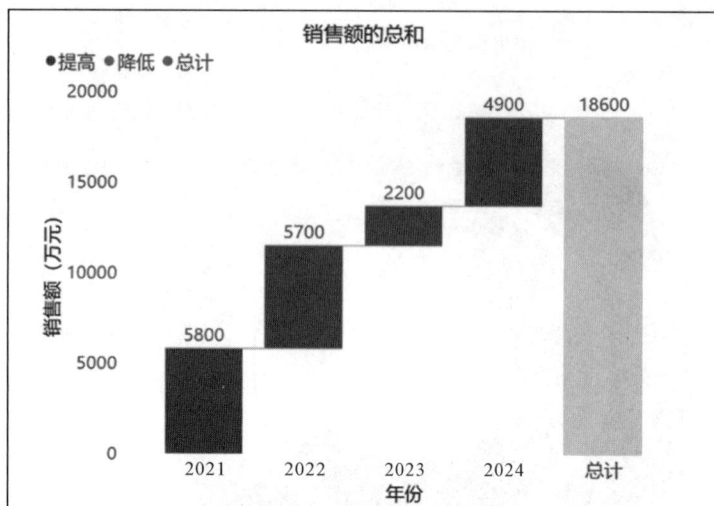

图 11-13　单维度瀑布图

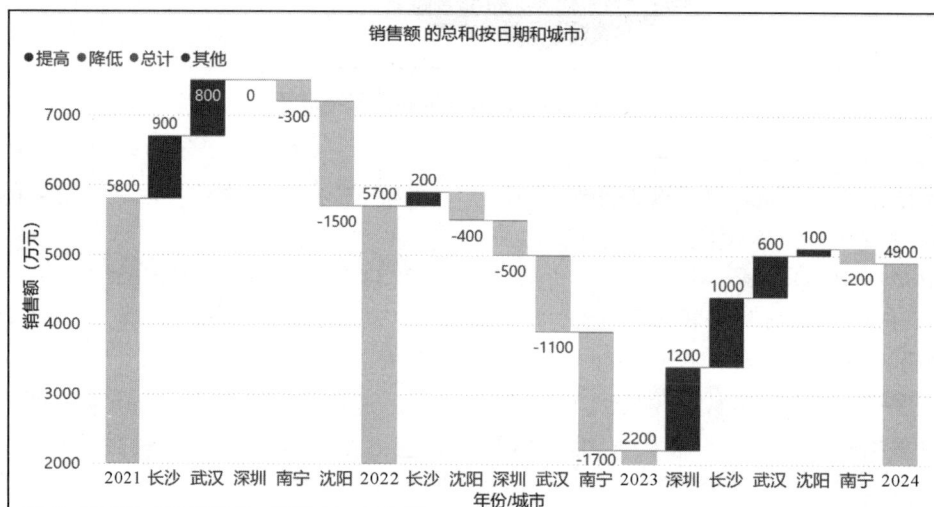

图 11-14　双维度瀑布图

4. 树状图

树状图是一种有效实现层次结构可视化的图表结构。它用不同的颜色代表可视化的类别,将图分成不同的矩形,每一个大类的矩形模块下,还可以进行细分,可以轻松实现数据分层分类展示。

在 Power BI Desktop 中,导入产品表、产品品类表和订单明细表,由于是多个数据表,需要先进入"模型"界面,构建数据表联系,例如在产品表和订单明细表中均有产品品类表,直接拖动该变量到另一个表中即可创建联系,如图 11-15 所示。如果只有一个数据表或者数据表间没有重复的变量,则可以跳过这一环节。

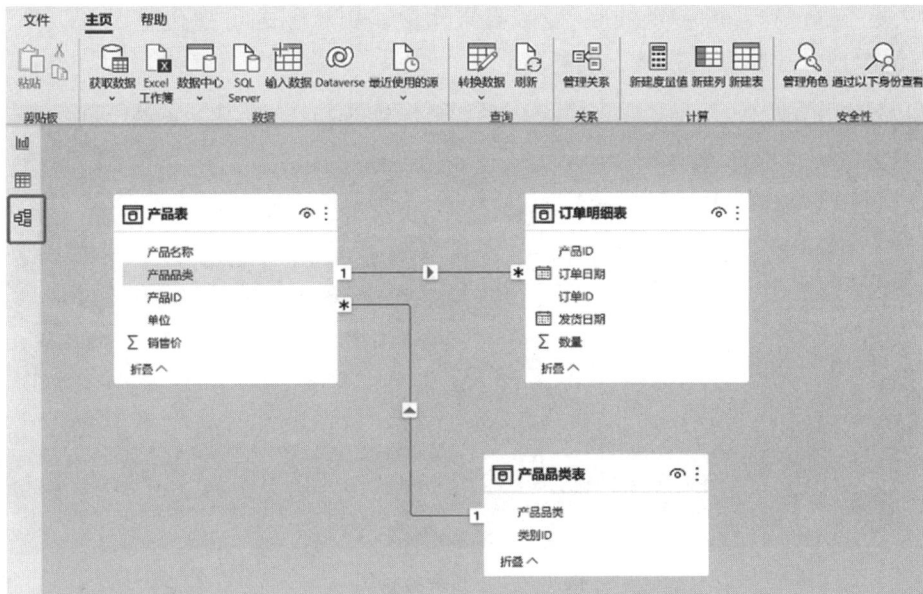

图 11-15 瀑布图——构建数据表模型

在可视化模块下找到树状图图标,绘制树状图时,把产品品类表中的"产品品类"变量拖至"类别"处,将数量拖至"值"中。树状图的可视化主要勾选类别标签和数据标签,并调整字号大小,也可以在"颜色"中对每个类别的颜色进行重新选择,可视化后得到如图 11-16 所示的简单型树状图。

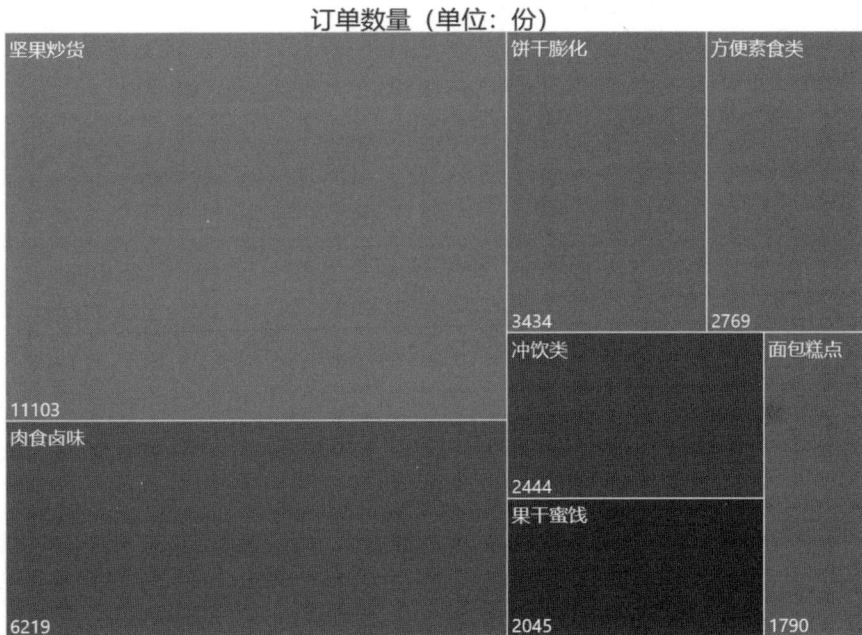

图 11-16 简单型树状图

树状图还可以对不同的品类进行细分,在图 11-16 的基础上,将产品表中"产品名称"拖至"详细信息"中,可视化后得到较复杂的树状图,如图 11-17 所示。例如,在坚果炒货类产品中,原味榛子这一产品的销量较高,夏威夷果次之。树状图的可视化呈现从上到下、从左到右都遵循数值大小排序的规律。

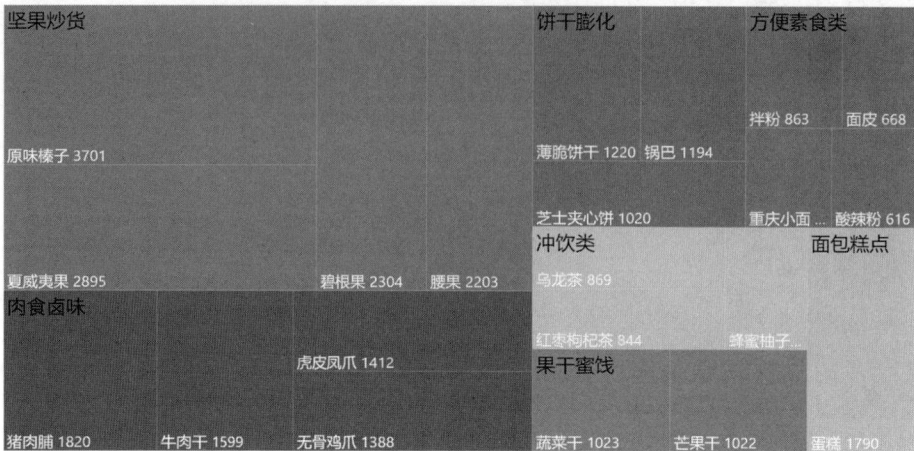

图 11-17 复杂树状图

11.3.3 趋势型可视化

趋势类可视化主要反映数据在一段时间内的变化趋势,常见的有折线图和散点图。

折线图适合显示时间间隔相同的数据趋势。它的类别数据沿水平轴均匀分布,所有值数据沿垂直轴均匀分布。如果分类标签是文本,且代表均匀分布的数值或想要表示某个数据系列的趋势,则可以使用折线图。

在 Power BI Desktop 中,导入数据并加载后,在可视化模块中选择折线图图标,即可绘制折线图。将"日期"拖至 X 轴,此时会出现年、季、月、日,选择"年""月"即可,无须全部显示。将产品 A 和产品 B 的销售额分别拖至 Y 轴。在视觉对象格式中,勾选"标记""数据标签",并设置数据大小。为了更好地呈现效果,也可以增加网格线。在常规格式中修改标题为"产品 A 和产品 B 销售额(单位:元)",可视化结果如图 11-18 所示。

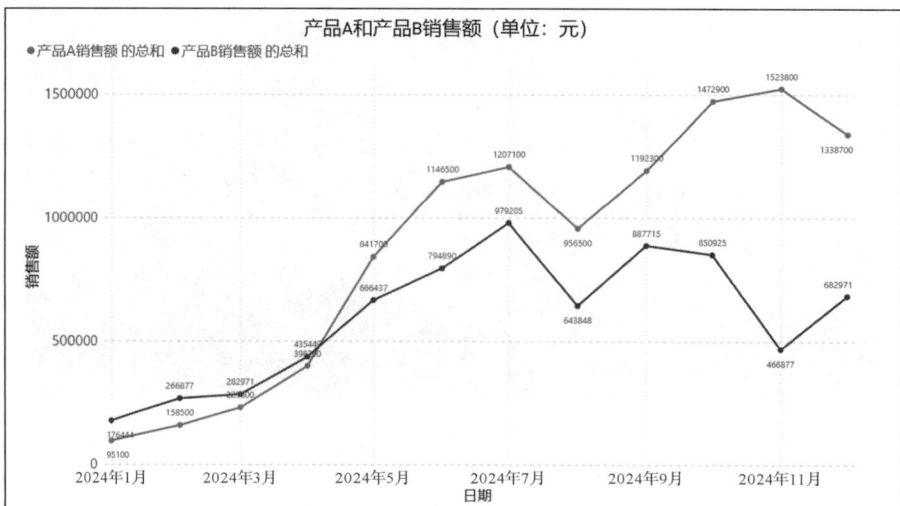

图 11-18 折线图

280

从这一折线图中,可以发现以下趋势:1—4 月产品 B 虽然处于领先趋势,但与产品 A 销售额差距逐渐减少;5—12 月产品 A 逐渐与产品 B 拉开差距;这两类产品整体呈现增长趋势,均在八月销售额锐减,但之后,产品 B 的增长幅度较小。

11.3.4　差异型可视化

差异类可视化是新媒体数据可视化的一个重要功能,通过企业内部和企业之间的对比体现出来,可以发现同一类型数据的变化规律。这类应用场景主要有:柱形图、条形图、漏斗图和雷达图。

1. 柱 形 图

柱形图是一种常见的数据可视化图形,数据的大小直接通过柱形的高低来表示,能够直观地看到数据之间的差异。柱形图可以有效地对一个系列甚至几个系列的数据进行直观的对比,在进行数据分析应用时,可以根据需求选择合适的柱形图。柱形图有以下几种可视化方式:堆积柱形图、簇状柱形图和百分比堆积柱形图,适用于对比多维度数据。

(1)堆积柱形图。

堆积柱形图是在柱形图的基础上细分成不同模块,能够比较出不同模块的差异。以某年国内互联网公司广告营收 TOP15(单位:亿元)数据表为例,在 Power BI Desktop 中的可视化模块找到堆积柱形图图标,将"公司名称"拖至 X 轴,将"第一季度广告营收""第二季度广告营收""第三季度广告营收""第四季度广告营收"分别拖至 Y 轴即可绘制出堆积柱形图,如图 11-19 所示。由图可以看出,阿里巴巴公司第四季度的广告营收要比其他季度高,全年广告营收位列第一。

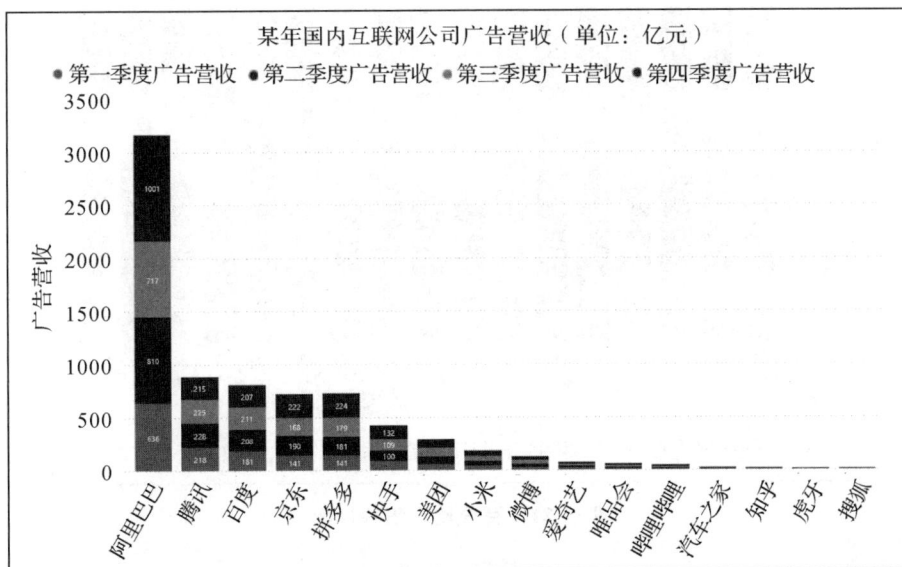

图 11-19　堆积柱形图

(2)簇状柱形图。

簇状柱形图用于比较不同的统计对象间的数值差异,在图 11-19 的基础上,在 Power BI Desktop 中的可视化模块找到簇状柱形图图标即可转换统计图,可视化结果如图 11-20 所示。簇状柱形图与堆积柱形图相比,视觉上通过柱形的高度更容易区分数据差异。

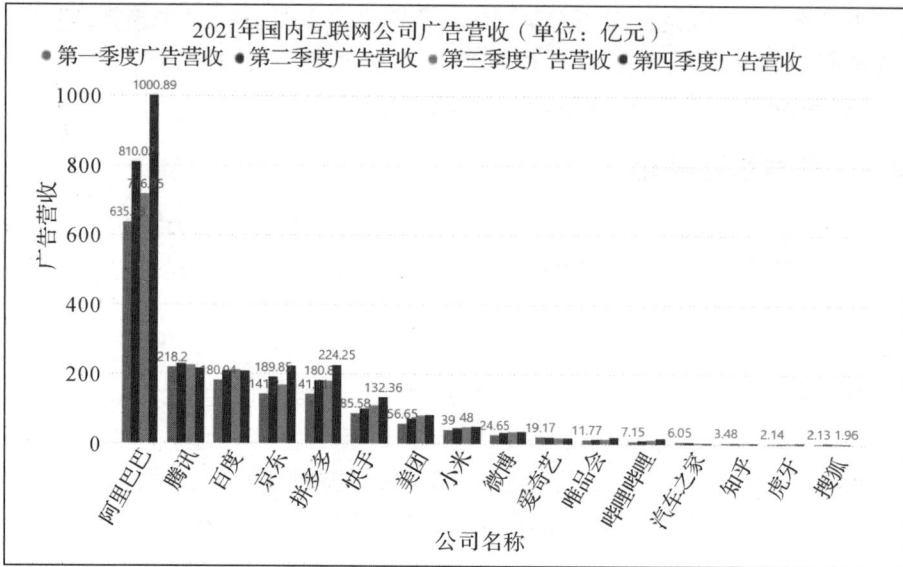

图 11-20　簇状柱形图

（3）百分比堆积柱形图。

百分比堆积柱形图是将每一个统计对象均视为总体，在矩形中分割为不同的模块，分别用百分比表示该模块对于总体的贡献值。在图 11-20 的基础上，在 Power BI Desktop 中的可视化模块找到百分比堆积柱形图图标即可转换统计图，可视化结果如图 11-21 所示。

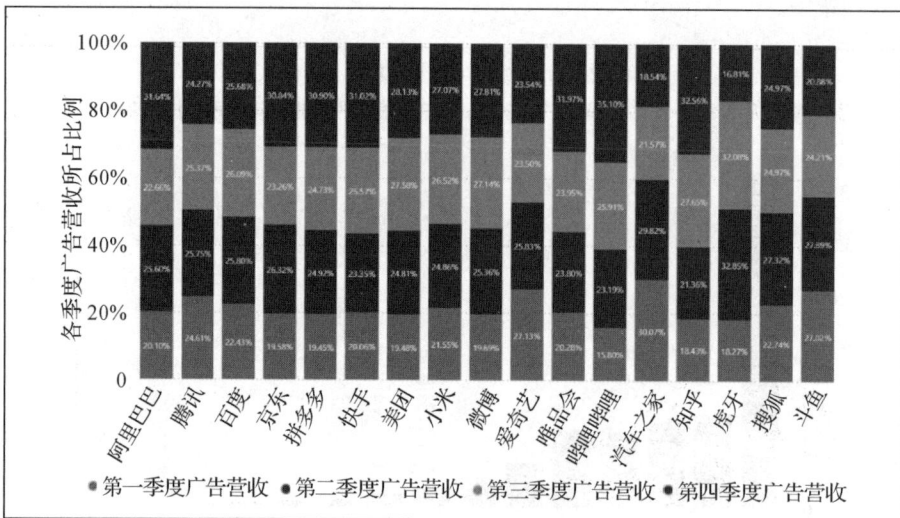

图 11-21　百分比堆积柱形图

2.条形图

条形图和柱形图类似，只是柱形的方向不同。条形图中的 Y 轴表示项目名称，X 轴表示数值。条形图和柱形图相比，变量名称较长也能完全显示出来，条形图主要有堆积条形图（见图 11-22）和百分比堆积条形图（见图 11-23）两种可视化形式。

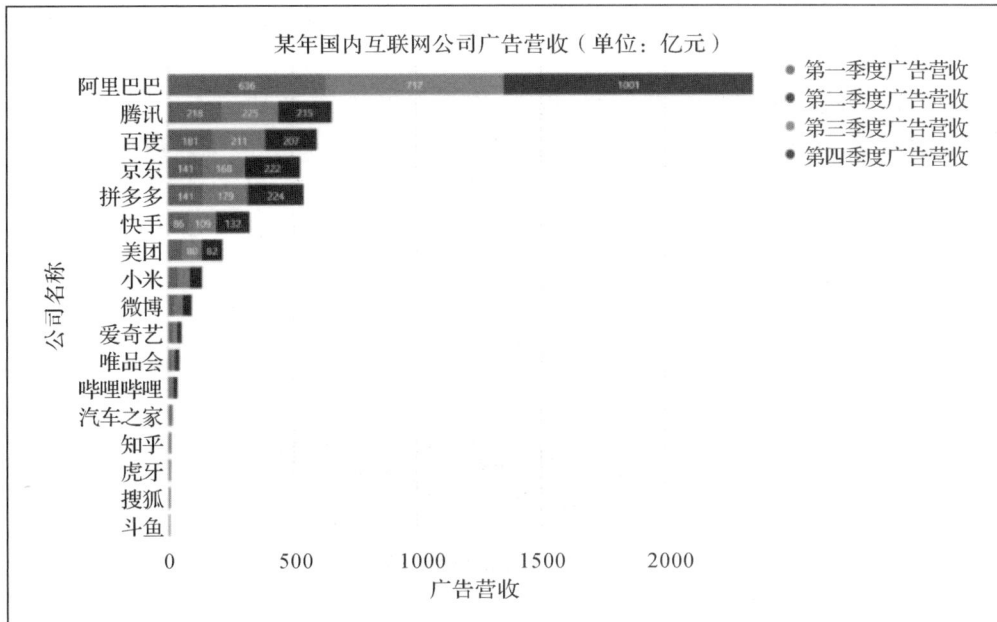

图 11-22　堆积条形图

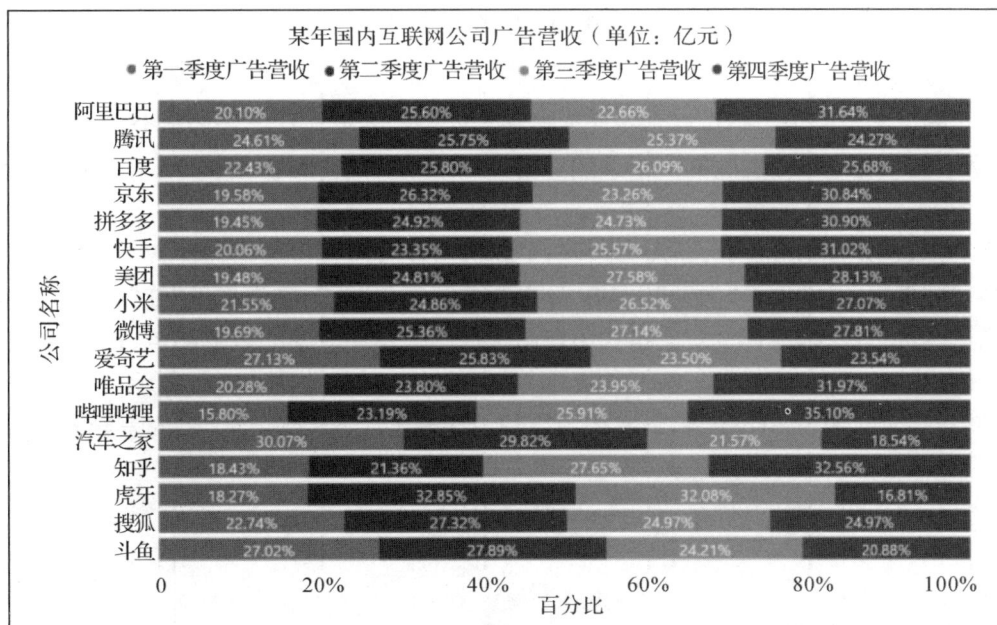

图 11-23　百分比堆积条形图

3. 漏斗图

漏斗图形似漏斗，呈倒金字塔状。在销售管理中，经常使用销售漏斗法分析具有潜在需要的用户如何转变为成交客户，并用于统计客户转换率。漏斗图也可以用于新媒体营销流程分析，尤其是存在逐级递减的数据，但不适用于销售额分析。

在 Power BI Desktop 中的可视化模块中找到并点击"▽"图标，将"流程"变量拖至"类别"中，将"数量"拖至"值"中。漏斗图的可视化优化主要在视觉对象格式中，将"数据标签"—"选项"设置为"中心内",在类别标签和转化率标签中调整数值大小,可视化结果如图11-24 所示。

　　直播获客的流程包括参与直播、商品浏览、用户下单、付款成功这 4 个环节。通过漏斗图将直播流程进行详细分析发现,参与直播人数有 20000 人,商品浏览人数只有 14000 人,下单人数有 8400 人,最终成交人数为 800 人,用户人数层层递减,最终用户转换率只有 4%。漏斗图能够帮助新媒体运营人员寻找用户流失的原因,以便在直播中引导用户浏览商品和成交。

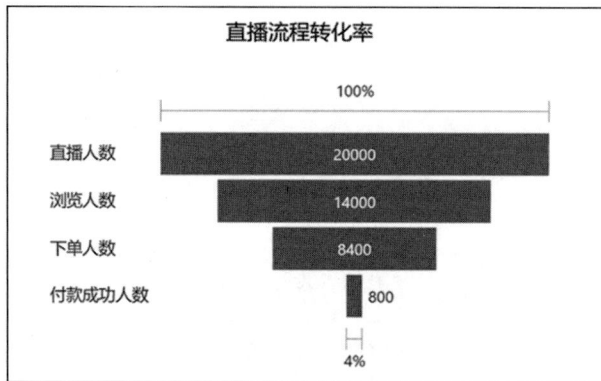

图 11-24　漏斗图

　　4. 雷达图

　　雷达图是基于一个中心点展示多元变量差异的一种图形方法。一般适合 3 个及以上变量,视觉形象上如同一张蜘蛛网。雷达图经常应用于企业经营分析,适合使用多维度数据或周期数据。

　　在 Power BI Desktop 中,导入"计划与实际费用表",插入雷达图插件,找到并点击雷达图图标,将"费用明细"拖至"类别"中,将"计划与实际费用"两个变量拖至"值"中。接下来需要对雷达图进行优化,在视觉对象格式中自由选择两个统计对象的数据颜色,在"绘制线条"中选择网格线的宽度,调整数据标签的大小等,可视化的结果如图 11-25 所示。从图中可以看出,销售的实际费用占比较高,研发和销售费用均超出计划,实际与计划的差异较大。

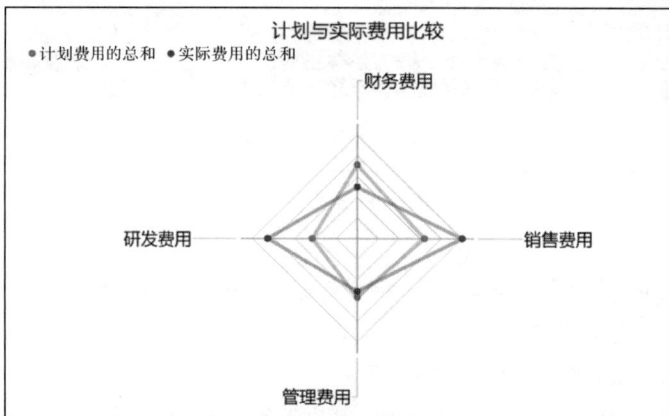

图 11-25　雷达图

11.3.5　地图应用型可视化

地图的应用在生活中比较常见,在新媒体营销数据可视化中,同样可以借助地图呈现各地区的销售情况分布。在视觉形象上,将数据投射到地图中,更容易理解和分析,地图应用的可视化主要有两种形式:气泡地图和着色地图,这两类统计图要求数据中具备地区属性。

1.气泡地图

气泡地图是在气泡图的基础上衍生而来的,在地图中使用气泡标记不同位置下的数据特征。

将"各地区订单"、"销售数量表"和"行政区划表"导入到 Power BI Desktop 中,由于这些表格具有相同的字段,需要在"模型"板块构建模型。将"销售数量表"中的"订单 ID"拖至"各地区订单"的"订单 ID"中,将"行政区划表"中的"地区"拖至"各地区订单表"中"发货地区",数据表模型如图 11-26 所示。

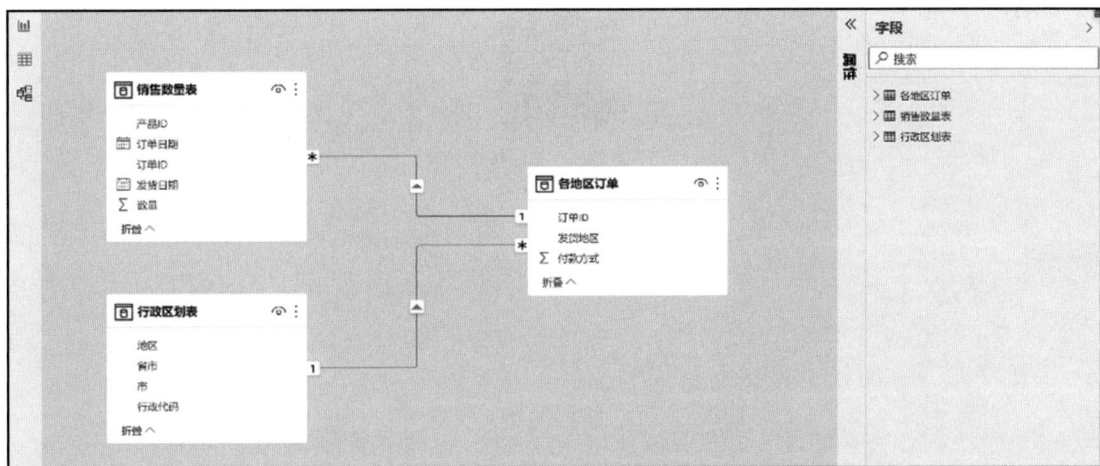

图 11-26　气泡地图——构建数据表模型

返回报表页面,在可视化模块找到并点击"⊕"图标。①将数据添加到视觉对象。首先选择可视化的类型为"地图";鼠标左键单击"省市"字段,在工具栏的数据类别中设置为"省/自治区/直辖市",用鼠标将其拖到可视化模块下的"位置"选项,将"数量"字段拖到"气泡大小"中,再将"地区"字段拖到"图例"中,可以看出不同地区的颜色不同,拉动图的右下角即可放大。②设置视觉格式,调整标题和图例的字体大小和颜色,勾选类别标签,每个省市名称会标注出来。

2.着色地图

着色地图是根据原有的行政地区划分,针对地区数据进行着色。主要可以用于分析市场拓展、不同地区的销售分布情况、新媒体用户分布等。

在 Power BI Desktop 中,导入数据后,在可视化模块中点击"🗺"图标,用鼠标将"省市"字段拖到可视化模块下的"位置"中,将"地区"拖到可视化模块下的"图例"中,即可呈现出不同颜色标记的着色地图。

� 拓展实训:新媒体数据可视化的实践应用

[实训目的]

为更好地掌握新媒体数据可视化的设计作用,熟悉新媒体数据可视化的常用工具,本章结束后通过拓展实训进行可视化练习。

▶ 思考与练习

1.下载并安装 Power BI Desktop 软件,了解其数据可视化的类型和基本操作。

2.在国家统计局网站上查找 2024 年不同地区的 GDP,选择适当的形式进行可视化。

3.记录将数据可视化结果以分析报告的形式提交,可以参考网络上相关分析报告的格式及内容部署。

▤ 第 11 章小结

第 12 章　新媒体营销效果评估及优化

- 了解如何进行新媒体营销效果评估
- 掌握新媒体营销流量指标和转化指标
- 熟悉第三方互联网评价工具的使用方法
- 了解新媒体营销效果的优化步骤
- 掌握利用组合营销策略优化营销效果

▶ 学习重点、难点

学习重点

- 新媒体营销效果评估的步骤
- 新媒体营销流量及转化指标
- 新媒体营销效果优化步骤

学习难点

- 新媒体营销效果评估的模型
- 使用第三方互联网评价工具评估营销效果
- STP 战略及 RFM 模型的学习与应用
- 组合营销战略的具体实操应用

▶ 思维导图

```
                                          ┌─ 新媒体营销效果评估步骤
                        ┌─ 新媒体营销效果评估 ┼─ 新媒体营销效果评估模型
                        │                 └─ 新媒体营销效果评估指标
                        │
                        │                   ┌─ 新媒体营销流量指标
                        ├─ 新媒体营销流量及转化指标 ┤
                        │                   └─ 新媒体营销转化指标
                        │
                        │                   ┌─ 指数分析工具
  新媒体营销效果评估及优化 ─┼─ 第三方互联网评价工具 ┼─ Google Analytics分析工具
                        │                   └─ 其他绩效分析工具
                        │
                        │                  ┌─ 新媒体营销数据整合
                        ├─ 新媒体营销优化步骤 ┼─ 新媒体营销目标市场细分
                        │                  └─ 新媒体营销平台选择精细化
                        │
                        │                  ┌─ STP战略
                        │                  ├─ RFM战略
                        └─ 新媒体营销优化战略 ┼─ 平台比较分析战略
                                           └─ 组合营销战略及应用
```

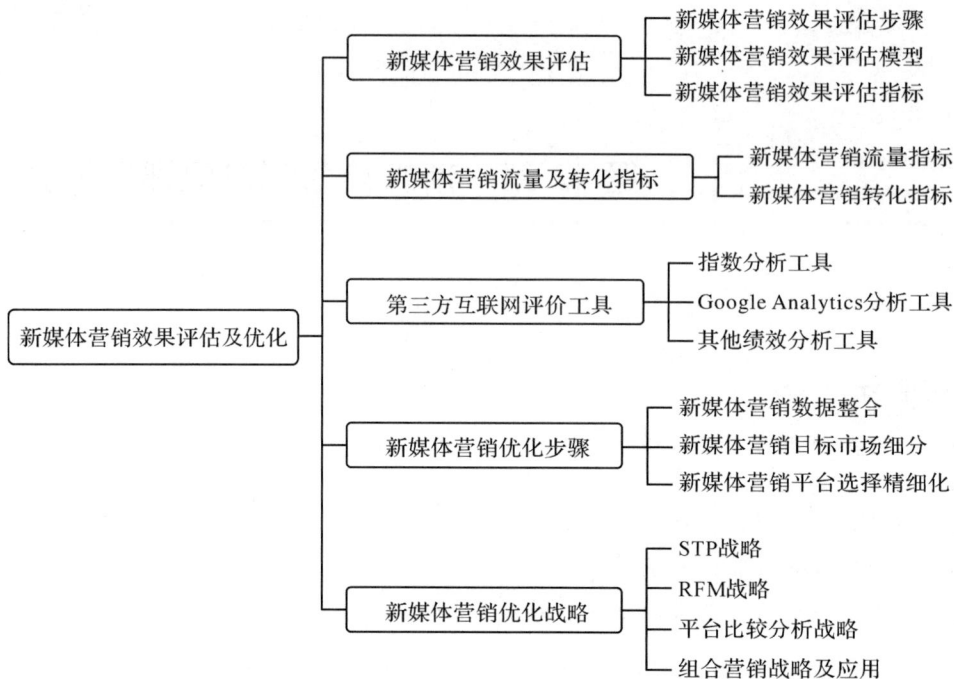

12.1 新媒体营销效果评估

12.1.1 新媒体营销效果评估步骤

在移动互联网时代,新媒体营销已成为大多数 B2C 和 B2B 公司广泛采用的营销方式。企业可以基于搜索引擎、社交媒体、在线视频和在线论坛等数字渠道进行营销,以达到触达潜在消费者、增加品牌曝光度和提升转化率的目的。然而,鉴于不同企业存在差异化,相同的新媒体营销策略会对企业成本收益产生差异化影响。因此,如何准确对新媒体营销效果进行评估成为重要话题。接下来,本节将从广告效果、促销效果和网络营销效果对新媒体营销效果评估进行阐述。

1. 新媒体营销广告效果评估

(1)新媒体营销广告效果评估的概念。

海量的新媒体广告充斥于生活的方方面面,内容供给已超过内容需求。如何创造出高质量的新媒体营销广告,衡量企业投放的广告是否有效,对于企业来说尤为关键。新媒体广告效果评估是测量企业投入的广告能否获得最佳回报的手段,它通过衡量广告的优劣势和投资回报率,可以灵活调整广告策略,为未来的广告策略注入强大动力。具体来说,新媒体广告效果评估主要包括广告心理效果评估和广告经济效果评估。

(2)新媒体营销广告效果评估步骤。

①新媒体营销广告心理效果评估。

首先,需要对新媒体营销广告的心理效果进行评估。这是从消费者心理层面衡量企业进行广告活动的有效性,并不直接以产品或服务的销量作为评判广告效果的依据,而是评估广告吸引消费者的程度和进而会对消费者的购买意愿产生的影响。这主要体现在消费者参与广告的程度(点赞、评论和转发)、情绪反应、品牌态度和品牌记忆等。

②新媒体营销广告经济效果评估。

与广告心理效果评估不同,广告经济效果评估更加关注广告投放直接利益。它衡量的是企业投入一定广告费用后所带来的经济收益,是企业判定广告活动是否成功的重要方式。对新媒体营销广告经济效果的评估主要体现在销量和利润这两个维度。影响广告经济效果的因素众多,除了广告本身这一因素,还包括产品属性和竞争产品等广告以外的影响因素,因此往往很难精准测量广告所带来的经济效果。

2. 新媒体营销促销效果评估

(1)新媒体营销促销效果评估的概念。

在市场营销学经典的 4P 理论中,提到了产品(product)、价格(price)、渠道(place)和促销(promotion)这四大营销要素,其中促销在企业开展营销活动中扮演着重要角色。精准的促销活动不仅可以吸引潜在顾客的注意力,还能进一步促进产品或服务的购买。然而,若企业无法精准实施促销活动,则容易引起消费者的反感,同时也会增加营销成本。因此,企业应如何对在新媒体平台实施的促销活动效果进行评估成了关键问题。新媒体营销促销效果评估是测量企业在新媒体平台实施促销活动效果的重要方式,它贯穿了促销活动的整个过程。根据过程阶段的不同,促销效果评估内容主要包括事前评估、事中评估和事后评估这三个方面。

(2)新媒体营销促销效果评估步骤。

①事前评估。

促销效果事前评估是指企业在新媒体平台实施促销活动前,需要对促销活动效果进行预测,主要是从有效性和可行性这两方面进行评估。从有效性层面来看,主要是检测该促销方案是否能达到企业预设营销目标;从可行性层面来看,主要是检查企业是否具备完成促销活动的基础,比如营销资金和新媒体渠道等。企业通过对促销效果进行事前评估,既可以帮助企业实现促销活动的成功,也可以防止促销活动给企业带来负面影响。

②事中评估。

促销效果事中评估是指企业在新媒体平台实施促销活动过程中进行评估,主要是从消费者和竞争对手这两方面展开。从消费者层面来看,通过在促销过程中对消费者的反应进行评估,包括关注消费者对促销活动的态度和评价等;从竞争对手来看,主要是监测竞争对手在促销活动过程中的反应,这一监测结果有利于企业灵活调整促销策略,及时发现问题,推动促销活动的成功。

③事后评估。

促销效果事后评估是指促销活动结束后,从销售预期目标实现情况和消费者的反馈等层面去评估促销活动的效果,主要是通过促销前后企业销售额和销量变化来体现。具体来说,企业需要对比在实施促销活动前后销售额增量的来源,判断增量是否来源于促销活动,若增量来源于在没有促销活动情况下消费者也会购买的折扣产品,则不是最有效的促销活动。此外,促销效果事后评估还包括销量的变化,企业需要明确消费者是否因为促销进行了额外购买。

3. 新媒体网络营销效果评估

(1)新媒体网络营销效果评估的概念。

新媒体网络营销效果评估是指对企业网络活动的绩效进行评估,通过监测用户在网站上的行为,对网络营销的最终价值进行核算,最终准确衡量网络营销的投入产出比。新媒体网络营销效果的评估包括网络营销目标设定、设定关键绩效指标、监测投资回报比和计算目标达成价值和成本。

(2)新媒体网络营销效果评估步骤。

①网络营销目标设定。

网站类型各种各样,不同的网站其营销目标也会有所不同。例如,对于电商网站来说,主要是为了销售产品,当企业选择该网站开展营销活动时,其目标就可以设定为增加产品销售。当企业进行网络营销时,需要首先明确营销目标,然而再去选择合适的网站实施营销活动。只有当企业明确营销目标,后续才能精准地对网络营销效果进行评估。

②设定关键绩效指标。

在企业确定好网络营销目标后,如何准确设定关键绩效指标(key performance indicator,KPI)就尤为关键。关键绩效指标能够精准衡量目标进展,向企业展示实现目标的方式方法。此外,企业要避免选择虚荣指标,如参与度、页面总浏览量、视频总浏览量等。虚荣指标往往会吸引缺乏经验的人,因为它们提供的大量数据易引导企业偏离营销目标,导致企业无法将重点放在核心业务目标上。

③监测投资回报比。

此阶段企业将通过对网络营销过程中的投入产出比进行监测,以期获取最大收益。通过对投资回报比进行即时监控,可以准确查找适合企业定位的平台、营销活动及相关产品,即时放弃收益较差的方法或策略,避免负面影响。

④计算目标达成收益和成本。

目标达成收益是指企业基于目标网站所带来的收益。例如,如果企业目标网站是电子商务网站,那么其网站达成价值就是产品销售所带来的利润。而网站达成次数是从流量层面计算营销绩效,通过网站流量分析系统可以记录有多少用户点击浏览目标网站;目标网站达成成本是指完成企业设定网络营销目标需要投入的成本,比如企业需要为广告每次点击支付的费用。

12.1.2 新媒体营销效果评估模型

1. AIDA 评估模型

(1)AIDA 模型的概念。

在数字时代,企业的整个营销策略是建立在 AIDA 模型的基础上的。其中 AIDA 分别代表注意(attention)、兴趣(interest)、欲望(desire)、行动(action),它是根据消费者的行为阶段进行划分的。在这 4 个阶段中,首先,新媒体平台上的营销内容会吸引消费者对品牌的关注,引发其对产品或服务的兴趣,激发对它的欲望,进而促使用户尝试购买。AIDA 模型是一个效果层次模型,消费者必须通过模型的每个阶段来完成行动,每个阶段的消费者都比前一阶段少。

（2）AIDA 模型的构成。

AIDA 模型确定了消费者在购买产品或服务过程中所经历的 4 个阶段,包括注意、兴趣、欲望和行动。AIDA 模型详细刻画了消费者购买决策的路径,由于消费者数量从注意到行动的阶段过程会依次减少,因此 AIDA 模型呈现漏斗状,具体如图 12-1 所示。企业可以使用 AIDA 模型来确认消费者所处的阶段,并根据不同的阶段量身定制营销战略。接下来,本节将详细阐述这 4 个阶段。

AIDA转化漏斗

图 12-1　AIDA 转化漏斗

①注意。

第一阶段,吸引潜在顾客的注意力。在 AIDA 模式的第一阶段,企业需要通过微博、APP 和门户网站等新媒体营销平台让潜在顾客了解产品或服务。企业可以用引人注目的广告图片、醒目的颜色等形式,吸引目标受众的注意力,进而让潜在顾客知道企业品牌的存在。

②兴趣。

第二阶段,保持顾客兴趣。在第一阶段引起潜在顾客注意力后,如何维持他们的兴趣并让其参与进来也成为企业面临的一大挑战。企业可以使用时事通信、博客和电子邮件实现这一阶段目标,在此过程中,通过制作有趣的视频或使用目标观众熟悉的音乐将更有利于顾客兴趣的维持。

③欲望。

第三阶段,创造欲望。随着潜在顾客逐渐与产品或服务建立联系,企业需要让他们了解自身的产品或服务会如何真正地帮助他们。在这个阶段,企业需要强调产品或服务的功能和优势,让潜在顾客从对产品感兴趣转变为想要该产品。

④行动。

第四阶段,激发行动。当企业在完成吸引潜在顾客注意力、保持兴趣并创造欲望之后,其最终目标是促使营销活动的接受者采取行动并购买产品或服务。该阶段旨在立即获得消费者回应,让消费者采取行动。例如,Netflix 使用有说服力的广告去说服消费者免费注册使用。

2. AISAS 评估模型

(1)AISAS 模型的概念。

AISAS 模型由日本最大的广告公司之一 Dentsu Inc(电通公司)于 2004 年推出,是一种客户行为模式,帮助企业了解消费者行为,并进行产品营销和推广。AISAS 分别是由注意(attention)、兴趣(interest)、搜索(search)、行动(action)和分享(share)组成,有助于解释消费者行为过程。

(2)AISAS 模型的构成。

AISAS 模型由注意、兴趣、搜索、行动和分享这 5 个阶段构成,具体如图 12-2 所示。AISAS 模型是一个非线性模型,不一定循序渐进地经过每一个阶段(注意—兴趣—搜索—行动—分享),可以跳过其中一个步骤,也可以重复其中一个步骤。例如,顾客被社交媒体上的广告吸引,十分感兴趣,在自己社交媒体上对该广告进行转发分享(注意—兴趣—分享)。

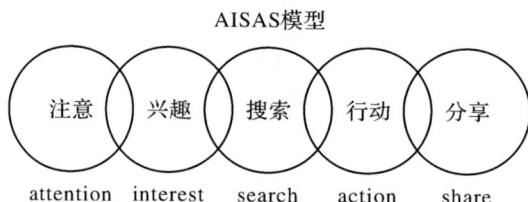

图 12-2　AISAS 模型

①注意。

第一阶段,吸引潜在顾客注意力。通过吸引顾客的注意力可以帮助他们了解产品或服务,企业通常使用网络广告、商业广告、社交媒体等方式去曝光产品。引起关注是成功营销的开始,因此第一阶段尤为重要。

②兴趣。

第二阶段,保持顾客兴趣。与 AIDA 模型相似,在引发顾客注意力后,需要激发他们对产品或服务的兴趣。企业可以通过创造独特的设计或者制作高质量的营销内容去增加顾客的兴趣。

③搜索。

第三阶段,搜索产品或服务。顾客在对产品或服务产生兴趣后,用户会通过搜索引擎更加深入了解产品或服务。在搜索阶段,为了让顾客更容易搜索出想要的信息,企业可以通过搜索引擎优化的方式去突出产品或服务信息。

④行动。

第四阶段,激发行动。与 AIDA 模型类似,该阶段主要是为了激发潜在用户采取购买或关注等企业预期的行动。为了防止顾客在搜索后离开,企业需要确保浏览界面的流畅性和便捷性,进而提高顾客的转化率。

⑤分享。

第五阶段,激励分享。在顾客购买产品或服务后,若其使用感受非常好,则会通过转发和评论的方式向他人分享。评论越多,产品或服务就越有权威,潜在新客户所能获得的信息就越多,越有利于增加销售。

12.1.3　新媒体营销效果评估指标

1.曝光量和曝光率

(1)曝光量和曝光率的概念。

①曝光量。

曝光量(impression)是指广告内容被展示的次数,无论它是否被用户点击。具体来说,曝光量计算的是展示在顾客浏览页面的数量,即使顾客没有看到这个广告,也会被统计为一次曝光。曝光量是用户产生购买行为的重要前提,目标受众的规模直接影响着曝光量,获得更多的曝光量是新媒体营销成功的关键。

②曝光率。

曝光率(impression rate)是指广告被展示的次数占广告投放次数的比率,通常用百分比表示。曝光率衡量了广告被曝光的程度,反映了广告的覆盖面。广告的曝光率越高,代表越容易被更多的用户发现和关注。许多企业采用搜索引擎优化的方式去提高网站排名,增加广告的曝光度,进而提升产品或服务的转化率。

(2)广告曝光率计算公式。

广告曝光率计算公式为

$$广告曝光率 = A/B×100\%$$

其中,A 代表广告展示次数,B 代表广告投放次数。

由上述公式可知,广告曝光率为广告展示次数除以广告投放次数的百分比。例如,一个广告在门户网站上被投放 1000 次,得到展示的次数仅有 100 次,那么该广告的曝光率为 $100/1000×100\% = 10\%$。

2.点击量和点击率

(1)点击量和点击率的概念。

①点击量。

点击量(clicks)是指广告被点击的数量,而曝光量是指广告得到展示的数量,两者截然不同。被展示的广告不一定会被用户点击,点击量与广告的吸引力成正比。

②点击率。

点击率(click-through rate,CTR)是指广告被点击的次数占广告被展示次数的比率。例如,如果广告被展示了 100 次,只有 5 次点击,那么点击率为 5%。点击率可以用来衡量广告的表现,较高的点击率意味着广告在吸引用户注意力方面十分成功,对于大部分用户来说也更具有相关性和有用性。互联网广告无处不在,用户开始习惯忽略它们,点击率也随之下降。

(2)广告点击率计算公式。

广告点击率计算公式为

$$广告点击率 = A/C×100\%$$

其中,A 代表广告点击次数,C 代表广告展示次数。

由上述公式可知,广告点击率为广告点击次数除以广告展示次数的百分比。例如,一个在线广告在展示 50000 次后被点击了 200 次,那么该广告的点击率为 $200/50000×100\% = 0.4\%$。

3. 到达量和到达率

(1)到达量和到达率的概念。

①到达量。

到达量(visit)是指用户在点击广告后,成功进入落地页面的数量。用户在点击广告后,一般会直接到达落地页面,但有些用户在点击后发现不需要该产品,还未等到页面完全加载就关闭页面,这就导致了用户点击但尚未到达落地页。

②到达率。

到达率(landing rate)是指广告到达次数占广告点击次数的比例,通常用百分比来表示。到达率在一定程度上反映了用户对广告内容感兴趣的程度,到达率越高,代表该广告与用户的契合度越高,用户越感兴趣。

(2)广告到达率计算公式。

广告到达率计算公式为

$$广告到达率 = D/C \times 100\%$$

其中,D 代表广告到达次数,C 代表广告点击次数。

由上述公式可知,广告到达率为广告到达次数除以广告点击次数的百分比。例如,一个商品链接被点击了 100 次,只有 8 次到达落地页面,那么该商品链接的到达率为 8/100 × 100% = 8%。

4. 转化量和转化率

(1)转化量和转化率的概念。

①转化量。

转化量(conversion volume)就是指广告投放后发展成转化行为的用户数量,在一定的曝光量下如果能获得更多的转化,那么意味着营销内容相对优质。

②转化率。

转化率(conversion rate)是指网站访问者成功发生转化的百分比,通过提高转化率可以在相同流量下获取更多销量。例如,企业每月花 1000 美元做广告,有 500 名用户访问网站,10 名用户进行购买。如果转化率翻一番,那么广告价值也翻了一倍。转化率可以被划分为曝光转化率和点击转化率,接下来本节将进行详细阐述。

(2)广告转化率的计算公式。

①广告曝光转化率计算公式。

$$广告曝光转化率 = E/A \times 100\%$$

其中,E 代表广告转化数量,A 代表广告展示次数。

由上述公式可知,广告曝光转化率(impression conversion rate)为广告转化数量除以广告展示次数的百分比。例如,在抖音视频营销的过程中,投放了一笔 100 元的广告订单,获得了 2000 次的展现,成交 5 单,那么该次广告的曝光转化率为 5/2000 × 100% = 0.25%。

②广告点击转化率计算公式。

$$广告点击转化率 = F/C \times 100\%$$

其中,F 代表广告转化数量,C 代表广告点击次数。

由上述公式可知,广告点击转化率(click-through conversion rate)为广告转化次数除以广告点击次数的百分比。例如,在抖音视频营销的过程中,投放了一笔 100 元的广告订单,点击了 100 次,成交了 5 单,那么该次广告的点击转化率为 $5/100 \times 100\% = 5\%$。

12.2　新媒体营销流量及转化指标

12.2.1　新媒体营销流量指标

1. 网站流量规模类指标

网站流量是指用户访问网站的数量,是衡量网站受欢迎程度的重要指标。网站访问量的多少不仅取决于网站的目的,还取决于访问者的目标及他们发现网站的方式。网站流量越大,意味着有更多的顾客了解企业品牌,则转化为销售额的潜力越大。随着互联网技术的发展,有许多量化网站流量的分析工具,如 Semrush、SimilarWeb、Google Search Console 等。企业通过统计网站数据,可以清晰地看到网站流量的来源,了解访问者如何与网站进行互动等。

(1)页面浏览量。

页面浏览量(page views,PV)是指用户浏览网站页面的数量,每次用户加载网站页面启动会话时,网站都会获得一次页面浏览量。页面浏览量可以帮助企业衡量网站的投入回报,准确地对网站绩效进行衡量。Google Analytics 工具可以跟踪记录页面浏览量,企业能够看到网站不同页面获得的浏览量,从而深入分析用户最感兴趣的内容。

(2)唯一页面浏览量。

唯一页面浏览量(unique page views,UPV)是指同一会话期间特定网页的唯一访问者总数,该指标基于客户端 ID 进行跟踪,因此唯一页面浏览量应低于页面浏览量。例如,访问者在同一次访问中浏览同一网页 3 次,则它将被视为 3 次页面浏览量和 1 次唯一页面浏览量。如果同一访问者退出该网站,在 30 分钟后返回(会话过期)并再次查看同一网页,则将计算为 3 次页面浏览量和 2 次唯一页面浏览量。

(3)IP 数。

IP 数是指在 1 天内使用不同 IP 地址访问网站的用户数量,相同的 IP 无论访问多少个页面,独立 IP 仅记录为 1。

(4)独立访问者数量。

独立访问者数量(unique visitors,UV)是指在给定时间间隔内访问网站上一个或多个页面的不同用户的数量,而不考虑他们访问页面的频率如何。例如,一个用户访问了一个页面,然后又浏览了另两个页面,则独立访问者数量被计算为 1。与页面浏览量指标的计算不同,该指标不考虑同一用户的重复访问。

(5)重复访问者数量。

重复访问者数量(repeat visitors)是指在指定期间内,访问网站次数大于 1 的用户数量,该指标可以反映网站的用户黏性。重复访问者数量越多,代表网站的用户黏性越大,用户的忠诚度越高。

2. 网站流量质量类指标

(1)跳出率。

跳出率(bounce rate)是指用户浏览网站后在没有执行特定操作的情况下登录页面并离开的人数占总访问人数的比例,即登录页面没有以任何方式(比如购买或填写表格)进行交互的访问者数量除以网站访问者总数。例如,某网站有 40 名访问者离开网站时没有进行互动,该网站总计 100 名访问者,那么跳出率为:40/100×100%=40%。

(2)页面平均访问时长。

页面平均访问时长(average time on page)是指用户在每个网站页面上平均访问的时间,即页面访问的总时间除以有效页面浏览次数,有效页面浏览次数是排除页面退出或反弹的次数。例如,某页面被浏览 2000 次,被访问总时长为 500 分钟,其中 500 次是页面退出或反弹,那么页面平均访问时长为:被访问总时长/(页面浏览次数-页面退出或反弹次数)=500/(2000-500)=20 秒。

(3)每个访问者的页面浏览数。

每个访问者的页面浏览数(page views per user)是指平均每个访问者访问的页面数量。该指标越高说明网站"黏性"越大,访问者对网站感兴趣并愿意长时间停留,浏览更多内容。

3. 流量指标影响因素

影响网站流量的主要因素包括搜索引擎排名、网页加载时间、网站布局和网站内容。如果企业出现网站流量减少的情况,可以通过搜索引擎优化、网站布局重新设计、缩短网页加载时间和发布独特新颖内容来增加网站的流量。接下来,本节将详细对这 4 个影响因素进行阐述。

(1)搜索引擎排名。

常用的搜索引擎有百度、谷歌、雅虎、必应等,网站在这些搜索引擎上的排名越高,就会被更多用户看到,获得更多流量。企业可以通过在网站内外进行搜索引擎优化来提高搜索引擎排名,搜索引擎优化的方式包括优化关键词布局、提升用户体验或提升网页加载的速度等。

(2)网页加载时间。

一个高效优质的网站只需要几秒钟的加载时间。网页加载时间过长会消磨用户的耐心,导致访问网页的用户数量减少,造成网站流量较低的问题。如果企业面临网页加载时间过长的问题,可以与网络托管提供商联系,提升网页加载速度。

(3)网站布局。

网站布局对获取网站流量尤为重要,如果网站页面充斥着大量广告和弹出窗口,将会减少用户的访问兴趣。企业应尽量避免在网页插入广告的主要内容,确保不会增加过多的页面加载时长。此外,企业也可以通过缩短网页长度和拆分页面的形式优化网站页面布局。布局拙劣的网站会影响搜索引擎排名,进而影响整体流量。

(4)网站内容。

为了提升网站流量,企业还可以创造高质量网站内容去吸引用户。海量的网站内容充斥在人们的视野中,但用户的注意力有限,如何创造出有竞争优势的网站内容成为企业赢取流量的关键。企业可以经常更新网站内容,保持内容的独特新颖性。也可以充分利用 Facebook(脸书)、X 和 LinkedIn(领英)等社交媒体,通过创造与产品或服务相关的内容,利用图片和视频等多样化的形式去吸引顾客,为网站带来流量。

12.2.2　新媒体营销转化指标

在完成引流工作之后,需要考虑流量的转换,转换指标通常用来衡量营销目标的完成和转化情况,主要包括 GMV、转化率、付费率和回购率。

1. GMV

(1)GMV 的概念。

GMV(gross merchandise volume)指一定时间内产品或服务的总销售额,是电子商务行业的常用指标。该指标计算不仅包括付款订单金额,还包括拍下未付款订单金额。GMV 指标被用来衡量售出产品的交易金额,该指标上升,代表企业业务处于良好的增长状态。需要注意的是,商品总值的计算是在扣除与产品销售相关的费用之前进行的,包括配送成本、折扣、广告成本和退货等。

(2)GMV 的计算公式。

GMV 可以很好地了解业务正在经历多大的增长,GMV 的计算公式为

$$GMV = A + B + C + D$$

其中,A 代表销售额,B 代表取消订单金额,C 代表拒收订单金额,D 代表退货订单金额。

通过上述公式可以得出,GMV 为已支付订单和未支付订单金额之和,即使有些消费者并未产生实际订单,也会被统计到该指标中。若实际销售额与 GMV 相差太大,说明该产品或服务的退货率比较高。

(3)GMV 的提升途径。

①提供免费送货服务。

提供免费送货服务可以增加企业商品总价值,大部分顾客希望在订购超过一定阈值后进行免费送货。企业不必以利润缩水为代价,可以通过设置正确的阈值来达到满足顾客免费配送的欲望,同时还能够产生足够的利润来支付运输成本,进而增加企业的交易总额。

②个性化推荐。

根据顾客历史购买情况,向顾客推荐感兴趣的产品,可以引导顾客购买到他们真实需要的产品或服务,来改善用户体验,提高他们的平均订单价值。企业可以添加一个跟踪页面,让客户更长时间访问企业的电子商务网站,进而增加收入。

③捆绑销售。

产品捆绑销售允许顾客在单个 SKU(stock keeping unit,最小库存量单位)下购买免费产品,企业通常以低于单个产品的总和出售产品。进行捆绑销售不仅可以增加此类产品的销售额,还可以转移库存。例如,将沐浴液和沐浴球进行捆绑销售。

④启动推荐奖励计划。

推荐奖励计划可以鼓励顾客向他人进行推荐以换取奖励,因为与广告营销宣传相比,顾客会更相信他们的朋友和家人。随着时间的推移,会逐渐增加企业的 GMV。例如,Omsom 公司有一个推荐奖励计划,向朋友推荐产品或服务的顾客可以在下一次购买时获得 5 美元的折扣,推荐的朋友在第一次购买时也可以享受 5 美元的折扣。

2. 转化率

(1)转化率的概念。

转化率用于衡量完成转化行为用户的百分比,即转化的用户总数除以广告受众的总体

规模,该指标通常用百分比来表示。转化率可以衡量广告表现的好坏,这里的转化并不总是指点击网页,也可以是下载应用程序、下载白皮书、注册个人信息获得特别优惠等。

(2)转化率的计算公式。

转化率的计算公式为

$$转化率＝A/B×100\%$$

其中,A 代表转化的用户数,B 代表广告受众规模。

由上述公式可知,转化率为转化的用户数除以广告受众规模。例如,一个广告商举办了一场受众人数为 20000 人的广告活动。在这群人中,有 800 人点击了广告(即转化)。那么,转化率为 800/20000×100%＝4%,即转化率为 4%。

(2)转化率的提升途径。

①简化流程。

用户不发生转化行为的一个原因是转化过程不够简化,若想提高转化率,简化中间的流程和环节很有必要。例如,企业若想让更多的顾客注册信息,那让顾客填写的表格就应尽可能地简短,消除行为犹豫,而不是制造犹豫。

②优化在线评论。

大部分顾客在购买产品或服务之前都会查看在线评论,在线评论的表现会影响潜在顾客的判断,进而会对其转化行为产生影响。为了提升转化率,除了保障产品或服务本身质量外,企业还应鼓励顾客多在网站和社交媒体上发布好的评价,这有助于塑造品牌形象,提高转化率。

③追踪互动细节。

通过追踪用户与网站的互动细节,可以准确地知道用户点击了什么内容、是否填写了表单等,从而可以深入了解为什么用户在网站上没有转化行为。Crazy Egg 或 HubSpot 等类型的网站分析工具可以清晰地反映出哪些因素能够吸引用户眼球,帮助企业了解网站优势和需要改进的弱势。

④进行 A/B 测试。

A/B 测试是对同一业务目标实施两个方案,对控制组用户实施 A 方案,对实验组用户实施 B 方案,并分析对比这两个方案对转化率的影响。A/B 测试可以用较低的成本为企业在实施大规模营销活动之前提供策略。具体来说,可以通过 A/B 测试查看网站上哪些类型的标题和布局更适合用户。

⑤了解顾客需求。

在开展任何营销活动之前,都需要了解目标受众的需求和偏好,关注目标受众的痛点,了解促使或阻止用户购买产品或服务的因素。通过深入洞察用户需求,可以在正确的时间做出正确的决策,提高转化率。

3.付费率

(1)付费率的概念。

付费率(pay users rate,PUR)是指付费用户数量占活跃用户的比率,通常用百分比表示。付费率代表了用户群体的消费能力和付费意愿,付费率越高,认同产品或服务的用户越多,为企业带来的潜在收益也越多。

（2）付费率的计算公式。

付费率是评估产品转化能力的重要指标,其计算公式为

$$付费率＝A/B×100\%$$

其中,A 代表某一时段的付费用户数,B 代表同一时段的活跃用户数。

由上述公式可知,付费率等于某一时段的付费用户数与该时段中活跃用户数的比率。例如,企业推出 APP 程序,其中 100 人下载了 APP,只有 50 人选择付费购买会员,那么付费率就是 50/100×100%＝50%。

（2）付费率的提升途径。

①设置免费试用期。

企业通过设置免费试用期,能让用户无成本体验到 VIP 带来的服务,了解 VIP 所带来的独特之处。用户通过免费试用期可以知道自己是否喜欢这个产品或服务,提升用户付费的概率。一些收费的 APP 或网站通常采用新用户免费试用 7 天或 15 天的方式,让用户享受 VIP 的快乐,这对未来获取更多付费用户很有帮助。

②提升产品或服务的质量。

高质量的产品或服务是用户付费和持续付费的核心。高质量的产品或服务可以给用户带来更好的消费体验,促进积极口碑在社交媒体上扩散,鼓励更多目标顾客前来付费尝试。因此对于企业来说,想要增加付费率,提升产品或服务的质量非常重要。

③罗列付费功能。

企业需要向用户强调付费功能和免费功能的区别所在,让用户感受到付费的价值所在。罗列的付费功能越多,越能让用户觉得物超所值,也将增强用户的付费意愿。

④简化付费路径。

如果付费路径太过冗长、烦琐,便捷性不高,将会消磨潜在付费用户的耐心,让用户在付费的过程中产生放弃的想法。因此,为了提升用户付费率,企业需要简化付费路径,支持多种付费方式,提高用户付费过程的流畅性。

4. 回购率。

（1）回购率的概念

回购率(repurchase rate)即重复购买率,是指在一段时间内购买过一次以上的用户数占总购买用户数的比例。回购率是衡量顾客留存的重要指标。回购率越高,代表产品或服务的质量越高、口碑越好。

（2）回购率的计算方式。

回购率的计算公式为

$$回购率＝A/B×100\%$$

其中,A 代表单位时间内多次购买的人数,B 代表单位时间内的总购买人数。

由上述公式可知,回购率等于多次购买的人数除以同一时间段内的总购买人数。例如,一个季度内,有 500 个顾客购买产品或服务,其中重复购买的顾客数量为 50 人,那么回购率为 50/500×100%＝10%。

（3）回购率的提升途径。

①提升顾客体验。

回购率高的顾客是企业的忠实顾客,为了不让顾客流失,企业需要增强顾客在浏览、

购买和售后阶段的体验感,富有创意和特别的体验感会增强顾客黏性和忠诚度,提升回购率。

②顾客细分。

顾客细分的方法有很多,为了保留高价值顾客,企业可以根据重复购买次数将顾客进行细分。其中重复购买次数多和购买次数少的顾客是企业需要重点关注的对象,企业需要根据顾客类型的不同,定制差异化营销策略,避免高价值顾客流失,让低价值顾客变为高价值顾客。

③提升物流效率。

低效率的物流会给顾客带来较差的购物体验,降低回购率。如果每次物流都能准时到达,且产品或服务的质量较高,那么顾客复购的意愿就会增强。因此,为了提升回购率,企业需要加快物流配送,高效准时地将物流配送给用户,提升用户的体验感。

④积分计划。

积分计划是迄今为止最受欢迎的客户忠诚度计划,常被零售商用于提高回购率。开启积分计划能够让顾客在每次购买或进行产品评论时获得积分,其获得的积分可用于后续购买,包括积分兑换折扣、积分兑换奖品等,积分兑换的内容也可以根据每位顾客的喜好进行定制。

⑤为忠实顾客创造独家折扣。

通过向忠实顾客使用折扣可以增加重复购买的概率,同时企业也不必担心产品打折会扼杀利润,如果折扣策略实施得当,实际上会增加企业的收入。为了避免忠诚用户的流失,可以为忠诚顾客提供独家折扣。

12.3　第三方互联网评价工具

12.3.1　指数分析工具

百度指数分析工具是基于用户行为数据的分析工具,其分析结果已经成为许多企业进行营销决策的重要依据。百度搜索中常见的评价指标有关键词、搜索指数、关注度等,根据相关的搜索指标,百度搜索推出了百度指数帮助用户进行数据统计与分析。百度指数通过趋势研究、需求图谱及人群画像等模块帮助企业吸引目标用户的关注,提升内容和产品营销效果。

1.趋势研究

在趋势研究模块中,用户可以通过对关键词的搜索,在 30 天、90 天,甚至半年的时间段内对搜索指数的变化情况进行可视化展示,如图 12-3 所示。

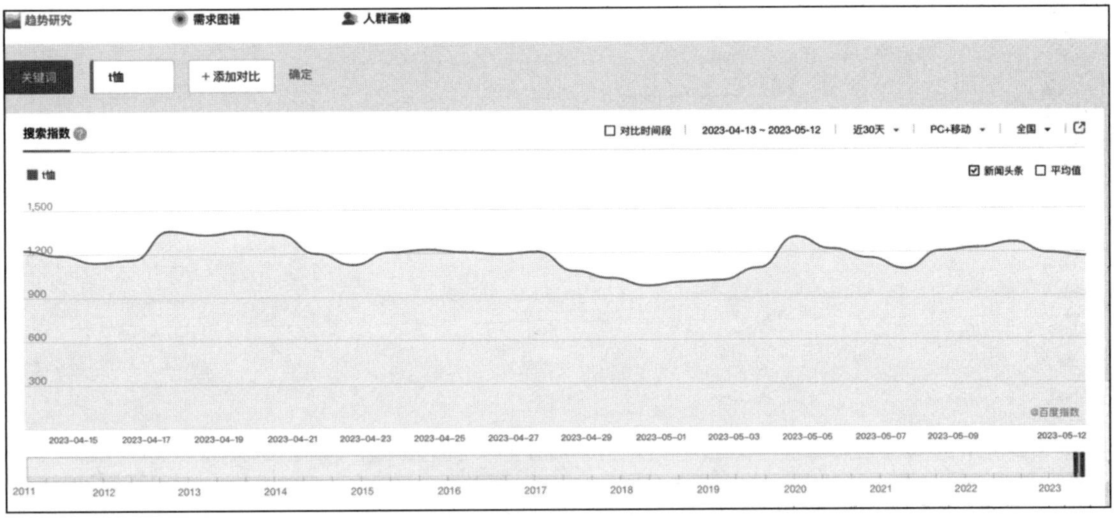

图 12-3　关键词"T 恤"的"搜索指数"页面

2. 需 求 图 谱

用户通过趋势研究页面中的"需求图谱"按钮,可进入需求图谱模块查看相关关键词的图谱信息及热度信息,图谱信息如图 12-4 所示,相关词热度信息如图 12-5 所示。

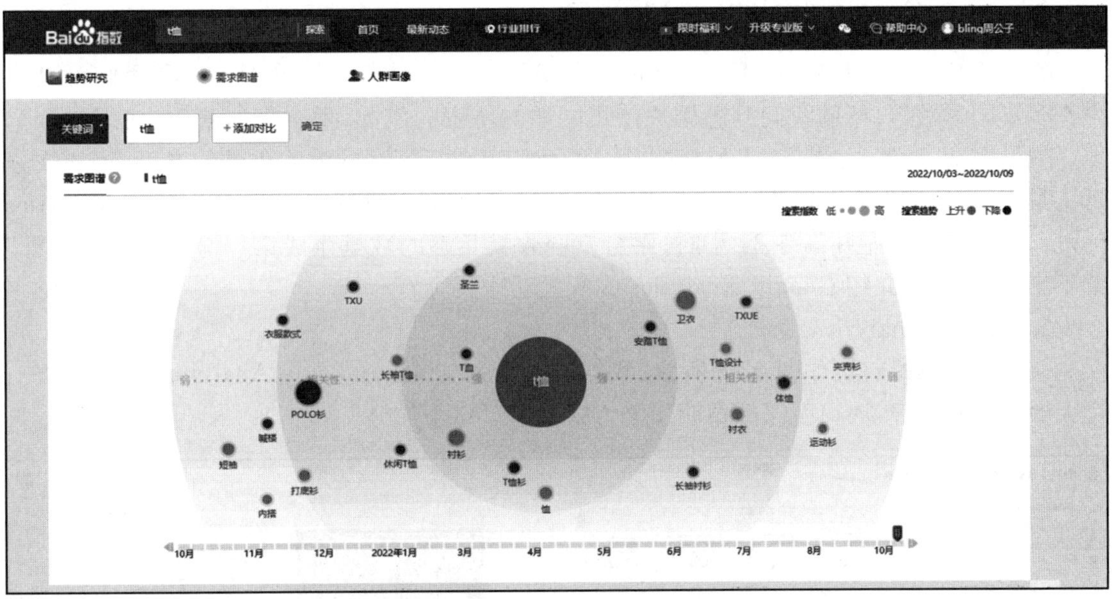

图 12-4　关键词"T 恤"的"需求图谱"页面

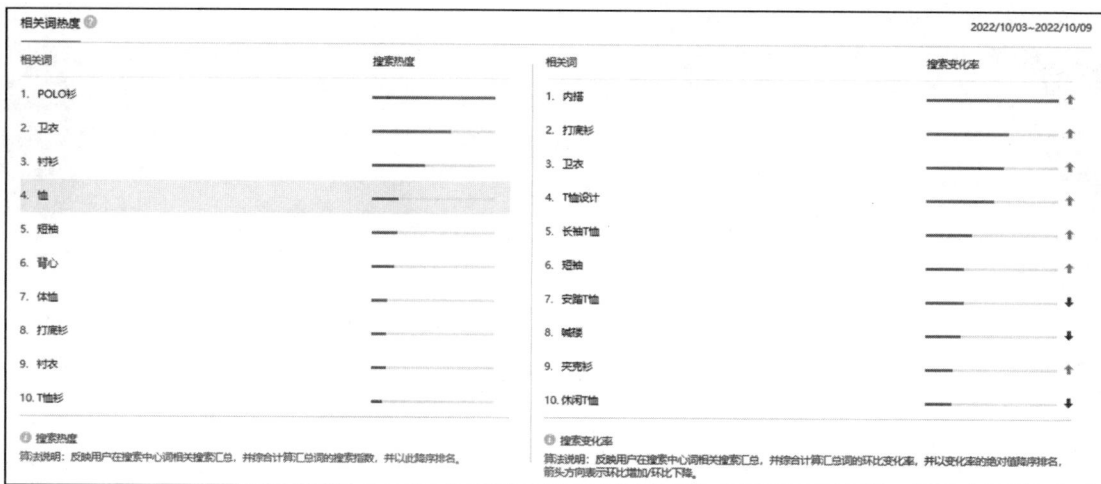

图 12-5　关键词"T 恤"的"相关词热度"页面

3.人群画像

点击"人群画像"按钮进入人群画像模块后,可以查看用户的地域分布情况及各地域的搜索指数排行状况。

12.3.2　Google Analytics 分析工具

谷歌为数据统计服务专门开发了 Google Analytics 分析工具,基于该工具我们可以获得许多不同的报告,帮助我们洞悉用户使用网站的情况。例如,用户来自哪里、使用的浏览器、年龄、性别、兴趣、位置等。通过这些数据,我们可以了解网站需要改进的方面,另外该分析工具还可以创建自己定义的目标和事件,并轻松追踪访问者的行为。设置好 Analytics (分析)账户及其功能并等待 24 小时,平台就会收集足够的数据生成第一份报告供您查看。接下来,本节主要介绍 Google Analytics 的两大功能板块。

1.Google Analytics 的首页

登录账号后的首页如图 12-6 所示,我们可以清楚地看到 Google Analytics 对网站的一个大致的分析情况,该页面以简单明了的方式描述了每个部分。

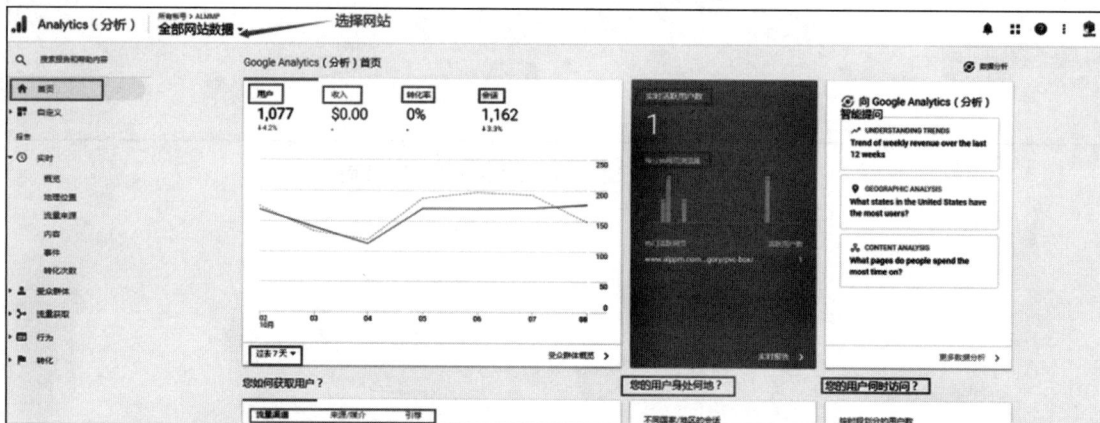

图 12-6　Google Analytics 的首页

如图 12-6 所示,我们可以看到网站用户数、如何获得用户、用户都来自哪些地区、用户的访问时间、用户最常访问的页面等信息。点击每个板块则会跳转到相应的详细数据页面。默认情况下,此报告提供最近 7 天的数据,可以通过单击每个报告左下方的下拉菜单来进行更改。

2. 标准报告

在 Google Analytics 中我们可以查看的报告类型有实时报告、受众群体报告、流量获取报告、行为报告、转化报告。在这里主要介绍受众群体报告,因为这一类型是 Google Analytics 工具中的标准报告功能。

如图 12-7 所示,通过受众群体报告可以查看到每小时、每天、每周和每月的报告,并可以了解到用户数、页面浏览量、平均会话持续时间、跳出率等数据,可以帮助企业深入洞察受众群体,对营销策略进行及时调整和优化。

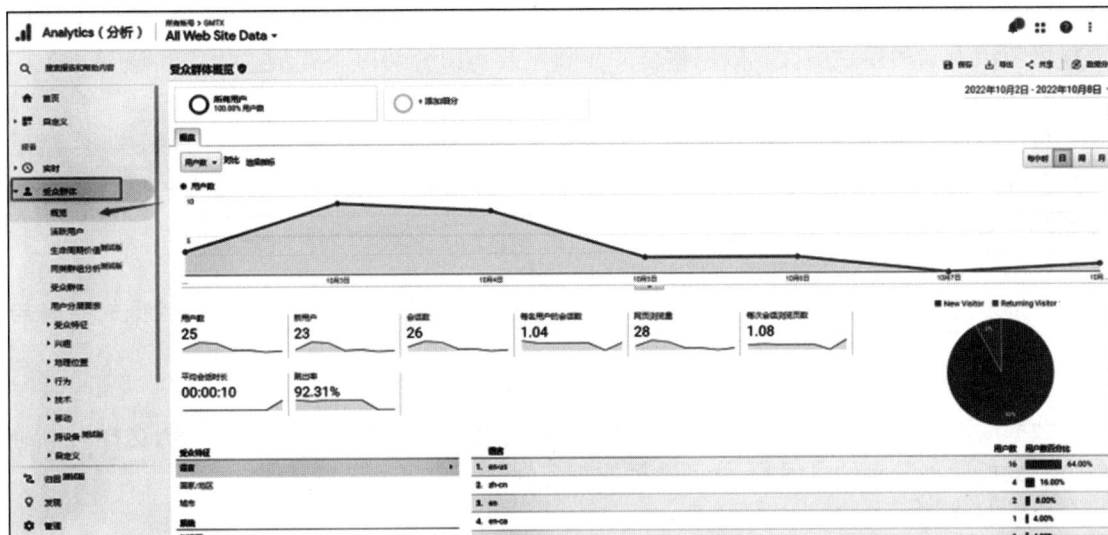

图 12-7　"受众群体报告"界面

12.3.3　其他绩效分析工具

除了上述提到的百度指数分析工具和 Google Analytics 分析工具外,还有微信指数、头条指数、阿里指数、360 趋势等分析工具。其中微信指数(微信小程序:微信指数)分析工具以微信用户行为数据为基础,可以了解关键词的热度和趋势;头条指数(官网链接:https://index.toutiao.com)分析工具作为舆情监控和内容创造及传播的工具,可以查询热点事件和行业数据报告;阿里指数(官网链接:http://index.1688.com)主要是为中小企业及营销人员提供了解市场行情、洞察用户群体的分析工具;360 趋势(官网链接:https://trends.so.com)以 360 用户数据为基础,帮助企业了解用户需求,获得热点趋势。

12.4　新媒体营销优化步骤

在信息爆炸的互联网时代,越来越多的用户使用微信、微博和知乎等新媒体平台。新媒体平台上积累的用户行为数据,对企业挖掘顾客需求、实施差异化营销具有重要意义。因此,如何基于用户行为数据对新媒体营销进行优化成为重点。接下来,将从新媒体营销数据整合、目标市场细分、平台选择精细化这三方面介绍新媒体营销优化的步骤。

12.4.1　新媒体营销数据整合

在数据时代,一切研究与结果都以数据为基石展开。因此,在进行分析研究之前,应当对数据进行整合处理,并利用相关数据得出分析对象所处的阶段、状态等信息,帮助企业确定整体营销方向和用户层次。数据整合的步骤主要可以分为以下五步。

1. 数据抽取

数据抽取是数据整合工作的基础。首先需要确定企业想要分析的目标数据集合,然后从数据源中抽取目标数据进行分析。需要注意的是,在抽取数据时应尽量达到不破坏原始数据源的要求,避免信息丢失。

2. 数据传送

将抽取出的目标数据发送至目标位置进行分析,通过数据传送,可以保持数据的共享与流通。

3. 数据清洗

数据清洗是将错误、缺失、异常和无效的数据进行剔除,剩下"干净"的数据,这样可以避免由于数据误差带来信息误判,保证数据的规范性。

4. 数据重组

即数据库重组,数据经过清洗后可能会出现数据凌乱的情况,因此需要重新组织整理数据间的逻辑关系。

5. 数据展示

以报表或图形展示数据关系,帮助使用者直观快速地了解数据背后的信息。

12.4.2　新媒体营销目标市场细分

在新媒体营销过程中,为了瞄准顾客,需要对目标市场进行细分、定位和选择。好的市场细分可以避免商家陷入恶性的价格竞争。市场细分过程既可以通过定性手段进行研究,也可以通过定量手段进行研究。例如,企业可以利用定性分析去选取评估细分市场的特征因子及影响因素等,再利用定量分析对选取的因子及相关因素进行量化分析。在市场细分完成后,再对每个细分市场的需求潜力进行评估,结合企业的目标和资源确定预进入的细分市场。新媒体营销目标市场细分主要包括以下几类。

1. 行为特征细分

行为特征细分主要关注的是消费者如何与企业进行互动,包括消费者所处生命周期阶段、网站互动情况和购物车加购情况。细分消费者所处生命周期阶段,可以帮助企业了解该顾客是潜在新用户还是忠诚的老用户；了解企业和客户之间的关系可以制定更有效的营销策略。此外，企业还可以根据用户点击浏览情况进行细分，根据加入购物车但尚未购买产品的用户进行细分。

2. 人口统计特征细分

人口统计特征主要包括性别、年龄、婚姻状况、收入水平、职业类型和教育水平等个人信息，了解这些信息可以帮助企业制定因人而异的营销策略。例如，Z 时代可能更加特立独行、更喜欢宅文化等。

3. 地理位置细分

地理位置细分与消费者的居住地或所在位置密切相关，企业可以根据消费者的国籍、当下所属地理位置进行市场细分。了解顾客国籍可以知道顾客的语言类型，能够更流畅地沟通互动。知道顾客当下所在地理位置也很重要，可以让营销策略在不同地区更具个性化，也可以让企业快速找到顾客，随时进行营销，比如在地铁上打广告。

4. 心理特征细分

企业还可以根据消费者心理特征因素进行细分，包括个性、兴趣和价值观。例如，企业可以根据消费者的性格是内向还是外向进一步细分市场。价值观通常难以识别，企业可以通过访谈或调查的形式去确定顾客价值观。兴趣是指顾客喜欢的东西，不一定与业务相关，例如你的顾客对狗感兴趣，所以你可以与当地的宠物店合作，开展交叉促销活动。

5. 技术类型细分

技术类型细分是根据消费者是来自设备类型、浏览器类型还是访问渠道来源进行细分。从设备类型来看，可以判断消费者是来自移动端、平板还是电脑。从浏览器类型来看，可以清晰地了解消费者使用的浏览器是 Chrome、Safari 或 DuckDuckGo。从访问渠道来源来看，可以知道消费者是通过社交媒体、电子邮件、移动应用程序还是网站来访问页面。

6. 顾客价值细分

企业也可以根据顾客历史购买数量和平均购买价值对顾客进行价值细分。历史购买数量是决定顾客价值的主要因素，企业根据顾客购买产品或服务的数量可以将其细分为高价值顾客和低价值顾客。平均购买价值越高，客户为企业提供的整体价值就越高。那些进行重复购买的客户是非常宝贵的，企业可以通过进一步细分实施差异化的营销策略。

12.4.3　新媒体营销平台选择精细化

在对目标市场进行细分后，企业需要根据用户特征和产品属性对平台进行选择。选择合适的平台进行信息投放，可以帮助企业精准触达目标受众，达到事半功倍的效果。

1. 了解目标受众

在选择新媒体营销平台时，目标受众是企业首先要考虑的重要因素。每个互联网用户平均有 6.6 个社交媒体账户，因此选择合适的投放渠道对取得营销成果至关重要。企业需要关注目标受众在哪个渠道上比较活跃，如果用户在抖音平台上的活跃度比较高，那么将信息投放到这个渠道上可以获取顾客关注的可能性会增加。

2. 考虑企业特性

企业需要根据自身特性去权衡选择什么渠道，产品或服务的属性、品牌个性，甚至商业类型都会对渠道的选择造成影响。例如，高度视觉化的品牌应该选择 DeviantArt、Dayflash

和 Instagram 等渠道,而大型 B2B(business to business,企业对企业)企业应该选择 LinkedIn 等。但频道选择也不是非黑即白的。

3. 研究竞争对手

"知己知彼,方能百战不殆。"企业在选择新媒体营销渠道时也需要充分了解竞争对手,避免无效营销。企业需要全面了解竞争对手在使用什么平台、使用哪些平台能够起作用、每个平台的顾客参与度如何等。这可以帮助企业根据自身情况选择合适的渠道进行营销。

4. 了解不同的平台及用途

常见的新媒体营销平台有微博、抖音、X 和 LinkedIn,每个平台都有着自己的特征。例如,X 非常适合对话和热门话题;而 LinkedIn 则非常适合分享专业知识和公司信息;新浪微博专注于信息交互与传播互动,整体以泛娱乐内容为主;抖音通过短视频的形式与用户互动交流,可以通过直播等形式让顾客更为全面地了解产品。

5. 与营销目标保持一致

当企业在进行新媒体平台选择时,需要与整体的营销目标保持一致。如果企业只是想增加与顾客之间的互动,可以选择微博、抖音等平台,支持用户点赞、分享和评论。如果企业想要减少顾客流失,加强与顾客之间的关系管理,可以通过企业微信的形式去管理"私域流量"池。总之,企业需要根据营销目标去选择平台,而不应盲目跟风。

12.5　新媒体营销优化战略

新媒体营销优化是为了更好地实现企业的营销目标,它是根据收集整合的数据对营销工作进行调整的过程。本节主要介绍 STP 战略、RFM 分群战略、平台比较分析战略和组合营销战略这 4 个新媒体营销优化战略。

12.5.1　STP 战略

STP 战略如图 12-8 所示。

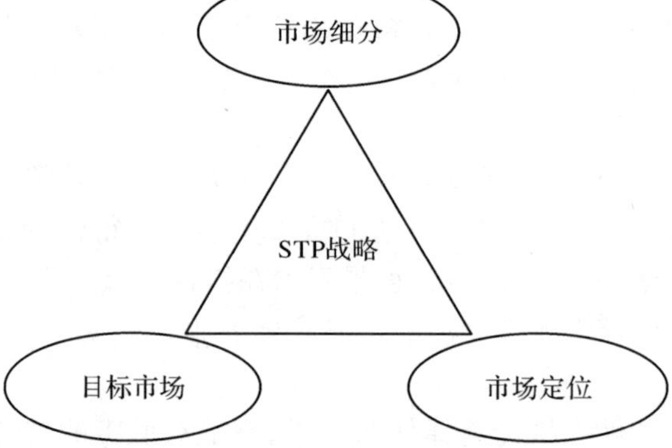

图 12-8　STP 战略

S(segmentation)：市场细分。可以通过消费者地理位置、心理特征和人口统计信息等对市场进行细分，并以产品或服务优势打开细分市场。在进行市场细分之前，企业需要明确业务目标，并衡量细分能否帮助企业达到目标。虽然细分市场可以帮助企业更好地了解顾客需求，但是过于稀释细分市场可能会限制潜在的市场机会。例如，细分市场越小，企业可能会接触到无利可图的细分市场，这对实现业务目标并无益处，反而增加了成本。总之，STP 战略中的市场细分是研究如何将更广泛的市场机会划分为更详细的目标市场的方法和行动。

T(targeting)：目标定位。在完成市场细分后，企业需要判断哪个细分市场对完成目标最有效。STP 战略中的目标定位是通过分析每个细分市场的商业机会，去选择符合企业目标的商业机会。为了判断企业选择的细分市场是否正确，一般会用可衡量性、可操作性、可持续性和可访问性这 4 个指标去判断。可衡量性是指企业能否准确衡量细分市场的规模、消费者的购买金额等；可操作性是指企业能否保持细分市场的竞争优势，按照细分市场消费者想要的方式进行沟通；可持续性是指企业能否保证细分市场的利润足以维持营销努力、细分市场与业务目标是否一致、能否切实地为细分市场提供可持续的价值；可访问性是指企业能否与该细分市场进行沟通及沟通一次的成本有多高等。

P(positioning)：市场定位。最后一步市场定位尤为重要，无法将产品定位到选定的细分市场，企业的营销策略就无法取得成果。通过定位地图和了解细分市场的独特卖点，可以帮助企业准确定位市场。当企业了解如何在细分市场中定位并根据目标受众的需求修改产品时，就可以打下坚实的基础，从而通过营销努力实现增长。此外，在市场定位阶段，企业可以将竞争对手选择的细分市场考虑进去，有助于更清楚地识别目标市场的独特卖点，以及是否需要重新考虑细分市场。

12.5.2　RFM 战略

RFM 战略是数据驱动的顾客行为分割技术，用户精细化运营的重要手段。RFM 战略主要通过 recency（最近一次购买间隔）、frequency（消费频率）、monetary（消费金额）这 3 个指标来衡量顾客价值，如图 12-9 所示。

R 值：R 值表示顾客最近一次购买时间间隔是多久，可以用小时、周和年来测量。最近购买的时

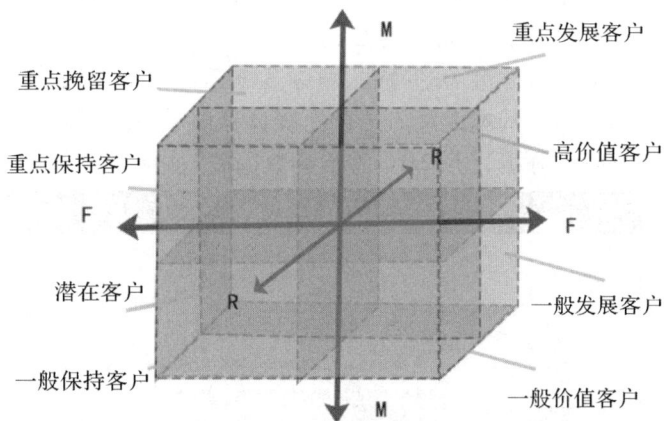

图 12-9　RFM 客户模型

间间隔越短，代表顾客在该店铺再次购买的可能性越高，该用户的价值越高。由于网络购物的便利性日益提高，使得消费者具有更多的选择权和更低的购买成本，这也导致客户的流失速度加快，企业若想降低流失率，提高留存率，需要密切关注顾客 R 值的变化。

F 值：代表顾客在特定时期内多久进行一次购买，历史购买过一次的顾客再次购买的可能性较大。此外，第一次购买的顾客企业需要重点关注，通过个性化营销广告投放可以把他们转化为企业的忠实顾客。F 值越大代表用户的交易次数越频繁，再次购买的可能性也就越高。对于商家或是企业而言，F 值越大的用户价值越大。

M 值:也被称为“货币价值”,反映了顾客在特定时期内为品牌花费的金额,M 值是 RFM 模型 3 个指标中最具价值的指标。M 值越高,代表历史花费很多钱的顾客更有可能进行再次购买,对企业有很高的价值。

12.5.3 平台比较分析战略

平台比较分析战略是指利用对比分析方法择优选取营销平台进行广告投放,所谓比较分析方法是通过对比数据指标之间的差异进行分析,可以分为纵向对比和横向对比,即通过时间维度及不同事物两个方向进行比较分析。例如,可以比对日活用户数在本周及上周的变化状况,或者对本月和上月的产品点击量进行比对,这都属于在纵向对比范畴内对平台进行比较选择。此外,还可以利用横向对比分析法对同一时间内用户在各平台的点击量或消费额进行比对分析。

平台之间的对比分析结果可以结合可视化图表展开。以图表为基础展示研究结果既能够确保营销结果简明易懂,也能确保数据信息的多维度展示,有利于决策者采取相关措施。

12.5.4 组合营销战略及应用

1. 组合营销战略

企业营销活动往往需要从数据、市场用户、平台各方面综合进行考量,因此在正式决策制定前需要结合各营销策略进行组合分析。从数据获取到正式决定营销策略,需要将数据预处理、STP 战略、RFM 战略、平台比较分析战略等优化方法综合分析。在此基础上,针对企业所经营的产品和服务量体裁衣,逐步形成适用企业自身的组合营销策略。

2. 组合营销战略的应用

根据目标市场的特性,考虑各项指标对企业相关资源组合的应用,包含产品、价格、地点及促销四大基本变量。结合新媒体战略营销的优化方法,以淘宝采集的部分服饰数据为例进行研究分析,图 12-10 为相关数据概览。

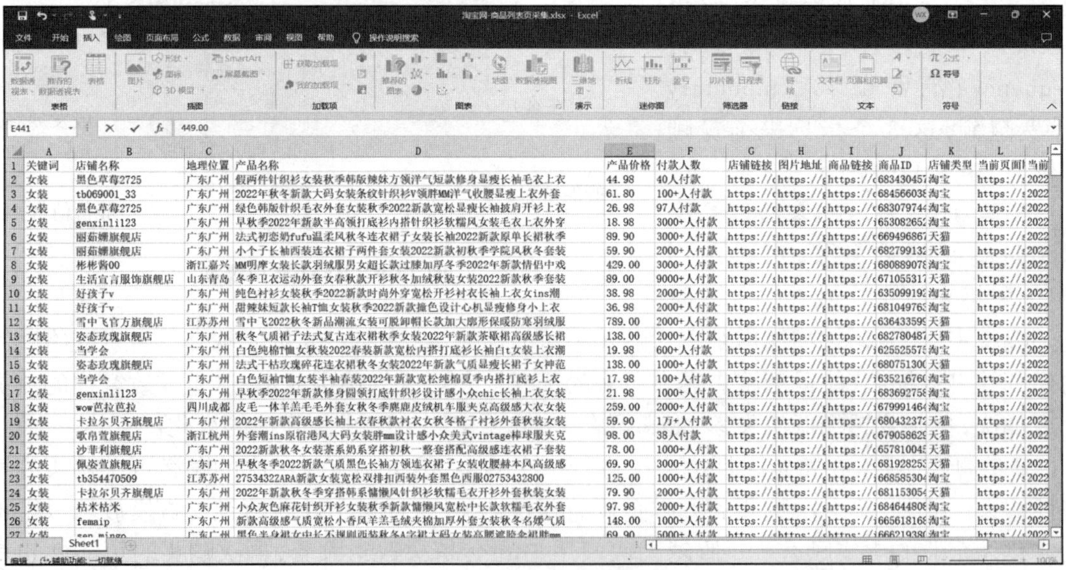

	A	B	C	D	E	F	G	H	I	J	K	L	M
1	关键词	店铺名称	地理位置	产品名称	产品价格	付款人数	店铺链接	图片地址	商品链接	商品ID	店铺类型	当前页面	当前
2	女装	黑色草莓2725	广东广州	假两件针织衫女装秋季韩版辣妹方领洋气短款修身显瘦长袖毛衣上衣	44.98	40人付款	https://c	https://g	https://c	68343045	淘宝	https://s	2022
3	女装	tb069001_33	广东广州	2022年秋冬新款大码女装条纹针织衫V领胖MM洋气收腰显瘦上衣外套	61.80	100+人付款	https://c	https://g	https://c	68456603	淘宝	https://s	2022
4	女装	黑色草莓2725	广东广州	绿色韩版针织毛衣外套女装秋季2022新款宽松显瘦长袖披肩开衫上衣	26.98	97人付款	https://c	https://g	https://c	68307974	淘宝	https://s	2022
5	女装	genxinli123	广东广州	早秋季2022年新款半高领打底衫内搭针织衫软糯风女装毛衣上衣外穿	18.98	3000+人付款	https://s	https://g	https://i	65308265	淘宝	https://s	2022
6	女装	丽茄娜旗舰店	广东广州	法式初恋奶fufu温柔风秋冬连衣裙子女装长袖2022新款原单长裙秋季	89.90	3000+人付款	https://s	https://g	https://c	66949686	天猫	https://s	2022
7	女装	丽茄娜旗舰店	广东广州	小个子长袖西装连衣裙子两件套女装2022新款初秋季学院风秋冬套装	59.90	2000+人付款	https://s	https://g	https://c	68279913	天猫	https://s	2022
8	女装	彬彬酱00	浙江嘉兴	MM明摩女装长款羽绒服男女超长款过膝加厚冬季2022年新款情侣中戏	429.00	3000+人付款	https://s	https://g	https://i	68088907	淘宝	https://s	2022
9	女装	生活宜言服饰旗舰店	山东青岛	冬季卫衣运动外套女春秋款开衫秋冬加绒秋装女装2022新款秋季套装	89.00	9000+人付款	https://s	https://g	https://c	67105531	天猫	https://s	2022
10	女装	好孩子v	广东广州	纯色衬衫女装秋季2022新款时尚外穿宽松开衫衬衣长袖上衣女ins潮	38.98	2000+人付款	https://s	https://g	https://i	63509919	淘宝	https://s	2022
11	女装	好孩子v	广东广州	甜辣妹短款长袖T恤女装秋季2022新款撞色设计心机显瘦修身小上衣	36.98	2000+人付款	https://s	https://g	https://i	68104976	淘宝	https://s	2022
12	女装	雪中飞官方旗舰店	江苏苏州	雪中飞2022秋冬新品潮流女装可脱卸帽长款加大廓形保暖防寒羽绒服	789.00	2000+人付款	https://s	https://g	https://c	63643359	天猫	https://s	2022
13	女装	姿态玫瑰旗舰店	广东广州	秋冬气质裙子法式复古连衣裙秋季女装2022年新款茶歇裙高级感长裙	138.00	2000+人付款	https://s	https://g	https://c	68278048	天猫	https://s	2022
14	女装	当学会	广东广州	白色纯棉T恤女秋装2022春装新款宽松内搭打底衫长袖白t女装上衣潮	19.98	600+人付款	https://s	https://p	https://i	62552557	淘宝	https://s	2022
15	女装	姿态玫瑰旗舰店	广东广州	法式干枯玫瑰碎花连衣裙秋冬女装2022年新款气质显瘦长裙子女神范	138.00	1000+人付款	https://s	https://g	https://c	68075130	天猫	https://s	2022
16	女装	当学会	广东广州	白色短袖T恤女装半袖春装2022年新款宽松纯棉夏季内搭打底衫上衣	17.98	100+人付款	https://s	https://g	https://i	63521676	淘宝	https://s	2022
17	女装	genxinli123	广东广州	早秋季2022年新款修身圆领打底针织衫设计感小众chic长袖上衣女装	21.98	1000+人付款	https://s	https://g	https://i	68369275	淘宝	https://s	2022
18	女装	wow芭拉芭拉	四川成都	皮毛一体羊羔毛毛外套女秋冬季麂鹿皮绒机车服夹克高级感大衣女装	259.00	2000+人付款	https://s	https://g	https://i	67999146	淘宝	https://s	2022
19	女装	卡拉尔贝齐旗舰店	广东广州	2022年新款高级感长袖上衣春秋款衬衣女秋冬格子衬衫外套秋装女装	59.90	1万+人付款	https://s	https://g	https://c	68043237	天猫	https://s	2022
20	女装	歌帛萱旗舰店	浙江杭州	外套潮ins原宿港风大码女装胖mm设计感小众美式vintage棒球服夹克	98.00	38人付款	https://s	https://g	https://c	67905862	天猫	https://s	2022
21	女装	沙菲利旗舰店	广东广州	2022新款秋冬女装茶系奶系穿搭初秋一整套搭配高级感连衣裙子套装	78.00	1000+人付款	https://s	https://g	https://c	65781004	天猫	https://s	2022
22	女装	佩姿萱旗舰店	广东广州	早秋冬季2022新款气质黑色长袖方领连衣裙子女装收腰赫本风高级感	69.90	3000+人付款	https://s	https://g	https://c	68192825	天猫	https://s	2022
23	女装	tb354470509	江苏苏州	27534322ARA新款女装宽松双排扣西装外套黑色西服02753432800	125.00	1000+人付款	https://s	https://g	https://i	66858530	淘宝	https://s	2022
24	女装	卡拉尔贝齐旗舰店	广东广州	2022年新款秋冬季穿搭韩系慵懒风针织衫软糯毛衣开衫外套秋装女装	79.90	2000+人付款	https://s	https://g	https://c	68115305	天猫	https://s	2022
25	女装	枯米枯米	广东广州	小众灰色麻花针织开衫女装秋季新款慵懒风宽松中长款软糯毛衣外套	97.98	2000+人付款	https://s	https://g	https://i	68464480	淘宝	https://s	2022
26	女装	femaip	广东广州	新款高级感气质宽松小香风羊羔毛绒夹棉加厚外套女装秋冬名媛气质	148.00	1000+人付款	https://s	https://g	https://i	66561816	淘宝	https://s	2022
27	女装	sen_mingo	广东广州	黑色半身裙女中长不规则西装秋冬A字裙大码女装高腰遮胯伞裙胖mm	69.90	5000+人付款	https://s	https://s	https://i	66621938	淘宝	https://s	2022

图 12-10 采集数据概览

根据分析需要，首先对数据进行抽取及清洗，对分析所需字段进行选取，抽取字段如图 12-11 所示。

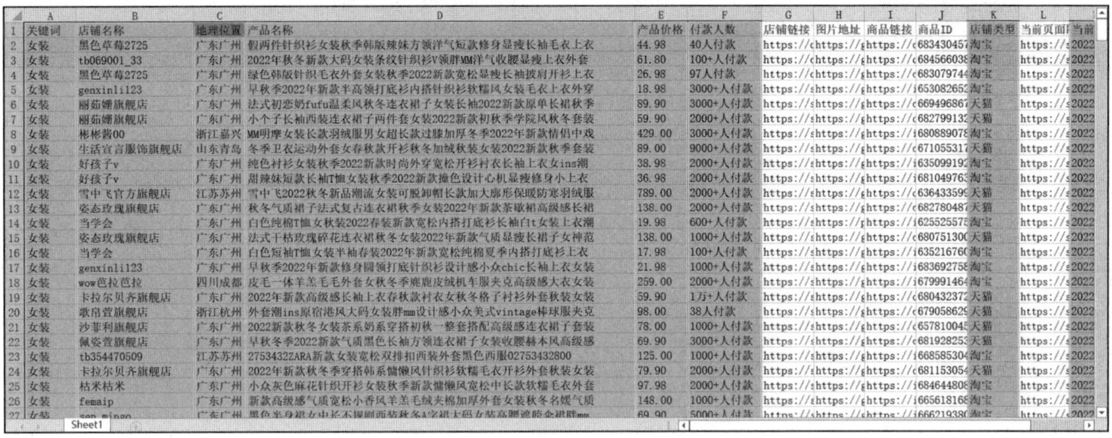

	A	B	C	D	E	F	G	H	I	J	K	L	M
1	关键词	店铺名称	地理位置	产品名称	产品价格	付款人数	店铺链接	图片地址	商品链接	商品ID	店铺类型	当前页面	当前
2	女装	黑色草莓2725	广东广州	假两件针织衫女装秋季韩版辣妹方领洋气短款修身显瘦长袖毛衣上衣	44.98	40人付款	https://c	https://g	https://c	683430457	淘宝	https://s	2022
3	女装	tb069001_33	广东广州	2022年秋冬新款大码女装条纹针织衫V领胖MM洋气收腰显瘦上衣外套	61.80	100+人付款	https://c	https://g	https://c	684566038	淘宝	https://s	2022
4	女装	黑色草莓2725	广东广州	绿色韩版针织毛衣外套女装秋季2022新款宽松显瘦长袖披肩开衫上衣	26.98	97人付款	https://c	https://g	https://c	683079744	淘宝	https://s	2022
5	女装	genxinli123	广东广州	早秋季2022年新款半高领打底衫内搭针织衫软糯风女装毛衣上衣外穿	18.98	3000+人付款	https://s	https://g	https://i	653082652	淘宝	https://s	2022
6	女装	丽茹娜旗舰店	广东广州	法式初恋奶fufu温柔风秋冬连衣裙子女装长袖2022新款原单长裙秋季	89.90	3000+人付款	https://s	https://g	https://c	669496867	天猫	https://s	2022
7	女装	丽茹娜旗舰店	广东广州	小个子长袖西装连衣裙子两件套女装2022新款初秋季学院风秋冬套装	59.90	2000+人付款	https://s	https://g	https://c	682799132	天猫	https://s	2022
8	女装	彬彬酱00	浙江嘉兴	MM明摩女装长款羽绒服男女超长款过膝加厚冬季2022年新款情侣中戏	429.00	3000+人付款	https://s	https://g	https://i	680889078	淘宝	https://s	2022
9	女装	生活宣言服饰旗舰店	山东青岛	冬季卫衣运动外套女春秋款开衫秋冬加绒秋装女装2022新款秋季套装	89.00	9000+人付款	https://s	https://g	https://c	671055317	天猫	https://s	2022
10	女装	好孩子v	广东广州	纯色衬衫女装秋季2022新款时尚外穿宽松开衫衬衣长袖上衣女ins潮	38.98	2000+人付款	https://s	https://g	https://i	635099192	淘宝	https://s	2022
11	女装	好孩子v	广东广州	甜辣妹短款长袖T恤女装秋季2022新款撞色设计心机显瘦修身小上衣	36.98	2000+人付款	https://s	https://g	https://i	681049763	淘宝	https://s	2022
12	女装	雪中飞官方旗舰店	江苏苏州	雪中飞2022秋冬新品潮流女装可脱卸帽长款加大廓形保暖防寒羽绒服	789.00	2000+人付款	https://s	https://g	https://c	636433599	天猫	https://s	2022
13	女装	姿态玫瑰旗舰店	广东广州	秋冬气质裙子法式复古连衣裙秋季女装2022年新款茶歇裙高级感长裙	138.00	2000+人付款	https://s	https://g	https://c	682780487	天猫	https://s	2022
14	女装	当学会	广东广州	白色纯棉T恤女秋装2022春装新款宽松内搭打底衫长袖白t女装上衣潮	19.98	600+人付款	https://s	https://p	https://i	625525575	淘宝	https://s	2022
15	女装	姿态玫瑰旗舰店	广东广州	法式干枯玫瑰碎花连衣裙秋冬女装2022年新款气质显瘦长裙子女神范	138.00	1000+人付款	https://s	https://g	https://c	680751300	天猫	https://s	2022
16	女装	当学会	广东广州	白色短袖T恤女装半袖春装2022年新款宽松纯棉夏季内搭打底衫上衣	17.98	100+人付款	https://s	https://g	https://i	635216760	淘宝	https://s	2022
17	女装	genxinli123	广东广州	早秋季2022年新款修身圆领打底针织衫设计感小众chic长袖上衣女装	21.98	1000+人付款	https://s	https://g	https://i	683692758	淘宝	https://s	2022
18	女装	wow芭拉芭拉	四川成都	皮毛一体羊羔毛毛外套女秋冬季鹿皮绒机车服夹克高级感大衣女装	259.00	2000+人付款	https://s	https://g	https://i	679991464	淘宝	https://s	2022
19	女装	卡拉尔贝齐旗舰店	广东广州	2022年新款高级感长袖上衣春秋款衬衣女秋冬格子衬衫外套秋装女装	59.90	1万+人付款	https://s	https://g	https://c	680432372	天猫	https://s	2022
20	女装	歌帛萱旗舰店	浙江杭州	外套潮ins原宿港风大码女装胖mm设计感小众美式vintage棒球服夹克	98.00	38人付款	https://s	https://g	https://c	679058629	天猫	https://s	2022
21	女装	沙菲利旗舰店	广东广州	2022新款秋冬女装茶系奶系穿搭初秋一整套搭配高级感连衣裙子套装	78.00	1000+人付款	https://s	https://g	https://c	657810045	天猫	https://s	2022
22	女装	佩姿萱旗舰店	广东广州	早秋冬季2022新款气质黑色长袖方领连衣裙子女装收腰赫本风高级感	69.90	3000+人付款	https://s	https://g	https://c	681928253	天猫	https://s	2022
23	女装	tb354470509	江苏苏州	2753432ZARA新款女装宽松双排扣西装外套黑色西服02753432800	125.00	1000+人付款	https://s	https://g	https://i	668585304	淘宝	https://s	2022
24	女装	卡拉尔贝齐旗舰店	广东广州	2022年新款秋冬季穿搭韩系慵懒风针织衫软糯毛衣开衫外套秋装女装	79.90	2000+人付款	https://s	https://g	https://c	681153054	天猫	https://s	2022
25	女装	枯米枯米	广东广州	小众灰色麻花针织开衫女装秋季新款慵懒风宽松中长款软糯毛衣外套	97.98	2000+人付款	https://s	https://g	https://i	684644808	淘宝	https://s	2022
26	女装	femaip	广东广州	新款高级感气质宽松小香风羊羔毛绒夹棉加厚外套女装秋冬名媛气质	148.00	1000+人付款	https://s	https://g	https://i	665618168	淘宝	https://s	2022
27	女装	sen mingo	广东广州	黑色半身裙女中长不规则西装秋冬A字裙大码女装高腰遮胯伞裙胖mm	69.90	5000+人付款	https://s	https://c	https://i	666219380	淘宝	https://s	2022

Sheet1

图 12-11　数据抽取

观察抽取数据可以发现“产品价格”字段当中，存在数据格式统一的情况需要调整，除图 12-12 所示“449”数据外，其余数据皆为文本格式，可以利用 VALUE 函数将所有文本数据转化为数值数据进行清洗，如图 12-13 所示。

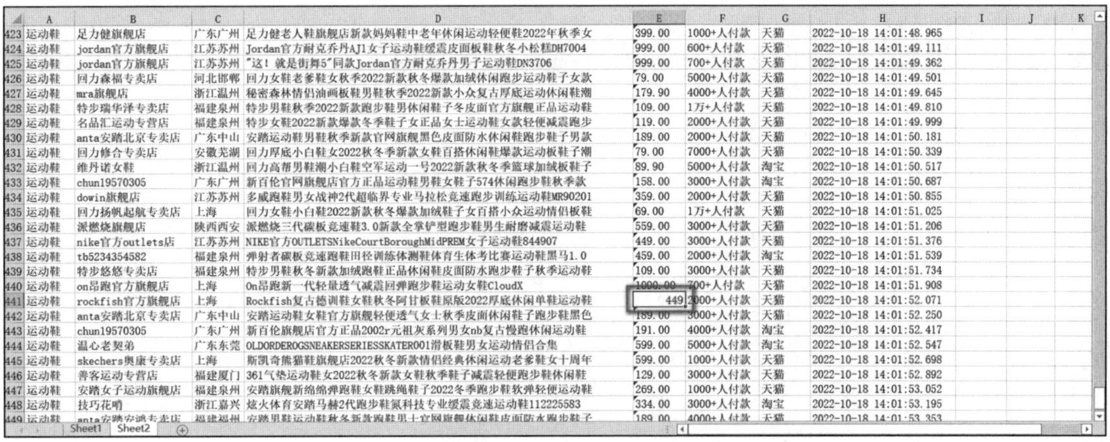

	A	B	C	D	E	F	G	H	I	J	K
423	运动鞋	足力健旗舰店	广东广州	足力健老人鞋旗舰店新款妈妈鞋中老年休闲运动轻便鞋2022年秋季女	399.00	1000+人付款	天猫	2022-10-18 14:01:48.965			
424	运动鞋	jordan官方旗舰店	江苏苏州	Jordan官方耐克乔丹AJ1女子运动鞋缓震皮面板鞋秋冬小松糕DH7004	999.00	600+人付款	天猫	2022-10-18 14:01:49.111			
425	运动鞋	jordan官方旗舰店	江苏苏州	"这！就是街舞5"同款Jordan官方耐克乔丹男子运动鞋DN3706	999.00	700+人付款	天猫	2022-10-18 14:01:49.362			
426	运动鞋	回力森福专卖店	河北邯郸	回力女鞋老爹鞋女秋季2022新款秋冬爆款加绒休闲跑步运动鞋子女款	79.00	5000+人付款	天猫	2022-10-18 14:01:49.501			
427	运动鞋	mra旗舰店	浙江温州	秘密森林情侣油画板鞋男鞋秋季2022新款小众复古厚底运动休闲鞋潮	179.90	4000+人付款	天猫	2022-10-18 14:01:49.645			
428	运动鞋	特步瑞华泽专卖店	福建泉州	特步男鞋秋季2022新款跑步鞋男休闲鞋子冬皮面官方旗舰正品运动鞋	109.00	1万+人付款	天猫	2022-10-18 14:01:49.810			
429	运动鞋	名品汇运动专营店	福建泉州	特步女鞋2022新款爆款冬季鞋子女正品女士运动鞋女款轻便减震跑步	119.00	2000+人付款	天猫	2022-10-18 14:01:49.999			
430	运动鞋	anta安踏北京专卖店	广东中山	安踏运动鞋男鞋秋季新款官网旗舰黑色皮面防水休闲鞋跑步鞋子男款	189.00	2000+人付款	天猫	2022-10-18 14:01:50.181			
431	运动鞋	回力修合专卖店	安徽芜湖	回力厚底小白鞋女2022秋冬季新款女鞋百搭休闲鞋爆款运动板鞋子潮	79.00	7000+人付款	天猫	2022-10-18 14:01:50.339			
432	运动鞋	维丹诺女鞋	浙江温州	回力高帮男鞋潮小白鞋空军运动一号2022新款秋冬季篮球加绒板鞋子	89.90	5000+人付款	淘宝	2022-10-18 14:01:50.517			
433	运动鞋	chun19570305	广东广州	新百伦官网旗舰店官方正品运动鞋男鞋女鞋子574休闲跑步鞋秋季款	158.00	3000+人付款	淘宝	2022-10-18 14:01:50.687			
434	运动鞋	dowin旗舰店	江苏苏州	多威跑鞋男女战神2代超临界专业马拉松竞速跑步训练运动鞋MR90201	359.00	2000+人付款	天猫	2022-10-18 14:01:50.855			
435	运动鞋	回力扬帆起航专卖店	上海	回力女鞋小白鞋2022新款秋冬爆款加绒鞋子女百搭小众运动情侣板鞋	69.00	1万+人付款	天猫	2022-10-18 14:01:51.025			
436	运动鞋	派燃烧旗舰店	陕西西安	派燃烧三代碳板竞速鞋3.0新款全掌铲型跑步鞋男生耐磨减震运动鞋	559.00	3000+人付款	天猫	2022-10-18 14:01:51.206			
437	运动鞋	nike官方outlets店	江苏苏州	NIKE官方OUTLETSNikeCourtBoroughMidPREM女子运动鞋844907	449.00	3000+人付款	天猫	2022-10-18 14:01:51.376			
438	运动鞋	tb5234354582	福建泉州	弹射者碳板竞速跑鞋田径训练体测鞋体育生体考比赛运动鞋黑马1.0	459.00	2000+人付款	淘宝	2022-10-18 14:01:51.539			
439	运动鞋	特步悠悠专卖店	福建泉州	特步男鞋秋冬新款加绒跑鞋正品休闲鞋皮面防水跑步鞋子秋季运动鞋	109.00	3000+人付款	天猫	2022-10-18 14:01:51.734			
440	运动鞋	on昂跑官方旗舰店	上海	On昂跑新一代轻量透气减震回弹跑步鞋运动女鞋CloudX	1000.00	700+人付款	天猫	2022-10-18 14:01:51.908			
441	运动鞋	rockfish官方旗舰店	上海	Rockfish复古德训鞋女鞋秋冬阿甘板鞋原版2022厚底休闲单鞋运动鞋	449	2000+人付款	天猫	2022-10-18 14:01:52.071			
442	运动鞋	anta安踏北京专卖店	广东中山	安踏运动鞋女鞋官方旗舰轻便透气女士秋季皮面休闲鞋子跑步鞋黑色	189.00	3000+人付款	天猫	2022-10-18 14:01:52.250			
443	运动鞋	chun19570305	广东广州	新百伦旗舰店官方正品2002r元祖灰系列男女nb复古慢跑休闲运动鞋	191.00	4000+人付款	淘宝	2022-10-18 14:01:52.417			
444	运动鞋	温心老契弟	广东东莞	OLDORDEROGSNEAKERSERIESSKATER001滑板鞋男女运动情侣合集	599.00	5000+人付款	淘宝	2022-10-18 14:01:52.547			
445	运动鞋	skechers奥康专卖店	上海	斯凯奇熊猫鞋旗舰店2022秋冬新款情侣经典休闲运动老爹鞋女十周年	599.00	1000+人付款	天猫	2022-10-18 14:01:52.698			
446	运动鞋	善客运动专营店	福建厦门	361气垫运动鞋女2022秋冬新款女鞋秋季鞋子减震轻便跑步鞋休闲鞋	129.00	3000+人付款	天猫	2022-10-18 14:01:52.892			
447	运动鞋	安踏女子运动旗舰店	福建泉州	安踏旗舰新绵绵弹跑鞋女鞋跳绳鞋子2022冬季跑步鞋软弹轻便运动鞋	269.00	1000+人付款	天猫	2022-10-18 14:01:53.052			
448	运动鞋	技巧花哨	浙江嘉兴	炫火体育安踏马赫2代跑步鞋氮科技专业缓震竞速运动鞋112225583	334.00	3000+人付款	淘宝	2022-10-18 14:01:53.195			
449	运动鞋	anta安踏安鸿专卖店	福建福州	安踏男鞋运动鞋秋冬新款跑鞋男士官网旗舰休闲鞋皮面防水跑步鞋子	189.00	4000+人付款	天猫	2022-10-18 14:01:53.353			

Sheet1　Sheet2

图 12-12　数据逻辑错误

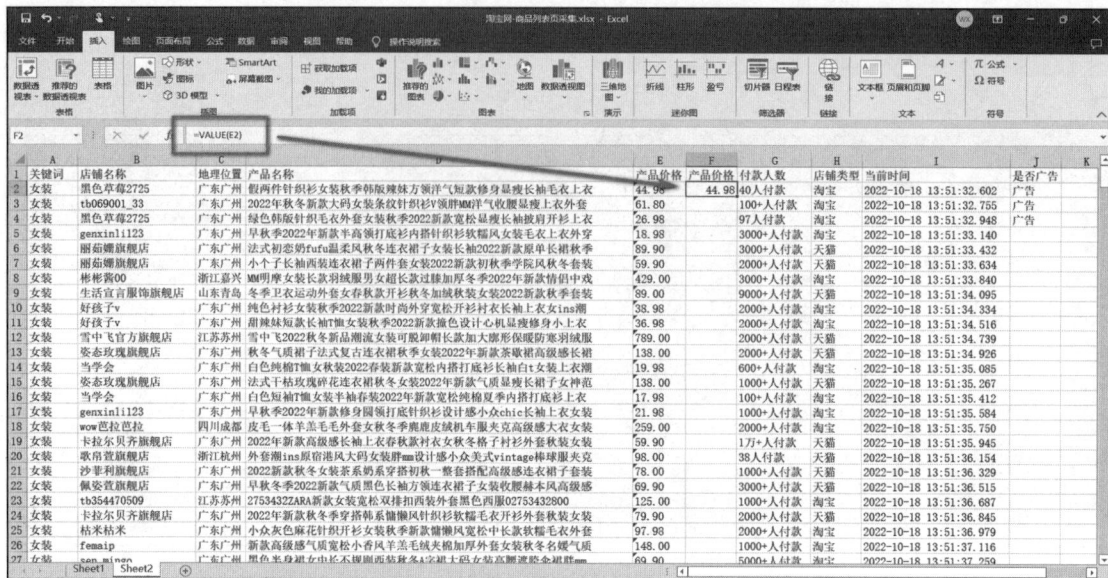

图 12-13　数据逻辑错误清洗

调整转换后的"产品价格"字段数字格式,统一设置为数值类别数据,保留 2 位小数,将调整格式后的数据复制粘贴至原"产品价格"字段处,粘贴选项选择按"值"粘贴,覆盖原数据后,删除 VALUE 函数转换后的字段,如图 12-14 所示。

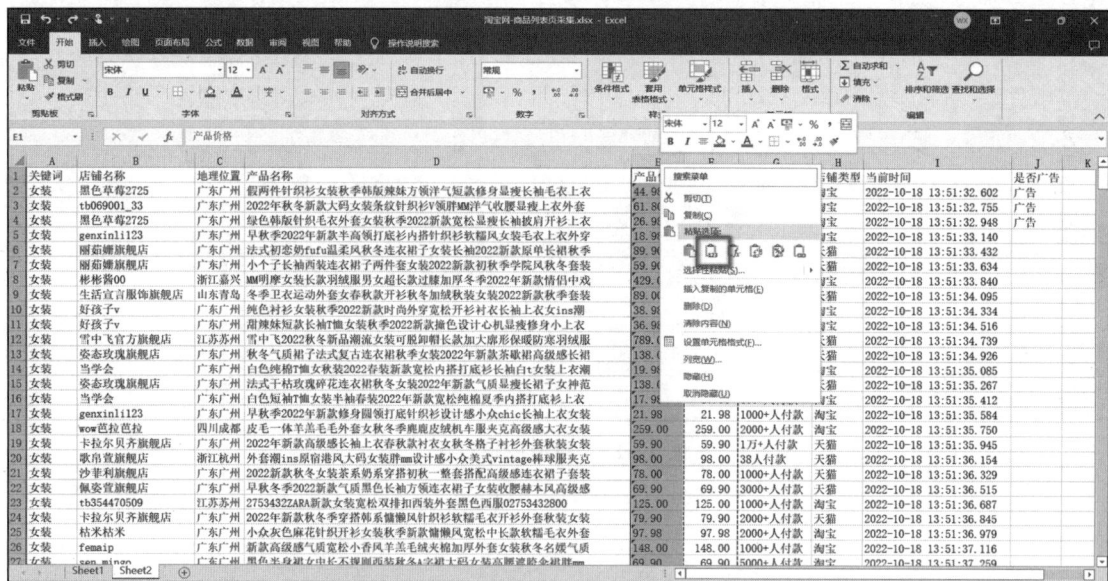

图 12-14　清洗数据并整合

为了实现市场细分、确定市场定位,本节以图表为基础对各省份的产品价格进行分析,并对本次数据进行可视化呈现。首先选取需要分析的数据字段"地理位置"及"产品价格",由于是针对各省份数据进行分析,因此需要将地理位置的区域重新进行处理,处理结果如图 12-15 所示。

图 12-15　目标市场分析——可视化柱形图数据选取

　　将抽取的字段绘制成数据透视表进行分析,行标签选择"地理位置",值字段选择"产品价格",计算类型选择"平均值",绘制过程如图 12-16 所示,绘制结果如图 12-17 所示。

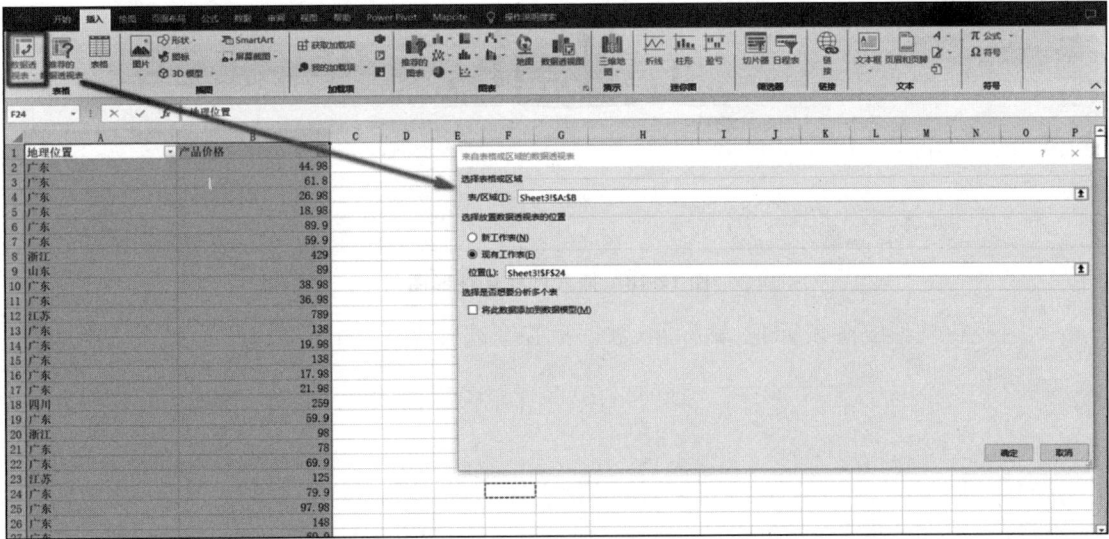

图 12-16　目标市场分析——可视化柱形图数据透视表数据选取

行标签	平均值项:产品价格
安徽	79
福建	369.4328358
广东	135.6016583
河北	79
河南	179
江苏	864.8828125
江西	88.875
山东	88.93333333
陕西	454
上海	964.2325581
四川	179
浙江	145.3805263
总计	355.8453571

图 12-17　目标市场分析——可视化柱形图数据透视表

利用 Excel 中的柱形图对相关购买数据进行绘制,点击"插入"—"插入柱形图",选择"簇状柱形图",如图 12-18 所示。

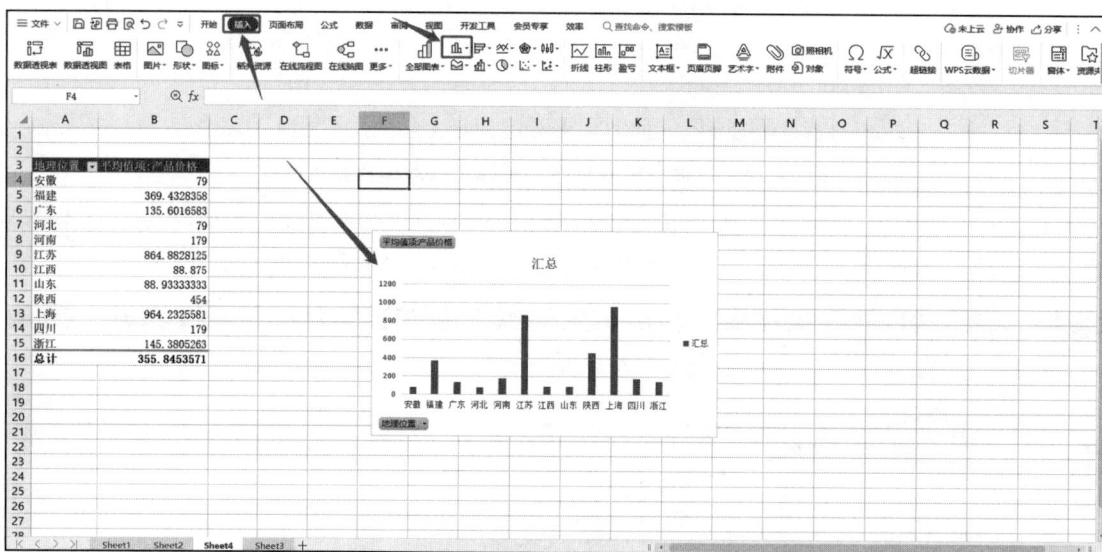

图 12-18　插入可视化柱形图

对可视化柱形的图表标题、轴标题、数据标签等进行设置,如图 12-19 所示。

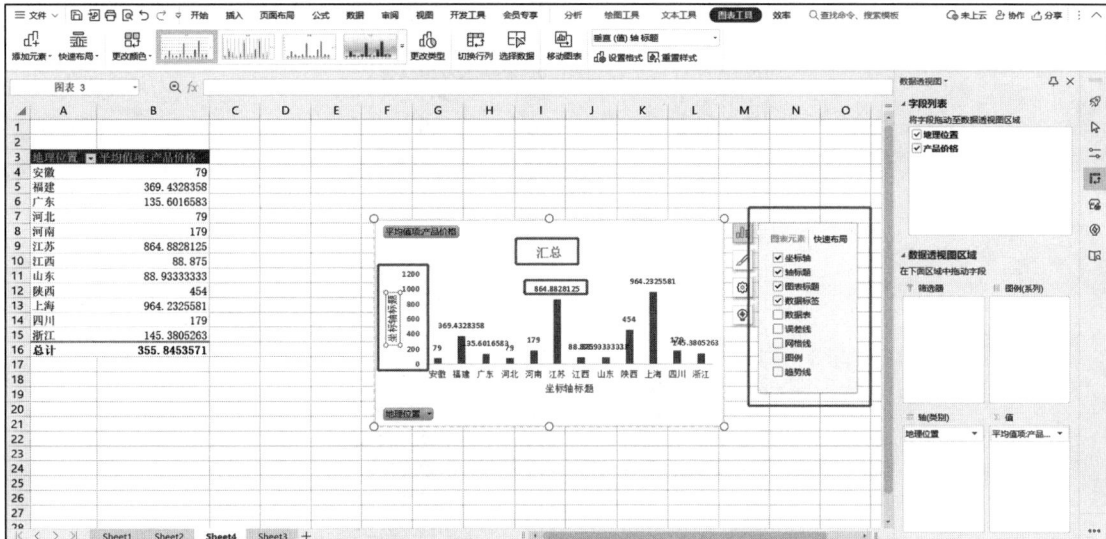

图 12-19　可视化柱形图图表设置

根据可视化结果,可以观察到上海市发货的产品价格相对较高,其次是江苏省,而河北省和安徽省的产品价格则相对较低,根据产品的市场定位可以选择适当的市场进行营销,如图 12-20 所示。

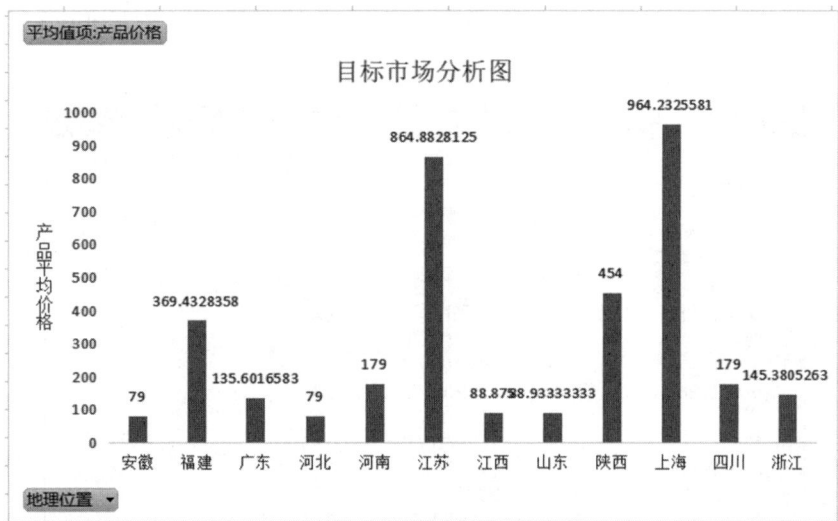

图 12-20　目标市场分析——可视化柱形图

通过 STP 战略分析后,对客户进行 RFM 分群。采集淘宝商品列表中第一家店铺的客户数据,数据详情如图 12-21 所示。根据 RFM 模型,需要分别获取 R 值、F 值及 M 值。最近一次消费使用买家订单付款时间与数据采集时间的时间差值,消费频率利用对买家会员名的计数进行获取,消费金额使用各买家的消费金额进行汇总统计。

d*5117849	119	2020/8/18
学*	119	2020/11/10
铃*	59	2020/10/10
z*ei19880	69	2020/8/18
黎*95615	119	2020/11/26
最*	119	2020/7/9
z*ei19880	69	2020/8/8
百*2	119	2020/7/29
l*zhen520	119	2020/10/2
s*强强	119	2020/9/1
满*	119	2020/12/4
5*	119	2020/12/30
h*	119	2020/9/17
w*92000901	119	2020/8/18
1*5964天涯	119	2020/10/5
q*5828	119	2020/12/8
t*854_2011	119	2020/7/11
s*	119	2020/10/17
程*	114	2020/9/19
晓*	114	2020/7/27
机*	119	2020/7/25
肖*605667	114	2020/8/27
单*42949	119	2020/10/21
苏*	119	2020/9/5

图 12-21　RFM 分群——客户数据

利用 DATEDIF 函数计算采集日期与买家订单付款日期间的时间间隔，具体过程如图 12-22 所示。

D2　=DATEDIF(C2,"2021/1/1","d")

	A	B	C	D
1	买家会员名	总金额	订单付款时间	时间间隔
2	我*	119	2020/12/31	1
3	波*11	119	2020/10/13	80
4	d*5117849	119	2020/8/18	136
5	学*	119	2020/11/10	52
6	铃*	59	2020/10/10	83
7	z*ei19880	69	2020/8/18	136
8	黎*95615	119	2020/11/26	36
9	最*	119	2020/7/9	176
10	z*ei19880	69	2020/8/8	146
11	百*2	119	2020/7/29	156
12	l*zhen520	119	2020/10/2	91
13	s*强强	119	2020/9/1	122
14	满*	119	2020/12/4	28
15	5*	119	2020/12/30	2
16	h*	119	2020/9/17	106
17	w*92000901	119	2020/8/18	136
18	1*5964天涯	119	2020/10/5	88
19	q*5828	119	2020/12/8	24
20	t*854_2011	119	2020/7/11	174
21	s*	119	2020/10/17	76

图 12-22　RFM 分群——求时间间隔

利用"数据透视表"分别计算 R 值、F 值及 M 值，计算 R 值即面向买家会员名对时间间隔求最小值，F 值即对买家会员名进行计数，M 值即对每个买家的付款金额进行求和，透视表计算结果如图 12-23 所示。

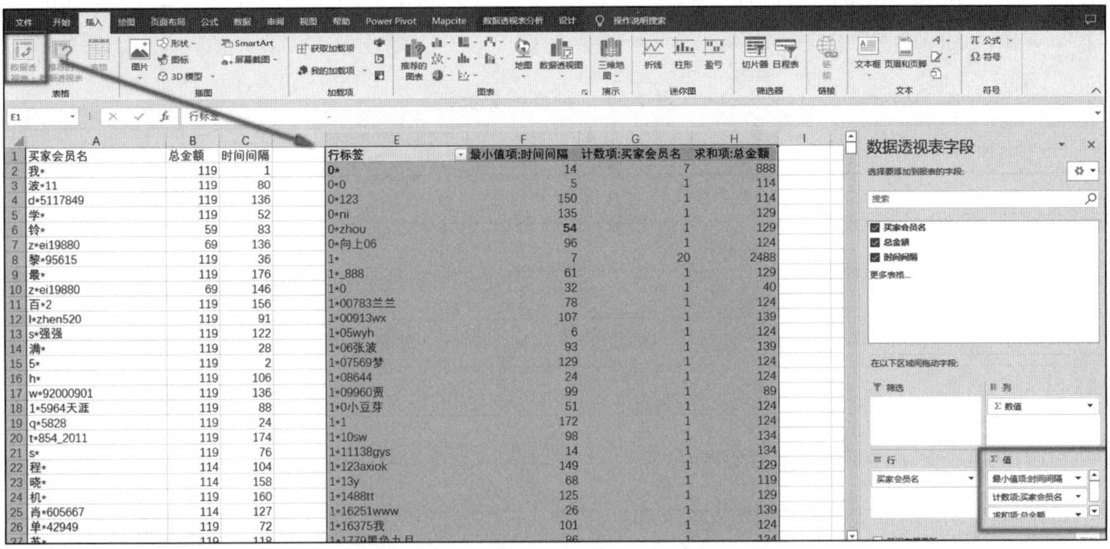

图 12-23　RFM 分群——透视表求 RFM 值

将透视表计算后的 RFM 值利用 AVERAGE 函数分别计算平均值，再结合 IF 函数将 3 个指标下每一个买家的具体数值同均值比较，将大于均值的数据赋值为"1"，小于均值的数据赋值为"0"。在进行自动填充时，注意将均值计算结果进行绝对值引用，计算过程如图 12-24 所示。

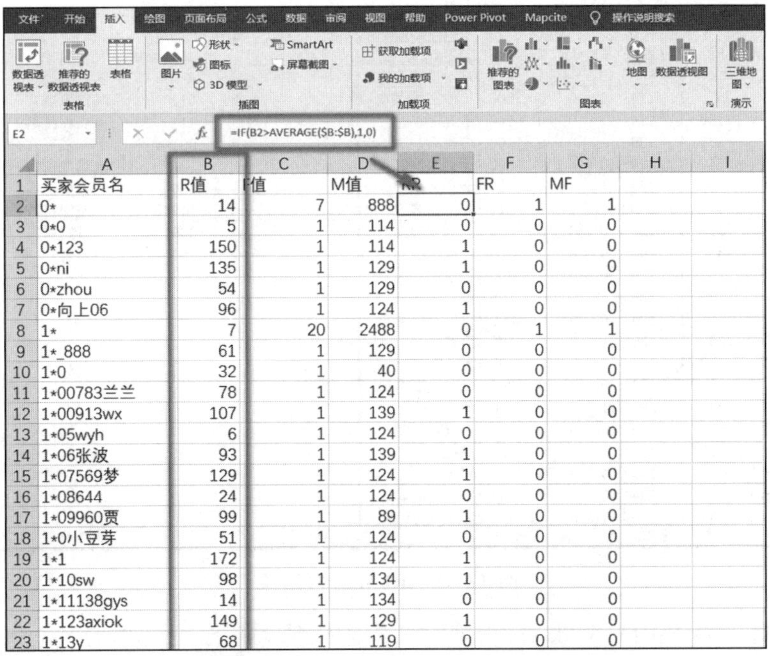

图 12-24　RFM 分群——透视表求 RFM 均值

根据 RFM 模型的理念，可以根据 3 个指标转换后的值，分别标识买家重要程度。RFM 模型以最近一次的消费时间最短条件下购买频率最高、花费金额最大的买家为最优质的客户，针对这部分买家，企业应当重点关注进行营销。而像 RFM 值标识为“100”的买家购买的可能性相对较弱，企业应当针对这部分买家拓展新的营销点，吸引客户注意。买家类别的具体细分情况如表 12-1 所示。

表 12-1 买家细分类别

R 值	F 值	M 值	买家类型
0	1	1	高价值客户
1	1	1	重点保持客户
0	0	1	重点发展客户
1	0	1	重点挽留客户
0	1	0	一般价值客户
1	1	0	一般保持客户
0	0	0	一般发展客户
1	0	0	潜在客户

利用“&”将同均值比对后得出的 RFM 3 个指标进行合并，生成最终的 RFM 值，再将表 12-1 内容作为 VOLOOKUP 函数的参数输入 Excel 中，针对买家类型进行精确查找，由于买家类型位于第 2 列，因此第 3 个参数输入“2”，精确查找第 4 个参数选择“0”，具体计算过程如图 12-25 所示。

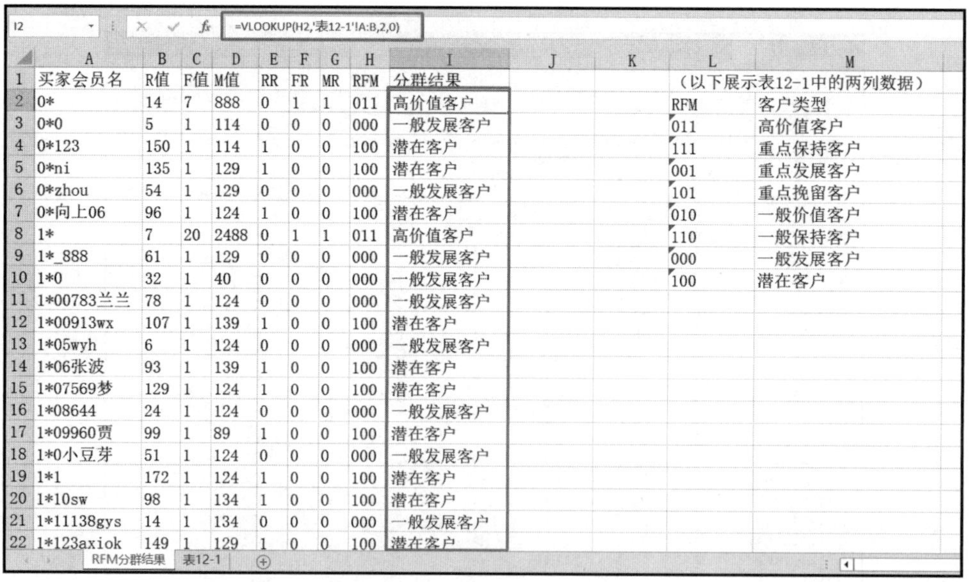
I2 =VLOOKUP(H2,'表12-1'!A:B,2,0)

	A	B	C	D	E	F	G	H	I
1	买家会员名	R值	F值	M值	RR	FR	MR	RFM	分群结果
2	0*	14	7	888	0	1	1	011	高价值客户
3	0*0	5	1	114	0	0	0	000	一般发展客户
4	0*123	150	1	114	1	0	0	100	潜在客户
5	0*ni	135	1	129	1	0	0	100	潜在客户
6	0*zhou	54	1	129	0	0	0	000	一般发展客户
7	0*向上06	96	1	124	1	0	0	100	潜在客户
8	1*	7	20	2488	0	1	1	011	高价值客户
9	1*_888	61	1	129	0	0	0	000	一般发展客户
10	1*0	32	1	40	0	0	0	000	一般发展客户
11	1*00783兰兰	78	1	124	0	0	0	000	一般发展客户
12	1*00913wx	107	1	139	1	0	0	100	潜在客户
13	1*05wyh	6	1	124	0	0	0	000	一般发展客户
14	1*06张波	93	1	139	1	0	0	100	潜在客户
15	1*07569梦	129	1	124	1	0	0	100	潜在客户
16	1*08644	24	1	124	0	0	0	000	一般发展客户
17	1*09960贾	99	1	89	1	0	0	100	潜在客户
18	1*0小豆芽	51	1	124	0	0	0	000	一般发展客户
19	1*1	172	1	124	1	0	0	100	潜在客户
20	1*10sw	98	1	134	1	0	0	100	潜在客户
21	1*11138gys	14	1	134	0	0	0	000	一般发展客户
22	1*123axiok	149	1	129	1	0	0	100	潜在客户

（以下展示表12-1中的两列数据）

RFM	客户类型
011	高价值客户
111	重点保持客户
001	重点发展客户
101	重点挽留客户
010	一般价值客户
110	一般保持客户
000	一般发展客户
100	潜在客户

RFM分群结果 表12-1

图 12-25 RFM 分群结果

确定了具体市场及用户对象后，需要对广告的投放渠道进行选取，广告投放的具体数据如图 12-26 所示。

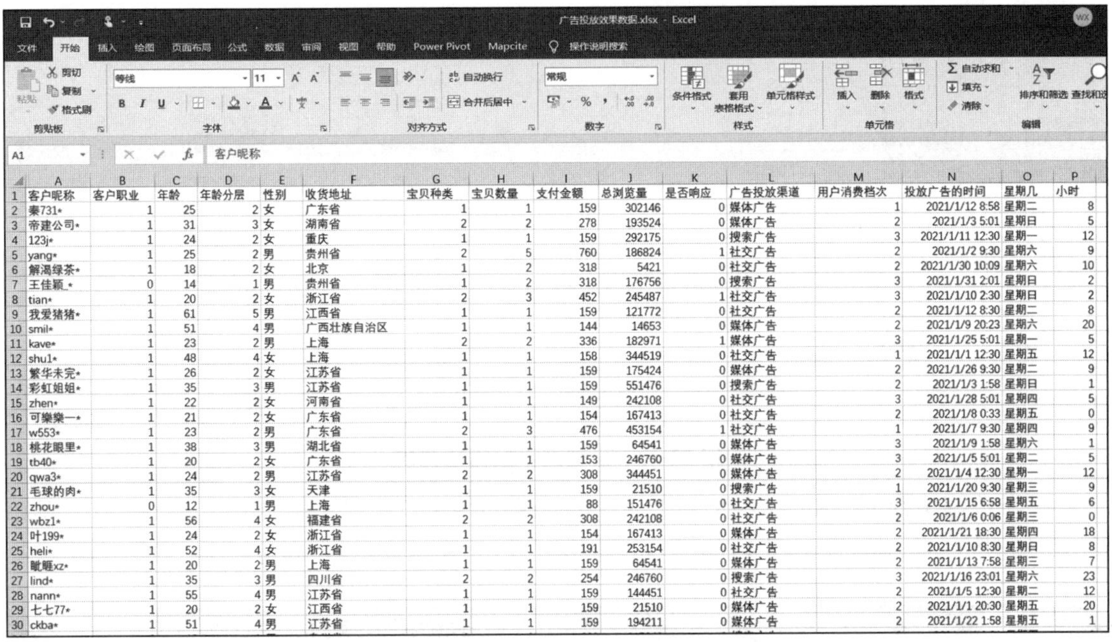

图 12-26　广告投放效果数据

通过对比分析,针对广告投放渠道在各日内的浏览情况来决定广告投放力度。根据分析目的,需要选取"广告投放渠道"、"星期几"及"总浏览量"3 个字段,结合数据透视表进行分析。分析过程如图 12-27、图 12-28 所示。

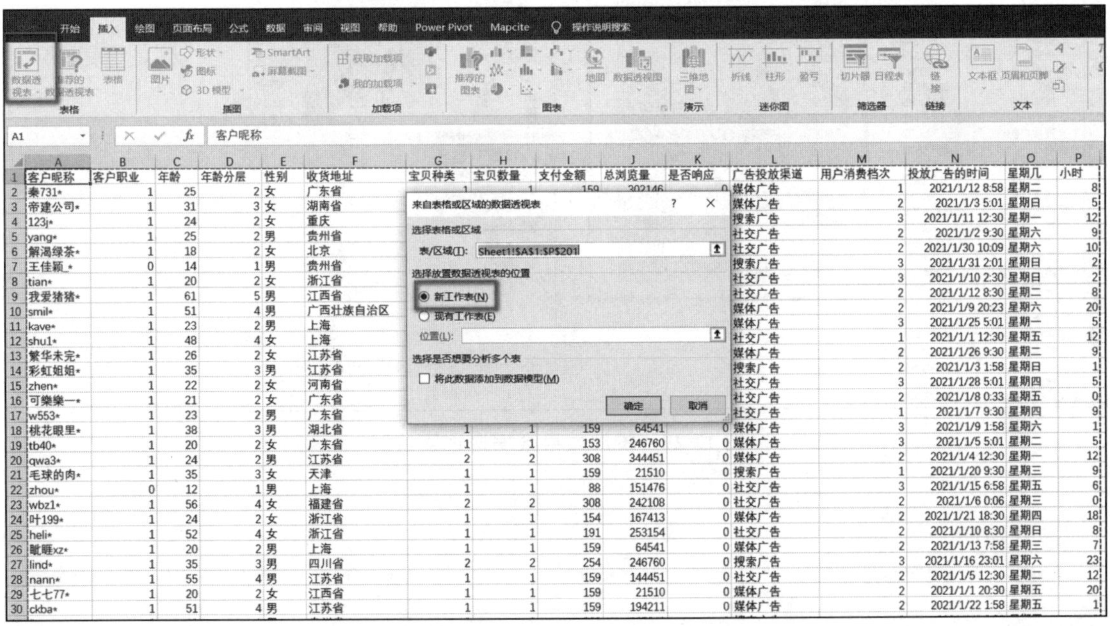

图 12-27　投放效果数据透视表制作

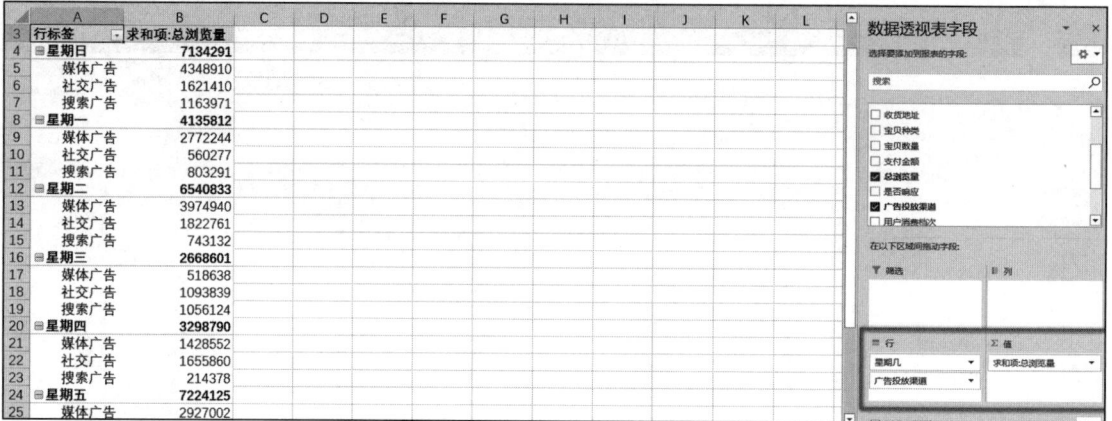

图 12-28　投放效果数据透视表

整合数据透视表分析数据,利用 Excel 中自带的图表绘制功能绘制树状图,绘制过程如图 12-29 所示,绘制结果如图 12-30 所示。

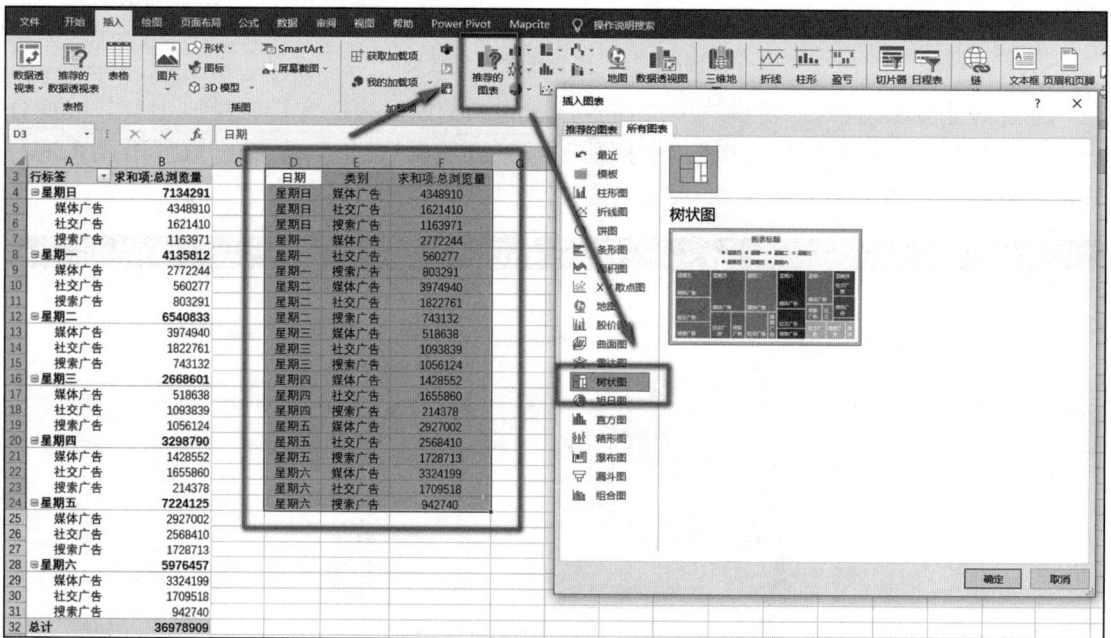

图 12-29　投放效果数据透视图绘制

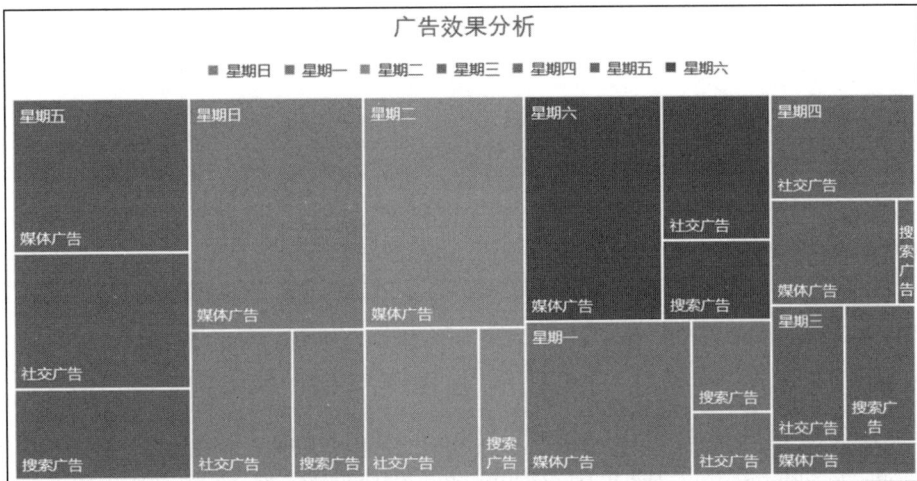

图 12-30　广告效果分析树状图

　　根据绘制得出的树状图可以分析得出,除周三及周四外,媒体广告的投放效果最优。周三、周四由于处于工作日中段,社交广告的效果最好,因此可以根据分析结果调整产品在各平台的营销重点。

　　最后综合新媒体营销战略优化的各方法,分别选择适合企业的市场、用户及平台,最终帮助企业实现利益最大化。

　　✍ 拓展实训:新媒体营销评估模型分析营销效果＋利用组合营销策略制定营销方案

　　[实训目的]

　　巩固新媒体营销效果评估模型的原理和流程;通过教师讲解与实践操作,实际对新媒体营销的效果进行分析,帮助新媒体运营进行营销管理。巩固新媒体营销效果优化的步骤及方法,通过教师讲解与实际演示,实际操作利用组合营销策略制定营销方案,帮助企业确定营销方向,明确营销目标。

　　▶ 思考与练习

　　1.通过相关模块,掌握新媒体营销效果评估的应用。

　　2.列举一些需要进行新媒体营销效果评估的场景。

　　3.通过数据整合、目标市场优化、目标人群细分模块,掌握新媒体营销效果优化的具体步骤。

　　4.列举一些 STP 战略、RFM 模型在其他领域的应用。

📄 第 12 章小结

参考文献

BRICKEY J, WALCZAK S, BURGESS T. Comparing semi-automated clustering methods for persona development[J]. IEEE transactions on software engineering,2012(3):537-546.

KEEGAN B, ROWLEY J. Evaluation and decision-making in social media marketing[J]. Management decision, 2017(55): 15-31.

MIANOWSKA B, NGUYEN N T. Tuning user profiles based on analyzing dynamic preference in document retrieval systems[J]. Multimedia tools and applications,2013(1): 93-118.

MCCARTHY E J. Basic marketing[M]. NY: McGraw-Hill Inc. , 1960.

SUGIYAMA K, ANDREE T, TEAM D C S. The Dentsu way: secrets of cross switch marketing from world most innovative advertising agency[M]. NY: McGraw Hill, 2011.

VAKRATSAS D, AMBLER T. How advertising works: what do we really know? [J]. Journal of marketing, 1999(63): 26-43.

白东蕊. 新媒体营销与案例分析:微课版[M]. 北京:人民邮电出版社,2022.

陈德人. 网络营销与策划[M]. 2版. 北京:人民邮电出版社,2022.

曹虎,王赛,乔林,等. 数字时代的营销战略[M]. 北京:机械工业出版社,2017.

杜一凡,胡一波. 新媒体营销[M]. 北京:人民邮电出版社,2017.

邓良柳. 社交媒体时代民族文化旅游品牌营销的新路径:KOL营销[J]. 贵州民族研究,2019 (1):28-34.

戴鑫. 新媒体营销:网络营销新视角[M]. 北京:机械工业出版社,2017.

段峰峰. 新媒体数据分析与应用[M]. 北京:人民邮电出版社,2020.

冯英健. 网络营销[M]. 北京:高等教育出版社,2021.

顾明毅,李海容. 创意可以被计算吗? 人工智能推进广告创新[J]. 现代传播(中国传媒大学学报),2022(11):144-152.

胡翼青,张婧妍. 功能主义传播观批判:再论使用满足理论[J]. 新闻大学,2016(1):44-50, 86,147.

华迎. 新媒体营销:营销方式+推广技巧+案例实训[M]. 北京:人民邮电出版社,2021.

韩智华. 抖音运营实战一本通[M]. 北京:人民邮电出版社,2021.

侯德林,李旭东. 短视频运营与案例分析:微课版[M]. 北京:人民邮电出版社,2021.

胡恺祎. 直播营销背景下的经济效率和公平研究[J]. 中国商论,2022(17):23-30.

匡文波.新媒体概论[M].3 版.北京:中国人民大学出版社,2019.

廖秉宜.中国程序化购买广告产业现状、问题与对策[J].新闻界,2015(24):43-46.

刘庆振.计算广告学:大数据时代的广告传播变革:以"互联网+"技术经济范式的视角[J].现代经济探讨,2016(2):87-91.

林小瑞.数字营销活动策略对消费者购买意愿的影响研究[J].商业经济研究,2022(23):67-70.

刘德寰,陈斯洛.广告传播新法则:从 AIDMA、AISAS 到 ISMAS[J].广告大观(综合版),2013(4):96-98.

李飞.生活者营销:一个新的营销理论框架[J].北京工商大学学报(社会科学版),2022(4):87-98.

林小兰.微信与微博运营[M].北京:清华大学出版社,2020.

刘亚男,胡令.新媒体营销:营销方法+平台工具+数据分析[M].北京:人民邮电出版社,2021.

丽瞻.网络营销[M].2 版.北京:清华大学出版社,2018.

李京京,王莉红.新媒体营销[M].北京:人民邮电出版社,2019.

刘喜文,郑昌兴,王文龙,等.构建数据仓库过程中的数据清洗研究[J].图书与情报,2013(5):22-28.

吕鸿江,刘洪.中国情景下网络广告心理效果的影响因素分析[J].南开管理评论,2007(5):61-67.

黎晓晓.进出口企业国际物流 STP 营销战略研究[J].物流技术,2012(5):38-40.

马克.数据清洗在统计调查实践中的应用[J].调研世界,2018(10):57-59.

马晓悦,刘蒙阒.新媒体数据分析及应用[M].北京:人民邮电出版社,2021.

马文燕.全域旅游背景下基于 RMP 和 STP 的甘加秘境景区营销战略研究[J].中国管理信息化,2021(14):111-113.

欧莱雅:一块"CVC 活化石"中国品牌渠道[EB/OL].[2025-01-08].https://business.sohu.com/a/503644492_100064460.

彭兰.算法社会的"囚徒"风险[J].全球传媒学刊,2021(1):3-18.

潘玮,牟冬梅,李茵,等.关键词共现方法识别领域研究热点过程中的数据清洗方法[J].图书情报工作,2017(7):111-117.

裴蓉.市场营销学精华读本[M].北京:民主与建设出版社,2001.

齐丽云,汪克夷,路英贤,等.基于消费者行为的市场细分模型构建与验证:以移动通信行业为例[J].管理学报,2009(6):805-811.

秋叶,王佳娴.新媒体数据分析[M].北京:人民邮电出版社,2020.

孙骞.新零售服务逻辑下消费者参与电商企业价值共创意愿的影响因素分析[J].商业经济研究,2022(22):99-102.

盛光华,龚思羽,葛万达.品牌绿色延伸会提升消费者响应吗?:绿色延伸类型与思维模式的匹配效应研究[J].外国经济与管理,2019(4):98-110.

谭贤.新媒体营销与运营实战从入门到精通[M].北京:人民邮电出版社,2017.

王夏,蔡宝玉.互联网+"时代企业市场营销优化策略探析[J].商业经济研究,2018(19):

49-51.

王宇,卫玎.数字孪生时代媒体虚拟形象 IP 化开发的演化逻辑与路径选择[J].视听界,2022 (1):19-23,32.

王晓华,戚萌.营销策划:慕课版[M].北京:人民邮电出版社,2021.

汪圣佑,徐诗瑶.商务数据可视化[M].北京:人民邮电出版社,2021.

王楠.市场营销如何下好大数据"先手棋"[J].人民论坛,2020(15):182-183.

夏文.我国直播电商行业营销模式的问题和对策研究[J].老字号品牌营销,2022(17): 18-21.

杨扬.计算广告学的理论逻辑与实践路径[J].理论月刊,2018(11):162-167.

余庆泽,卢赛妍,邬燕娟.移动互联网环境下服务品牌互动营销研究[J].科技管理研究,2013 (14):184-187.

杨艳.网络市场营销理论与实务[M].北京:知识产权出版社,2015.

姚琼,夏欣欣.转基因食品的消费者市场细分实证研究[J].软科学,2011(10):37-40,45.

赵大伟.互联网思维独孤九剑[M].北京:机械工业出版社,2014.

朱国玮,杨玲.虚拟品牌社区、口碑信息与消费者行为:基于扎根理论的研究[J].财经理论与 实践,2010(3):117-120.

张初兵,张军苹,韩晟昊,等.消费者社交媒体抱怨:研究述评与展望[J].外国经济与管理, 2020(12):72-88.

周懿瑾,陈嘉卉.社会化媒体时代的内容营销:概念初探与研究展望[J].外国经济与管理, 2013(6):61-72.

张向南.新媒体营销案例分析[M].北京:人民邮电出版社,2017.

张洁梅,杨柳.全渠道供应链视角下出版企业直播营销优化策略研究[J].科技与出版,2022 (9):114-120.

朱小栋.新媒体数据分析与应用[M].北京:电子工业出版社,2022.

张立,吴素平.我国数字内容产业投资价值与发展趋势研究[J].出版发行研究,2019(7): 12-22.

张超.图像不一定霸权:数据新闻可视化的语图关系研究[J].编辑之友,2021(9):75-79.

朱小栋.新媒体数据分析与应用[M].北京:电子工业出版社,2022.

张世新,薛凡,车心迪.广告经济效果测评方法比较研究[J].商业时代,2009(5):106-107.

张振刚,罗泰晔.基于 RFM 模型和随机行动者导向模型的技术机会识别[J].情报学报,2021 (1):53-61.

图书在版编目 (CIP) 数据

新媒体营销 / 李永发主编. -- 杭州 ：浙江大学出
版社，2025.7. -- ISBN 978-7-308-26153-1

Ⅰ. F713.365.2

中国国家版本馆 CIP 数据核字第 20257MC837 号

新媒体营销
XINMEITI YINGXIAO

李永发 主编

策划编辑	曾　熙
责任编辑	曾　熙
责任校对	潘英妃
封面设计	续设计
出版发行	浙江大学出版社
	（杭州市天目山路 148 号　邮政编码 310007）
	（网址：http://www.zjupress.com）
排　　版	杭州朝曦图文设计有限公司
印　　刷	杭州宏雅印刷有限公司
开　　本	787mm×1092mm　1/16
印　　张	20.75
字　　数	518 千
版 印 次	2025 年 7 月第 1 版　2025 年 7 月第 1 次印刷
书　　号	ISBN 978-7-308-26153-1
定　　价	65.00 元

版权所有　侵权必究　印装差错　负责调换

浙江大学出版社市场运营中心联系方式：0571 - 88925591；http://zjdxcbs.tmall.com